五南文庫021

中國傳統文化十五講

龔鵬程　著

五南文庫 021

中國傳統文化十五講

作者　　　龔鵬程
發行人　　楊榮川
總編輯　　王翠華
主編　　　黃惠娟
責任編輯　蔡佳伶
封面設計　陳翰陞

出版　　　五南圖書出版股份有限公司
地址　　　106台北市和平東路二段339號4F
電話　　　（02）2705-5066
傳真　　　（02）2709-4875
劃撥帳號　01068953
戶名　　　五南圖書出版股份有限公司
網址　　　http://www.wunan.com.tw/
電子郵件　wunan@wunan.com.tw
法律顧問　林勝安律師事務所　林勝安律師
出版日期　2009年7月初版一刷
　　　　　2016年8月初版二刷
定價　　　新台幣380元

國家圖書館出版品預行編目資料

中國傳統文化十五講 / 龔鵬程著. -- 初版. --
臺北市: 五南, 2009.07
面; 公分.-- (五南文庫 ; 21)

ISBN 978-957-11-5576-0 (平裝)

1.中國文化

541.262　　98003130

不信春風喚不回……
寫於五南文庫發刊之際——

在各項資訊隨手可得的今日，回首過往書香繚繞情景，已不復見！網路資訊普及、媒體傳播入微，不意味人們的智慧能倍速增長，曾幾何時「知識」這堂課，也如速食一般，無法細細品味，只得囫圇嚥下！慣性的瀏覽讓知識無法恆久，資訊的光速致使大眾正在減少甚或停止閱讀。由古至今，聚精會神之於「閱」、頷首朗頌之於「讀」，此刻，正面臨新舊世代的考驗。

身為一個投入文化暨學術多年的出版老兵，對此與其說憂心，毋寧說更感慚愧。自身的成長，得益於前輩們戮力出版的各類知識典籍。而今，卻無法讓社會大眾再次感受到知識的力量、閱讀的喜悅、解惑的滿足，這是以傳播知識、涵養文化為天職的吾人不能不反躬自省之責。值此之故，特別籌畫發行「五南文庫」，以盡己身之綿薄。

文庫，傳自西方，多少帶著點啟迪社會大眾的味道，這是歷史發展使然。德國雷克拉姆出版社的「世界文庫」、英國企鵝出版社的「企鵝文庫」、法國伽利瑪出版社的「七星文庫」、日本岩波書店的「岩波文庫」及講談社的「講談社文庫」，為箇中翹楚，全球聞名。華人世界裡商務印書館的「人人文庫」、志文出版社的「新潮文庫」，也都風行一時，滋養了好幾世代的讀書人和知識份子。此刻，「五南文庫」的出版，不再僅止於啟蒙，而是要在眾聲喧譁、浮躁不定的當下，闢出一方閱讀的淨（靜）土，讓社會大眾能體驗到可藉由閱讀沉澱思緒、安定心靈，進而掌握方向、海闊天空。

五南出版公司一直致力於推廣專業學術知識，「五南文庫」則從立足學術，進而面向大眾，以價廉但優質、厚實卻易攜帶的小開本型式，取代知識的「沉重與昂貴」，亦即將知識的巨大形象裝進讀者的隨身口袋，既甜美可口又和善親切。除了古今中外歷久彌新的名著經典，更網羅當代名家學者的心血力作，於傳統中展現新意，連結過去與現在。

人生是一種從無到有，從學習到傳承的不間斷過程。出版也同樣隨著人的成長而發生、思索、變化與持續，建構著一個從過去到未來的想像藍圖，從閱讀到理解、從學習到體會、從經驗到傳承，從實踐到想像。吾人以出版為職責、為承諾，正是希望能建構這樣的知識寶庫，希冀讓閱讀成為大眾的一種習慣，喚回醇美而雋永的閱讀春風。

發行人 楊榮川

二〇〇八年六月

序論

坊間談古代文化的書汗牛充棟，但本書與眾不同，別有立場與方法。

一 立場

我是個生在臺灣的江西人。傳統文化，本來在我幼時的生活中，就是街坊鄰里的揖讓進退、閒話桑麻，是生活裡具體存在著的體驗。人人悲喜愉泣，俯仰於斯，誰也很難說什麼是傳統什麼是「我」，傳統並不是「我」之外的一個東西。

可是據說社會進步了，傳統（其實也就是我們自己和我們的生活）也就要拿來檢討檢討了。我們，於是就站在傳統之外，對它品頭論足了起來，覺得它好，覺得它壞，覺得它有精華也有糟粕。

那時，政府正在推動現代化，而反對政府的自由派學者則更為激進地主張現代化，揚「五四」之餘焰，為時代之鼓吹。不贊成如此激進現代化者，便漸漸形成了一股被名為文化保守主義的陣營，與之交鬨，史稱「中西文化論戰」。但其實，無論是講心性論的當代新儒家，如唐君毅、牟宗三、徐復觀等人，或言超越前進的胡秋原，大抵也只是說傳統文化亦有優點，不可逕棄而已。由時代的大趨勢上看，政經社會體制的改造，已重新創造了一種新的生活，那原先與我們生活生命相連結相融貫的傳統文化，早就渾沌鑿破。新時代的哪吒，正在剔骨還父、割肉還母，期望新的蓮花化身。故僅餘的那幾聲文化保存之呼喊，聽來宛若驪歌。雖然情意綢繆，矢言弗忘，可是行人遠去，竟是頭也不回的了。

然而歷史如長川大河，從來不會一瀉入海，總有曲折縈回。臺灣的「中西文化論戰」烽火未熄，大陸的「文化大革命」倒已是遍地硝煙了，批孔揚秦，其勢既遠勝於「五四」，亦非在臺倡言現代化諸君所能望其項背。此時，無論從政治策略或文化需要上說，臺灣似乎都應起來保衛傳統。於是，成立孔孟學會、發起文化復興運動、中學生都要讀《文化基本教材》（也就是四書，以《論語》《孟子》為主）等等，乃蔚為新的人文景觀，與政經體制之現代化「並行不悖」起來了。

五、六〇年代「從傳統到現代」的命題，遂漸次轉變為七、八〇年代的「傳統與現代」。前者是要揚棄傳統，後者則想融合並行之。但其融合之道，乃是以新時代之現代化要求為取捨。故金耀基曰：「我贊成現代化，但只有在它不妨害現代化發展的前提下贊成。」（《中國現代化的航向・序》）文崇一曰：「把傳統和現代劃為對立兩極，這正是早期現代化討論所犯的重大毛病。其實，兩者是相互為用的，好的傳統可以幫助現代化，壞的傳統可以阻滯現代化。」（《現代化的模式在哪裡？》）也就是說：傳統文化是為現代化大業服務的。凡不符時代之需求者，皆宜棄去，如同啃不動的雞骨頭就應該吐掉那樣。

我成長於以上這個社會脈絡中，親身經歷了五十年來「傳統／現代」這些論題的爭論與發展，感慨萬端。然此處非發感慨的地方，故謹綜述我主要的觀點如下：

「中國傳統文化」與「現代化」，這個題目中的A、B兩項，原本就是全然相斥的關係。因為「現代化」從定義上就是說一個社會要拋棄傳統以轉型成為現代社會，傳統文化乃是現代化之障礙，是需揚棄之物。從「五四運動」到「文化大革命」，我國走的都是這個路子。

把兩者解釋為非相斥關係，是修正現代化理論者的傑作。這些人都是捨不得把傳統文化丟了的，所以各自發展了一些論述策略，欲修正現代化理論。

其一是說：社會固然要現代化，但傳統文化也有好的一部分，可以保留，不必倒澡盆水時把嬰兒也倒了。因此，此一派便有「取其精華，棄其糟粕論」、「現代社會仍須講倫理道德論」、「傳統文化不礙現代化論」、「以傳統文化為中國特色之現代化論」等說。

其二則稱：傳統文化其實無礙於現代化，也可開展出視代化。歷史上未見開出，並不代表它在質性上不能開，只要經過「良知的自我坎陷」等加工，它也是能開展出自由民主科學的。此說已較第一路說法更進一步，認為二者不僅非相斥關係，更是同一關係。

第三說比第二說還要強勢些，謂傳統文化可以積極促進現代化。八〇年代「東亞儒學與經濟發展」的論調即屬此，認為韋伯講錯了，儒學也可以發展出資本主義，且可能比西方老牌資本主義發展得更快更好。

這些修正主義的基本問題是：都不敢攖現代化之鋒，都承認現代化的價值與必要，所以要以傳統文化無礙於或有助於現代化為說。換言之，看起來是傳統文化的護衛者，其實是拉傳統文化去做現代化的拉拉隊。傳統文化有沒有價值，要以現代化為標準來估量。既如此，這些修正論者又怎麼可能真正動搖、修正得了現代化論？傳統文化不正透過現代性的價值重估而被揚棄、被轉化了嗎？現代化論者對此類說法嗤之以鼻，良有以也。

因此，這些修正論都是虛軟的論述。真正要面對現代化理論，是要問：現代性真是種好東西嗎？現代社會真是人所需要、符合人性的嗎？我們犧牲文化傳統以追求現代化，值得嗎？亦即：現今我們需要的，不是追求現代化而是批判現代化。

自有現代化，即有批判它的思潮。二十世紀初，西方文學藝術上的現代主義，便不是教人去追求現代，而是要揭露現代人奇特的精神處境，例如喪失了信仰、離開了家庭、活在科層體制和都市水泥叢林中、人與人的關係疏離而陌生、孤立的個我遂成為失落了意義的無根浮萍等等。厥後各派理論奇峰疊起、賡續發揮，不勝枚舉。

如生態論者，大力批判現代社會的機械宇宙論、竭澤而漁的發展觀、宰制自然之科技工業等，形成了自然生態主義。哈貝瑪斯認為現代社會的理性觀，只是工具理性之擴張，但價值理性、道德實踐理性明顯不足，故提倡溝通理性以濟現代化之窮。丹尼・貝爾講後工業社會，則是說資本主義工業社會存在著內在的文化矛盾：它由韋伯所說的新教倫理所促動，可是發展下來，卻成為刺激欲望、鼓勵消費、消耗資源的型態，與新教倫理的入世禁慾精神恰好相反。故後工業社會所應強調的，不再是現代性，反而是宗教精神。德里達的解構主義，則全力去瓦解理性所倚賴的邏各斯中心主義、二元對立的形上學。其他批判現代社會中科層宰制、科技災難等，林林總總，實已蔚為大觀。至於馬克斯・韋伯一路思想，包括後來的世界體系依賴理論、全球化理論，更都指明了東亞國家之現代化並非其文化內部產生了變遷的需要，而是複雜的國際因素使然。

對於這些學說，我們也均予以介紹過，或批發，或代理，或零售，各有名家，但依樣畫葫蘆，學舌一番而已，殊少抓住其總體精神。總體精神是什麼？就是對現代文明的不滿，而籌思改善之道。

我們的情形恰好相反，我們對現代文明是豔羨的，希望自己能早日擁有這份（西方人大力抨擊唾棄的）現代文明。所以包括那些批判現代性的學說，我們都把它當成西方現代文明來擁抱，以促進現代化。

這種總體精神方向上的差異、文化處境上的不同，也讓我們根本無法體會到：傳統文化之不同於、扞格於現代文明之處，或者才正是它有價值的所在。相對於二元對立、人天破裂、宰制自然的形上學，中國本來所講的天人合一、陰陽相濟，不就是當代西方批判現代的生態自然主義者所想要發展的思想嗎？相對於現代社會張揚工具理性，而道德理性、價值理性不足，中國原本所強調的倫理精神，不是恰可藥此頑疾嗎？過去被認為是封建、宗法、保守、落伍的那些東西，透過西方後現代情境中一些思想的反思，不是已讓我們驚覺到中國傳統文化其實含有豐富的「先後現代性」（pre-post-modernity）嗎？

如此說，當然不是挾洋以自重，而是要告訴仍在鼓吹現代化的朋友們：現代化是落伍的論調，現代社會是有缺陷的居所，現代文明是需要批判超越的。批判並超越之，其資源就在中華傳統文化中。

二　方法

但由於現代化運動推動已及百年，政經社會總體已遭改造，我們事實上都在過著一種新的生活，器用層面、制度層面、精神價值層面均已發生了具體的文化變遷。

時至今日，老實說，中國在感情上誠然仍是中國人的家園；但在理解上甚或精神旨趣上，當代中國人，尤其是知識分子，其心靈的故鄉，卻大有可能不在中國而在歐洲、在美國。不只技術器用層次、制度層次，在精神、信仰、知識層面，皆早已離開了中國。

以哲學為例。目前整個中國哲學研究，因對傳統已極隔閡，對文獻又不熟悉，對其美感品味亦不親切，對古人之人際相應態度也甚為陌生，故研究已導向一套新的典範，研討的問題和接受答案的判準也改變了。幾乎所有人都只能採用西方哲學或科學的思考方式、觀念系統、術語、概念來討論中國的東西。碰到這個新「典範」所無法丈量的地方，便詬病中國哲學定義不精確、系統不明晰、結構不嚴謹、思想不深刻等等。

這樣的研究，看起來頗有「新意」，論者亦多沾沾自喜。但實質上是甚隔閡、甚不相應的，令我這種讀者讀來頗有聽洋牧師講說佛經之感。

可是學界仍不以此為警惕，仍不滿意，仍在覃思中國哲學應如何現代化。但依我觀察，無論是就哲學這門學科的內涵與外延之認定，或由我們討論哲學的方法等各方面看，中國哲學研究之現代化，可說早已完成了。目前已不會再有人用傳統的表述語言、思維工具來討論「哲學」了。談哲學的人，對於中西方哲學，並不視為不同的兩種東西，而覺得它們都是「哲學」，也都可以用同樣的表述、思維方式、關心方向去要求它。

許多人把西力東漸，中國人開始接觸並學習西洋哲學思想的情形，模擬為魏晉南北朝佛教之傳入中國，並認為目前的主要課題，即在於「譯經」、在於有系統地介紹西學、在於消化之。但實際上，現在的情況與佛教傳入中國之際是不同的。佛教進入中國時，中國人對佛教無知，故以其所知、已知之儒道思想去知之，此稱為「格義」。現在卻往往是對中國哲學一無所知，故用已知之西方哲學來說明未知的中國哲學。這種情形，與「格義」雖完全一樣，但卻掉轉了一個方向。

如此反向格義，確實也能令研究中國傳統學術者眼界大開，使得中國傳統思想，在西洋哲學觀念、術語、理論之參照與對比之下，讓現代人更為了解。而且原先中國所無之各色理論譯述介紹進來，豐富我們的文化、開拓我們的視野，也是頗有功勞的。正如中國菜固然佳妙，但外國烹調亦自有其傳統、有其特色。異饌者不同味，自應介紹來令國人也都能嘗嘗。國人之所以負笈西方，習其烹飪之技者，亦以此也。海通以還，西餐東來，西班牙、義大利、法蘭西、俄羅斯、印度、緬甸、泰國，殊方絕域之異味佳餚，畢陳於我中華，正賴於此。吾輩亦因此乃得大飽口福、大快朵頤。因此，除非是口味格外古怪、別有胃腸，相信沒有人會對西餐東來抱持反感，堅決不吃洋餐，且批評西餐東來遂令我華人口味墮落，不再能欣賞中餐之美了等等。

這些道理是不待辯說的。但是，假如現在做中餐的師傅只能用制洋餐之方法去烹調，不會中菜的刀法、不能用中式廚房、不擅鍋鑊炒汆之技，而皆僅能以煮義大利麵之法煮麵，然後說此即中華古麵式也，您以為如何？

西力東漸以來，中餐是少數尚能維持其風味與傳統的領域，尚未遽遭異化。哲學研究若不想繼續被異化，實不妨參考中餐館的存續發展之道。

中餐各系菜色，如淮揚菜、川菜、廣菜、魯菜，在西力東漸，西餐洋食來挑戰時，採取什麼方法呢？是用西方觀點與方法來炒中國菜嗎？是通過理解西方烹調，以求「中西會通」嗎？是以西方菜式為「普遍菜式」，而要求中國菜據此為標準嗎？是據西方菜式以評價中國菜嗎？又或是以西方做菜的歷史為發展階段來解說中國烹飪史嗎？

顯然都不是！在討論烹調時，若有人如此主張，一定會令人笑破肚皮。可是，在談到中國哲學時，卻恰好相反。人人似乎都覺得非用西方觀點與方法來解析中國哲學不可；非通過理解西方哲學以求中西會通不可；非說哲學就是哲學，無中西型態之不同不可；非說中國哲學以西方哲學衡之，有邏輯性不足、體系性不完備、概念不清楚等毛病不可；非用西方上古中古近代或奴隸封建資本主義等發展階段來解說中國哲學史不可……。不如此，學界就覺得你保守、無新意、不入流。因為整個潮流正是如此的，因此誰也不覺得如此甚為荒謬可笑。

中餐則完全不曾採取這種方式，而只是平實地由其本色菜法中推陳出新。參酌西餐之處，亦非沒有。例如進餐時的情調氣氛、餐點的布置陳設、餐廳的花飾搭配等，盡可採酌西式。某些西餐之用料或是烹調技法，也不妨擇用。如乳酪起司的運用、做酥皮湯、用奶油煎菇之類。但這些都是在中餐的基本法式中參用的。此外皆以本門刀法、火候、工夫、用料等等為主，研練而推出新款。

西方哲學之發展，何嘗不是如此呢？當代諸哲學新流派，誰不是通過重讀其哲學傳統，以發展出新理來？為什麼西方哲學不以用東方觀點與方法解釋西方哲學為時髦，不強調要通過理解東方哲學以求中西會通等為職事，我們卻必須以此為樂？

面對這樣的窘境，豈不也應像中餐或西方哲學那樣，由其古代及中古哲學中不斷發展出新的哲學理論與學派，不斷對其傳統做反芻與反省。然後，再以傳統的或新發展出來的理論、思致、方向、型態為「已知」，去觀看對方，發展我們對世界的解釋。一如西方哲學家以其傳統的或新發展出來的觀念及方法來解釋世界那樣。唯有如此，東西兩方才能共同結構成一個對話的情境。否則，即只不過是一方發聲，一方聽受之、學習之而已。

所以，中國哲學在現代的道路，就在於應切實反省過去不恰當的「現代化」作為，老老實實「歸而自求」，好好清理中國的學術傳統，勿徒以他人之眼光視己，亦不當自慚形穢，認定老幹已無法在現代開花，非得「接枝」或「變種」不可。如此方能使中國哲學在現代社會重新出發，重新被認識。

換言之，真正懂得吃中餐的人，大抵也才能懂得或欣賞西餐，既不會用制葡國雞、烤馬加休魚的方法及口味來要求廚子依其法做武昌魚，也知道武昌魚須如何處理才能真正讓湖北佬認為道地。至於專治西庖者，當然也同樣會有此態度。諸君皆知味者，必不以吾言為河漢！

三 體例

由於認定了批判並超越現代化之資源就在中華傳統文化中，在研究傳統文化時，又不採用以西餐方法來烹調中國菜之模式，所以本書之論次有縱有橫。

縱，是指章節次序的安排。全書由中國人對「人」的基本認定講起，故第一講為體氣。有此體氣，就有生命存養的問題，故第二講說飲食。有人，人要生存下去，就又有男女婚媾之事，故第三講談男女。有男女夫婦，便會有家庭、成社會、建邦國，而中國在這方面最著名的即是封建，所以接著第四講論封建。封建既關聯於家又關聯於國，封建之禮教，既用以修身又用之治國，內聖外王通為一體，《莊子》所謂古道術，或《大學》所述修齊治平之道，都是這樣的格局，故第五講明道術。道術不僅要通內外，還希望能究天人，於是第六講論天人，說明中國人與古希臘古希伯來人不同的天人關係。究天人之際以後，當然仍得通古今之變，是以第七、八講談王官之學的內涵與流變。此一變，亦是先秦學術發展之關鍵，而且「舊法世傳之史」所關聯的史官與歷史意識，乃是中國社會與中國人意識上迴異於古希臘古印度之處。講完歷史意識，接著第九、十、十一講就接著闡明中國人思維與心理之特點，論思維模式、抒情感性與憂患意識。孔子曾讚歎「作易著，共有憂患乎」，有憂患意識才有德業之擔當，有此擔當，才能有文化實踐的願力，故第十二講便以周公為例，說這樣的聖王如何開中國的禮樂文德之教。

以上十二講，選的材料、引述的史事，都在孔子以前，也就是春秋前的中國古代文化狀況。描述中國這個文明，如何在飲食、男女、用思、抒情等各方面建立其面貌、發展其文化方向。依我看，中國傳統文化之大綱大維，大抵在那時就確定了，後來老子、孔子以述為作，只是踵事增華，並非變本加厲。因此把源頭說清楚了，嗣後的發展也就弄明白了。

今人對傳統文化當然頗不明白，故批評東批評西、說三道四，自以為居高臨下，可以揀擇區判其到底是糟粕還是精華。可是今人常不知自己所用以批評傳統文化的那些觀點和語詞，往往只是拾人牙慧，學著洋人在說話。因此第十三、十四講著重說明這種中國觀是怎麼形成的。

十三講，以孟德斯鳩為中心，介紹歐洲從崇仰中國文化到鄙夷的過程，論析中國國情特殊論、亞洲社會停滯論、中國禮教不如歐洲法制論等論調之內涵及其訛謬。十四講，再以法律為例，說明西方對中國法制體系之誤解。兩講互相印詮，一從某個人的主張說，一從某個領域的認識說，其餘即可以隅反。這兩講是「破妄」，前十二講是「顯正」，最終一講則是結語，傷華夏文明之異化而冀其再生也。

本書縱的條理，大約如此。橫的條理，則是指本書每一講主要都採取一種橫向比較之論析方法，具有比較哲學或比較文化史的意味。

第一講，由比較中國人的身體觀如何不同於古希臘古印度，又不同於佛教希伯來宗教開始。第二講，論中外飲食思維之不同如何構建了不同的文明。第三講，論在性別思維方面中西方有什麼差異。第四講，論中西封建之殊，及因封建倫理形成的中西文化之分。第五講，論關懷型文化和西方驚異型知識系統的差別。第六講，論中西方不同的神人關係、天人關係。第七講，辨明周代文官制度為何已是理性的法制型社會。在歐洲，此等社會之出現，乃是工業革命以後的事。第八講，論中國人歷史意識與希臘印度之不同。第九講，談中國人思維方法之特點。第十講，論中國人如何興於詩、成於樂，與柏拉圖、亞里士多德以降「言辯證成」的教育體系有何不同。十一講，比較中西方群體組織之歷史與觀念，說明其政治經濟思維上的差異。十二講，反對軸心時代（Axial Period）的說法，辨明中國觀與一般民族自認為居住在世界中心的態度有何不同。每一講都對比中西，旁及印度、蘇美、希伯來，以見優劣。

我從來不假撇清，騙人說我的研究是客觀中立的云云。人文研究，哪有中立客觀這回事？由於人文研究本質上乃是在研究價值，價值必然涉及判斷，必然會有取捨，大部分更關聯著興趣、愛好、習慣、美感等等。我的比較，旨在說明中國文化為什麼好。而方法便是藉由比較來看清中國究竟與其他文明有何不同，此種不同為何又不只是不同，更可能具有價值上的勝義。

這是我的目的，當然也就是我的偏見所在。讀本書者，敬祈留意，勿被我的偏見所惑。

目次

第一講　體氣：感諸萬物

不以形體為崇拜對象
不以人體為審美對象
不以心體為二元對立
知覺體驗與氣類感通

一、不以形體為崇拜對象

談中國人的文化，得先從中國人對人的理解說起。

在所謂的「青銅時代」，也約略就是我國夏商周時期，其實青銅之製作，亦遍及近東、巴爾幹、愛琴海等處。但同樣被稱為青銅時代，中國卻最具特色。特色之一，是中國的青銅製作技術最好；其次是幾乎絕不見人像雕塑或造型。

怎麼理解這種差異呢？中國人的身體思維跟其他文明不同嗎？

人生天地之間，漸成萬物之靈，越來越覺得自己特殊，與其他動物不一樣，因此各民族都不由自主地發展出「人的自尊」思想。我國上古即講天地人「三才」，老子後來也有「天大地大人亦大」之說，「天地之間，人為最尊」一類講法，不可勝數。其他民族其實也相彷彿。希伯來民族說上帝以祂的形象造人，即為其中之一例。

但由這樣的例子，我們卻不難看出：我國講人的尊貴，主要是從才德能力上說，希伯來則首先由形體上說。這就是針對人的思維有所不同。因這個思維不同，兩大文明的身體思維遂也不同。

古印度文明亦極看重人的體相。因此婆羅門之智慧，就很強調相人之術。如《佛本行集經》卷三中云：「(珍寶婆羅門)能教一切毗陀之論，四種毗陀皆悉收盡。又闡陀論、字論、聲論，及可笑論、咒術之論、受記之論、世間相論、世間祭祀咒願之論。」所謂「世間相論」，與婆羅門五法中的「善於大人相法」，都是相術。可見相法是婆羅門極為重要的才能。

不僅如此，婆羅門還注重相貌容色，認為好的相貌必定由修行善法而來。如優婆耆婆這位婆羅門，在路途中看見佛陀「姿容挺特，諸根寂定，圓光一尋，猶若金山」，便問佛陀：「本事何師？行何道法？以致斯尊。」（《彌沙塞部和醯五分律》卷五）佛典中敘及婆羅門時，也常說該婆羅門「顏貌端正，人所樂觀」（《根本說一切有部毗奈耶破僧事》卷十一）。婆羅門法中，對誕生的小孩，如果「儀容端正，人所樂觀」，就取名為「孫陀羅難陀」；如果形貌不揚，「具十八種醜陋之相，父母見已，極生不樂，名曰惡相」（《根本說一切有部毗奈耶雜事》卷二八）。小孩惡相，則不教授他婆羅門之學，不讓他成為婆羅門。

但一般所說的相貌端正，還不是婆羅門相法中最為人所看重的「大人之相」。什麼是大人相呢？《四分律》卷三一云：「我曾聞有作如是說：古昔有王，最初出世，名大人，眾所舉。」《中阿含·三十二相經》也說：諸比丘在講堂集坐，共同討論三十二相時，一致認為「甚奇甚特，大人成就三十二相，必有二處真諦不虛」。此所謂大人，即聖賢。其相於世甚為難遇，所以甚奇甚特。由此看來，婆羅門五法中所謂的「善於大人相法」，不同於「世間相論」。大人相應該是婆羅門在芸芸眾生中為了找尋理想的聖賢而標舉的理想相貌。

婆羅門大人相法的內容，現在已無法知道全貌。但是根據漢譯佛典的記載，仍可以略窺一二，即三十二相說。

漢譯的阿含部、律部、本緣部等佛典中，多處記載婆羅門的三十二相說。其中凡涉及佛陀誕生時的相貌，也都記錄了被召來看相的婆羅門相師，如《增一阿含經》云「召諸師婆羅門道士」（卷十三）、「彼城中有婆羅門名曰摩醯提利，善明外道經術」（卷四）、《太子瑞應本起經》卷上云「有道人名曰阿夷，年百餘歲，耆舊多識，明曉相法」、《方廣大莊嚴經》卷三云「時有五通神仙名阿斯陀，見菩薩生時有無量希奇之瑞」。同時，對於此說的來源，也一致指出是源於古婆羅門的經典，如《增一阿含經》云「梵志書」、「婆羅門經籍」、「我等經籍」，《南傳大藏・長部》云「我等神典」，《四分律》云「諸婆羅門書讖記所載」，《普曜經》云「如我相法」等等。是知三十二相說確實源於古婆羅門吠陀之學。

三十二相者，足安平立、足下生輪、足指纖長、足周正直、足跟踝後兩邊平滿、足兩踝滿、身毛上向、手足網縵似鷹、手足柔軟、肌皮軟細不著塵水、毛色紺青右旋、陰馬藏、上下圓相稱、手摩膝、身金色、兩手兩足兩肩及頸七處隆滿、上身大如獅子、頷如獅、脊背平直、兩肩間滿、四十齒、牙平、齒間無隙、齒白、齒通味、聲悅耳、廣長舌、眼睫如牛、眼色紺青、頂有肉髻、眉間生白毛等。這是《中阿含・三十二相經》所述之相。於今視之，固覺其怪異無倫，然卻是古印度佛教徒理想之形相，蓋亦為當時之婆羅門所欣賞崇仰之形相也。

古希臘亦甚重視人相問題。亞里士多德《體相學》說：「過去的體相學家分別依據三種方式來觀察體相；有些人從動物的類出發進行體相觀察，假定各種動物所具有的某種外形和心性。他們先議定動物有某種類型的身體，然後假設凡具有與此相似的身體者，也會具有相似的靈魂。另外某些人雖也採用這種方法，但不是從整個動物，而是只從人自身的類出發，依照某種族來區分，認為凡在外觀和稟賦方面不同的人（如埃及人、色雷斯人和期庫塞人），在心性表徵上也同樣相異。再一些人卻從顯明的性格特徵中歸納出各種不同的心性，如易怒者、膽怯者、好色者，以及各種其他表徵者。」可見體相學在希臘也是源遠流長的。

亞里士多德對以上各項觀察體相之法均不以為然，因此他參考古來相士們的說法再予改造，云：「體相學，就正如它的名字所說明的，涉及的是心性中的自然稟賦，以及作為相士研究的那些表徵的變化產物的後天習性……，相士不外是通過被相者的運動、外形、膚色、面部的習慣表情、毛髮、皮膚的光滑度、聲音、肌肉，以及身體的各個部位和總體特徵來作體相觀察。」

依他的觀察，軟毛髮者膽小、硬毛髮者勇猛。若肚腹周圍毛髮濃密，則是多嘴多舌之徵。而動作緩慢，表明性情溫馴；動作快速，則表明性情熱烈。至於聲音方面，低沉渾厚表示勇猛，尖細乏力意味怯懦。雄性較雌性更加高大強壯，四肢更加健壯光滑，各種德性也更優良。感覺遲鈍者的表徵，是脖頸與腿腳一帶肥胖、僵硬、密實，髖部滾圓，肩胛上方厚實，額頭寬大圓胖，眼神黯淡呆滯，小腿及踝骨周圍厚實、肥胖、滾圓，顎骨闊大肥厚，腰身肥胖，腿長，脖厚，臉部肥胖且長。賭徒與舞者雙臂皆短。心胸狹窄之人，四肢短小滾圓、乾燥，小眼睛，小臉盤，像科林斯人或琉卡底人。由肚臍至胸脯比由胸脯到脖頸更長著能吃，胃口很好。皮膚太黑者膽小，埃及人、埃塞俄比亞人就是這樣。皮膚太白者也膽小，譬如婦人。膚色居中者趨於勇猛。黃褐色毛髮者有膽量，譬如獅子。火紅色毛髮者狡猾，譬如狐狸。身體不勻稱者是邪惡的，雌性就帶有這種特性……。

亞里士多德的相人術，明顯帶有性別、種族之歧見。但無論如何，由其敘述可知希臘相術之大凡。相法殆亦為時所重，故亞里士多德專門寫了《體相學》一書為斯學張目。該書開宗明義說道：「身體與靈魂之間有相互作用的關係……在同一種類的動物中，必是有如外形則有如是心性。」故其體相學重在由形體觀察心性狀態，與婆羅門相人術有類似之處。

相對於古印度古希臘，中國古代相人術卻是不發達的。目前所知最早的相術書是《漢書・藝文志》形法類所記載的《相人書》二十四卷，但已亡佚。據班固說，形法這一門學問是觀察形象度數的，「大舉九州之勢，以主城廓、官舍、形人及六畜骨法之度數、器物之形容，以求其聲氣、貴賤、吉凶。猶律有長短而各徵其聲。非有鬼神，數自然也」，也就是跟相地、相宮室、相六畜、相器用等屬於同一類事。如此看待相人術，其地位便與婆羅門和古希臘殊不能相比。

當時班固所記有《宮宅地形》二十卷、《相寶劍刀》二十卷、《相六畜》三十八卷。相畜物者，其重要性似乎亦在相人之上。今出土文物中相狗相馬之簡帛甚多，獨不見相人者（馬王堆有《相馬經》、銀雀山有〈相狗方〉、雙古堆有漢簡〈相狗經〉、新出居延漢簡有《相寶劍刀經》），亦可見秦漢間所重者在相物而不在相人。

由漢至隋，相書僅存三種。《舊唐書・經籍志》則不載相書。因此，相人術及書漸盛，時代甚晚，是宋朝以後的事，非古人所重，且或許還與受佛教影響有關呢！

相術存在，當然比相書要早，但最早的相術紀錄，也只到《左傳》文公元年（前六二六）。以此術聞名者，最早為孔子同時代人，鄭國的姑布子卿。但荀子〈非相篇〉說：「相人，古之人無有也，學者不道也。古者有姑布子卿，今之世梁有唐舉，相人之形狀顏色而知其吉凶妖祥，世俗稱之。古之人無有也，學著不道也。」足證此術最早也僅能上推至姑布子卿，再往上找，就無淵源了。此法漸漸興起，與相宮宅一般，為流俗所稱，則是戰國的風氣。

這種風氣惹來荀子的批評並不足怪。因為依中國思想的一般特徵或重點而言，中國人是重內不重外的。荀子說「相形不如論心、論心不如擇術。形不勝心、心不勝術」，其實非他一家之私議，即使後世論相面相手相形體者，也仍要說「相由心轉」。《莊子・德充符》載各種德充於內而形貌醜陋畸特的人，更可以顯示思想家對體貌體相不甚重視。

如莊子這類說法，在婆羅門或亞里士多德那兒，就都是不可想像的。因為依他們的看法，外形與心性是相合的，外貌醜陋者，心性也必不美不善。莊子、荀子則相反。荀子說：「仲尼之狀面如彭蜞。周公之狀身如斷菑。皐陶之狀，色如削瓜。傅說之狀，身如植鰭。伊尹之狀面無鬚眉。禹跳、湯偏。」聖賢都長得難看，壞人卻不然：「古者桀紂長巨佼美，天下之傑也；筋力越勁，百人之敵也。今世俗之亂君，鄉曲之儇子莫不美麗窈窕。」因此他們主張不必論形相之美惡。

二、不以人體為審美對象

比較東西方的體相觀是非常有趣的事。蘇美文化、古希臘、古印度都有造相的文化，或以銅鑄人面人首人身，或以石雕，或以塑相，用以崇拜，十分普遍。但在中國，出土千萬件青銅器，除了三星堆有人形及面飾之外，絕不見鑄像人體者（三星堆文化也因此顯然與中原地區不同），且即使是三星堆，人相也未必是用來祭祀的。

據瞿兌之《養和室隨筆》考證，《魏書・崔挺傳》言「光州故夷莫不悲戚，共鑄八尺銅像於城東廣因寺」，是鑄銅像以資紀念之始，時代甚晚，且是夷人所為，與希臘喜歡以銅像紀念人的風氣恰可說南轅北轍。上古石刻也不見人相雕石，祭祀則用木主，不立圖相、不塑人形。故古希臘古印度是造相的文化，我國是不造相的文化。古希臘等文化又常刻塑人體，以為美善之欣賞崇拜對象，這個觀念或行為在中國亦絕不存在。

這些古文化的差異，即本於彼此不同之體相觀。中國不但不像古希臘古印度那麼重視體相之美，認為應重心而不重形；甚且我們認為形體非審美之對象，衣裳才是。赤身露體，那種原始形體，相對於衣裳冠冕黼黻，乃是可羞的。因為衣裳等等才是文化，赤身露體則是非文化、無文化的樣態。故赤身跣足肉袒以見人，若非羞辱自己便是羞辱他人。如廉頗向藺相如左袒負荊請罪，就是自居罪人；禰衡肉袒擊鼓罵曹操，即是用以羞辱別人。我們不曾有過人體藝術；自古崇拜天神、人王、父祖，也都不塑相。制俑者更被孔子批評，謂其「相人而用之」，甚為缺德。是人不必相、不可相，相亦無意義也。後世塑相造相之風，乃受佛教影響，始漸昌盛。

換言之，中國體相觀的第一個特點是不重形相之美，亦無人身形相崇拜（為了強調這一點，往往會故意說醜形者德充、形美者不善）。第二個特點是形德分離，「美人」未必指形貌好，通常是說德性好。三是不以形體為審美對象，而重視衣裳之文化意義及審美價值。

古來傳說，黃帝軒轅氏之後為縲祖，即能制蠶絲為衣。相較於其他民族之以獸皮為衣，則此自為華族之特色。其後「堯舜垂衣裳而天下治」，更說明瞭中華文明之特點正在服飾。故以往中國往往以「上國衣冠」自居，自認為其文化高於周邊民族，唐王維詩所謂「萬國衣冠拜冕旒」者，即指此而言。歷來帝王建立新政權亦無不以「易服色」為首務、重務。這即是以衣飾為一個時代文化之代表的思想的具體表現。且以蠶絲制衣之發明，也令其他文明視蠶衣為中國之代表，就像後來他國也常用茶跟瓷器來代表中國那樣。

推而廣之，遂亦有以衣裳喻說思想者，如顏元《存性編・桃喻性》云：「天道渾淪，譬之棉桃：殼包棉，陰陽也；四瓣，元、亨、利、貞也；軋、彈、紡、織，二氣四德流行以生萬物也；成布而裁之為衣，生人也；領、袖、襟裾，四肢、五官、百骸，性之氣質也。領可護項，袖可藏手，襟裾可蔽前後，即目能視、子能孝、臣能忠之屬也，其情其才，皆此物此事，豈有他哉！不得謂棉桃中四瓣是棉，軋、彈、紡、織是棉，而至製成衣衫即非棉也，又不得謂正幅、直縫是棉，斜幅、旁殺即非是棉也。如是，則氣質與性，是一是二？而可謂性本善，氣質偏有惡乎？」

古人論美，更常就「黼黻文繡之美」（《禮記・郊特牲》）說。說容，也不只指容貌，而是就衣飾說，如《荀子・非十二子》云：「士君子之容，其冠峻，其衣逢；其容良，儼然、壯然、祺然、棣然、恢恢然、廣廣然、昭昭然、蕩蕩然，是父兄之容也。」這衣冠黼黻文章，就是古代「文」的意思，一民族、一時代乃至一個人的文化即顯示於此。像希臘那樣以裸身人體為美者，古人將以之為不知羞，謂其野蠻、原始、無文化也。

像印度那樣造相論相者，古人亦將以為無聊。因此在我國絕無《造相量度經》、《三十二相經》那樣的經典；論佛相塑法畫法，也只說「吳帶當風」、「曹衣出水」，仍是就衣服講。在我國，論相也一直只是旁支末流之學，與婆羅門之重視論相、佛教之有「佛身信仰」迥異。後雖受佛教影響，造相之風漸盛，但思想上終究以此為流俗信仰。中國佛教哲學更是強調「不著相」，曰「若以相見，以聲音求，是行邪道，不見如來」。中國人的價值判斷，亦是以「著相」為劣，強調凡做人做事都不可太著相。

即或要觀相、見相，大抵也非「觀相」而是「觀象」。《尚書・益稷》載舜向禹說道：「余欲觀古人之象：日月星辰山龍華蟲作繪、宗彝藻火粉米黼黻絺繡，以五采彰施於五色作服，汝明！」把日、月、星辰、山、龍、華蟲繪在衣上，把宗彝、藻、火、粉米、黼黻繡在裳上；或加以差參變化，如以日月星三辰為旗旐，以龍為袞，以華蟲為冕，以虎為毳；或以之為上下級秩之分，如公用龍以下諸圖案，侯用華蟲以下諸圖象，子用藻火以下各象，卿大夫用粉米以下等等。此即為象也。象非人體形相，乃是秩宗之職、章服之制、尊卑之別，整體表現於衣飾上。觀此圖象，即見文明。故舜問禹曰：汝明白乎？

這就是「以五采彰施於五色作服」以為文明的想法。象不以形見，文明不由體相上看，故《易》論「文」，以虎豹之紋為說。人身體上的衣服，則如虎豹之紋。其論文明文化，也從不指人體。坤六五「黃裳在其中，而暢於四肢，發於事業，美之至矣」，即為一證。此不僅可見文明文化是由衣裳上說，更可見中國人論美，不重形美而重視內在美，是要由內美再宣暢於形貌四肢的。

三、不以心體為二元對立

當然，也不是說中國人即不談形體。例如作《易》者仰觀俯察，「近取諸身，遠取諸物，於是始作八卦，以通神明之德、以類萬物之情」，其近取諸身者，固亦不乏由耳目四肢處取象觀象之例。〈說卦傳〉即曾說「乾為首，坤為腹，震為足，巽為股，坎為耳，離為目，艮為手，兌為口」，又說「巽為木。……其為人也，為寡髮、為廣顙、為多白眼，其究為躁卦」，「坎為水。……其於人也，為加憂，為心病，為耳痛，為血卦」，「離為火。其於人也，為大腹，為乾卦」。這類說解，可具體看出所謂近取諸身是怎麼回事。

但這兩段的性質或許並不相同。前者係對近取諸身的說明。後者則近乎占法，且某卦象某的解釋，常把「其於人也」和「其於馬也」相提並說，因此我懷疑這是相人、相馬法興起後，以易象為占之例。所得之象也多非吉相，或躁、或血、或乾。以廣顙為躁為臭，更與古印度相法迥異。

其實，〈說卦〉為後起文獻，上古之身體思維，還應從卦爻辭裡去找。整個卦取象於人體者，有頤卦、噬嗑卦。頤是腮幫子，噬嗑是咀嚼。顯然口舌是最受重視的部分。但咸卦上六云「咸其輔頰舌」，象曰「咸其輔頰舌，騰口說也」，似乎口舌之受重視，除了重視飲食之外，還有慎言語之義。

而咸這個卦是指感通的，感通不只發生在兩個個體之間，也強調一身之內的感通，故其卦以二氣相感、男女應和為說，取象乃多就一己身體立論，云：「初六，咸其拇」，「六二，咸其腓，凶，居吉」，「九三，咸其股，執其隨，往吝」，「九五，咸其脢，無悔」，「上六，咸其輔頰舌」。取象由腳拇指而小腿肚而大腿股而背上肉而臉上，從人腳上微微有感覺，講到騰其口說，感人以言。意謂自己有感有動，才能感動別人，物與物之感知要由自己身體間的感知來體會。

這個卦，取象由腳講起，也顯示了古人對足之重視。同樣態度者尚有履卦、大壯卦。履卦即是以腳履物之象。大壯卦也講履，象曰「君子以非禮弗履」，故初九為「壯於趾，徵凶，有孚」。大概古人以足代表行動，因此「心之所之」為「志」，之就是趾；武字從戈從止，即象人持戈去打仗。但止又是靜止，止戈為武，止字正反合義。卦象所示則為艮卦。艮，止也，「初六，艮其趾無咎，利永貞」，象曰「艮其趾，未失正也」，在時機不妥時，行動就要謹慎，要止於其所。這個卦，也是由趾講到「艮其腓」、「艮其限（腰胯），列其夤（膂），厲熏心」、「艮其身」、「艮其輔，言有序」的，與咸卦正好相對。

相對於《易經》這種由下而上的講法，《尚書》卻又不同，它把君臣關係喻為頭與股肱耳目，所以帝王是「元」、「首」。舜曾告禹說「臣作朕股肱耳目，餘欲左右有民，汝翼」，希望臣子居輔翼地位。故其歌曰：「股肱喜哉！元首起哉！百工熙哉！」皋陶則歌曰：「元首明哉！股肱良哉！庶事康哉！」「元首叢脞哉！股肱惰哉！」玩其歌意，乃皋陶認為君臣關係是呼應配合而非領導指令的。故君說臣若喜則元首起，百工咸熙；臣則說元首明達大家才好做事，君若過於瑣碎，誰也懶得做，政事自然就荒墮了。元首與股肱，看來並無高下後先之別。其取象，以君為元首，殆與論動止而以腳為主相似，君為政事動止之關鍵也。故《易經》與《易》雖若有首足之異，身體思維並無二致。

《詩經》則較特殊，無由形體起興或以形體為喻者，對形體的描述與重點，也和《易》、《書》頗不相同。它甚少直接講形體。少數講形體的例子是〈碩人〉，謂「碩人其頎」，個子高；「手如柔荑，膚如凝脂，領如蝤蠐，齒如瓠犀，螓首蛾眉，巧笑倩兮，美目盼兮」。因為講得太美了，令人印象深刻，故可能會讓人誤以為《詩經》論形體者甚多，其實不然。我國要到魏晉以後才比較強調人體美。且只是以物喻形體，非以形體喻事物，故與《易》、《書》不同。

又，它所形容的美，特別重視髮，如〈盧令〉：「盧令含，其人美且仁」，「盧重環，其人美且鬈」，「盧重鋂，其人美且偲」。美在此專指形貌，亦與《易》、《書》不同，且強調鬢鬚髮好、鬍子多。〈君子偕老〉云「玼兮玼兮，其之翟也，鬒髮如雲，不屑髢也」，亦是如此。黑髮如雲，見者驚為神人。講得固然好，但只是對形貌的形容，非思維身體，亦未由形體起思，故在這方面實不及《易》與《書》。

但無論如何，這些早期文獻仍有共通之處，那就是格外重視心。如〈盤庚下〉云「今餘其敷心腹腎腸，歷告爾百姓於朕志」，心腹腎腸雖也是身體的一部分，可是相對於四肢髮膚形相，乃是內在的部分。這些器官也可總括為「心」一詞。如我們說「把心底話掏出來講」，就也可以說是「披肝瀝膽」、「敢布腹心」、「剖心挖肺」等等。心，代表人的內在，包括思維、情感、道德各類。故《素問・靈蘭祕典論》云「心者，君主之官也，神明出焉」，《靈樞・邪容》云「心者，五臟六腑之大主也，精神之所舍也」。這類具體說明心之作用的言論；也許出現較晚，但這樣的觀念應該在夏商周早已通行，因為《易》、《書》、《詩》中凡講到心之處無不如此。〈洪範〉曰「汝則有大疑，謀及乃心」，

〈盤庚中〉曰「汝不憂朕心之攸困，乃咸大不宣乃心，欽念以忱，動餘一人」、「今餘命汝一，無起穢以自臭，恐人倚乃身，迂乃心」，〈盤庚上〉曰「汝猷黜乃心，毋傲從康」，均為其例。

這樣的例子太多，不具引。但是，我要提醒大家注意：心固然重要，固然也可視為內在部分，與其他的形體部分相對起來，形成「心／形」、「內／外」的關係，但是，我國並不像希伯來宗教或佛教那樣，發展成重內輕外、二者對立的態度。我們對身體的崇拜，不如古希臘、古印度；對身體的否棄，也不如希伯來宗教和佛教。

依希伯來宗教之見，人雖然是上帝依其形象所造，但卻為欲望所牽引而墮落了，故靈魂是深陷在肉體欲望中的。它講人的感受和思想，也講心（leb/lebab）而不說腦。另外還有一個靈（neshemah）字，指由神賜予生命的能力，接近中國人所講的天性。然此非生而有之，乃出於神之恩賜。受恩賜者才能不受肉身之驅使，過著聖潔的生活。故肉體是要捨棄的，「將身體獻上當活祭，是聖潔的，是神所喜悅的」。後世天主教修道士發展出各類修煉方法及各種懺悔文學，無非發揮此旨，欲克制肉情以求靈魂之淨化。在其思想中，靈魂與肉體恰是對立的：靈屬於上帝，肉則為魔鬼所攝。

佛教雖從婆羅門處沿襲不少形體崇拜之觀念，但因其有著反婆羅門之態度，故逐漸形成了「以身為幻」的講法。由佛身信仰進而言法身，由形體崇拜進而言捨離。要脫卻臭皮囊，證到無生無滅，離開這個生滅煩惱不斷的塵世。故所重者為佛性、為法性，所欲破斥者為對肉體生命的執著。

它們都是二元對立式的，認為「腐朽的肉體重重壓著靈魂」，拖著把人往下拉，才使人不能與上帝的神性契合。一人即使「衷心喜悅天主的律法，可是他肢體之中另有一種律法，和他內心的律法相抗，把他囚禁於肢體的罪惡律法中」（奧古斯丁《懺悔錄》卷七，引《羅馬書》七章二十一、二十三節）。

中國則非「肉體／精神」、「神性／欲望」之類二元截然對立之格局，而是主從關係。心，既為五臟六腑之主，亦為體之一部分，非能與體相對之物。故雖如孟子之強調心性，亦不至於要黜體去欲，只說「大體」與「小體」，謂人能從其大體者為君子，從其小體者便為嗜欲之人。可見心與肉體都是體，人被視為是精神與形體整全的存在。沒有人會像笛卡爾那樣，區判身心，視其為兩個能以自身形式存在的不同實體，並謂心靈不必依附肉體，反之亦然。

我國當然也有不甚重身之思想。如老子說：「吾之所以有大患者，為吾有身。」身體或為局限，不如心意精神之能超越形軀時空；或有依賴，依賴衣食水穀等，不如心神志意可以自為主宰、「無待」。故有身即有患。老莊講逍遙無為，須把身形這一面忘掉或無掉，儒家講身形終將滅沒，精神力量（如德、功、言）卻足以壽世「不朽」，都表現了重心而輕身形的想法。

縱然如此，在大方向上，整個中國哲學仍是形神相合、身心合一的。孔子善於攝生，可見於《論語．鄉黨》。孟子講「踐形」，老子也說要「長生久視」。且心為形之主，養心固即所以養形也。整個型態與佛教或基督教極為不同。

後世如嵇康《養生論》說「形恃神以立，神須形以存」、陶弘景說「凡質象所結，不過形神。形神合時，則是人是物。形神若離，則是靈是鬼」（《華陽隱居集．答朝士訪仙佛兩法體書》）、葛洪說「苟能全正氣不衰，形神相衛，莫能傷也」（《抱朴子內篇．極言》）、《老子西升經》說「形不得神，不能自主；神不得形，不能自成。形神合同，更相生成」等等，均可證明形神相合是中國哲學身體觀之基本方向。唐宋以後人喜歡說「性命雙修」，亦仍是如此。

正因形體非罪惡、虛幻、臭穢或須否棄之物，故取象於身體，如《易經》、《書經》那樣，在中國是非常普遍的。儒家如董仲舒《春秋繁露》說：「人之形體，化天數而成；人之血氣，化天志而仁……。人之身，首圓，象天容也；髮象星辰也；耳目戾戾，象日月也；鼻口呼吸，象風氣也；胸中達知，象神明也；腹胞實虛，象百物也。……身猶天也，數與之相參。……故小節三百六十六，副日數也。大節十二分，副月數也。內有五臟，副五行也。外有四肢，副四時數也。」道教如《太平經》說「頭圓，天也。足方，地也。四肢，四時也。五臟，五行也。耳目口鼻，七政三光也」（卷三五）。《黃庭經》更是把身體形容成天地，要人觀此內景，〈梁丘子注序〉說：「內者，心也，景者，象也。外喻即日月、星辰、雲霞之色，內喻即筋骨臟腑之象。」這些擬象或象喻，就是順著上古《易經》、《書經》那樣的身體觀而發展來的。

流類所及，中國人不但會把身體想像成一個小天地小宇宙，也會把物事視為身體。像文學，就以文體論為主，如《文心雕龍》說：「才童學文，宜正體製：必以情志為神明，事義為骨髓，辭采為肌膚，宮商為聲氣」、「百節成體，共資榮衛」等等。論書法也說書體。體，兼有體製和風格之義。正像人體，除非是個死人，否則一站出來，其形體便應可同時令人看見體格形貌和精神氣志的綜合狀態。此等論文談藝之法。據錢鍾書考察，也是西方所無的（見其〈中國固有文學批評的一個特點〉一文）。

四、知覺體驗與氣類感通

由於上述所論，故中國人講體時，常就心的活動講，如體察、體驗、體認、體證、體悟、體貼、體會等詞均是如此。這些詞，在中國哲學或中國人的理解活動中又都極重要。不重視這些語詞或不懂，就不可能懂得中國哲學、不可能理解中國人。

體會、體驗、體貼、體察等等，都是以體驗之、而又驗之於體的行為，得之於整個身心，故與僅賴知識性的認知活動並不相同。認知性的理解及依此方法建立的認識論，只依據理性與知識。但人類百分之五十以上的溝通，是靠肢體語言、面部表情、聲調語態等傳遞的，非單憑「認識」即能了解。

其次，認識論所說的認識或認知，也非視覺問題。我們常把認識性質的東西稱為「耳目聞見之知」，但事實上，視覺、聽覺的覺，重點正在「覺」。這個覺，乃是與味覺、觸覺以及心裡的各種悲喜愉戚諸感覺相聯相貫的。耳目之見之知，其實是這一種。而認識論層次所涉及者則不然，它實只是理性的構作，以命題或字詞之定義與編組來認識世界，再以此為知識，令人記誦、熟悉罷了。故彼是認知而非知覺。

再次，體察體會，乃是用心進入對象之內的理解，非客觀認識，而是在主客交融狀態中達成理解。因此張載《正蒙・大心篇》說「物有未體，則心為有外」，《朱子語類》載「問：物有未體，則心為有外。此體字是體察之體否？曰：須認得如何喚做體察。今官司文書行移，所謂體量體究是這樣體字。或曰：是將自家這身入那事物裡面去體認否？曰：然」，又「問：物有未體，則心為有外。體之義如何？曰：此是置心在物中，究見其理」。（均見卷九八）

又次，以認識、知識為主的哲學，不但會貶抑知覺、漠視知覺，更須有一種特別的身體觀：一方面把人體看成客觀時間和外在世界中一個物事，因此可以客觀研究，討論其體骸以及心理機能、知覺現象；另一方面把人與其他物事分開來，認為人體與其他物體之不同，在於人有意識有理性，因此可以從意識來理解人的存在。換言之，身體有兩個，一是在時空中具體存在之物，一是以思維認知世界之我。

在西方哲學中，直到梅洛・龐蒂（Maurice Merleau Ponty）《知覺現象學》才對此提出批評，反對西方傳統偏見以迄笛卡爾主義「我思故我在」式的身體觀，強調體驗之重要：

我們因笛卡爾主義的傳統而習慣於依賴客體。……存在一詞只有兩種意義：人作為物體存在，或作為意識存在。但實際上，身體本身的體驗向我們顯示了一種模稜兩可的存在方式。……身體不是一個物體，我對身體的意識也不只是思想。……身體的統一性始終是不明確和含糊的。（第一部分第六章）

心理現象及其特性，不再是客觀時空及外部世界中之一事，而是要從我們內部談論的。是其持續的湧現，不斷地把它的過去、它的身體和它的世界集中於自己的一個事件。……成為一個意識，或成為一個「體驗」，就是內在地與世界、身體和他人建立聯繫。和它們在一起，而不是站在它們旁邊。……若心理學家能意識到自己是物體中的一個，他必能重新發現自己是體驗。即對過去、世界、身體和他人無間隔地呈現。（第一部分第二章）

不管是他人的身體還是我的身體，除了體驗他，即接受貫穿身體的生活事件及與身體融合在一起，我沒有別的手段認識人體。……相應地，我的身體作為一個自然主體、作為我整個存在的一個暫時型態，我是我的身體。因此，身體本身的體驗，與「反省」相反。反省是從主體中得出客體，從客體中得出主體，僅給予我們身體的觀念和觀念的身體，而非身體的體驗和實在的身體。（第一部分第六章）

他的語言，因為要跟他的傳統爭辯，故顯得夾纏；其觀念，因仍無法徹底擺脫西方傳統之羈絆，故亦不夠清晰。但上引第一段文句已明顯可以看出他是反對主客、身心分離分立的，主張心與體合一。這種合一，是互相蘊涵、互相穿透，所以他說兩者統一於含糊不明確之中，不可能析分何者為物體、何者為意識。這是針對笛卡爾主義的批評。

第二段，講我與他人、與世界的關係。這個關係就是體驗。用孟子的話說，叫作「他人有心，余忖度之」。內在地與他人、世界建立聯繫，而非客觀認知分析，通過這樣去體驗一切物事，其體驗即為人之心理內容。我之所以為我，也就是我所體驗者，即：以體驗之，驗之於體。在通於人我的同時，體證於己，而又成就於己。

第三段，則分辨反省與體驗之不同。反省，是西方哲學的主要方法，體驗則為我國哲學所需要及強調者。梅洛・龐蒂說：「在理智主義看來，反省就是遠離及客觀化感覺，使一個能看見這種分離和令此分離存在的空洞主體出現於感覺之前。」（第二部分第一章）因此他一方面批判反省，一方面指出新的思路，認為今後如說反省「就是重新發現非反省」，且只有體驗之法才能真正令人重獲知覺。

梅洛・龐蒂又說：只有用體驗的方法，意識與世界才沒有距離。在知覺中，我們不思考物體，也不認為自己是有思維能力的人，我們屬於物體，我們與身體融合在一起。這時，人就是一個「共通的感覺體」，由體驗可體驗到主體的統一性和客體的感覺間統一性（第二部分第一章）。這個講法更接近中國哲學。

前面談過《易經》的咸卦，咸即感通之意。而這個卦就是由身體間的感通、主體的統一性，講到男女、陰陽、萬物之感通。後世論「仁」、論「萬物與我為一」，亦皆是如此。故咸之彖曰：「聖人感人心而天下和平，觀其所感，而天地萬物之情可見矣。」咸卦以腳趾、小腿肚、大腿股、背上肉、臉上肉、口舌來象喻天地萬物，則又是梅洛・龐蒂所說「把身體的各部分當作世界的一般象徵來使用」。藉梅洛・龐蒂之說來解釋我國身心合一的身體觀、近取諸身的方法、強調體驗感通的哲學，是因其說正是針對西方傳統的反思。中西方身體觀如此之不同，當梅洛・龐蒂反思西方傳統、欲求改革時，自然會與中國思想頗有合轍之處。

但其思想與中國仍有根本之不同。無論他如何說身心合一，仍是偏於身體一邊的；講知覺，也只是感官的知覺。中國人講心，卻不只是感官的作用；講體會、體驗，亦不只是知覺。

其次，他從「知覺場」論知覺，故其身體是在這個「場」中的。在時間、空間、上下、深度、運動、自然世界、人的世界以及主觀空間之中。這樣的場，仍是具體的、有時空座標的。中國人講體驗體會體貼或感通，則不如此，而是由氣類說。如咸之象曰：「咸，感也。柔上而剛下，二氣感應以相與，止而悅。」有時同聲相應、同類相求，雖時地睽隔，猶能千古遙契、莫逆於心，此時這個場就會「其大無外」。有時驗之於心，說某某義理「是自家體貼來的」，自得通感，此時所謂場，便又「其小無內」。故實亦無場可說，乃是氣之流轉、類之感通。

氣，既在體與體之間，又在身體之內。身體內部，除了血肉骨骸臟腑等西方人也講的器官之外，中國人特別講氣，又由氣血之運行而講經脈。號稱黃帝所傳之醫書《黃帝內經》，即言經絡。此書雖晚出，但應保留了若干上古遺說。近年出土簡帛也證明戰國時期已有了經絡之書與授受傳承。我們若再考慮到古人用針、用砭石的時代之早，就更可知道這些經絡血氣之說絕對是淵源有自的。

後世，血脈氣脈又常被轉用為道的傳授、父祖以來的血緣、事物的關鍵甚至於文脈的意思。從「臣此一劄正與前劄血脈貫通」（彭龜年《止堂集》卷二〈乞復祖宗舊制重經筵親儒士置夜直之員疏〉）

的用例可以看出，「血脈」又用來指複數事物之間內容的一貫性。中國人講讀書、講理解也都非常強調它，如：「經書正須要讀，如史書要見事變之血脈，不可不熟」（《朱子語類》卷一一九）、「大抵某之解經，只是順聖賢語意，看其血脈貫通處，為之解釋。不敢自以己意說道理也」（同上，卷五二）、「凡傳文雜引經傳，若無統紀。然文理接續，血脈貫通，深淺始終，至為精密。熟讀詳味，久當見之」（《大學或問》）。血脈即是氣脈，故朱子又說「子孫這身在此，祖宗之氣便在此，他是有個血脈貫通」（《語類》卷三），就氣說脈，甚為明顯。

也就是說，以氣言體恐怕是非常古老的傳統，後世不只醫學、不只言人體，在其他領域講體，大抵也保留了這樣的傳統。例如文學史上第一篇文學批評論著《典論・論文》就說文學創作「引氣不齊，雖在父兄，不可以移子弟」，又說「文之清濁有體」。創作是氣的作用，而文體則為清濁之氣的顯現。這就是以氣言體的。現在漢語中指化學意義的氣，仍習慣將氣與體連結成「氣體」一詞。適可證明中國人觀念中氣與體是複合互訓之詞，氣即是體，體即是氣，氣結為體，氣散則亡，歸體太虛矣。

第二講　飲食：禮文肇興

上古文明的性質
特重飲食的文明
飲食思維的傳統
飲食文明中的人生與宗教
飲食文明中的政治與禮教

一、上古文明的性質

論文明，就不能不提這個「文」字。但一般由倉頡造字講，其實只講了「文」的文字義。中國人的文的觀念，絕不只是文字。例如《易經》說「天文」、「地文」、「人文」、「文明」，或「大人虎變，其文炳也」的「文」，就都不是字。

「大人虎變，其文炳也」、「君子豹變，其文蔚也」的文，是花紋的意思；凡物有紋理紋路紋飾者，也均可以文形容之。這是文的基本涵義。

日人白川靜認為文之所以由花紋得義，主要是因紋身來的，並不是從虎豹的斑紋得義。世界上許多民族早期都有紋身的習俗，他判斷中國古代也有（只是後來不繼，到春秋戰國時期就僅吳越尚有「斷髮紋身」之俗）。而人之所以要紋面涅膚，則多用於禮儀的目的，以紋身代表成年、已婚、權威、勇力、美觀等，增加自己在部族間的地位。即使過世了，也常要在屍身上施以彩繪，將屍體聖化。故「文」這個字，就有修飾以神聖化的意涵。已逝之父稱文父、已逝之母謂文母、先祖曰文祖，均是對亡者推崇之語，文謂優越之德也。殷商後期，已開始用文武來形容王者的德性，如盤庚的第四子名武丁，其曾孫名武乙，其子名文武丁。周則以文為王者之廟號，如周文王。《周書・謚法篇》更說「經天緯地曰文」、「道德博厚曰文」、「勤學好問曰文」、「慈惠愛民曰文」、「愍民惠禮曰文」、「錫民爵位曰文」，顯然周朝是把文的意義擴大並加以強調了。孔子稱周朝「郁郁乎文哉」者，正以此故。

「文」最早即由紋身得義？恐怕不見得。許多民族固然有紋身為飾之風俗，中國古代或許也曾有過這麼一個時期，但極早就強調用以顯示成年、已婚、權威、勇力、美觀的辦法，是衣裳冠冕，而非紋身。紋不紋身，正是中國與其他民族差異之所在。因此白川靜想建立一個「紋身文化圈」的想法未必符合史實。但他論中國古代文化，第一章就談文這個觀念，可謂探驪得珠，謂文為修飾以神聖化，基本上也是對的。文，代表著人由原始狀態逐漸修飾以增進其神聖性及優越價值的一切活動，包括紋身或冕冠衣裳。

這個字後來也以「文章」、「文明」、「文化」來代稱，意義卻並無不同。文章者，謂文明彰煥也；文明者，謂人以文明脫離暗昧也；文化者，謂文明可以變化樸鄙也。大人君子，由於有了文化才顯得炳蔚彰煥。

文，在此便包攝一切文化而說。文至周而郁郁彬彬，則顯示古人認為夏商周三代中周之文化最為美備。但如此美備之文化又是從何發展而來呢？

在摩爾根（Lewis Henry Morgan）的《古代社會》一書中，把文化分成：1.生活資料，2.政治，3.語言，4.家族，5.宗教，6.居住方式和建築，7.財產等方面，來觀察人類如何由蒙昧社會進化至野蠻社會，再進而至文明社會。文化是否即指這七個方面，當然大可爭議，不過即使暫依其所述，他所講的文化進程仍與我國大相逕庭。

依其說，「蒙昧社會」已知用火、用弓；「低級野蠻社會」自知製陶始；「中級野蠻社會」自知用土石建築及知畜養動物（東半球）、種植物（西半球）始；「高級野蠻社會」自知製鐵器始；「文明社會」自知用語文始。

此論甚謬：製陶術未必晚於畜牧術；農業之起殆亦與牧畜同時；埃及、蘇美、印度、墨西哥、祕魯、中國更均在鐵器時代以前，甚至青銅時代以前即已創製語文進入文明社會了。

但馬克思深受摩爾根影響。他把摩爾根所說在蒙昧時期兄弟與姐妹間互相集體通婚的血婚制家族型態，視為人類第一種社會組織形式，且為最早的原始公社。在這種原始公社之後，則是一種亞細亞的生產方式，但仍保持著血緣親屬關係的殘餘。由此再向奴隸社會過渡。

後來馬克思學說被應用到中國史上，引生了無窮爭辯。一九七六年郭沫若主編的《中國史稿》是以黃帝前為原始公社期，黃帝經堯舜至禹為原始社會到奴隸社會的過渡，夏商周是奴隸社會，春秋才開始了封建社會。可是相關爭論並未停止，至今也還在爭辯中。

黃彰健認為不應用這種框架去硬套，若以《左傳》、《國語》所述來推測，炎帝氏以火紀、黃帝氏以雲紀，其時應已有國家組織，已由氏族部落發展為國家，而且擁有賜姓、胙土、命氏三要素的封建制度。因此當時早已非原始民族，不唯不能以「原始公社」來形容，也不宜用人類學家對原始部落的調查資料來比附（一九九六中研院史語所《中國遠古史研究》）。

我這本書非社會史，故不擬在此詳論中國古代社會的性質。且我一來不主張建立一種文化進化類型階段理論，二來更反對用這樣一種理論來套著講中國史，因此以下我也不會照他們那些講法來講。相較於其他文明，中國自有其獨立的特徵。

例如，在石器時代與銅器時代之間，我們可能就有一個其他文明所無的玉器時代。玉本是石之美者，但古人對玉的看法及玉在社會上的作用，絕非石所能比擬。《汲冢周書・世俘解》云「商王紂取天智玉琰縫身厚以自焚……焚玉四千……凡武王俘商舊玉億有百萬」，玉為世所重，豈石能比哉？中國人重視玉，早在新石器時代晚期、銅器時代之前。

而這就有幾個問題：第一，所謂「石器時代」、「銅器時代」，是以生產工具為標準的劃分，但玉並非生產工具。對玉的重視，起於一種觀念，或認為玉美、或認為玉有德義可說、或認為玉可通神靈。

總之玉非實用性生產工具，然其所獲之重視，絕非石、銅所能及，乃是中國人思想的一種表現。

第二，石器之後代之以銅，銅器之後用之以鐵。生產工具進步之後，舊的器械便不會再受重視了。銅器、鐵器時代玉已非生產工具，但以玉作為飾物（以彰其美善之義）、禮器（以彰其通神靈之義）卻依然極盛。

第三，玉器硬度約在六至六．五度之間，即使在青銅時代也無任何金屬工具可以雕鑿，非用解玉沙不可。既用解玉沙就非有輪盤旋車不可。《越絕書》說黃帝時已用玉兵，則以輪軸治玉、作陶，為時似均甚早。能夠擁有如此技術之團體，也絕非原始部落。

第四，玉之產地，除雍州、藍田、南陽豫山等處有小宗出產外，以崑崙最著名。崑山之玉，在那麼早就能東至中原，且被廣泛使用，更可證明彼時之勢力範圍、取得遠方異物的本領、商旅貿易來往之多，均已非氏族都落或原始公社時代了。

第五，玉器在石器時代晚期開始被重視之後，整個青銅時代（夏、商、周）瑞玉、祭玉、葬玉之用，其實越來越普遍。故所謂「青銅時代」這樣的稱呼也未必妥帖。在那樣的時代中，是玉還是青銅才更具代表性，實在難說。

又，所謂青銅時代，本來指的是以青銅作為主要生產工具之時代。但據已發掘之資料觀之，萬餘件青銅器中，禮樂器最重，兵車器最多，農工器反而最少。所以有些研究者認為那個時代根本不用青銅農具，有些人則認為可能還有其他原因。但無論如何，這個現象豈不說明了古史學界現今普遍運用的一些框架概念，放在中國古史的解釋上，確實會出現許多問題嗎？我們不見得要堅持中國文化特殊論，可是，談中國史，畢竟還是由中國的實際狀況出發會比較好些。

二、特重飲食的文明

仍由青銅說起。古雖有黃帝「鼎湖龍馭」的故事，似乎黃帝已知鑄鼎，但《墨子・耕柱》有云「昔者夏后開……採金於山川，而陶鑄之於昆吾」，鑄銅蔚為風氣，咸信是夏朝才有的，夏禹鑄九鼎之傳說尤為世人所重。但如此即應注意：墨子說鑄銅時用的語詞是採「金」。中國古代說金就是指銅，而非金銀之金。這便與其他文明迥然不同。古埃及、古希臘、蘇美文化均有大量金銀器，唯中國用金較少也較晚。金的雕飾製作要到春秋戰國才較發達，在殷周，稱為吉金的，都是銅。

採金鑄器，先是用純銅，稱為紅銅。再而用銅錫合金，是為青銅。青銅器可概分為禮樂器（如鼎彝）、樂器（如鐘鐃）、兵器（如戈矛）、車器（如鑾軸）、農工器（如刀鏟）、雜器等之類。但有趣的是，所謂禮器，大抵就是食器。而這也與其他文明不同。

禹鑄九鼎的「鼎」就是主要的食器。直到現在，閩南語仍稱鍋子為鼎。而鼎卻又是政權的象徵，爭政權就叫作「問鼎」。入朝做官跟寧願退隱江湖的人相比，則稱為「鐘鼎山林、人各有志」。有錢的大戶可以用旁的形容詞去描述，「鼎食人家」卻只能指有政治勢力的世家。鼎這種食器為何竟有如此重大的政治及權力意涵呢？禮器為何又多是食器呢？須知兵器、車器、農器、工器都不可能用為禮器，只有食器可以。何以食器有此地位？

答案不難索解。《禮記・禮運》早已講過「禮之初，始諸飲食」，又說「禮必本於天，動而之地，列而之事，變而從時，協於分藝。其居人也曰養，其行之以貨力辭讓：飲食、冠、婚、喪、祭、射、御、朝聘」。

古人的觀念認為人要生存就需脫離競爭搶奪資源的狀況，以「貨力辭讓」來安排分配之，此即禮之所由起也。覓食求生是古時最基本的問題，故禮亦起於會餐分食之頃。由飲食乃有生命；有生命乃能長大成人，而遂有冠有婚有喪；有個人而後才有群體，群體間才需有祭射御朝聘等禮以「協於分藝」，才能形成一個彬彬有禮的社會。這是後世儒者對禮的發展及其內涵之解釋。亦唯有如此解釋，才能說明禮器與食器混同的現象，也才能表徵出中國政治學以「養」為內涵的特點。

禮器中鼎、彝、爵、尊、盤、觚均為主要飲食器。以酒食敬神或敬人即是禮。此可稱為「禮食一如」。一個民族須是如此重視飲食，才會從飲食的角度看待禮的問題，此可稱為「特重飲食」。

正因特重飲食，故銅器之中食器之繁，令人歎為觀止。以酒器來說，釀酒的罍、貯酒的壺、貯酒而備斟的尊、裝滿以備移送的卣、溫酒的斝、斟酒的升、飲酒的觶、可溫酒而飲的爵、可燙酒的觚，以至盉、卮、杯、觴等，簡直不勝枚舉。其中爵又用為爵位之爵、尊用為尊長之尊、孔子以「觚不觚，觚哉」喻說政治抱負、莊子以「卮言日出」形容自己說話的方式，則明顯是飲食事物在思維活動中的延伸。

過去曾有人主張中國人種外來說，青銅文化過去也有外來說，目前考古學界雖較傾向本土發展說，但爭議猶未定。可是由我以上所述即可知：雖蘇美等其他古文明也有青銅文化，某些現象甚或早於我國，但我國青銅文化自有特色，飲食即為其中之一。

我國飲食之起，當然不自青銅時代始。距今約九千年前長江流域已有稻作農業，比國外發現的最早的稻作遺存要早三千年以上。距今七千年以前黃河已有栽培粟作。小麥與高粱則在五千年前已有，跟非洲高粱、西亞小麥也根本無關。家畜馴養部分，馬、牛、羊、雞、犬、豕在新石器時代亦都已畜育成功，成為主要畜養及食用物。飲食文明發達之早，舉世無匹。

食用之法，中國以火食為特點。《禮記・王制》曾談及南方有不火食的「雕題交趾」之民。雕題就是紋身之意。紋身和生食冷食，都是中國人認為的異族野蠻原始人特徵，而中國人卻是火食的。《禮記・禮運》說「昔者先王……未有火化食草木之實、鳥獸之肉，飲其血茹其毛」，《淮南子・脩務篇》云「古者民茹草飲水，採樹木之實，食蠃蠬之肉，時多疾病毒傷之害」，《白虎通》卷一講「古之時未有三綱六紀……飢則求食，飽棄其餘，茹毛飲血，而衣皮韋」，都表達了文明是以火食為徵象的意思。孔子曾說「君賜腥，必熟而薦之」，也是這個意思。至今民間童謠仍在唱：「小氣鬼，喝涼水，喝了涼水變魔鬼。」中國人腸胃仍忌生冷，不像外邦人那樣喜食生魚、冷肉、涼水。

中國火食之早，是在周口店北京人洞穴中就已發現的了，這跟日本、韓國等及今尚喜生食冷食之民族相較，足見其早。但更重要的，還不只是早，而是善於用火。

一般民族逮到魚獸或採集了黍稷，只能直接用火燒之烤之；次則燒熱石塊以燙熟食物，或用竹筒盛水米煨烘；再不然就用泥巴裹食物隔火烤之。現在各式燒烤、石板燒、竹筒飯、叫花雞等，即屬此類初級用火之道。故〈禮運〉說：「中古未有釜甑，釋米捭肉加於燒石之上而食之。」大部分民族至今都仍停留在這個階段。

用釜甑就是較高層的用火之道了。先用火燒土成陶器，再用它盛物烹煮，就是釜；鼎則是釜的變形或發展；至於甑，是利用火燒水產生蒸氣來蒸熟食物。世上各民族用煮的辦法多，懂得蒸的少。中國則在河姆渡文化時期已有甑，蒸，在距今六千年前便已成為中國烹飪法之特色，歐洲人迄今尚不嫻熟於此。蒸不是直接用火燒煮，而是火水相與的，有「水火既濟」之趣。它和宋代以後發明的炒菜法，都是中國烹飪術對世界的重要貢獻。至今世界上懂得蒸菜和炒菜的民族，仍僅只我們一家。

火食之外，還有許多特點。例如刀工之繁富細致、酒麴之發明等等都是。進食之法也不一樣。古以抓食為主。現今非洲、中東、印度尼西亞及印度次大陸的許多地區也仍維持此種進食法。歐洲、北美洲現在以刀叉及湯匙進食，但歷史不久。起先只作為廚具，十世紀以後拜占庭帝國時期才開始作為餐具，但為傳教士和上流社會所鄙棄。英格蘭伊麗莎白一世女皇、法蘭西路易十四都喜用手抓，後者還曾禁止勃艮第公爵等人當他面用叉子。英國則遲至一八七七年仍禁止水兵用刀叉進食。要到十八世紀以後，中產階級用刀叉才較普遍。中國人卻在四千年前已用餐叉了，以黃河中游為多。用匙，更早在七千年以前。至遲在商朝時則已開始用箸。以箸夾物，故又稱梜，《禮記・曲禮上》說：「羹之有菜者用梜，其無菜者不用梜。」釜鼎煮菜羹煮肉湯，用箸去夾也最方便。正如吃涮羊肉時絕對無法用手、刀、叉、匙，只能用箸。箸梜之用，當是伴隨釜鼎羹湯來的。現今實物發掘固然只見到商箸，然其起源理應更早，而此後亦成為中國人主要的餐具，且影響及於東亞大部分地區。箸，明朝以後稱為筷子，在餐具中最平實、簡便而技巧性最高，特色甚為明顯，長挑近夾，無不如意，故亦可發展合桌會食的型態。使用刀叉，就只能各自分食，不可能像中餐一樣會食了。

三、飲食思維的傳統

飲食是本能，如何吃卻是文化；把吃視為文化中一大事、要事，更是文化。這在我們社會中固已習焉不察，視為理所當然，跟別的文明比起來卻極為不同。林語堂《中國人的飲食》說：「中國許多優秀文學家寫過烹飪之書，但沒有一個英國詩人或作家肯屈尊俯就去寫一本有關烹調的書，他們仍認為這種書不屬於文學之列，只配讓蘇珊姨媽去嘗試一下。」《隋書・經籍志》所載食經已達七十一卷，《新唐書・藝文志》則達一百七十一卷，鄭樵《通志》則記了三百六十卷，可見其多，亦可見中國人對吃的重視。司馬貞注《三皇本紀》說「太昊伏羲養犧牲以庖廚，故曰庖犧」，則竟把伏羲看成廚師了。

一般說來，對吃再怎麼重視，吃畢竟只是吃而已。可在中國就偏偏不只如此。吃不只是吃，更是幾乎可以延伸到一切事物上去的活動。許多事都可以用飲食去擬況說明。所以錢鍾書〈吃飯〉說：「伊尹是中國第一個哲學家廚師，在他眼裡，整個人世間好比是做菜的廚房。《呂氏春秋・本味篇》記伊尹以至味說湯，把最偉大的統治哲學講成惹人垂涎的食譜。這個觀念滲透了中國古代的政治意識，所以自從《尚書・顧命》起，做宰相總比為「和羹調鼎」，老子也說「治大國若烹小鮮」。」這叫作飲食思維。此種思維並不起於伊尹，乃是中國古代極普遍的思維模式。讓我以《易經》為例，來作些說明。

作《易》者是觀象而立卦，但天地之間，物象甚多，可以取象者也甚多，作《易》者為何取此而不取彼、所取又以何種物事為多，在在涉及了作《易》時的觀念，故舉其事類即可觀《易》義。飲食事類，就是其中極重要的部分。

《易經》中專論飲食之卦甚多，頤卦即為其中之一。卦象艮上震下，是雷出山中、春暖氣和、萬物長養之時，故曰：「頤，貞吉。觀頤，自求口實。彖曰：頤貞吉，養正則吉也。……象曰：山下有雷，頤，君子以慎言語、節飲食。……由頤，厲，吉，大有慶也。」頤，是指人的腮幫子，咀嚼食物時腮幫子就會動。頤卦全從飲食處立論，後世有成語云「大快朵頤」，出典即在於此。但孔穎達疏曰：「朵頤謂朵動之頤以嚼物。喻貪婪以求食也」，「朵是動義，如手之捉物謂之朵也」。可見《易經》並不強調大快朵頤，而是主張自求口實、養之以正，不能為了好吃便不擇手段。

此乃藉飲食事而說義理，故取象於頤。類似者尚有鼎卦。鼎，離上巽下，巽是木，木焚後火焰上騰，即炊煮之象。炊煮用鼎，所以〈彖傳〉說：「鼎，象也，以木巽火，烹飪也。聖人烹以享上帝，而大烹以養聖賢。」卦象中，九三指「鼎耳革」，謂鼎耳脫落了，象徵「雉膏不食」。九四指鼎折足，象徵打翻了菜餚，弄得湯汁滿地。俗語「大亨」、「革故鼎新」，都出自這個卦。其義理均由用鼎煮飯吃之中悟出。「大烹以養聖賢」更是後來儒家政治哲學上一個非常重要的觀念。

與「鼎」、「頤」有關者為噬嗑卦。此卦震下離上，象徵剛硬的牙齒嚼破食物、柔軟的舌頭去含咀滋味，兩相配合，故噬嗑即是咀嚼。〈彖傳〉曰：「頤中有物曰噬嗑。噬嗑而亨，剛柔分，動而明，雷電合而彰，柔得中而上行。」這個卦剛柔相濟，所以大體是吉利的。固然吃東西不免也會有些狀況，可是基本上仍能無咎。例如「六三，噬臘肉，遇毒，小吝，無咎」是食物中毒；「九四，噬乾胏，得金矢，利艱貞，吉」是吃肉咬著銅片，表示雖然有些艱困，終無大礙。「六五，噬乾肉，得黃金，貞厲，無咎」、「六二，噬膚滅鼻，無咎」，與此同義。膚，據《釋文》引馬融注曰「柔脆肥美曰膚」，《儀禮・士聘禮》曰「膚，鮮魚、鮮豬」，碰到鮮美的食物時，就是拚命吃，吃得把自己鼻子都吃掉了，也不會有什麼問題的。

另外有不少卦，非取象於飲食，而是取義於飲食者，例如豫卦。豫，震上坤下，應是象雷聲震動，萬物破土而出，但〈象傳〉說：「雷出地奮，豫，先王以作樂崇德，殷薦之上帝，以配祖考。」言聖王見此象，即應法象天地，饗薦祖先及上帝。由飲食論政，甚為明顯。

也論飲食，但與鼎、頤、噬嗑略異者，則有觀卦、中孚卦、損卦等。

觀，坤下巽上，這個卦是講觀天文以察時變、觀人文以化成天下的。其卦辭說「盥而不薦，有孚顒若」，象曰「觀天之神道而四時不忒。聖人以神道設教，而天下服矣」。為什麼〈象傳〉要從神道設教來解釋觀卦的卦辭呢？原來，觀的本義即是觀宗廟祭祀。盥，就是「灌」，祭祀時用酒灌地以迎神。薦，指獻牲。孔〈疏〉云「可觀之事，莫過宗廟之祭。盥，其禮盛也。薦者，謂既灌之後陳薦籩豆之事，其禮卑也。今所觀宗廟之祭，但觀其盥禮，不觀在後籩豆之事，故云觀盥而不薦也」，以薦為陳薦籩豆之事。我認為是講錯了，但終究也仍屬於飲食。

中孚，兌下巽上，澤上有風之象，卦辭說：「中孚，豚魚吉，利涉大川，利貞。」王引之云：「豚魚者，士庶人之禮也。〈士昏禮〉：『特豚合升去蹄，魚十有四。』〈士喪禮〉：『豚合升，魚鱄鮒九，朔月奠用特豚魚臘。』〈楚語〉：『士有豚犬之，庶人有魚炙之薦。』〈王制〉：『庶人夏薦麥，秋薦黍。麥以魚，黍以豚。』豚魚乃禮之薄者，然苟有中信之德，則人感其誠，而神降之福，故曰豚魚吉。言豚魚之薦吉也。」

損，兌下艮上，卦辭：「有孚，元吉，無咎，可貞。利有攸往，曷之用二簋，可用享。」卦為大澤浸滅山土之象，故稱為損。卦辭以祭祀用兩盒飯為喻，孔〈疏〉云：「曷之用二簋，可用享者，明行損之禮貴夫誠信，不在於豐。既行損以言，何用豐為？簋至約，可用享祭矣。」

以上這幾個卦，卦本身雖非飲食之事，亦非取象於飲食，但卦辭皆直接用祭禮等各種禮所涉及的飲食問題來說明卦義。

需卦也值得注意。需卦，需，乾下坎上，是需要的意思。這個卦雖不像「頤」、「鼎」兩卦全從飲食上立論，但許多部分與飲食有關，至少〈象傳〉認為它主要仍是在講飲食，故象曰：「雲上於天，需，君子以飲食宴樂。」這是有道理的，因為人的需要固然不僅只是飲食，然而飲食畢竟是人的基本需求。卦辭九五「需於酒食，貞吉」，象曰：「酒食貞吉，以中正也」，即指此而言。人若能中正而行，自然能獲得酒食；而有酒有肉吃，當然是大吉大利的。

這個卦還有一個有趣的地方：上六說「有不速之客三人來，敬之，終吉」，象曰「雖不當位，未大失也」。正飲食宴樂時，客人不請自來，即請他們一道吃。雖不盡合於禮，卻也沒什麼大錯。此亦需義，可見人不能不考慮到別人或許也有不時之需，在自己有得吃時，應隨機供給別人吃，而且要「敬之」，不能是施捨式的：「磋！來食。」

以上這些都是整個卦跟飲食有關的，以下則為局部與飲食相關者。整個卦與飲食有關，可見於卦辭、見於卦象；局部相關，則可見於爻辭：

1. 泰卦九三爻辭：「無平不陂，無往不復，艱貞。無咎。勿恤其孚，於食有福。」
2. 大有卦九三爻辭：「公用亨於天子，小人弗克。」
3. 剝卦上九爻辭：「碩果不食，君子得輿，小人剝廬。」
4. 坎卦六四爻辭：「樽酒簋貳。用缶，納約自牖，終無咎。」象曰：「樽酒簋貳，剛柔際也。」
5. 明夷卦初九爻辭：「明夷於飛，垂其翼。君子於行，三日不食。有攸往，主人有言。」象曰：「君子於行，義不食也。」
6. 姤卦九二爻辭：「庖有魚，無咎，不利賓。」象曰：「庖有魚，義不及賓也。」九四爻辭：「庖無魚，起凶。」象曰：「無魚之凶，遠民也。」
7. 困卦九二爻辭：「困於酒食，朱紱方來。利用享祀。徵，凶，無咎。」象曰：「困於酒，中有慶也。」

8. 井卦初六爻辭：「鴻漸於盤，飲食衎衎，吉。」象曰：「飲食衎衎，不素飽也。」

9. 未濟卦上爻辭：「有孚於飲酒，無咎，濡其首。有孚，失是。」象曰：「飲酒濡者，亦不知節也。」……

通觀這些爻辭，可見作《易》者在人生諸經驗中，格外重視飲食。有吃有喝，代表有福氣；若庖無魚，則為凶。但飲食不宜過度，若飲酒濡首，喝到腦袋都淹到酒缸裡去便不好了。而且不義之食也不該吃。

此外，大畜卦辭說「大畜，利貞，不家食，吉，利涉大川」，聞一多《璞堂雜識》認為「不家食，蓋謂耕而食於田野，《詩》所謂『饁彼南畝』也」，孔《疏》則說：「已有大畜之資，當須養瞻賢人，不使賢人在家自食，如此乃吉也。」推溯易象，仍以孔《疏》為是。因為〈彖傳〉已說「不家食，吉。養賢也」，〈象傳〉也說「天在山中，大畜」，足見所畜者廣，非農耕於野所能涵蓋。

《易經》論飲食事，其實尚不只於此，但排比事類，其義自顯，故亦不煩一一縷述。要從這個方向來觀察，我們才能理解到伊尹、老子、《尚書》以及孔子、孟子那種以飲食來說義理乃至論政事王道的方式，其實是淵源有自的。《易經》論說飲食的風格與取象方法，早已成為儒道諸家思維的傳統與習慣了。

四、飲食文明中的人生與宗教

在這種飲食思維浸潤瀰漫的社會中，其思想文化狀況又會是什麼樣的一番光景呢？對食色之欲的看法及處理方式，是一個民族文化發展中非常重要的部分，甚至可能是主要的部分。由於對這個問題的處理方式不同，才形成了各地不同之民族與文化。在這些文化中，對人生、對宗教，可能會有些理論去論說、去鋪陳其理念，但它的底子，像冰山潛隱在深水中的那個底子，卻可能是立基於有關飲食男女的一些態度。這個態度，影響著它的整體思維方向與內涵，卻未必明言，或未必形成一套理論，未必以論理的方式來表達。因此，考繹宗教、討論哲學、研究美學的人，也未必注意及此。以致空談概念、擬測理境，而於古人之生活世界殊少契會，亦未能洞達諸人生觀宗教觀之底蘊。以宗教來說，中國本身發展出來的道教或其他各種民間宗教，無不「貴生」，珍重愛惜生命。為什麼？這當然可以有其他思想上的解釋，但中國人以生為樂的態度觀念，難道不是個關鍵嗎？中國人的宗教，與佛教、基督教、伊斯蘭教最大的不同，在於以生為樂，不認為人生有罪、人生是苦；而且缺乏彼岸之嚮往，沒有一個死掉以後可以去享受快樂生活的天堂、極樂世界。中國人的極樂世界就在這個我們所生活的人間，所以中國人不是勸人「往生極樂」，而是招喚死者「魂兮歸來」。換言之，一種貴生的、此岸的、現世的宗教性格，即本於一種特殊的人生態度。此種宗教性格，唯有透過我這般文化宗教學的闡析，才能豁然昭顯。

那麼，人生之所以可樂，甚且至於「極樂」者為何？人又用什麼招喚魂魄歸來呢？在《楚辭》裡的〈招魂〉、〈大招〉都一樣，先說魂魄四處遊蕩不好，到處都充滿了危險，還是趕快回家吧。接著就說家中準備了好酒好菜、美麗的女人，可供你享用，所以「魂兮歸來，返故居些」。死後世界陰冷恐怖，活人的生活則充滿了酒的香氣、肉的味道、女人的笑語，兩相對比，死人能不動心嗎？

這種生活的第一個特點，就是有吃喝之樂。據〈招魂〉說，這叫作「食多方」，什麼都有得吃：稻米、粢稷、穱麥，雜糅著黃粱煮成的飯。豆豉、鹹鹽、酸醋、椒姜、飴蜜等眾味並呈。肥牛的筋肉，煮得熟爛而且芳香；調酸醋和苦汁，陳列出吳國道地的羹湯。煮的鱉、炙的羊，又有甘蔗的汁漿。酸的鵠、沾了點汁的鳧，還有煎的鴻雁和鶬鶬。露棲的土雞、炖煮的海龜，味道芳烈而且不敗。粔籹、蜜餌，又有乾飴。瑤白色的酒漿、蜜制的甜酒，斟滿了羽觴。壓去酒滓的清酒摻入冰喝，醇酒的滋味是既清涼又舒爽。華彩的酒器都已陳列，還斟上了瓊玉色的酒漿。所以說：回來吧！重回到故鄉！

〈大招〉描寫吃的場面也不含糊，大約有四大段，一說吃五穀雜糧，二說吃豬狗龜雞及蔬菜，三說吃飛禽，四說飲美酒。

由這樣的描寫，可知飲食之樂是人活著時最主要的快樂，甚或可以認為是人活著的主要目的。因為有那麼多東西好吃，所以人才捨不得去死，所以死掉以後的魂魄才會為著貪戀這種快感而還魂歸陽。這個觀念，對於理解中國人的生活世界來說，真是太重要了。

可不是嗎？試看《詩經．小雅．鹿鳴之什．天保》說上天保護我們、神明佑庇我們，讓我們過著好日子：「神之淑矣，貽爾多福；民之質矣，日用飲食；祥黎百姓，遍為爾德。」老百姓沒什麼別的想法，既不求上天堂，也不想獲得拯救，更不認為有什麼罪孽應該清贖；只希望能好好吃飯、喝喝酒。質樸之願既了，就感謝老天爺的恩德了。

換言之，這就是中國人的宗教觀。因此，飲食一事，既為生活世界之主要內容，也通之於鬼神。凡祭祀，皆須獻牲敬酒。為什麼？因為大家都相信飲食的溝通功能。我們用飲食祭獻鬼神，代表我們對他示好；鬼神吃了我們的東西，表示它們願意「福我」（莫忘了吃喝跟福報的關係）。而且，因我們都愛吃，故想像神也是愛吃的。祭物越豐盛，如供養人要四簋、八簋那樣，對神的祭物也是越多越能表示誠意。若減少了，人會嗟咨，神也會發怒報復的。這個道理〈小雅・楚茨〉講得最詳晰了：

> 楚楚者茨，言抽其棘。自昔何為？我蓺黍稷。我黍與與，我稷翼翼。我倉既盈，我庾維億。以為酒，以享以祀，以妥以侑，以介景福。濟濟蹌蹌，絜爾牛羊，以往烝嘗。或剝或烹，或肆或將。祝祭於祊，祀事孔明。先祖是皇，神保是饗。孝孫有慶。報以介福，萬壽無疆。執爨踖踖，為俎孔碩。或燔或炙，君婦莫莫。為豆孔庶，為賓為客。獻醻交錯，禮儀卒度，笑語卒獲，神保是格。報以介福，萬壽攸酢。我孔謹矣，式禮莫愆。工祝致告，徂賚孝孫。苾芬孝祀，神嗜飲食。卜爾百福，如幾如式。既齊既稷，既匡既勑。永錫爾極，時萬時億。禮儀既備，鐘鼓既戒。孝孫徂位，工祝致告。神具醉止，皇尸載起。鼓鐘送尸，神保聿歸。諸宰君婦，廢徹不遲。諸父兄弟，備言燕私。樂具入奏，以綏後祿。爾肴既將，莫怨具慶。既醉既飽，小大稽首。神嗜飲食，使君壽考。孔惠孔時，維其盡之。子子孫孫，勿替引之。

收成好了，便製酒食以祭祀，剝牛烹羊，或陳列或進獻，讓神及祖先來品嘗，以便子孫獲得福報。「神嗜飲食，使君壽考」，說得多麼明白呀！

凡祭祀，都服膺這個道理，如〈周頌・執競〉云「既醉既飽，福祿來返」，〈豐年〉云「為酒為醴，烝畀祖妣，以洽百禮，降福孔皆」，〈信南山〉云「祭以清酒，從以騂牡，享於祖考。執其鸞刀，以啟其毛，取其血膋。是烝是享，苾苾芬芬，祀事孔明。先祖是皇，報以介福，萬壽無疆」，〈鳧鷖〉云「爾酒既湑，爾肴伊脯，公尸燕飲，福祿來下」，〈大雅・旱麓〉云「清酒既載，騂牡既備，以享以祀，以介景福」，〈行葦〉云「曾孫維主，酒醴維醽，酌以大斗，以祈黃耇」，與〈楚茨〉都是完全相同的。

相反地，假如祭禮太簡慢了，神吃得不痛快，可是要發怒的。《墨子・明鬼》記載：佑觀辜替宋文君禱祀，因牲禮不合度，鬼怒，依附在祝史身上，用杖把他活活打死在祭壇上。故〈尚同中〉云：「聖王……事鬼神也，酒醴粢盛，不敢不蠲潔，犧牲不敢不腯肥。」

這種宗教觀，顯示了中國人具有此岸的、現世的宗教態度。而一種此岸的、現世的宗教，必以飲食男女為主要內容。殺牲祭拜，供神飲食，是其中一個特徵。這個特徵表現在：第一，「神嗜飲食」，只有供奉祂吃得滿意了，祂才會福報你，這是種特殊的福報觀及供養觀。

第二，神的飲食，其實也就是人的飲食。人喜歡吃的東西，即是神所嗜食者，並不要另外準備更「聖潔」的神的食物。祭完神之後，人即分食神所食之物，人神同食，故亦同樂。

第三，道教興起後，推本於「費生」之觀念，反對殺生祭神，也反對吃五穀雜食及肥甘醴脂。這種新的飲食觀，導致它同時對神要求不再血食，對人要求不再食穀米喝酒，而應努力食氣嚥津。這當然是一種改革，但同樣顯示了以飲食男女為主要內容的宗教特點。因為這些專講呼吸吐納、食氣嚥津的修道者，跟養生學實無不同。其宗教性，只顯示在他們特殊的飲食方法上。後世漢傳佛教比世上任何一處的佛教都更重視「吃素」，視此為最重要的修行方法，亦是此一「中國特色」之表現。

討論日常生活之美的，西方哲學文獻中亦非絕無所見，如柏拉圖〈大希庇阿斯篇〉即曾藉蘇格拉底與希庇阿斯之口，論辯過身體、動物、器皿、技藝、制度、習俗美的問題。但是，文中說道：

蘇：論敵或旁人也許要追問我們：「為什麼把美限於你們所說的那種快感？為什麼否認其他感覺——例如飲食色欲之類快感——之中有美？這些感覺不也是很愉快嗎？你們以為視覺和聽覺以外就不能有快感嗎？」希庇阿斯，你看怎樣回答？

希：我們毫不遲疑地回答，這一切感覺都可以有很大的快感。

蘇：他就會問：「這些感覺既然和其他感覺一樣產生快感，為什麼否認它們美？為什麼不讓它擁有這一個品質呢？」我們回答：「因為我們如果說味和香不僅愉快、而且美，人人都會拿我們做笑柄。至於色欲，人人雖然承認它發生很大的快感，但是都以為它是醜的，所以滿足它的人們都瞞著人去做，不肯公開。」

在這裡，蘇格拉底自嘲：「不知道羞，去講各種生活方式的美，卻連這美的本質是什麼都還茫然無知。」因此他討論的其實並非日常生活之美，而是去追究何謂美、美之本質為何？與中國人在生活中欣賞、體驗美，進而創造生活之美的態度，迥然異趣。

其次，論美而以視覺、聽覺為主，說「美既然是從視覺聽覺來的快感，凡是不屬於這類快感的，顯然就不能算美了」，所以飲食的味覺與嗅覺、男女的性欲也都不能算是美的。這豈不也與中國人的看法南轅北轍？

美，這個字的意思本來就是由羊大會意的，羊大為美，正如魚羊為鮮，均是以飲食快感為一切美善事物之感覺的基型。而《後漢書・襄楷傳》云桓帝「淫女豔婦，極天下之麗；甘肥飲美，單天下之味」，《管子・戒篇》云「滋味動靜，生之養也」，《左傳》昭公元年云「（醫和曰：）天有六氣，降生五味」，這些隨手拈來的文獻，無不告訴我們：美味在人的審美活動中居非常重要的地位。

甘，《說文》云：「美也，從口含一。」肥亦是甘，孟子問齊宣王：「肥甘不足於口歟？」甘亦是樂，《玉篇》云「甘，樂也」，《淮南子・繆稱篇》云「人之甘甘」，高注：「猶樂樂而為之」，《左傳》莊公九年云「謂受而甘心焉」，杜預注：「甘心，言欲快意殺戮之。」從甘味、甘甜到甘心，其美感與快感之結構，正如旨，本指美味（《詩》云「我有旨酒」、《禮記・學記》云「弗食不知其旨也」，又據說禹時儀狄發明一種旨酒），但旨趣宗旨之旨，亦由美味中得來。

甚至於「滋味」一詞，在字書裡一向被用來描述宇宙自然的整體狀況，如《說文》云「味，味也，六月滋味」，《史記・律書》云「未者，萬物皆成，皆言有滋味也」。也就是說，依據漢人的宇宙論，在午時陽氣冒地而出之後，未時萬物成就，猶如食物已經成熟而有滋味了。後來對個別事物之美，也用「有滋味」來形容，如鍾嶸《詩品》說五言詩為眾作之有滋味者，司空圖論詩說要得味外味。欣賞詩文稱為味之、品味、含咀、咀嚼。品味什麼呢？品味審美對象的「氣味」。這些都是以味覺去經驗其他的事物。

至於那些不直接使用甘、旨、味等的字詞，也未必不是如此，像《風俗通義》卷一就說五帝中帝嚳之所以名為嚳，就是因為「嚳者，考也、成也，言其考明法度，醇美嚳然，若酒之芬香也」。

這便可見蘇格拉底說「我們若說味和香不僅愉快而且美，人人都會拿我們做笑柄」，在中國是大大不然的了。

五、飲食文明中的政治與禮教

飲食思維發達的中國社會，所形成的政治態度、群己關係，亦與西方截然異趣。

《周禮》中即設有膳夫、庖人、內饔、亨人、臘人、酒正、酒人、漿人、醢人、醯人、鹽人等，屬於天官。在春官中也有司尊彝、司几筵的官。設官如此之多，足見對其事甚為重視。且天官乃總攝各部門之官，與司徒掌教化、司寇掌法律、司馬掌兵備那種專司某一方面之官不同。膳夫、庖人等列位其中，地位實在非常重要，與現今各級政府機關的廚師僕役大不相同。

不但如此，鄭玄注：「膳之言善也，今時美物曰珍膳」，可見膳即是美，飲饌宜美。膳夫與庖人在天官中所占分量極大，人數比例也高（宮正與宮伯總共才九十一人，膳夫卻有一百三十二人，加上庖人七十人、內饔外饔各一百二十八人、亨人二十七人等等，比例相當可觀。若把全書所列食官合計起來更多達二千二百九十四人）。以至於整個天官冢宰都可以用烹飪來比擬。蓋宰相自古即被視為「調和鼎鼐」的人物，《周禮》賈公彥疏也說：「宰者，調和膳羞之名。」

《周禮》乃王者體國經野、設官分職以治邦國之書，它對烹夫膳人如此重視，且將治國政類擬於烹飪飲饌，充分體現了「禮之初，始諸飲食」的思考特點。這種特點，我們在掌守周禮的老子身上也可看到，他說：「治大國，若烹小鮮。」飲食，顯然被看成是人類的基本經驗，由這個生活經驗推拓出去，便可以了解其他事務該怎麼處理。膳食要怎麼樣才能調製得美，其他事均可依此以類推。

但《周禮》畢竟是王者施政設官之書，所論皆王者之事，其飲饌生活是非常特殊的。在此只能見禮家對飲食之重視，尚無法了解社會上一般人如何進行飲食生活。這便須再參考《儀禮》和《禮記》的記載了。

今存《儀禮》其實大抵只是士禮。士冠、士婚、士相見、士喪、士虞等，均屬於士大夫階層的禮儀。其中談及飲食者，包括燕禮、鄉飲酒禮、公食大夫禮等。燕禮之燕，就是飲戲燕樂之燕，所謂「諸侯無事，若卿士大夫有勤勞之功，與群臣燕飲以樂之」。鄉飲酒禮，則是聚集鄉黨賢人長老，行飲酒致敬之禮。至於公食大夫禮，乃是大夫間宴聘之禮。《儀禮》對於這些禮制儀節的描述非常詳細，賓客如何進門、如何肅客入座、席上如何擺設、佣僕如何侍候、飲饌之程序如何、該說什麼吉語、如何應對、如何上菜、如何撤席、如何送客……可謂歷歷如繪。對於飲食的內容和做法，也有一些記載，如云「以東牛臐膮炙，炙南醢，以西牛胾醢牛鮨，鮨南羊炙；以東羊胾醢豕炙，炙南醢；以西豕胾，芥醬魚膾」之類。

把這些記載和《禮記》等文獻合起來看，就可發現儒家所描繪的周朝禮文，其「郁郁乎文哉」者，一從體制上確立了膳夫庖人的地位，一論飲膳之儀節，一談飲食本身：邦國王者之飲食，士大夫之飲食，居家生活之飲食。三者相互配合，共同體現出古人對飲食這種生活必須有的活動是極為重視的。這種重視，有幾點值得注意的地方：

第一，對飲食的重視，特別是它在政治學、倫理學上的重要性，中國人實在要超越西方的政治學傳統甚多。以《周禮》論膳夫庖人亨人鱉人臘人酒正酒人漿人等的情形，來對照亞里士多德《政治學》，我們便不難發現其間的差異。亞里士多德論及政府內部之行政機構與職司者，主要在其第四卷第十五章及第六卷第八章。尤其在後面這個部分，談各政體內「行政諸職司的安排、數目、性質以及在各種政體中諸職司各自應有的作用」，性質恰好與《周官》類似。可是，在亞里士多德的觀念中，必不可缺的職司，只是市場監理、城市監護、林區監護、司庫、誠信註冊司、典獄、城防與軍事司、財務糾察審計司、祭司、婦女監護、兒童監護、體育訓導、議事司等。其設官分職之原理固然與《周禮》大相逕庭，細部職司分列中也沒有任何一位涉及飲膳事務的官員。

這種不同，並不來自彼此所論政體不同，因為亞里士多德所設想的，乃是各種政體中必不可少的職官。可是若依編《周禮》的人來看，飲食，不正是任何社會中人都不可少的嗎？民以食為天，設官分職時怎能不予考慮，或不適當地予以反映呢？以亞里士多德所設的「祭司」來說，他只談到「專管奉事神明的業務，需要祭司和廟董。廟董負有維護和修葺壇廟並管理有關祭祀事項的一切公產。……除了祭司之外，還有典祀、壇廟守護和祠產經紀」云云。若編《周禮》者見此，一定會問：「那麼，先生用什麼來典祀呢？祭祀活動中最重要的，不是獻奉飲食以致敬於鬼神嗎？既然如此，為何典祀之官中無職司飲食以奉祭者？」《周禮》內饔負責宗廟祭祠的割烹煎和、外饔負責外祭祀，即為此而設。

又，不僅鬼神要吃，需要定期獻奉飲食以致敬之，人也同樣需要。所以邦國定期要舉行養老、恤孤、饗眾之禮。外饔之官，就是負責辦理此事者。

亞里士多德只想到一堆管理、督察、監護、懲罰的官，而完全不考慮「邦饗孤子耆老」之類事務。依儒家看來，或許要認為這樣的政治學太刻薄寡恩了吧。

第二，儒家注重飲食這種日常生活，並由此發展出禮及各種典章制度，正好顯示了儒家所謂的禮，與「法」的性質甚為不同。禮與法同樣是要為人生社會提供一套秩序、規範，讓人遵守。但禮不是法。法不論來自習慣還是契約，都是對人與人之間權利與義務的規定，但禮的核心不是權利與義務問題，而是情。禮乃因人情而為之節文。人有飲食之情，故有飲食之禮；有男女之欲，故有婚嫁之禮。法律能規範人該怎麼吃嗎？能叫我們席不正不坐、割不正不食嗎？

因此，法是政治性的概念，禮卻是生活性概念。對於像家居生活之類，不與他人或公眾發生權利、義務關聯者，後世編了許多《文公家禮》、《司馬溫公家儀》等書刊，來發揮《禮記・內則》的說法。由《禮記・月令》逐漸擴大，而影響民眾整體生活的黃曆、農民曆，更幾乎是家家有之。法律是不能如此的。此即所謂禮教，中國人看一個人是否有教養，就從此等生活儀節、飲食進退中見出。

第三，禮，因乎人情而為之節文。這個文，乃是文采、修飾。就像人穿衣裳，除了遮羞避寒之外，尚有美觀的作用。羞恥之意與避寒之需即為人情，美觀則是文采修飾的效果。故禮其實就顯示為美。《禮記》中有這樣幾句話：

酒醴之美，玄酒明水之尚，貴五味之本也。黼黻文繡之美，疏布之尚，反女功之始也。……大羹不和，貴其質也。大圭不琢，美其質也。丹漆雕几之美、素車之乘，尊其樸也，貴其質而已。……醯醢之美，而煎鹽是尚，貴天產也。（〈郊特牲〉）

言語之美，穆穆皇皇；朝廷之美，濟濟翔翔；祭祀之美，齊齊皇皇；車馬之美，匪匪翼翼；鸞和之美，肅肅雍雍。（〈少儀〉）

禮制所要達成的，當然是人文世界整體的美感，但在這人文美的範疇中，一種美感生活的追求，便也由此中帶生出來了。就像孔子那種「視聽言動無不中節」，處處表現出雍容寬舒、尊重他人、敬事自己的生活態度，不也同時顯示了語言之美、行動容止之美嗎？上古之所謂禮學，其實正是一套生活美學。

當然，人們也許會質疑此處所說只是戰國時期儒家的一種理想，並非上古文明之實況。確實如此。但我們當知：儒家的禮論，基本上是繼承來的，經典上的飲食養民說，並非儒家的發明。因此我們看《易經》那樣強調飲食，看《詩經》也到處都是「我有旨酒，嘉賓式燕以遨」、「我有旨酒，以燕嘉賓之心」（《小雅．鹿鳴》）、「君子有酒，旨且多」（〈魚麗〉）、「君子有酒，嘉賓式燕綏之」、「南有嘉魚」、「厭厭夜飲，不醉無歸」（〈湛露〉）、「無非無儀，唯酒食是議」（〈斯干〉）、「彼有旨酒，又有佳肴」（〈正月〉）、「或湛樂飲酒」（〈北山〉）、「獻交錯，禮儀卒度」、「既醉既飽，大小稽首」（〈楚茨〉）這樣的描述。人民吃飽喝足了，君王與官員也都能飲酒作樂，代表政治清明，否則便是衰世。這樣的想法，儒家承襲於上古經典，其他人讀經典，自然也學得到。因此，老子論政治，便說「治大國若烹小鮮」，又說：

> 聖人之治，虛其心，實其腹。（三章）
>
> 聖人為腹不為目。（十二章）
>
> 眾人熙熙，如享太牢、如登春臺……我獨異於人，而貴食母。（二十章）
>
> 樂與餌，過客止，道之出口，淡乎其無味。（三十五章）
>
> 甘其食，美其服，安其居，樂其俗。（八十章）

顯然典守周朝之禮的老子也同樣採用了以飲食論政的方法。其中「樂與餌」數語，杜光庭《道德真經廣聖義》卷二八解曰：「樂，音樂也。餌，飲食也。言人家有音樂飲食，則行過之客皆為之留止。如帝王執以致太平，亦為萬物歸往矣」，「此舉喻也，言人君執大象而天下之人歸往，亦如人家有音樂飲食則行過之客皆為留止」。此解對老子義諦頗能掌握，且透顯了飲食政論中所蘊含的「徠民觀」。

所謂徠民觀，即是孔子所說「遠人不服，則修文德以來之」的意思，與《易經》「大亨以養聖賢」同義。一個國家如果政治清明，天下人都會歸往該處。孔子所表達的，就是這麼個想法。孟子反覆說王者若推行仁政則民眾將「如水之就下」般地歸往之，也是此意。而人民之所以願意歸往，最重要的判斷指標，是孟子說的「使民眾養生送死無憾」，亦即老子此處所云「樂與餌，過客止」。

西方政治學中較少見此種徠民觀，較常見的乃是「屬民觀」，致力於界定何種人屬於國家或政權，何種人有在此政權內享受權力之權，人民與其歸屬政權之權利義務關係等等。中國的政治學，則基本上不這樣談問題，故《詩經・大雅・公劉》贊美公劉始遷於豳，因為能讓大家飲食飽美，所以大家就都歸附他：「篤公劉，於京斯依，蹌蹌濟濟，俾筵俾几。既登乃依，乃造其曹。執豕於牢，酌之用匏。食之飲之，君之宗之。」歌頌飲食徠民，而不強調其體制法度及權利義務之分配與行使問題。中西政治觀之差異，極為明顯。

由這裡看，儒道兩家是相同的。但它們也可能不同。因為就在杜光庭所引的文獻中，即有人主張「樂以聲聚，餌以味聚，過客少留，非長久也，是以蘧廬不可以久處，仁義覯之而多責，故人君體道清靜，淡然無味，始除察察之政，終化淳淳之人」，「餌以美口，食畢而眾離。雖留止於一時，故難期於永久，唯無為理國，則眾歸而不可離」，並不認為以飲食徠民是最好的辦法。這個觀點，在《莊子》外篇中的〈胠篋〉亦已有之。它援用《老子》第十章之說而發揮之：

昔者容成氏、大庭氏、伯皇氏、中央氏、栗陸氏、驪畜氏、軒轅氏、赫胥氏、尊盧氏、祝融氏、伏羲氏、神農氏，當是時也，民結繩而用之，甘其食，美其服，樂其俗，安其居，鄰國相望，雞狗之音相聞，民至老死而不相往來。若此之時則至治矣。今遂致使民延頸舉踵曰某所有賢者，贏糧而趣之，則內棄其親而外去其主之事，足跡接乎諸侯之境、車軌結乎千里之外，則是上好佑之過也。

莊子或其後學之所以如此說，是因為他們另有一套飲食觀，對反於儒家之說（或者說是對周代「郁郁乎文哉」的反動）。故儒者強調知味、重視飲食甘美，莊子便發揮老子「道之出口，淡乎其無味」之義，說：「古之真人，其食不甘」（〈大宗師〉）。孟子推崇易牙善於烹調，莊子則舉了齊國另一位善於庖膳的俞兒說：「於味，雖通如俞兒，非吾所謂臧也」（〈駢拇〉）。孔子食不厭精，膾不厭細，割不正不食，莊子則說列子悟道之後，「歸，三年不出，為其妻爨，食豕如食人」（〈應帝王〉）。不但跟儒家遠庖廚的態度相反，親自下廚替老婆煮飯，且根本不講究美食，吃的跟豬吃的一樣。足證儒家是美食者，莊子則不然，所以〈齊物論〉先是質疑美食之美並無普遍性：「民食芻豢，麋鹿食薦，蝍且甘帶，鴟鴉嗜鼠，四者孰知正味？」然後又在〈胠篋篇〉主張不必追求美味，只要自甘其食、自安其俗即可。

這樣的態度，亦可通貫於莊子其他的主張。例如不講究美食，與其推崇隱士是相符的。隱士如許由，說「庖人不治庖，尸祝不越樽俎而代之」（〈逍遙遊〉），則是自安其味之外，尚要自安其位，如此則不可能「以割烹要湯」。再者，儒者也說飲食須有節制，不可縱欲，所以孔子對哀公問，謂君王須「食不二味」（《禮記．曲禮上》，又見〈哀公問〉），又在許多典禮的設計中突顯「太羹玄酒」的地位，太羹玄酒皆淡乎無味，以此為至美之味，正顯示儒者也有「味尚質質」的想法。但是，老莊畢竟對味更有戒心，故老子云五味令人口爽，秉國者不應提倡，莊子也說「五味濁口，使口厲爽」，為生之害。循此而發展來的政治觀，自然也就會主張不養之養，與儒家主張養民不同。

換言之，儒家或道家論治，均有濃厚的飲食思維。而這樣的傾向，實由上古淵源發展而至。論思想史者，觀瀾而索源，則必深察乎禮之始與夫人文之初起，飲食之義大矣哉！

第三講　男女：人倫漸備

兩性關係的想像
姓氏與祖先崇拜
始祖高禖與上帝
性別思維的特色

一、兩性關係的想像

以上講「禮始諸飲食」，此處則要談「人倫造端於夫婦」的問題。人有兩種，一種是女人，一種是男人。而這兩種人，又必須交配，才能生得出人來，人類也才能依此繁衍下去。

怎麼交配呢？交配乃是生物自然的本能，當然依生物自然的狀態來進行。例如某些動物一年發情一次，某些多次；某些發情期長，某些短；某些只接納一位異性交配一次，某些須多次或與多位異性交配。其間的差異，千奇百怪，形成的兩性關係亦各不相同。有一雌一雄的，有一雄多雌的，也有一雌多雄或多雄多雌的。但無論如何，此均為天生自然，是由其生物性所決定之事。

人的生理狀況，頗與其他動物不同。因為人自青春期以後，幾乎終生都是可交配期，也無明顯的生理特徵使其只能與一人交配。交配期之長與可交配對象之廣，均是動物界罕見的。

在這麼大的可能性上，兩性交媾關係便可以發展出許多變項。而最終會變成什麼樣，就非生物自然狀態所能解釋，而是各個地方、各個時代，依不同的考量，形塑出不同的樣貌來。因此，人的交媾關係，不是自然的，而是人文的。老虎，無論東北虎還是孟加拉虎，交媾狀況都是一個樣兒，人則各民族各地區不同，同一地區同一民族古今也不同。兩性交媾，遂因此而非自然生物之事，亦非僅兩性之事，而是一種「人文制度」。

古書上說「昔太古無常君矣，其民聚生群處，知母不知有父，無親戚兄弟夫婦男女之別，無上下長幼之道」（《呂氏春秋・恃君覽》）、「男女雜遊，不媒不聘」（《列子・湯問》）、「上古男女無別，伏犧始制嫁娶，以儷皮為禮。……佐伏犧以重萬民之別，而民使不瀆」（《竹書紀年》）、「古之時，未有三綱六紀，人民但知其母，不知其父」（《白虎通・號》）、「民知其母，不知其父，與麋鹿生處」（《莊子・盜蹠》）等，都是在描述人類交媾由原始自然如麋鹿一般的生物狀態，發展到婚姻制度之過程。

據它們形容，上古無婚姻制度；伏犧始定嫁娶之禮。有了這種禮，人才有父母、兄弟、夫婦、親戚、上下等各種人倫關係。故婚姻制度亦可說是整個人倫禮制的起源或基礎。《易》云「人倫肇端於夫婦」，即是此意。

把這種制度推源於伏犧，乃是認為婚姻制度形成於漁獵時期，故此時男子求歡於女，以儷皮為禮。動物求歡，多以力勝，如雄強暴雌，或兩雄角鬥，勝者才有交配權。人懂得奉物以求合歡，這就是以禮相待之道。後世婚禮，以聘以媒，均由此發展而來。故婚嫁之禮是人類極重要的人文成就。

但古書對於上古婚嫁之禮的描述畢竟過於簡略。以儷皮為禮的，是誰向誰求歡呢？男求女或女求男？伏犧與女媧若是同母的血親，則是後世所謂兄妹關係；兄妹關係在後世是不可婚的，伏犧時若可婚，則其制度必與後世不同。再者，嫁娶之制雖定，誰嫁誰娶呢？怎知古代一定是男娶女嫁而非女娶男嫁？又怎知古代即是一人嫁一人娶？換言之，婚嫁之制，本身就有許多可能性，中國古代究竟採何種制度，目前尚待稽考。

摩爾根《古代社會》一書曾將人類婚制分成五種型態：1.血婚制：嫡系和旁系兄弟姐妹集體相互婚配。2.夥婚制：一群男子夥同與另一群女子婚配，同夥者不一定是親屬。3.偶婚制：一對配偶結婚，但不專限與固定配偶同居，婚姻關係只在雙方願意期間才有效。4.父權制：一男子與若干妻子婚配。5.專偶制：一對配偶共居制。

這五種型態並非分列的，摩爾根認為它們有發展的順序關係。第一種最古老，但至今已無遺存。第二種則是因氏族組織興起，遏止血親通婚之後才出現的。第三種，乃是氏族組織穩定的結果。第四種是進一步的發展，男人把妻子視為禁臠，女人在家族中處於與外界隔絕的地位，無平等之權利。第五種，是財產觀念制度化使然，與財產繼承權有關，男女地位已大體平等；此種制度約在三千年前即已出現。

恩格斯《家庭、私有制和國家起源》一書基本採用了摩爾根這個講法，認為1.、2.、5.最為重要，2.、4.則為介乎中間的型態。大陸學界因受恩格斯之影響，有很長一段時期均以這個講法來描述中國古代的婚制與權力狀況。

但如此討論，缺點甚多：

1.僅涉及「以性為基礎的社會組織」，而未能注意婚制與人倫關係、道德意識諸問題。

2.這幾種婚制中夾雜著由母系到父系氏族的轉變。夥婚、偶婚、父權制都發生在氏族社會，可是夥婚、偶婚時期可能仍是母系，父權家長制家庭卻是父系父權的。何以有此轉變，摩爾根之理論無法解釋。他以生產關係與財產繼承問題解釋母系到父系的辦法，只適用於說明第五種婚制之興起。

3.相同的婚制並不必然形成相同的社會或文化內涵。同樣是氏族組織，中西之氏族便大不相同；同樣是專偶制，中國家庭內部的夫妻關係、父子關係也不同於歐美。摩爾根式的討論，完全忽略了這個問題。套用其說以論中國古代文明，當然也就全然搔不著癢處了。

4.各類婚制，只是「不同」還是「開化程度高下之差異」？例如摩梭族迄今仍不採專偶共居制，是否即代表了它尚未開化？過去不少人持「進化」的觀點來看婚制，認為某些較文明，某些又較原始；也用此類觀點看家庭型態，以為人類是由大家庭、複合式家庭向核心家庭演變。其實彼等所謂最文明最進步的制度，往往只是他自己活著的那個時代或社會採用的制度罷了。揆諸歷史，西漢以核心家庭為多，東漢以聚族共居為盛，何嘗是先大家庭而後再進化至核心小家庭？現代雖以專偶共居為法訂婚制，又何嘗無以此為虐政而希望採行他法者？故以婚制論文明開化之程度，如摩爾根之所云云，實多可商榷之處。

但論古代社會，也不能無一假說以供討論。目前參稽史料，佐以考古及人類學所見，略為勾勒，則古代的情況大抵如下。

二、姓氏與祖先崇拜

論上古史者大抵皆認為我國早期是母系社會，至堯舜時，正當母系社會末期，夏代則已由母系轉為父系了。我則以為，母系父系並不是一線連接演變的，可能早期曾並存著父系與母系兩種社會型態（更古遠、無社會的「雜交」、「不知有父」不算在內）。所以父系社會裡有母系社會的遺存，所謂母系社會的記載中也可以看到有關父系的事項（這點，在底下論「姓」、「氏」時也可看到，其演變狀況並非一線直下那麼簡單）。

但因上古茫昧不可知，而夏為父系社會，已有考古出土資料可以證明，所以我們推測：堯舜以前或許確有一部分母系社會存在的事實，其具體遺蹟之一即是「姓」字。某一具有共同血緣關係（此時的血緣來源多為一圖騰）的族群，皆以母生為姓。原因是圖騰的血緣傳遞只經由母系，故《國語・晉語》曰：「黃帝之子二十五宗，共得姓者十四人，為十二姓：姬、酉、祁、己、滕、箴、任、荀、嬉、姞、儇、依是也。惟青陽與蒼林氏，同族於黃帝，故皆為姬姓。」黃帝生二十五子，只二人與他同姓。

可見姓是因母得姓，同姓者謂之同族，更可說明母系血緣族群的特色。《晉語》又云：「少典娶於有蟜氏，生黃帝炎帝。黃帝以姬水成，炎帝以姜水成，成而異德，故黃帝為姬，炎帝為姜。」所謂德，就是圖騰標記，以聚居地域或降生有關的事物為圖騰符號，名之為姓，而姓又是由母系傳遞的。在這種情形下，族群的祖先並不是女人，而是圖騰。圖騰崇拜即是祖先崇拜，同姓族人皆自視為某一圖騰之後裔，具有生命的共同性（solidarity of life）。

據社會學家斯本塞（Spencer）和紀倫（Gillen）一八九九年研究澳洲中部土著 Arunta nation 時發現：圖騰社會中人並不採外婚制。婦女懷孕，只認為是接受了圖騰的精靈所致，對父親在生殖過程中所扮演的角色完全漠視。同時，孩子出生後，母親即推測他們可能是在哪個地方投生的，然後以那個地方的圖騰來定為嬰兒的標記。這三點，可能有助於我們對黃帝炎帝、姜嫄履大人跡、簡狄吞玄鳥卵一類史事的了解。因此一般也假說上古為圖騰制之時代。

但圖騰制並非男女兩性的婚制，因為生殖並不被認為是由男女交媾而來，中國古代是否曾有此一制度，亦頗有爭論。且無論如何，圖騰信仰縱或有之，很快也被祖先崇拜取代了。生命的共同性與一體性，由圖騰信仰（totemistic creeds）轉移到祖先身上，祖先崇拜與宗廟制度便產生了，而這必須是父系氏族才有可能。

姓氏的「氏」字，用為姓氏之氏，由來甚為久遠，甲文有「姳氏」（後、下、二一、六）。而商代的氏族就甲骨資料看來，也超過兩百個。所謂氏，與「示」本為一字。某些人以為示是祭天杆、氏族是以圖騰祭的神示為中心的社會組織，氏族以圖騰為宗神，作為他們的保護神。殊不知氏、示、宗、主、祊、祏、祖，皆與神主有關，故唐蘭說：「卜辭示、宗、主實為一字。示之與主、宗之與宔皆一聲之轉也。《左傳》昭十八年傳曰：『主祏』，自即《說文》之宔祏，而莊十四年謂之宗祏。金文作冊卣謂之石宗。襄廿四年又謂之宗祏。明主宔即宗，而祏石即祊也」（〈釋示宗及主〉）。示就是神主，是祖宗牌位。它的出現，應視為圖騰社會一次大轉變。

圖騰組織的結構，以母系為重。經由母親將圖騰傳諸其子，於是，不但同族人皆屬同一圖騰裔子，生命的延續也只是圖騰精靈之再生。如《詩經．商頌》所謂「天命玄鳥，降而生商」，圖騰遂成為祖先的象徵。父系氏族中也表現了族群生命共同性與同一性的特徵，但卻以祖先取代了圖騰，而且是父以傳子、子以傳孫。至此，圖騰崇拜乃改為祖先崇拜，原先在圖騰社會中畫上圖騰圖像、建立圖騰物以供崇拜的行為，亦改為立神主、立祖廟。「廟，貌也，先祖形貌所在也」，宗廟於是乎起焉。

由母系圖騰到父系氏族，其轉變可能是因為權力勢力的轉移，《左傳》隱公八年眾仲曰：「天子建國，因生以賜姓，胙之土而命之氏」，說明姓是母系血緣符號，氏則由賜土而來，故與權力有關。無土則無氏，無氏即無宗廟，故《荀子．禮論篇》云：「有天下者事七世，有一國者事五世，有五乘之地者事三世，有三乘之地者事二世，持手而食者，不得立宗廟！」

順著以上的說明，這裡我們討論兩點：

1. 氏由賜土而來，但黃帝炎帝據姬水姜水而成部落，卻姓姬姜，顯與胙土命氏之說不合。唯一的理由是，據土地的權力已由姓（母）轉移到氏（父）了。從此以後，唯有能掌握權力者，才能以他本身具有的血統關係得到尊重，被奉為祖宗。《國語．周語》謂禹及四嶽「克厭帝心，皇天嘉之，祚以天下，賜姓曰姒，氏曰有夏……祚四嶽國，命以侯伯，賜姓曰姜，氏曰有莒……唯有嘉功，以命受祀（注：祀或為氏）」可證。有嘉功者方能立氏受祀，故許慎說祖為始廟，後代立廟也以始封者為祖，原因在此。

2.與祖廟相關聯的是社。祖社當為一物，墨子〈明鬼篇〉曰「燕之有祖，當齊之社稷」，是最明顯的證據。《書．甘誓》曰「用命賞於祖，弗用命戮於社」，《周禮．春官》大祝曰「出師宜於社，造於祖」，祖社對舉成文，其實只是一物。郭沫若謂其皆象牡器之形，是也；謂其皆出於性器崇拜則未必（郭說見《甲骨文字研究．釋祖妣》）。大抵內祭曰祖，外祭曰社。卜辭外祭有祭社二事：貞「尞於土，三小宰，卯一牛，沈十牛」（前一、廿四、三），「貞，勿桒牛於邦土」（前四、十七、三），土即社字。祖與社皆與土地有關，有土斯有社，有土也才能奉祖。《考工記》匠人曰「左祖右社」，社與宗廟，都是藏神主之地。《說文》社字作示䄜，立木主立石主，尊而識之，使人望之即敬，《墨子》、《論語》、《淮南子》、《白虎通》、《說苑》皆有此說。後人誤會木主石主係代表土地神，遂以社為祭地祇之處，大謬。前引卜辭云尞於土者，即是在社舉行燎祭以祭天神。《說文》謂「社，地主也」，是說地上立神主則為社。卜辭曰「辛御水幹土宰」（鐵十四、二）。御是設樂以迎祭先祖，如《詩．小雅．甫田》曰「以御田祖，以祈甘雨」；田主就是社，又稱田祖。可見祖社為一物，皆藏立神主之處。後來宗廟與社稷雖各有偏重，但古來一向視為一緊密連結的複合體，王者據土地，立宗廟，以百穀奉宗廟、共粢盛、食以生活之，二者仍不可分。《爾雅．釋天》說「起大事動大眾，必先有事乎社而後出，謂之宜」，《左傳》閔公二年說「帥師者受命於廟，受脤於社」等，皆其例。祭廟亦常與祭天地社稷共同舉行，屬同一級的禮儀活動。社有公社家社，更和廟有公廟家廟相同，其來源皆在於胙土命氏，故《逸周書》嘗謂天子封建，取社壝土一撮，即代表封予邑郡。

如是，因血緣而稱姓，因胙土而名氏，氏族祖宗之祀固然已經確立，但姓與氏分，則祖宗與後代的聯繫畢竟多了一層轉折，無法合一。於是，再進一層，運用族外婚制，將母系排離在宗族傳續系統之外，血緣與權力一元化，成為完全的氏族社會。歷朝廟制，除周代始妣姜嫄外，女皆配食於其夫，商代則母妣可單獨受祭，原因即在於此。如：

庚申卜，貞：王賓示壬奭妣庚，賁，亡尤？（後上一、六）

甲子卜，貞：王賓示癸奭妣甲，砮，亡尤？（後上一、六）

辛醜卜，行貞：王賓大甲奭妣辛，妣亡尤？在八月。（後上二、七）

壬戌卜，貞：王賓大庚奭妣任□亡尤？（明四二四）

甲申卜，貞：王賓且辛奭妣甲，羽日亡尤？（遺珠六二）

帝王之妣之母亦均以日名，與先王同。可見這雖距夏禹那種「賜姓曰姒，氏曰有夏」時代甚遠，母系勢力與其在族中之地位尚未完全削除，她們已未必以血統的傳遞者為貴，但至少仍是族人，理應受祭。周則為族外婚，母妣皆係外族別姓來歸，合配於夫家，既無血緣的地位，只得配食於其夫，不單獨受祭。王國維《觀堂集林》卷十頗詫周代以姓著稱之女子太多，春秋幾乎無不以姓稱的女子，而殷商則女子不以姓稱。不知殷女子皆同姓族人，周則大姜大任大姒皆異姓族女也。

殷商及其以前的宗廟和宗法，不同於周代，這應是個極基本的原因。不但如此，依我的看法，後世宗廟雖以父系傳承為主體，但用以區別世代的昭穆和廟號，依然是因母系關係而產生的。族的血統非父子相傳，而是祖的血統，經一女子而傳給孫，為雙系繼嗣制的遺留。

昭穆之說，不見於傳世之殷商卜辭及兩周銘文，但經傳中屢屢言及。所謂昭穆，是指父子世系的一種分類制度。自始祖之後，父曰昭、子曰穆。大祭祀敘昭穆之俎簋時，是昭與昭齒、穆與穆齒，《中庸》甚至說「宗廟之禮，所以敘昭穆也」，此為宗廟主要功能之一。

但關於昭穆的實際狀況，歷來爭議不定，有關文獻至多，此處亦不能盡為介紹，我只提出我的闡釋：

1. 昭穆之成為一種制度，不見於卜辭及西周文獻，《論》、《孟》書中亦未論及；最早見於《左傳》、《國語》，可能是戰國中葉才形成的講法。因此所謂昭與穆，可能即是取諸昭王和穆王的廟號而來。昭王穆王恰為父子，遂用以區別父子行。古來就昭穆二字名義上論其來源及意義，如陸佃雲「昭以明下為義，穆以恭上為義」之類，均不合理實。

2. 昭穆制既是由廟號而來，應討論的就是廟號廟制何以分組、如何分組，僅知昭穆制的得名和年代是不夠的。

3. 昭穆制之產生由於廟制，故經傳凡論及昭穆者，均指祭祀宗廟事而說。李宗侗和淩純聲諸先生以為昭穆代表母系半族制的婚級，每一族團中人皆分成兩級，昭穆互遞。其實並不是這樣的。昭穆均就宗廟祭祀而說，顯然是用來指示血緣傳遞關係的。故〈祭統〉說「昭為一、穆為一，昭與昭齒、穆與穆齒」，《儀禮・聘禮》鄭注也說「筮尸若昭若穆，若父在則祭祖，父卒則祭禰」。血統繼承法才是昭穆制產生的根本原因，婚制並無決定性影響力。

4. 昭穆制雖形成於戰國中葉，但在此之前，宗廟裡絕不可能沒有一套辨別血統承遞的辦法（因為指出血統傳承關係是宗廟主要功能之一。故《禮記・仲尼燕居》云：「嘗禘之禮，所以仁昭穆也。」廟之制度與祭禮也都是根據血統傳承關係而設計的，如《五禮通考》卷五九引劉歆云：「孫居王父之處，正昭穆，則與祖相代，此遷廟之殺也」，凡禘嘗、遷毀、祧藏、尸祭等等，無不根據這一關係而來）。唐虞遠古不可知，至少殷商的廟號就能顯示這一性質。

5. 我認為這種血統傳遞法的關鍵，在於一人的姓氏含有父母雙系，而血緣例由姓（母）表示，故血緣傳遞法是隔代相傳。如下：

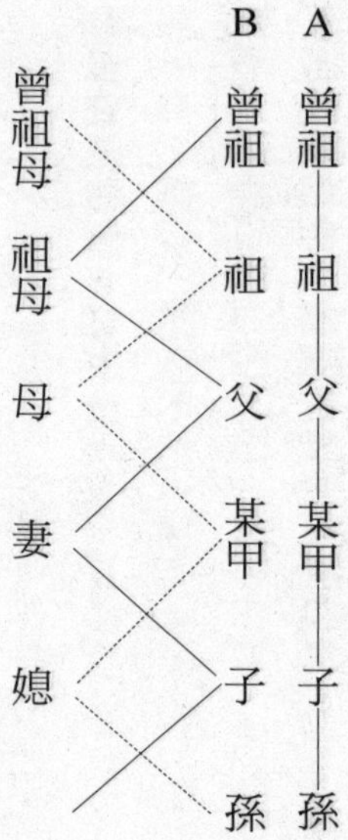

若如A表，根本不會發生昭穆異位的現象。如B表，則祖孫隔一世代相傳，血統一致，故〈曲禮〉云：「禮曰：君子抱孫不抱子。此言孫可以為王父尸，子不可以為父尸。」尸即神象，象祖先神靈之意，異昭穆的不同血統自然不能為尸。祖與孫中隔一母之世代，在殷代廟號中也可看到。

張光直〈商王廟號新考〉和丁驌〈再論商王妣廟號的兩組制說〉都指出殷王世系表顯見甲乙和丁相隔世代出現的趨勢，一如昭與穆，故殷人與周人一樣有嚴格分別世代的制度。丁文更直截認為：「廟號來自母方，王位繼承自父方，乃是父權母系。」陶希聖《婚姻與家族》中〈從稱謂論殷代之世代層劃分〉一文亦有此論。大抵說來，殷王以十天干劃分世代已無疑義，但諸王妣也都以十天干為廟號。兩者合併，其關係是：王位繼承於父系，姓則傳承自母系。例如天乙妣丙，繼位者則為太丁，剛好間隔一世代。且即使是王位繼承也常傳予母弟。「母弟」之真正涵義不明，只知它與母方有關。因此殷代可能正處於從父母雙系承嗣制逐步加強父系的轉型期。

至周以後，因婚制變更，父權母系的情形不復存在，除昭穆制仍形式地遺留了早期制度遺蹟之外，氏族已成為宗廟的內容，用以確定氏族血統及權力關係的宗法制也隨之興起，此時姓氏遂不再代表兩種意義了。故實質上所謂昭穆雖沿自母系遺習，此時卻已成為泛稱後代裔胤的名詞。《左傳》僖公二十四年富辰曰：「管蔡郕霍魯衛毛聃郜雍曹滕畢原酆郇，文之昭也。邘晉應韓，武之穆也。凡蔣邢茅胙祭，周公之胤也」，即其一例。

三、始祖高禖與上帝

古代由母系轉入父系的情形，大抵如此。母系與父系，都要拜始祖與始妣。在轉為父系之後，祖先雖只祀父親這一系，但拜母親這一系的始祖，亦如昭穆制一樣，也遺存於後世。此即高禖一類祭祀。《禮記．月令》仲春云：「是月也，玄鳥至。至之日，乙太牢祠於高禖。天子親往。後妃帥九嬪禦。」這是求生育的祭。為什麼祠高禖以求生育呢？高禖就是高母。《說文》：「禖，古文作呣、悉」。梅（或作楳。某母古聲通），是民族的女始祖。殷人以簡狄為高母、夏以塗山女為禖神、周以姜嫄為始妣，都是這個道理。

後世因已轉變為父系社會，祖先都是父親這一系，母系的祖先崇拜狀況遂不知其詳，僅知至周仍有高禖始妣之祭而已。後世則連這種祭都沒有了，紀念始妣生育族人之意，轉而成為具有普遍意義的媒人神、送子神，出現「送子觀音」、「註生娘娘」、「碧霞元君」之類女神，不再只對自己這一族具有意義了。

以上所說皆是「男女」變成「夫婦」的情況。夫婦乃人倫之始。因有夫婦，乃有父子、兄弟、親戚、上下。但在男女變成夫婦之際，卻有兩種可能，一是父系、一是母系。而上古就有上述這麼一個逐漸確定為父系的過程。

母系祭其始妣，以為高母；父系同樣也拜其始祖。這就是祖先崇拜。許多民族均有此種崇拜。畢竟，人敬其生命之源頭，這是人類最基本的感情之一，由此而形成祖先崇拜，也絲毫不奇怪。

在希伯來，「摩西對神說：『我到以色列人那裡，對他們說，「你們祖宗的神，打發我到你們這裡來」，他們若問我：「他叫什麼名字？」我要對他們說什麼呢？』神說：『你要對以色列人這樣說：「耶和華，你們祖宗的神，就是亞伯拉罕的神、以撒的神、雅各的神，打發我到你們這裡來。」』」（《舊約．創世紀》）。耶和華，不但是以色列人「祖先的神」，更是其「祖先神」。因為由以色列人的祖先往上推，其始生創生者就是耶和華，故稱神為天上的父。希伯來文化中的「上帝」，事實上就是由始祖神衍化來的。

中國的「上帝」，情況也類似。《禮記．喪服小記》說：「王者禘其祖之所自出，以其祖配之，而立四廟。」王者以他「祖」所自出的古帝王（如商人之舜、周人之嚳）為禘祭的對象，而以其祖（始祖，如商人的契、周人的稷）為配享。禘祭的對象就是上帝、天帝。帝與祖的分別，在於祖是直接承繼的祖先，帝是遙遠追溯的始祖。猶如今人祭始祖之外，另祭遷至某地之本系開基祖。

始祖為帝，開墓祖為祖。故〈魯語上〉云：「有虞氏禘黃帝而祖顓頊，郊堯而宗舜；夏後氏禘黃帝而祖黃帝，郊鯀而宗禹；殷人禘舜而祖契，郊契而宗湯；周人禘嚳而祖文王，郊稷而宗武王。」有虞氏有夏氏為黃帝後裔、周人為帝嚳後裔，俱見《史記・五帝本紀》，因此他們以禘禮祭黃帝、帝嚳。

對於一個民族來說，禘祭之對象即其上帝。因此《禮記・雜記下》說：「正月日至，可以有事於上帝。七月日至，可以有事於祖。七月而禘。」《禮記・祭法》：「有虞氏禘黃帝而郊嚳。」鄭玄注：「此禘謂祭昊天於圓丘也。」昊天就是天帝、上帝。

各民族以其始祖為上帝，原因很容易理解，因為那就是他們的保護神。古人所謂鬼神，本來就以人鬼為主。人死為鬼，其觀念在卜辭中至為常見。這些鬼，都是本族逝去的祖先。向他們祭拜，求福祛禍，則是祭祀的主要內容。

向不向其他族的鬼神祭拜呢？當然不，因那乃是別人的祖先。故《左傳》僖公十年曰：「神不歆非類，民不祀非族。」僖公三十一年曰：「鬼神非其族類，不歆其祀。」可見氏族社會是以本族人為祭祀對象的。母親這一方，尚且因採族外婚制而成為外族人，不被納入祭祀範圍，何況是其他族類呢？在這種情形下，本族的遠祖始祖，當然就有可能被視為至上神。

但希伯來的民族神，終於變成超絕的上帝。該民族只拜上帝而不拜其他諸祖，與我國綿延不絕的祖先崇拜迥然不同，又是怎麼回事？

其原因在於：首先，我國是帝祖並祀的架構，既祀帝，也拜祖。祖可配天、配帝。希伯來之上帝則與其子民懸隔，諸祖均不能上躋於帝的位置，亦不能嬪於帝或與帝配。我國後世祭祀時，以始祖為太祖，然後並祭歷代祖先，一仍上古之遺意。這才形成整套的祖先崇拜，不只是拜始祖至上神而已。

其次，上帝雖然本來是氏族神，但天、帝之意義至殷周均已普遍化。如《易》論及帝或上帝者，均不必指民族神，如益之爻辭：「六二，或益之十明之龜，弗克違，永貞吉，王用享於帝」，豫之象辭：「雷出地奮，先王以作樂崇德，殷薦上帝，以配祖考」。周人卜占，亦以殷之先帝為祭祀對象。商之始祖帝嚳，周人即作為禘祭對象；創業主成湯、太宗太甲、帝乙，亦均為周人所奉祀；商人先公相土，也成為周之社神。故周雖代商，天帝猶是舊的同一個天、帝，天不再是氏族神，只保佑他自己那一族，而是具普遍意義的，佑庇所有有德或受其降德之人。

這時，天帝便與祖先神分離了。中國人後世就是在天帝不再是祖先神之後，於拜天公之外，同時拜祖先，以安頓這種對自己祖先慎終追遠的情感。西方則以宗教分裂的方式來處理此一問題。猶太教維持其傳統，耶和華仍為其民族神；基督教則普世化，認為上帝是全人類的。於是一不講普遍義的天帝、二不談祖先崇拜，情況遂與中國異趣。

再次，中國雖經歷母系至父系的轉變，祖先神基本上都是男性，但男性意識並未瀰漫延伸於整體生活領域，在思維中仍維持著兩性架構及性別意識。西方則由男性上帝下貫至整個思維，排除了另一性。

四、性別思維的特色

張祥龍〈性別在中西哲學中的地位及其思想後果〉曾對此分析道：性（sex,gender）是我們理解某個哲學傳統時必須考慮的一個維度，即在哲學思維中有沒有性別的意識，會深刻影響其特點與走向。西方傳統哲學的核心部分（存在論與認識論）無性別意識，只有在當代西方哲學中，這種意識才正在覺醒。中國傳統的主流哲理思想則有鮮明的性別意識。

這種區別，造成了中西傳統哲學的重大不同。比如有性別意識的中國哲理傳統會看重相對相濟的動態生成關係，並重視這關係所生成的世代結構，也就是家庭、家族、民族與文化的長久延續。也善於領會活的生存境域中的時機，認為人的互動互感是獲得真知的最有效手段，而非邏輯與科學。西方傳統哲學卻反其道而行之。

古希臘哲學一開始就尋求萬物的本源（arche）。但他們所提出的「水」、「無定」、「氣」、「火」，都是單一者。赫拉克利特的「火」雖包含「對立而又同一」的原則，講對立面通過鬥爭達成和諧，但這並不就是性別的關係，因為對立面之間雖相互過渡，但沒有活生生的相互交媾而發生之意，且殺伐之意過重。

畢達哥拉斯學派則明確提出「對立是本源」，而且在他們列舉的十對本源中有「雄性／雌性」這個對子，很有思想啟發力。然這種對立以「數是本源」為前提，也就是以「一／多」、「奇數／偶數」、「直線／曲線」為前提。而且，這些對子之間不是「相交而發生」的關係，而是一側（左側）從根本上就壓倒和高於另一側（右側）。比如「一」就從根本上高於「多」，因為「一」被視為眾數（多）之源，一個奇數加上一就成一個偶數，再加一又變成奇數，等等。所以在這十個對子中，才會出現「善／惡」、「光明／黑暗」這些在當時人的價值判斷中明顯偏於一邊的對子。這就使其中的「雄性／雌性」關係成為對立壓迫式，或源與流式的，而不是相濟相生式的。

甚且，西方古代形上學連這樣的「對立本源」也不能容忍。繼畢達哥拉斯之後，巴門尼德斯（Parmenides）認為只有「一」代表的「存在（是）」才是真實的，「因為存在是存在的，而非存在乃是不存在的」。以這種獨一的、「思想與存在同一」的方式提出的存在問題，以及由此而建立的「存在論

（本體論）」，成了後來兩千多年裡西方傳統哲學的核心。

柏拉圖與亞里士多德試圖鬆動這個「存在只是一」和「運動不可能」的僵硬狀態，以某種方式再引入「多」。柏拉圖認為作為每一類事物範型或本質的「理型」（eidos，idea，理念、相）是實在的，亞里士多德則說作為個體的「實體」（ousia，substance）是實在的。但由於他們都處於巴門尼德斯的存在論思路影響下，所以理型和實體儘管有多個，相互之間有區別，但就其本身而言，或就其「作為存在（者）之存在」而言，它們仍然是「不變的一」。就是亞里士多德講的「個體」，其真實性也是來自「形式」，而最高的、最實在的形式是不變的唯一者，或神。因此，理型或實體本身沒有相對而言的內在差異和相交相生的可能。理型與事物，是原本與殘缺副本的關係；實體與屬性，則是不變者與寄居者、本質的規定者與偶然獲得者的關係。這種不成雙配對的關係，不可能是性別的關係。

到了近代，笛卡爾提出「主體（我思）」原則，「人」在最根本處出現了。但這是一個抽象的、純思維或純認知的人。在唯理論那裡只有思維著的大腦，在經驗論那裡則加上了感官，以線性方式與大腦相接。

康德（Immanuel Kant）之後的德國古典哲學中，對立統一的辯證法出現了。但這種「對立」的根基仍是主體與客體、一與多的對立，主體與一仍控制全局。客體是被主體設立的、由主體異化出來的對立面，以便讓主體在克服或揚棄客體的外在性時深化和豐富自身，最後達到「絕對」的認識與存在。因此，辯證的對立面之間的關係，就如同畢達哥拉斯的「一」與「多」、「正方」與「長方」、「光明」與「黑暗」之間一樣，並無真實性別和性生命可言，只有概念的辯證發展。

因此綜括來說，整個西方傳統哲學，從巴門尼德斯到黑格爾，都是無性（sexless）或無性生命（sexlife，性生活）可言的。

從尼采開始，西方當代哲學才逐漸有了某種身體感與性感。幾經周折反復，最後才在法國現象學與結構主義者那裡初露端倪。梅洛・龐蒂提出了「身體場」的觀念，以哲理的方式關注到性感的源頭、表現方式。而福柯則關注性與權力之問題。佛洛依德以性壓抑為基礎的精神分析理論也因此而具有哲學意義。生態倫理學中也有性別的隱喻（比如「自然母親」）。至於女性主義哲學（feminist philosophy），更是以談性別（gender difference）的涵義、批判傳統西方哲學歧視女性的歷史與現狀為職志。

中國的情況，甚為不同。《易經》中之卦象，都由相互對比的兩個爻象，即陽爻和陰爻構成。六根純陽爻組成的第一個卦，名為乾；六根純陰爻組成的第二個卦，名為坤。其餘則為陽爻、陰爻交雜配合而成。卦象，不同於包含雜多因數的一般圖像，也不同於幾何圖形，乃是有二進（binary）涵義或兩性涵義的象結構。它們由最簡易的直觀區別造成，沒有實體化的中心、內核和基礎（兩爻內在互需，自身無表現意義），只靠連、斷、位置、次序、反正、變換循環等區別來構成。而且，至少從殷商之際開始，純陽爻卦和純陰爻卦就被稱為乾與坤，並相應地有一系列對應的性質，比如「天／地」、「龍／牝馬」等等。這組爻象的任何一方都是絕對必要的，在構成意義上是「彼此」的，誰也不比誰在本性上更優越、更真實。任何「實體／屬性」、「存在／非存在」、「本質／現象」、「形式／質料」、「主體／客體」之分，在這裡都是無意義的。因為在易象的結構中，任何意義都要靠爻象雙方的相對相生、交錯往來而構成。兩種爻象的相互區別和相互需要是內在的，先於任何「存在」邏輯而為意義所需。就此而言，兩爻象之間的關係不同於任何一種後於意義構成（post-meaning-constitution）的關係，比如觀念與觀念之間、概念與概念之間的邏輯關係、物與物之間的因果關係、主體與主體、主體與客體的關係等等，因而更近於兩性之間的關係。

由於易象有性別涵義的這些特性，歷代解《易》時基本就是看陰陽爻有無交感呼應，有則吉通，無則悔吝。吳汝綸《易說》總結云：《易》中凡陽爻之行，遇陰爻則通，遇陽爻則受阻。尚秉和也指出這是「全《易》之精髓」。也就是說，後世解《易》者都認為：從易象上講，陰陽爻相交的卦爻辭偏於吉亨，反之則多為悔吝。「陽遇陰則通，陽遇陽則阻」，意味著異性相交相和而感生變化，可生出新的可能，故而可通達吉亨；反之，只陰陽爻不交，同性相遇，即無新的可能出現，則將處於危殆的境況。

此所以《莊子・天下篇》曰「《易》以道陰陽」。「陰陽」在《易經》或整個古代漢文語境中的變體極其豐富，日月、明暗、天地、上下、左右、冷熱、進退、往來、春秋、山水、動靜、生死、興衰等等，無處不有陰陽，亦幾乎無物不有陰陽。

雖然陰陽在儒、道、兵、法、醫等思想傳統中的表現各有不同，有的比較明確地提及陰陽，比如《周禮》、《禮記》、《老子》、《莊子》、《黃帝內經》，有的只以邊緣的方式涉及，比如《孫子》，有的則似乎未明言之，比如《論語》、《孟子》、《韓非子》，但這均不足以說明最後這一類著作可脫離《易經》之類乾坤陰陽的大思路的影響。如孔子雖未道陰陽，但不僅曾在《論語・述而》中說要「五十以學《易》」，《論語》中表現出來的思想方式也與易象的「陰陽相分不相離，相對以相生」的涵義相符。且孔子極重《詩》教，稱「〈關雎〉樂而不淫」，主張「《詩》可以興」等，都表現出他不離陰陽男女之生動情境而言禮求仁。

由此，我們可以說：與西方傳統哲學的主流型態不同，中國古代哲理思想之主流是有性別可言的。〈繫辭下〉一段話就直接表達出這個特性：「天地絪縕，萬物化醇；男女媾精，萬物化生。」

此即所謂「人倫肇端於夫婦」，是要推夫婦之理以及於宇宙人生、國家社會。最明顯的例證，仍然是《周易》。

「易以道陰陽」，男女雌雄交感變化為其內容，故其中之性意象至為豐富。例如〈繫辭傳〉說：「乾之靜也專，動也直，坤之靜也閉，動也辟，故能大生廣生。」又說：「天地絪縕，萬物化醇，男女媾精，萬物化生」，「乾坤，其易之門耶！乾，陽物也，坤，陰物也。陰陽合德，而剛柔有禮。」〈說卦〉云：「乾，天也，故稱乎父。坤，地也，故稱乎母。震，一索而得男，故謂之長男。巽，一索而得女，故謂之長女。坎，再索而得男，故謂之中男。離，再索而得女，故謂之中女。艮，三索而得男，故謂之少男。兌，三索而得女，故謂之少女。」〈序卦〉說：「有男女然後有夫婦，有夫婦而後有父子，有父子而後有君臣，有君臣而後有上下，有上下然後禮義有所錯。夫婦之道，不可不久也……」

整部《周易》，被儒家理解為依男女媾精之原理而建構的體係。乾，取象於男根，故靜垂而動直。所謂其靜也專，專即團，《後漢書・張衡傳》注：「團，圓垂貌」，《文選・思玄賦》注：「摶摶，垂貌」，均可證。坤則取象於牝戶，故靜翕而動闢。八卦，就是依男女媾精而生男育女之情況，設想為父母與子女們。一索再索，八卦遂為八索。索，即古「九丘八索」之索，馬融注：「索，數也」，這是以數蓍草為說，不確。《說文》曰：「索，草有莖葉可作繩索」，才有延續的意思。男女交合，生化後代，一索再索三索，乃成家庭，有父子矣。諸家庭再合而為社會，乃有君臣上下，所以說人倫造端於夫婦。

易卦，又以龍象乾，飛龍在天，「雲行雨施，天下平也」。此亦性意象，後世謂男女交合為雲雨、謂男子施精為灑雨露，均本於此。卦象又以牝馬象坤。以婚媾說屯卦，因男女始交，女子難產，故可以形容迍邅之狀。泰卦六五：「帝乙歸妹，以祉，元吉」，陰陽交泰交感，所以用嫁娶來比喻。剝卦六五更以帝王臨幸為說：「貫魚以宮人寵，無不利。」反之，大過卦九五譏老妻少夫：「枯楊生花，老婦得其士夫，無咎無譽」，本無貶義，但〈象傳〉說：「枯楊生花，何可久也？老婦士夫，亦可醜也。」咸卦卻是男女感悅之卦，以男女交感，說「天地感而萬物化生」。大壯卦，以陽盛為壯。睽，說「二女同居，其志不同行」，必須男與女，才能「男女睽而其志通」。姤，上乾下巽，亦陰陽交媾之象。革，又說「二女同居，其志不相得」。漸卦，亦說「女歸，吉」，若「夫征不復、婦孕不育，凶」，丈夫出去不回來，婦女懷孕不育，都是未能化生，故不吉。歸妹之彖又曰：「歸妹，天地之大義也。天地不交，而萬物不興。歸妹，人之終始也。」

這些卦爻辭及彖象傳，莫不鼓勵並讚美婚媾，且以男女交媾的原理推類及於天地萬物。也許這是上古生殖崇拜遺留或轉換的遺蹟，被保留在這些古老的典籍裡，或許根本就是儒家有意選擇並保存這類文獻。而且在《十翼》的說解中，處處坐實了男女之事的解釋，可以證明它是有意如此解說，而其說義方式亦正與《中庸》、《大學》相符。

《大學》說「詩云：桃之夭夭，其葉蓁蓁，之子於歸，宜其家人。宜其家人，而後可以教國人」，《中庸》說「君子之道，譬如行遠必自邇，譬如登高必自卑。詩曰：妻子好合，如鼓瑟琴。兄弟既翕，和樂且耽。宜爾室家，樂而妻孥」，都是說男女好合，家室之樂，推而廣之，即可和樂天下。男女之道不但不是罪惡、不須懺悔，更應發揚，予以推廣。

這種不以好色之心為罪惡，不以為人能無好色之心，謂好色之心即為天理，又主張擴充之觀點，在社會理論方面，使人人能遂其食色之需，無曠男怨女，以成王道。在存有論及倫理學方面，以男女交感、夫婦和合為一切秩序之基礎，由此以講禮義、講治國平天下。無一不與佛教、基督教相反，自成一獨特的義理型態。

說它獨特，是說儒家學說立基於男女性事上，由此展開它整套存有學、倫理觀及政治理論。男女媾精、陰陽施化、一索得男、天地交泰，這些語詞與觀念，明著於聖典，舉以為教、傳習諷誦之。這在世界其他幾大文明中是不常見的。在我們亞洲儒家文化圈中，或以此為相沿已久之傳統，不免習以為常。但與佛教、基督教相比，即可見此事甚不尋常。

或許我們會說「易以道陰陽」，其性質本來如此，不能以之概括整個儒學或中國哲學。但若如此，則不妨來看看《詩經》。

詩三百之本來面目，或許是本之風謠，或許是朝廟樂章。但是，在儒家的解釋系統中，它非常清楚地，是以男女情欲問題為基點，推拓以言王道教化的。猶如《易》本為卜辭，而儒家解釋系統卻以男女交媾、萬物絪縕論人文化成。

何以見得？《詩經》以國風〈周南〉、〈召南〉開端，是所謂「詩始二南」，其重要性可知。但〈周南〉十一篇，據漢儒之說，其中倒有八篇在談后妃之事。剩下三篇，〈麟趾〉言〈關雎〉之化，仍是講后妃；〈漢廣〉、〈汝墳〉亦說文王教化令男女夫婦相得者。總之都是在談那檔子事。而〈周南〉始於〈關雎〉，〈召南〉始於〈鵲巢〉，也是說后妃的，其餘則略如〈周南〉。依《儀禮・鄉飲酒禮》鄭玄注，此又均為房中樂。為何夫子返魯，雅頌各得其所，而《詩經》編次乃以房中樂冠首？且以〈關雎〉、〈鵲巢〉為始？其義正可深思。

在哲學思想的本源之處有性別還是無性別，會造成什麼樣的思想效應呢？

首先，認為終極實在者是有性別的，這意味著「關係」在最根本處是無法避免的，因為性或性別勢必造成一個非單一的交往局面，所謂「一陰一陽之謂道」（〈繫辭上〉）。故任何意義上的實體主義、任何認為可以脫離關係來把握「存在之所以為存在者」或「存在（是）本身」的做法，均不能成立。終極實在，絕無可以定義的自性可言。而西方傳統哲學最鮮明的特點，卻正是尋求終極實在者。

其次，哲理上的性關係，不會是完全可確定的或可對象化的，如邏輯和希臘數學中的那些關係。而一定是一種動態的、相互影響的（interplaying）關係。且這種關係中總有些不可完全預測的、具有危險性的東西，或者是可造成背叛、缺陷、失戀、失敗，總之就是「陰陽不測」（〈繫辭上〉）的東西。因而有性別的思想總有憂患意識，「夕惕若厲」（《易・乾》九三）、「亢龍有悔」（《易・乾》上九）、「西南得朋，東北喪朋」（《易・坤》卦辭）、「作《易》者，其有憂患乎？」（〈繫辭下〉），所以總要「變於陰陽而立卦」（〈說卦〉）。西方的傳統哲學與宗教的主流則認為虛假、危險和罪惡都只屬於現象界，終極關懷所要求、規定和信仰的是不可能遭到感染、生病的最高級者，因而也感受不到任何憂患，至極處只有充實、狂喜與感恩。

第三，兩性關係也不盡同於赫拉克利特式的或佛教緣起性空式的動態關係。因為它們勢必生成新的可能，既不只是永遠的相對者，也不會只是「空」的。所以《易・繫辭》講「生生之謂易」，又講「男女媾精，萬物化生」。

第四，由於兩性關係的生成勢態，使得世代延續與交迭互構狀的更替不可避免。於是，對兩性交生關係的重視，也就自然會延伸為對其所生成的世代型態與結構的尊重。這在《易傳》中就被解釋為八卦之間的家庭關係：「乾，天也，故稱乎父；坤，地也，故稱乎母。震……長男，巽……長女，坎……中男，離……中女，艮……少男，兌……少女。」（〈說卦〉）所以在儒家傳統中，親子關係、家庭、家族、祖先崇拜均占有崇高的地位，也深刻地影響到中國文明的社會結構、人際關係、政治型態和一系列思想。孔子講的仁愛，就是以夫婦、親子之愛為基源的，故此愛與柏拉圖的「精神戀愛」、基督教的「對神的愛」或「對仇敵之愛」的原則大有區別。

也正是由於這一性別、性愛與家庭、家族的「生存論」上的聯繫，才可以理解此後廣義的儒家在中國兩、三千年的文化中的主導地位由來有自。佛家緣起說和禪宗之理境不可謂不靈妙，道家的有無相生、陰陽相衡、因應變化的道論不可謂不玄妙，但都未從根本道理上充分舒展性別的思想涵義，未能使家庭與家族獲得尊重（佛道教後世更以出家為主），因而只能作為中國傳統思想與人生境界的補充。

相對來看，西方傳統哲學中，家庭並無實質性地位。在某些後黑格爾和後現代思想家（比如馬克思、佛洛依德、福柯那裡），對本質主義和實體主義的批判，甚至還表現為對教會意識型態、資本主義生產倫理和財產繼承制所鼓勵的家庭關係的批判，與中國的情況不可同日而語。

第五，兩性的交媾化生，總有時間性或時機性。男女曠怨則詩人「譏失教，傷失時也」。《韓詩外傳》卷一曰：「精氣填溢，而後傷時不可過也。不見道端，乃陳情欲，以歌道義，詩曰：靜女其姝，俟我乎城隅。愛而不見，首搔踟躕。」《說苑・辨物篇》也有同樣的講法，謂男子長大以後，即應注意讓他匹配及時，否則就會「失時」，令男子怨望。像此詩就是人在看不見王道之端時自陳情欲的怨詩。

王者之政，則必須要能消除曠男怨女。能辨得到，詩家美之；辦不到，詩家刺之。美詩，如〈毛序〉云：「〈桃夭〉，男女以正、婚姻以時，國無鰥民」，「〈摽有梅〉，男女及時也，召南之國被文王之化，男女得以及時也」。蔡邕〈協和婚賦〉：「〈葛覃〉恐其失時，〈摽梅〉求其庶士。唯休和之盛代，男女得乎年齒。」都是讚美及時的。

反之，〈毛序〉：「〈有狐〉，刺時也。衛之男女失時，喪其妃耦。古者國有凶荒，則殺禮而多婚」，「〈野有蔓草〉，思遇時也，君之澤不下流，民窮於兵革，男女失時」，「〈綢繆〉，刺晉亂也，國亂則婚姻不得其時焉」，「〈東門之楊〉，刺時也。婚姻失時，男女多違」，「〈雄雉〉，刺衛宣公也。淫亂不恤國事，軍旅數起，大夫久役，男女怨曠，國人患之」。這些都是刺，是批評因荒凶、兵革、亂政等種種原因造成的男女失時怨曠現象。

此外，時，一方面表現為宏觀的自然四時，另一方面又指時機。《易・彖傳》讚歎十幾個卦象「時義大矣哉」。領會時機，在《易・繫辭》中稱為知幾：「《易》，聖人之所以極深而研幾也」，「幾者，動之微，吉之先見者也。君子見機而作，不俟終日」（〈繫辭〉）。在詩，則「關關雎鳩，在河之洲」，就是君子好逑之時。因萬物皆有陰陽，所以皆有時機，要想成功，非知幾不可。其實，陰、陽的字源都與時有關：雲掩日為陰，日朗照為陽。所以陰陽爻本身在《易》中就充滿了時義。故《繫辭下》講「六爻相雜，唯其時物也」。此後講時義者遂指不勝屈矣。

與此相對，西方傳統哲學存有論或形上學中幾乎不講「時」，特別是「時機」。因為一個無性的或單性的理式—實體世界，或一個人格神，是無始無終、無生無災的，當然也就無活生生的時間可言。即便它們要體現於現象世界或干預人事，也只是通過邏輯、數學、因果律或「救贖計畫」，因而只能有物理時間與直線時間的框架，而不會要求、也不會理解那在生命的過去與未來的交織中生成的「當下」、「時機」。

第六，在對女性的態度方面，有性別的與無性別的哲理也很不同。有性別的哲理思想，對女性的態度是多重的、可變可塑的；而無性別者，則從思想方式上就不利於女性。

從爻卦象的基本結構，以及「陰／陽」、「乾／坤」這些對稱詞的基本話語方式和涵義上講，陰陽、乾坤在最終極的意義上是相互需要、相互促成的。孤陽孤陰或陽遇陽、陰遇陰，無交無生，均被中國古人視為凶悖悔吝。相比於「扶陽抑陰」的說法，中國古代文獻中有更多的陰陽互補、相交對生而吉祥順和的言論與主張。「子曰：乾坤，其《易》之門耶？乾，陽物也；坤，陰物也。陰陽合德而剛柔有體，以體天地之撰，以通神明之德」，「上下無常，剛柔相易，不可為典要，唯變所適」（〈繫辭下〉）之類，可謂俯拾皆是。

在有天然性別和交感的思想氛圍之中，「陰」與「女子」的地位，也絕不會從道理上就注定了是低級的。故《易傳》說「昔者聖人作《易》也，將以順性命之理。是以立天之道曰陰與陽，立地之道曰柔與剛，立人之道曰仁與義」（〈說卦〉），將陰陽、剛柔與仁義相對應。仁對應的是陰柔，義對應的是陽剛。孔穎達的《周易正義》解釋說：「仁，愛惠之仁，即慈厚泛愛之德，主於柔；義，斷割之義，即正大堅毅之德，主於剛。」在孔子和儒家學說中，仁的地位即使不高於義，也不會低，所以如果依此語，陰的地位與價值就顯然不低於陽。可見，就是在儒家學說中，也是「分陰分陽，迭用柔剛」（〈說卦〉）的，陰陽尊卑並無不可變之常位。後來王船山說《易》，強調「乾坤並建」，即由於此。

至於道家，就更是主張「專氣致柔……能為雌」和「柔弱勝剛強」。因此不少人甚至因此認為

「中國文化的發展染上了強烈的女性性別（gender）特徵的色彩或提倡一種女性倫理」。不過老子也同樣是以陰陽相濟相生為主的，所謂「萬物負陰而抱陽，沖氣以為和」（四十二章）。

西方的無性的或單性的哲學與宗教，其局面就很不一樣。巴門尼德斯從畢達哥拉斯的對立表中擇一（雄）棄二（雌），因而主張「只有存在是存在的，而非存在乃是不存在的」。這表示「存在」的思想基因是雄性的，而其表達方式則是無性的。傳統西方哲學的二分法都帶有強烈的男性至上主義或父權主義的特徵。這種二分往往表現為：才智／感性、理性／情緒、精神／肉體、強壯／軟弱、客觀／主義、獨立的／依賴的、自主的／依關係而定的、支配的／受支配的、抽象的／具體的、堅持普遍原則的／附隨具體情況的等等。這些對語中的前一項在西方傳統哲學和理性文化中均備受推崇，而後者則皆受到基本方法論視野的壓抑。很明顯，前項是男性化或偏向男性的，而後項則以不利的話語策略指向女性。因此當代女權主義者吉莉根（Carol Gilligan）、格利姆肖（Jean Grimshaw）和福萊克斯（Jane Flax）等人視之為「哲學的男性化」。而格利姆肖所講的「女性倫理觀」，注重具體場合（生存情境），強調同情、養育和關懷（相輔相生，世代延續），批判傳統倫理學只關注選擇與意志，主張在發現和適應具體情境的需要中作適當回應（時機化）等，則反而有與中國哲學相合之處。

第七，我講過，對食色之欲的處理方式，是一個民族文化發展中非常重要的部分，甚至可能是主要的部分。由於對這個問題的處理方式不同，才形式了各地不同之民族與文化。因為食與色，是人類最主要的兩種需求和欲望，人生的快樂，主要和這兩種欲望之滿足有關。這是中國人基本的看法，在中國人的世界中被視為理所當然，但與其他文化相較，卻顯得頗為特殊。

因為在基督教文化和佛教文化中，都較重視性欲問題，而較少談論食欲問題，故相較之下，中國人最「好吃」。好吃，剛好也顯示了另一個特點：基督教文化及佛教文化對於食欲較為漠視，對性欲的重視則是一種反向的重視。亦即因為重視它對人的影響，所以視之為罪惡，認為人只有擺脫性欲對人的宰制，不受魔鬼的引誘，才能進入神聖或覺悟的領域。中國人對於性欲，亦如其好吃一樣，重視，卻非反向的重視，而是真正之好色。認為這是人之大欲，不但不是罪惡，而且是人生應該滿足的需求。

在西方，柏拉圖〈大希庇阿斯篇〉即曾藉蘇格拉底與希庇阿斯之口說：「我們如果說味和香不僅愉快、而且美，人人都會拿我們做笑柄。至於色欲，人人雖然承認它發生很大的快感，但是都以為它是醜的。」基督教文化更以禁欲為主。中國人那種認為美食與美色可以上通於天地之大美，而令人「老有美色」、「男暢而女美」的想法，在西方美學傳統中不但是罕被觸及之領域及範疇，亦是不曾有的觀念。勉強可相關聯者，大約只可以尼采的說法為例。

尼采從希臘神話中找出酒神狄奧尼索斯（Dionysus）和日神阿波羅（Apollo）來代表藝術的兩種精神。日神體現了大自然生命意志中對個體生命的創造，酒神則是對個體的否定。這兩種驅力，支配著人，表現於日常生活中，即是夢與醉。作夢時，每個人都是完全的藝術家，以美麗的夢境，達成了個體化。可是酒醉時，卻是種神祕的自棄狀態，個體化原則被打破了，人在忘卻自我中渾然與自然衝動結合。

模仿日神精神與夢的狀態而形成的，是史詩及造型藝術。模仿酒神精神與醉的狀態而形成的，是音樂和抒情詩。兩者結合就產生了希臘悲劇。

因此，酒神與日神這兩種驅力乃是相輔相成的。不過，兩者之中，酒神更為重要，「酒神比起日神來，顯然是永恆本源的藝術力量」（《悲劇的誕生》第二十五節）。日神是美的，是和諧、適度、中庸，是個人生存的快感。但酒神卻體現為悲壯（tragisch）。悲壯是因不和諧、衝突、破裂所形成，個體毀滅，融入自然本性之中。

這樣的想法，在尼采後期思想中越發得到強調，甚至用醉來概括所有審美狀態：「只要有藝術，只要有任何審美創作和審美欣賞，就必然有生理的前提：醉。必須先有醉來增強整個機能的敏感性，否則不會有藝術。」此處所說的醉，其實是種強烈欲望、是飽含激情的狀況，故尼采說：「醉的最古老最原始之形式，即性衝動的醉。」並進一步說：「醉，在兩性動情期最為強烈」；「假如沒有過於熾烈的性欲，就不能設想會有拉斐爾」；「一個人在藝術構思中消耗的力，和人在性行為中消耗的力，是同一種力」。

尼采此說，突顯了醉與性在審美以及創造美的活動中的重要性，是用以對反於基督教的文化傳統，以重新估定價值。故其反基督教傳統之言，頗有與我國以食色言美相類似者。

但中國人所說食，不僅指酒；饌飲之美，亦不限於醉。中國人講男女性交，亦不限於高漲的情欲與權力意志。因此尼采追求「悲壯」，中國人則主張「中和」。而且，尼采所說的醉之審美狀態，雖然不限於藝術品，而廣及節慶、競賽、凱旋、絕技、破壞、麻醉、權力等，其性質已泛指到許多社會生活領域，但仍然不是「日常生活」，相反地，那恰好是特殊的狀況或時日。

通過諸如此類比較哲學的處理，中西文明對男女的思維之不同實已至為顯明。中國夏商周所開啟的這個傳統，對後世影響甚巨。本文所引的一些春秋戰國秦漢文獻，只是受其影響的一小部分罷了。

第四講　封建：立此家邦

敬人神
立制度
厚人倫
辨中西

一、敬人神

禮，始諸飲食，人倫又肇端於夫婦。由飲食之禮，發展出了其他各種禮；由男女夫婦，又形成了尊卑上下長幼等各種禮文、禮的架構，漸漸就形成了一個包裹人文世界的網絡。所謂人文，即體現在這些禮上。

禮與醴本是一字。王國維謂二字本皆作豊，象玉盛在器中以奉神人，「推之而奉神人之酒醴亦謂之醴，又推之而奉神人之事通謂之禮」，後來遂分化為兩個字（《觀堂集林》卷六〈釋禮〉）。其實不然。古代奉玉以事神人，並不都把玉盛在器內。禮本字就是豊，亦非兩玉之形。它本來就指酒，酒醴之醴從豊，就是個證明。以酒敬人事神為禮，這才是「禮始諸飲食」。

敬人的部分，上古無徵，但從甲骨文中可以見到許多奉事鬼神的例子。由「禮」這個字來看，從豊從示，也應是以奉事鬼神為主的。另據《禮記・表記》載「夏道尊命，事鬼敬神而遠之。殷人尊神，率民以事神。周人尊禮尚施，事鬼神而遠之」，可見無論其是否遠之，三代均極重視事鬼神。傳言墨子主張「明鬼」，亦是效法夏道的。以人類學之知識推測，夏代明鬼，恐怕更甚於殷，未必遽能「遠之」，但其詳情已不可考了。

今以卜辭觀之，殷祭主要有五種方式：一曰鄉，伐鼓而祭，其實也就是饗；二曰翌，舞羽而祭；三曰祭，獻酒肉而祭；四曰壺，獻黍稷為祭；五曰脅，聯合其他種祭典，含歷代祖妣合併祭之。其他尚有夕、龠、歲、隸，獲等，但以上述五種為主。鄉、翌所以娛祖妣；祭、壺所以享祖妣；脅則是集體的。祭的方式，是鄉、翌、祭、壺、脅依序舉行，周而復始，一周稱為一祀。但因殷代祖先都以卒日為神主廟號，祭日必須與神主忌日相符，而殷歷是用六十甲子紀日的，因此祭日與諸公祖忌日次第相配，形成祭統，再以鄉、翌、祭、壺、脅五種為祀係，與之相配。自上甲微至文武丁，已三十一世，每祀一周，遂必須三十六旬才能祭完，恰好一年，所以一祀又稱一年。要一年才能把對祖先的祭祀做完一遍。一年到頭，竟是每天都在祭，充分說明瞭「殷人尊神，率民以事神」的事實。

如今已出土卜問鬼神的甲骨，在十萬片以上。人祭牲祭的葬坑，為數亦甚多。隨葬之尊罍觚爵等酒器、鬲甗簠簋等食器、鼎鉶俎豆等肉器、壺鑒盤匜等水器，充納於中，皆用以供亡者飲食之用也。此又可以見殷人喪祭之禮矣。

當時卜問人鬼祖先之外，以山川神為最多。山以華山為主，川以黃河為主。分「即祭」與「望祭」二類。即祭是到山川那兒去祭，望祭是在遠處遙祭。祭以求豐年和求雨為多。

祭日月，則為春分時朝祭日出，秋分時夕祭日人。與周人於春分時朝在東門外祭日，秋分時暮在西門外祭月相似。

然而，綜合山川、日月、風雨、物類各種祭，也還不及祭人鬼之多。因此，我不同意某些人說中國古代是泛神論或泛靈信仰，因為其他的都非主要，祀事鬼神才是重點。占卜，基本上也均是向祖先祈問。

其次，它似乎也稱不上是「信仰」。所謂信仰，乃是對一物起信，因而崇拜尊仰之。但古人之祭祀天地、鬼神、山川等，並不是信這些，乃是因它們能福佑自身。《國語・魯語上》載展禽說，那些鬼神「法施於民則祀之、以死勸事則祀之、以勞定國則祀之、能禦大災則祀之、能捍大患則祀之」，被奉祀的都是有功於人的。同理，「社稷山川之神，皆有工烈於民者也。及天之三辰，民所以瞻仰也；及地之五行，所以生殖也；及九州名山川澤，所以出財用也。非是，不在祀典」。這是人文主義的宗教觀。不是人的主體被某物攫住了，因而相信某某具有神聖性，故對它產生崇拜信仰之情，以之作為自我主體之依託，或讓自己成為神的容器。而是由能否成就人文事業，看誰有資格成為被人懷念、奉祀的對象。祀典是由人定的。

故從西片超絕的神或人信仰神的感情看，會覺得中國這種宗教態度近功利，神能福佑我，我才敬事之，是一種報酬式的宗教態度。但從中國人來看，人神關係本來就該是如此。人神是互動的，非一主一從、一操控者一被宰制者之關係。詩云「時日曷喪，吾與汝偕亡」，太陽若好好照耀大地，我感其溫煦生物之意，自然敬它；若十日並出，焦土灼人，我豈任其恣虐哉？非把它射下來不可。明朝民歌說：「老天，你不會做天，你塌了吧！」就是這個道理。

而這種態度也不是功利報酬云云所能解釋的，乃是「崇德報本」的觀念。感念那些為人禦災、捍患、勞國、死事的人，感念山川日月九州五行幫我們生殖物貨，這不是感恩與報德嗎？

過去，我們講商周史，受郭沫若、徐復觀諸前輩之影響，老是喜歡說「周初人文精神之躍動」或「殷周天道觀的轉變」。謂殷人尊神，率民以事神；周人則尊禮尚施，逐漸敬鬼神而遠之。禮，就是人文與宗教的分野，殷為宗教社會，周是禮教時代。商人宗教性仍然太濃，到周朝才逐漸扭轉到人文性這方面來。不論這種扭轉是要歸功於周文王之克明俊德，或周公之制禮作樂，抑或孔子的論仁，總之是殷與周之文化可用「尊神」與「尊禮」的不同來說明。

實則殷人尊神，即是事之以禮。周人尊禮，依然要敬事鬼神。禮通於宗教與人文，非僅體現其人文性而已。至於殷商之尊神事鬼，也未必便是非人文的。論者腦中往往有一個西方的宗教與人文兩分的觀念，所以就忽略了殷人之宗教本身就具人文性，跟周人之觀念其實相差不遠，頂多只是程度上弱一些，但絕對不能想像殷周之間曾有西方從宗教時代到人文主義興起那樣的轉變。

在西方文化發展中看，早期是宗教統治，或者王之上更有祭司、僧侶，或者王本身就是祭司、僧侶。依此來看中國，不免也會說殷商乃神權時代。謂其占卜如此之多，足證其時正是個巫人統治的時代，「商王則為群巫之長」（見陳夢家〈商代的神話與巫術〉、張光直《商文明》）。

其實巫人在商，地位根本不高，甚至常被用來作犧牲奉祭。其地位不僅比不上王，也在祝宗卜史之下。祝管祭祀，宗管世系，卜管占卜，史管記事，巫則有巫術。其術包括祈雨止雨、請風止風、見神視鬼、祈禳厭劾、轉移禍福、卜筮、蠱毒等，較祝宗祭祀之職術卑下。因此若說殷商是個巫人的時代，絕非事實。

殷王朝王者率民以事神，自己擔任主祭者，任用貞人卜者以貞訊先王先公，也難說這就叫作神權統治。如西方之神權時代，乃是神權祭祀權大於王權，主教大於王。王需獲得宗教之認可才有正當性。殷商恰好相反，乃是王權，王者即擁有祭祀權。周朝若說有何不同，就在於祭祀權之分化與下移：逐漸分於諸侯、移於庶人。例如王者祭天下名山大川，諸侯就可以祭他境內之山川；王者祭其七廟，諸侯、大夫、士就祭五廟、三廟、一廟，而後漸至人人均可以祭宗廟。但並不是說殷商乃神權統治，周則一變而成為人文世界了。

因此，在殷商時期，與周一樣「重德」。《尚書・商書》中四篇有德字，凡十四見。其中〈盤庚〉十見，其內涵大致表示品德行為，如〈湯誓〉：「夏德若茲，今朕必往」，〈盤庚〉：「肆上帝將復我高祖之德」，〈高宗肜日〉：「民有不若德，不聽命，天既孚命正厥德」都是。也強調人應施德、積德、敷德、用德，如〈盤庚〉「汝克黜乃心，施實德於民，至於婚友，丕乃敢大言，汝有積德」

之類。這些用法，與卜辭所顯示的辭例相符，可見商人已有德的觀念，並重視人的德行，並不像許多人過去所以為的：商人祈奉鬼神，周人才強調人本身的德行，且發展了德這個觀念。

但這是由其崇禮之精神說。殷周都尊禮，禮都是有崇德報本之精神，都主「敬」，敬天、事鬼，也敬人。在這方面殷周實無大異。可是在禮的制度方面，殷周就有很大的不同了。

二、立制度

王國維《殷周制度論》曾說：「周人制度之大異於商者，一曰立子立嫡之制，由是而生宗法及喪服之制，並由是而有封建子弟之制、君天子諸侯之制。二曰廟數之制。三曰同姓不婚之制。」這一是指禮儀等級制度，二是完善的宗法制度，三是分封子弟之制，四是同姓不婚。靠這些制度，整體形成周朝的封建體制，使周從血緣型結構轉變出來，君統與宗統有機地結合在一起。

這個轉變，影響深遠，讓我略作些分析。

周文化，最初僅是殷文化中的一支，且世系同出於帝嚳。滅殷以後，文化制度上大抵承繼殷文化而再發展。殷商已有的貴族分封治邑制度，周代基於形勢之需要，將它擴大加強後，便形成了具體的封建。

封建不僅是種政治體制，更是個複雜的社會組織，我嘗試從以下幾個角度稍作梳理：

1. 氏族與封建

氏族社會是封建得以成立的基礎，血緣關係是兩者共同擁有的社會特質，可是封建更須利用這種特質達成某一特定之目的，如屏藩周室、擴大統治面等。這些特定的目的，與周初建國時的形勢關係極為密切。其次，氏族社會中只論「世之長幼」、不管「冑之親疏」，氏族成員利益均等、權力與共。封建則因有宗法大小宗的分別，更要辨遠近親疏及爵位，《禮記・文王世子》曰：「宗廟之中以爵為位，崇德也；宗人授事以官，尊賢也。」即是一證。殷商雖也有分封邑地的情形，但無此種意義的大小宗法，自然無法形成封建社會。此外，在封建所形成的社會中，包含有許多不同的氏族，尤為顯見之事實。

2. 封建與宗法

理論上西周封建純依宗法之規定而來，天子為天下之大宗，諸侯為國之大宗。然而，宗法本是一種血緣關係的界定，其所討論者只屬族內組織之問題。而此種組織之表現，又只在祭與戎，大宗宗子負有收合族的責任；殤或無後者祭之、無家可歸者救濟之、組織軍隊以抗侮……。這種血緣關係的界定組織法，一旦移來作為整個國家體制運作的核心骨架，勢必不能照搬其原有的型態，須將許多實質的政治關係加入這個宗法架構中，以調整其運作功能。

例如經濟關係。王朝會賜予封邦土地、人民，封邦則以賦稅供上，其他各階層之聯繫亦然。《國語・晉語》曰：「公食貢，大夫食邑，士食田，庶人食力，工商食官，皂隸食職，官宰食加。」〈酒誥〉和〈康誥〉以「服」統括諸侯，其理同此。故《左》昭十三年鄭子產說：「昔天子班貢，輕重以列。列尊貢重，周之制也。」這是封建社會結構的重要基礎，卻非宗法所能涵括。

同樣地，貢重則列尊。為了拉近宗法與政治關係的關聯，周代又特重爵位在宗法中的地位，如〈文王世子〉及《禮記・祭統》、《中庸》均說宗廟之禮須序爵序事，講究「爵有德而祿有功」、「祭時尊尊」。爵列之尊，當然由政治實質關係而來，但無論是《禮記・喪服小記》或〈大傳〉所述宗法，卻都未曾語及尊尊和爵貢。

換言之，宗法與封建並無必然聯繫或因果關係。僅有宗法，並不能成就封建。這其中之關鍵，一是宗法如何在封建中運作、如何與封建配合的問題；其次還須問所謂宗法究竟是什麼樣子。只有特定的一套宗法——與政治實質關係結合的西周宗法——才能形成封建，周以前的殷或秦漢以後的宗法，與封建之關係便淡得多了。

3. 宗法與宗廟

宗法是宗廟制度的骨幹，不同的宗法自必形成不同的宗廟制度。因為宗法主要表現在祭法上。祭法異，繼統之法即異，宗廟制度亦不得不隨之俱變。例如殷商王位繼統法是子即王位者，其父始得為直系，故「周祭」中只有直系配偶與先王一同參加祀典，旁系先王配偶則否。在某些選祭中，則僅有直系先王。此類祭法待遇之殊，即殷代宗法之表現。故直系先王神主稱為「大示」，包括旁系者曰「小示」，大示所集合之廟是大宗，小示所集合之廟是小宗。西周所謂大宗小宗的畫分，也正是依宗廟中祭法之差異來的，故《禮記・喪服小記》及〈大傳〉並稱：「庶子不祭祖者，明其宗也。」

宗法大小宗的分別，道理實根於此。此為宗法制之核心，其他「別子為祖、繼別為宗」等等，只是附帶的條件，只適用於天子和諸侯之間，而不適用於卿、大夫、士。且以嫡長庶出為大小宗分別的標準，更不盡符合史實。不唯大夫、士以下皆以賢才進，不必皆是嫡子，王室及諸侯繼承法亦未嘗以此為定制。所以大小宗的分別，求之於嫡庶之辨或長子別子之分，胥非理實（別子為祖不適用於大夫、士，採徐復觀說；嫡長制不合事實，用杜正勝說；大夫、士以下皆以賢才進，見王國維《殷周制度論》）。

由此看來，宗法當屬一種廟祭秩序法或宗族組成法，用以架設並鞏固宗廟制度。因此它所能達成的作用，幾乎全是宗廟制度的具體功能（如尊祖、敬宗、合族）。然而，宗廟制度之範疇和意義，卻又非宗法所能涵攝，像獻俘、燕享、冠婚喪告廟、戮宗人等，雖與宗法無涉，尚可說是宗族內事，但《禮記・大傳》所說「收族故宗廟嚴，宗廟嚴故重社稷，重社稷故愛百姓」云云，則直以社稷為慮，便非宗法所能及了。何以如此，均須探討宗廟與封建的關係，才能知其底蘊。

4. 宗廟與封建

周代封建究竟有多少，經籍無確數，但受封諸國依其性質至少分為四類：(1)兄弟同姓之親，(2)先代共主帝王之後裔，(3)古代諸侯襲封，(4)謀士功勳之臣。其中唯第一類和第四類的一部分是真正的封建親戚，屬於別子為祖的宗法條件。先代帝王後裔及古代傳統方國等，與周本異氏族，自非同宗。但他們也奉周之宗廟，以宗周為大宗，原因何在？自王國維、梁啟超、徐復觀以降，咸謂非同宗者以婚姻通之，使異姓之宗皆為甥男。此乃不達原本之論。當時封國數百，同姓者僅五十餘（《禮記・王制》甚至說九州之內有千七百七十三國），婚姻又能夠婚幾國？緊密連結的關鍵，實不在婚媾而在宗廟。

《國語・周語》上曰：「先王之制，邦內甸服，邦外侯服，侯衛賓服。」時享於二祧、月祀於高祖、日祭於祖考，皆須與封建邦國共之，足證封建以祭宗廟為實質內容。所以《左傳》僖公四年齊侯伐楚，管仲云「昔召康公命我先君太公曰：五侯九伯，汝實徵之，以夾輔周室。……爾貢包茅不人，王祭不共，無以縮酒，寡人是徵」；莊公三十一年伐山戎、孤竹，亦以山戎寶器獻於周公之廟。《詩・大雅・嵩高》說得更清楚：「維申及甫，維周之翰……申伯之功，召伯是營。有俶其城，寢廟是營。」無論親族或異宗，凡共祭周之宗廟者，即確定了封建的關係，這是第一點須注意者。

然而封建的異宗族姓，何以會共祭姬周宗廟？此遂不得不追究封建與宗廟背後，支撐這個架構的根源：天。《逸周書・祭公篇》所說「皇天改大殷之命，維文王受之」的天命觀念，在西周早期文獻中反覆出現，如〈康誥〉：「天乃大命文王，殪戎殷，誕受厥命」、〈大誥〉：「寧（文）王惟卜用，克綏受茲命」、《大雅・大明》：「維此文王，小心翼翼，昭事上帝，聿懷多福，厥德不回，以受方國」等等。宗廟祭祖先，而祖先秉天命，或始祖由天降命而生的觀念，由來已久，祀宗神而並祭天地社稷或上帝的舉動也行之有年。只是周人對天命別有深刻的體會，將它視為宗廟與受土的根源力量，尊重敬畏並期冀獲保，所以憂患意識極深。不但敬事宗廟、昭事上帝，更因對天命的敬畏，而對受土得天命者也同等地尊重。一九七七年在陝西周原地區宮殿遺址所發掘之大批甲骨中，即有文王祭紂王父親文武帝乙的卜甲記載可證。有此意識與事實，周室一統之後，以受天大命的身分，要求諸侯共祭以承事天命才有可能。

天命、宗廟、封建在此連成一體。封建邦國提供甸服與王共祭，透過宗廟，以上達上帝及天地社稷。故前引《禮記・大傳》才說「宗廟嚴故重社稷」，《國語・周語上》也說「以為甸服，以供上帝山川百神之祀」。在這種結構中，宗廟的重要性可想而知，一切重大的政治行為及貴賓宴饗，都在宗廟中舉行，不只是為了尊祖合宗，更為了敬事天命。宗廟這層紐鍵一旦棄損，封建即隨之崩潰。齊桓管仲的尊王、晉文的稱伯，均汲汲以宗廟為意，原因正在於此。它是整個封建係統得以成立和維繫不墜的中心力量。《詩・大雅・嵩高》論屏藩周室而極言「峻極於天」、「維嶽降神」，《大雅・韓奕》論封建也說「以先祖受命」，確能顯示周初封建的真相。

這種封建的條件是相對的。王室必須小心翼翼，敬事上帝宗廟，「克明德慎罰，不敢侮鰥寡，庸庸、祗祗、威威、顯民」，才能聿懷多福，受天明命。若如厲王般，暴虐到民不堪命，必導致「諸侯不享」（《國語．周語上》）；王室封建的領導地位就喪失了。《禮記．大傳》所謂「宗廟嚴故重社稷，重社稷故愛百姓」，須如此理會。

宗廟不謹、德命不修，正是西周末期封建所以逐步瓦解的重要因素。封建的領導秩序中心既已喪失，王綱解紐，禮樂征伐自然散而出於諸侯了。《論語．季氏》所述，由天子↓諸侯↓大夫↓陪臣，一連串禮樂政刑下移的軌程，就是封建秩序逐步解紐的結果。

宗廟和宗法在這種情形之下，則漸漸社會化了，普及於新興平民家族中，成為各種社會內容的普遍基礎和具體的社會結構。因此，秦漢以後，宗廟一方面仍保持其鞏固領導秩序的中心地位，歷代帝王無不郊禘守廟以勸臣民，用奉守天命的身分來要求天下盡忠竭力；一方面，這種制度又深入社會，成為社會構成的原則和骨幹。

三、厚人倫

氏族是人群最早的組合方式，也是比純粹政治結合更基本而有機的連結，族群中必然具有血統、歷史、風俗的認同感，圖騰與宗廟則是族人認同的基點。其性質都可視為一種象徵符號的係統（symbolic system），猶如宗教中透過禮拜某一具體象徵，而使具有同一信仰的群眾緊緊纏結為一體的情形那樣，宗廟與圖騰確實含有高度宗教性。《詩．大雅．鳧鷖》所謂「既燕於宗，福祿攸降；公尸燕飲，福祿來崇」，就說明了宗廟與崇奉者之間的關係。

這層連結的紐帶，不但聯繫了縱的神（祖、宗）與個體，也結聚了橫的個體與個體，形成群體組織的內在秩序，以使「之綱之紀，燕及朋友；百闢卿士媚於天子。不解於位，民之攸塈」（《詩．大雅．假樂》）。這種秩序構成的群體組織，隱含著由宗廟而來的規定的（regulative）性質。這個秩序是有宗教性的，因為非如此就無神祕性，不會令人覺得神聖不可侵犯；也是有理性的，因為必須如此才使人覺得對，覺得十分妥當；又是有政治性的，換言之，即藉「力量」來維持，凡反對者都得受法律的制裁。所以這種秩序其實同時是「神的秩序」，可以從形上學向宇宙本體方面去發現之，以是若言宗廟即必須上接天命而說，言先祖也必直承天地。禮之大原，原出天道，即是在這裡講的。

就此言之，宗廟與圖騰，其性質本無差異。但圖騰僅是種無理數的存在，不能展現出人文精神價值及社會文化，只顯示了一種茫昧混沌的族類意識和泛精靈式的群體約束，與宗廟所能發揮的意義及功能，顯然相去甚遠。在圖騰崇拜中，異部族之間各以圖騰為標幟爭鬥之，這和諸邦國共奉宗廟以承事上天的情形也全然不同。

在此，宗廟實質上代表著族群整合的原理法則。這種法則的產生，一方是宇宙天地所命令的，是環境及血緣的力量，一方面又是人類自身團結的意識和對環境的適應。這就是上天所立、由人成之的意義。《尚書．大誥》所說「天休於寧（文）王，與我小邦周；寧王惟卜用，克綏受茲命」，即表示環境係上天所賜予，而人必須誠懇地適應（卜用），通過自覺的努力和對環境力量的接納能力，創造文化。《詩．大雅．韓奕》：「奕奕梁山，維禹甸之，有倬其道。韓侯受命，王親命之：『纘戎祖考。無廢朕命，夙夜匪懈，虔共爾位。朕命不易，干不庭方，以佐戎辟。』」〈天作〉：「天作高山，大王荒之。彼作矣，文王康之。彼徂矣，岐有夷之行，子孫保之」、〈皇矣〉：「比於文王，其德靡悔。既受帝祉，施於子孫」云云，都是極典型的證據，充分說明了古代領導者曾與環境力量交互作用，運用其智慧，引導中國文化與種族的發展。因此這一過程中，滲有古代聖君誠摯勤虔的努力，不只是受驅於一種無情的「物競天擇」動力，其演化也必須具有仁慈而「尚公」（public）的性格才行，這就是所謂「文王之德」的德，也是歷代子孫不能或懈的內在傳承精神。

而這種傳承是藉宗廟來表達的。於是宗廟便在單純的祖先崇拜之外，也包含了有關「德」的指向，曰仁曰義、曰善曰惡，皆就當事人能否敬秉祖先德命而說，這便形成了人內在道德通過祖先宗廟而可上達天道的思想進路，天命亦下貫而彰顯為仁德，二者混融為一。

此時，純宗教行為的祭祖，便轉化為道德宗教性孝道思想的問題。商代有無孝道觀念，在學術上還是個懸案，但周初孝道觀念已是政治社會文化上僅次於天命的重要思想了。據《詩經》有關孝的敘述看來，所謂孝是指：1.追思已故的父母及先祖；2.對他們的祭祀；3.遵行其遺教；4.有孝則可長壽富貴，子孫永繼不絕。可見孝的原始意義是指與祭祖有關的行為、情感和意識。

金文所呈現的情形大致與此相彷彿。可是祖日庚簋說：「用好宗朝（廟），享夙夕好朋友雩（與）百者（諸）昏遘（婚媾）」，殳季良父壺也說「用亯（享）孝於兄弟婚顜（媾）諸老」，顯示孝的對象主要是已死的父母和祖，而宗族中長老兄弟姻親，也是孝的對象。且孝與德關係密切，祭祖時須思念其德，繼承其德，不可止於純宗教性的獻祭。孝之對象擴展到其他人物時，思念效法其他人之德也可算是孝，這就擴展到整個人倫關係上去了。

因此，整體地看來，孝是祭祖的宗教儀式加上一層道德意義（追思祖德）而形成的思想意識，然而透過對「德」的掌握，它可以拓及整個人倫關係與道德指向。故此類仁義內涵的「德」之出現，不唯可以維繫封建與宗法，也構成一文化模式和規範系統。所謂仁，即是指孝悌愛人而言。

後來孔子說「孝悌也者，其為仁之本歟」、「仁之實，事親是也」云云，均說明了仁所以成立的基礎。離開孝悌，則禮樂仁義性命之教即無所附麗、無法開展，因此孔子說「教民不倍，必自喪祭之始」，在歷史上是有其真實意義的。

由斯可見，以宗廟制度為核心的封建體制，足以形成一有秩序的結構，在內實現敬哀忠孝等內容，在外支撐社會組織，作為各種政治社會組織的內部秩序力量與中心根源。

這時，制度（institution），不能僅視為一種外在的政教之「跡」，因為制度恆與思想格局有關。所謂思想格局（frames of thought）亦即範疇。範疇代表預設的概念（concepts as prescriptions），而非結論的概念（concepts as resultants）。它是用來表述其他東西的，可以測衡其中的內容，如「孝悌也者，其為仁之本歟」，孝悌與仁都代表結果的概念，本則代表預設格局的概念，須先有「本—末」才能規定仁與孝悌之間的關係。又如「誠於中形於外」，中外便是範疇，它可以布置思想關係，以有所配定。中外之分是預先設立的，它不因誠始有中外，乃是先有中外始能把誠顯現出來。我們習慣所說的聖王「創制」，須如此說才有意義。而思想格局既相當於一種架構或軌型（thinking pattern），則宗廟制度之所以能成為各類制度之總源或價值中心，也必係思想格局中有此可能與傾向使然。在西方似乎就沒有類似的制度和觀念，因此也不可能發展出格外強調人倫關係的價值係統。

中心制思想模式，實即「本—末」範疇的呈現。本末、主從、上下、先後、順逆、原委，均屬同一類思想格局，《大學》曰：「壹是皆以修身為本」，「本」就是用以說明齊家治國順序的範疇，故其自身已預存了秩序的概念。在這種概念之下，一切有關秩序的組織，皆總攝於一本。宗法如此、君臣關係如此，相對於其他制度及組織，宗廟制度亦復如此。所謂「大宗者，人之本也、尊之統也」（《通典》卷九六之范汪〈祭典〉）、「為宗子者，雖在凡才，猶當佐之佑之，而奉以為主」（《全晉文》卷八八之賀循〈宗議〉)、「君者，民之原也」(《荀子‧君道》)、「朝廷之重，宗廟為先」(《五代會要》卷二)，本、統、主、原、先，就是宗人與朝廷臣民聯翩相屬的中心。天統萬物、宗廟統朝廷社會、君統百姓以上附於天和宗廟、宗子統族人而奉君與宗廟，宗廟又涵邦國君臣，成為一切政治社會之本，與天相配，所以孔子才會說：「明乎郊社之義、禘嘗之禮，治天下其如示諸掌！」(《大學》)

孔子這段話，顯示了三層涵義：一是天命與宗廟的關係，一是宗廟與朝廷政教的關係，一是宗廟與宗族的關係，從後逆數而形成一完整的系統。這系統是什麼呢？《禮記‧喪服小記》說：「尊祖故敬宗，敬宗所以尊祖禰也」，其系統正如《禮記‧大傳》所說：

> 是故，人道親親也。親親故尊祖，尊祖故敬宗，敬宗故收族，收族故宗廟嚴，宗廟嚴故重社稷，重社稷故愛百姓。愛百姓故刑罰中，刑罰中故庶民安，庶民安故財用足，財用足故百志成，百志成故禮俗刑，禮俗刑然後樂。

這是由宗族逆數而上，通過宗廟以說明政教社稷如何自刑罰禮樂中成就。其關鍵在於宗廟，因尊祖(崇拜祖先)故能敬宗(對宗子及宗族本身懷有一份敬意和感情)，因敬宗始能收合族，族人才能凝聚在一起，宗廟之祀守也才能愈嚴飭牢固。「尊祖」、「敬宗」本質上是種宗教性的觀念，其來源和表現，則顯現在建立宗廟和祭祀宗廟的宗教工作上。

宗廟建立，則可明其世代及大小宗之別等等，以建立起各種宗法系統。同時，在周代，因「庶子不祭祖者，明其宗也」(〈喪服小記〉)，宗廟祭祀工作中就可由尊祖而敬祖所出之「宗」，以確定宗子的領導地位和權力。其中，天子又為天下之大宗，政教遂自然統合於宗廟制度之下來運作。不祭者刑之、不祀者伐之、不享者征之，宗朝便不僅為宗教祭祀之所，也是敷教設政之地，廟受、廟見、制裁、移國、即位、誓師、獻俘……都在此舉行。

其實這也是自有宗廟以來一貫的傳統。部落氏族舉行一切儀式及商討征戰等合族大事，例在宗廟中舉行。東南亞、臺灣和太平洋區部落族群的會所（assembly house），即是如此。排灣族的羅打結社、魯凱族的大南社、卑南族的射馬幹社會所都供有祖像可證。周代不過以一制度化之過程，將這些政教事項及功能釐定於宗廟中而已。

但早期僅是單純祖先崇拜及無特殊用意的會商行儀，至此遂皆成為具有某一架構意義的安排了。例如族長有生殺等大權，自古而然；族長在宗廟中招聚族人曉諭行事方針及祖宗戒訓，也由來已久。在周則將它們納人宗廟制度中運作，構成大小宗的宗法，並在宗廟設立大學。諸如此類，使得一切政教統於宗廟，而表現出一種親親的倫理精神來，所謂「祀乎明堂，而民知孝」（〈樂記〉）。

秦漢以降，大小宗制宗法逐漸隳壞，但宗族仍為社會構成的基本組織。漢魏六朝以迄隋唐，強宗大族的地位和社會作用，無殊於兩周諸侯邦國內的大夫公族；宋元以後，其勢稍墮，但也只是散為更多的宗族系統而已。宗廟在宗族內的意義，仍具有由尊祖、敬宗、收合族而表現出親親的倫理精神之特質，成為團結各社會內容的力量。

歷代儒者大體也都依據孔子所說「若有明於禘祫之義者，治天下其猶視諸掌」來思考治道。如漢儒強調孝，要求人君「以孝治天下」，是大家都知道的。宋儒之學與漢儒不同，但其重視孝並無二致。他們就認定祭祀及宗廟之禮是治國理政的根本，然後進而探究禘祫之義，認為那就是一個孝字、一個仁字。而「孝悌也者，其為仁之本歟」，故欲存仁踐仁，必當由孝悌始。朱子《論語集注・學而》引程子曰：「德有本，本立則其道充大。孝悌行於家而後仁愛及於物，所謂親親而仁民也。故為仁以孝悌為本。……仁主於愛，愛莫大於愛親，故曰孝悌也者，其為仁之本歟」云云，是宋代知識分子大抵相同的信念。元豐八年（一〇八五）十二月，司馬光進《孝經指解》，並有劄云：「竊以聖人之德，無以加於孝，自天子至於庶人，莫不始於事親，終於立身揚名於後世，誠為學者所宜先也」，即是一次具體的行動與呼籲。後來他撰《家禮》，也就是基於這種信念和理想。

而這種理想和做法，在宋代知識分子中，獲得了廣大的回響。例如朱熹，不僅在〈跋古今家祭禮〉一文中說：「蓋人之生，無不本乎祖者，故報本返始之心，凡有血氣者之所不能無也。古之聖王，因其所不能無者，制為典禮，所以制其精神，篤其恩愛，有義有數，本末詳焉」（《朱熹文集》卷十四），更在〈跋三家禮範〉中，自居司馬光之後，把厚彝倫、新陋俗的工作，視為他與他朋友、同志們共同的事業，說，

> 嗚呼！禮廢久矣，士大夫幼而未嘗習於身，是以長而無以行於家；長而無以行於家、是以進而無以議於朝廷、施於郡縣；退而無以教於閭里、傳之子孫，而莫或知其職之不修也。長沙博士邵君囦，得吾亡友敬夫所次三家《禮範》之書，而刻之學宮，蓋欲吾黨之士，相與深考而力行之，以厚彝倫而新陋俗，其意美矣！然程、張之言猶頗未具，獨司馬氏為成書。……熹嘗欲因司馬氏之書，參考諸家之說，裁行增損，舉綱張目，以附其後。

其欲參考增損者，即是「採集附益，並得善本，通校而廣傳之，庶幾見聞有所興起，相與損益折衷，共成禮俗」（〈跋古今家祭禮〉）之意。移風易俗，而一再強調家禮祭祀，正是希望透過這些制度，讓人能體現親親孝悌之心。

孝悌，既然是每個人都必須具有的德行，孝悌的倫理要求便可以不限於宗族之內，具有社會性普遍行為規範的意思。如呂祖謙在淳熙八年（一一八一），也就是他死的那一年定了《宗法條目》，而在此之前，則一直致力於制定「規約」。乾道四年（一一六八）九月，又推廣宗族宗會法之義於社會，云：

> 凡預此集者以孝弟忠信為本，其不順於父母、不友於兄弟、不睦於宗族、不誠於朋友，言行相反，文過遂非者，不在此位；既預集而或犯，同志者規之；規之不可，責之；責之不可，告於眾而共勉之；終不悛者，除其籍。（《呂祖謙文集》卷十）

這類努力，其實並不僅宋人在做，反對宋代理學的顧炎武也在〈華陰王氏宗祠記〉說：「有人倫然後有風俗，有風俗然後有政事，有政事然後有國家」、「先王之於民也，其生也，為之九族之紀，大宗小宗之屬以聯之；其死也，為之疏衰之服，哭泣殯葬虞祔之節以送之；其遠也，為之廟事之制、禘嘗之禮、鼎俎籩豆之物以薦之。其施之朝廷、用之鄉黨、講之庠序，無非此之為務也。故民德厚而禮俗成、上下安而暴慝不作」。可見透過宗法宗廟，以厚人倫以敦風俗，是中國人基本的想法。欲以此上追先王遺風，則因此種制度肇自文武周公。

四、辨中西

近代有不少學者認為，中國的人倫結構自從進入周朝，即形成封建宗法式的人倫關係，強調君臣父子的支配服從關係（禮教），所以儘管重視仁，但把宗法等級制度同人倫的親愛之道融合為一，還是掩蓋不了它對人的壓迫性質。中國人出現個人個性獨立解放的要求和自覺，始於近代、始於西方文化的傳人。因為西方人從古希臘起，就逐步突破了他們源於遠古的氏族制家族制度，因而也就改變了他們的人倫關係和社會結構。商品市場的經濟滲透進原來的結構，使這些關係解體，建立起個人（及個體家庭）對個人的一種新的聯繫。這是一種通過物（商品、貨幣）的價值交換而形成之人際關係，藉由物，一物的主人同另一個物的主人形成對立的聯繫。每個人都為自己，以對方作手段，彼此進行著不講情感只問利益的計較。另一方面，每個人又必須承認對方作為其商品主人的主權，承認對方在交換中自願的意志，承認平等的自願的交換法則。這些都是違反人倫關係性質的。同這種社會經濟交往方式相應，希臘人也改變了自己原來城邦中的氏族貴族制度，建立起公民間民主自由的政治制度，城邦民主制度。在這種歷史過程中，希臘人逐步擺脫了氏族和家族的人倫結構制度，演變成一種新型的人，即所謂「自由人」。而這種自由是一種偏重人與人之間的分離和對立的文明，其特點正好與我國注重人與人的連結和和諧的人倫文化成為對照。

這類看法，是把「自由的西方」和「專制封建的東方」對比著說，並努力替它找理由。殊不知古代中國亦有商業，貿易亦甚發達。殷商之商，就是「商人」一詞的語源。但《詩・氓》說「氓之蚩蚩，抱布貿絲」，其倫理關係卻不是偏於人與人之分離與對立的。故以商業興起來解釋希臘倫理異於中國，頗昧理實，仍不脫依「中國文明起於農業，西方文明起於商業」的偏見而作的推衍。

而所謂城邦民主制，更曾被許多人視為西方民主傳統源遠流長之證。但希臘時期，雅典只是其中一部分，斯巴達的制度就與雅典迥然不同，難道希臘時期的經濟活動同時又孕育出了斯巴達軍國主義嗎？難道我們可以用同樣的論述方式，來說西方擁有同樣悠久的軍國主義傳統嗎？

再就所謂城邦民主來說，希臘兩大思想家倒不像我們現在這麼捧場，柏拉圖和亞里士多德都將民主政體列為最壞的兩種政體之一（另一種是僭主政體），屬於非正常的「變態」政體。原因有二：一是民主政體內部機制存在種種缺陷，這些缺陷源於民主本身。平等和自由既是民主制的基本原則，同時也是產生不平等和暴政的根源。二是從外部環境因素來講，雅典在伯羅奔尼撒戰爭中失敗了，城邦的衰落，領袖人物、道德和法律標準的淪喪，更使民主政治內在的弱點暴露無遺。故思想家深切感受到城邦精神正在急劇沉淪，正義原則受到私人利益的蛀蝕，因而痛批民主制。

他們對民主制的批評主要集中在兩個問題上。第一，極端的自由必然導致暴政；第二，絕對的平等致使才德、知識和財富邊緣化，必然無法真正實現社會的普遍正義。

首先，自由是民主制的標誌。從短期效應來看，每個人自由地去做他想做的事，會產生多元社會。但從長期效應來看，結果必定是縱容對政治、法律和道德權威的懷疑，乃至徹底反叛和摒棄。

柏拉圖深切地感到民主制的自由觀必然造成人格的多重性和生活方式的多元化，而這又是造成反社會、反政府、反傳統價值的主要原因。

他認為自由風氣不僅瀰漫於城邦政治生活中，還會表現於家庭生活中，乃至散布於動物世界中。「當前風氣是父親盡量使自己像孩子，甚至怕自己的兒子；而兒子也跟父親平起平坐，既不敬也不怕自己的雙親，似乎這樣一來他就是一個自由人」；在民主城邦中「什麼東西都充滿了自由精神」，即使

「驢馬也慣於十分自由地在大街上到處撞人，如果你碰上牠們而不讓路的話」(《國家篇》)。

亞里士多德則說，民主政治追求的是「一事平等(指自由身分)而萬事平等」。忽略了每個公民在才德和知識上存在的差別和實際上的「不等」，試圖以平等原則來實現社會普遍正義，必然導致反效果：政治的絕對平等蘊涵著權利分配上的不公正。同時，民主政體把最高權力寄託於「多數人」，認為「多數」平民集體的意見一定優於「少數人」的個別判斷。為了「多數人」的利益而追求「數量相等」的正義理想，即平等的正義原則，勢必排斥了有德有才的傑出之士在城邦生活中的貢獻，對他們造成不公。

因此民主制的平等必然意味著對知識、德性和才能的排斥，即「民主制使智慧邊際化」(democracy marginalizes the wise)，不能形成具備必要知識技能和優良政治德性的專業領導階層。知識與美德「退場」，而政治操作過程中非理性化「入場」，再加上公民團體缺乏應有的專門知識和政治素質，若再有缺少政治道德感的平民領袖(demagoqos)的蠱惑煽動，往往難以形成理智的、客觀的、公正的裁斷。

希臘雅典民主制之實際狀況，吾人對之也應稍有了解。民主雅典的公民不同於斯巴達。他們絕大多數在郊外務農，是自耕業主。從事農業，被視為是同公民身分和本性相適宜的高尚職業。城區的公民才是手工業者和大小商人。何況，在伯利克里時代，奴隸和自由民的比例懸殊，奴隸人口總數為八至十萬，遍及農業、工業和礦業以及家庭事務等所有領域。因此希臘的民主制同奴隸制是不可分割的。最多不過萬人的公民，監督、控制、統治著超過他們八到十倍的奴隸。其民主制以奴隸制為前提，奴隸經濟為公民們提供了大量「自由」時間來從事議事、訴訟、軍事、宗教、比賽、節日慶典等公共活動。公民是自己的「主人」，這句話也意味著公民同時也是奴隸、外邦人、邊區居民這些非公民以及他們自己家中的婦女和兒童的「主人」。

這樣的人倫關係，怎麼可能會比我國周朝封建時代好呢？

第五講　道術：內聖外王

封建禮教
郁郁乎文
禮本太一

一、封建禮教

近人論歷史，多參用馬克思的原始社會、奴隸社會、封建社會、資本主義社會、社會主義社會這種社會發展五階段論。

但「封建」一詞乃中國所獨有的詞彙，指周人在伐商之後分派宗族和同盟分鎮東方要地的分封諸侯之事，與歐洲中世紀社會有著本質的區別。歐洲中世紀的所謂「封建」，英文是 feudalism，它是指以臣屬和提供服務為條件，從土地擁有者手中獲得土地使用權的一種特殊社會制度。這種制度與中國的封建制沒有可比性，若將 feudalism 和 feudal 翻譯成「采邑制」或「附庸的」可能更合原意。但因過去不幸誤譯為封建，竟使不少治史者迷於名相，猛把中國跟西歐胡亂比附一通。

歐洲的 feudalism 起源於軍事組織中，而且是由於在被征服國家內遇到生產力的影響才發展為現在的封建主義（feudalism）的。Feudalism 以土地為紐帶，建立起領主與附庸之間的主從關係。國王以下的各級領主將土地作為采邑，分封給自己的下屬，形成互相依附的領主貴族等級制度。受封者對領主必須宣誓效忠，而且必須為領主盡相當的義務。采邑中的農民與采邑主之間既無血緣關係，也沒有多大的人身自由權利，而且被束縛在土地之上，成為剝削和奴役的對象。

周朝封建則是建立在血緣宗法制的基礎上。受封諸侯和周王既是有血緣關係的父兄子弟或甥舅姻親，受封者帶往封地的部眾也是以同氏族的成員為主體。他們是諸侯的族人，而非依附的農民；他們占有的土地也屬於家族公有，而不屬於哪個諸侯或家族長。被征服的土著居民，也是以血緣家族為單位的集體依附於封建貴族。故西周、春秋時期的中國社會既不是所謂的「奴隸社會」，也不是馬克思所研究過的歐洲中世紀封建（feudalism）社會。

封建的組織關係，則如《史記．漢興以來諸侯王年表》所說，周初封國「同姓五十五，地上不過百里，下三十里」，《史記．十二諸侯年表》又謂「齊、晉、秦、楚，其在成周甚微，封或百里，或五十里」，可見諸侯國都不甚大。諸侯或異姓方伯，皆在王都附近立國，但它們並不都是王畿之內的采邑。因此，所謂的周朝，不過是由遍布於中原各地的同姓、異姓諸侯所代表的眾「點」所拱衛成的鬆散的政治聯合體。

組合這鬆散聯合體的紐帶，便是前文所描述的血緣宗法制度，及由此而延伸出的權利與義務。與宗法分封制相輔而行的，是世族世官制度。家族長以家族代表的身分參與王朝和諸侯國之政治，使王朝和諸侯國成為分級的家族聯合體。家族長在世代擔任王朝卿士和諸侯卿大夫的同時，又世代領有從王或諸侯和上一級貴族那裡受賜的族人和土地附庸。所得土地、民人之多少，與其所任職相應；同時又按其地位，為宗子或王室承擔軍事和政治任務。因此，家族長不但代表家族而擁有土地、民人，大的家族還擁有自己的家族武力。家族以世族世官而從王朝或諸侯那裡得到土地和民人之同時，也確立了對王朝或諸侯的世代臣屬關係。血緣宗法制度的實施，又使這種關係更加緊密，使宗法中的小宗依次成為大宗的拱衛者。

分封諸國中居民的核心，便是所謂「國人」。國人包括了士、工、商，及被稱為「小人」的國中農民、輿人、部分被融合的殷人貴族等。西周、春秋時期，國人均有舉足輕重的地位。國之盛衰、勝敗，國君及執政之安否，貴族之能否保有其宗族及興盛，幾乎都決定於國人。國人能夠納君、出君、逐君、弒君，具有議政、「咎公」的自由。每遇大事，國君皆需詢問之以定可否。

何以國人能有如此大的權力呢？宗法制在規定了人們上下等級關係的同時，也給予了人們按親疏遠近所要擔負的義務與權利，此即師曠所謂「有君而為之貳，使師保之，勿使過度。是故天子有公，諸侯有卿，卿置側室，大夫有貳室，士有朋友，庶人、工、商、皂、隸、牧、圉皆有親暱，以相輔佐也。善則賞之，過則匡之，患則救之，失則革之。自王以下各有父兄子弟以補察其政，史為書，瞽為詩，工誦箴諫，大夫規誨，士傳言，庶人謗，商旅於市，百工獻藝」（《左傳》襄公十四年）。代表家族參政的貴族可以監察君權，卿大夫可以「補察其政」，普通國人也可以發表政治見解，或動用輿論褒貶當政。用大家共同努力的方式，來維持封建的政權。

如此上下彼此相輔佐，賞善規過，形成一種精神、變成一種規矩，彼此相勖勿失，謹以相守，則成了周之禮教。

在周朝，凡制度典禮所及者，除宗法喪服諸大端外，上自天子、諸侯，下至大夫、士均要接受禮的教育，也要奉行禮的規範。《尚書大傳》：「使王、太子、王子、群后之子，以至公卿、大夫、元士之嫡子，十有三年始入小學」、「天子命之教然後為學……大學在郊，天子曰辟雍，諸侯曰泮宮」、「樂正崇四術，立四教，順先王詩、書、禮、樂以造士。春秋教以禮樂，冬夏教以《詩》、《書》」。《禮記・文王世子》篇亦載教士子以樂舞，即所謂「樂教」；「樂所以修內也，禮所以修外也。禮樂交錯於中，發形於外，故其成也懌，恭敬而溫文」。金文中，〈麥尊〉銘文曾提到「辟雝（雍）」，即王室之學宮。〈靜簋〉又載周王在豐京令靜司射學宮，「小子、眾服、眾小臣、眾牢僕學射」。意為王命令「靜」在學宮裡教貴族小子（子弟）們、職官們、小臣們和夷族奴隸們射箭。可見禮樂之教養是士以上各階層共同接受的。

《左傳》僖公二十七年載：

晉作三軍，謀元帥；趙衰曰：「郤谷可。臣極聞其言矣，說禮、樂而教《詩》、《樂》。《詩》、《樂》，義之府也；禮、樂，德之則也；德、義，利之本也。」……乃使郤谷將中軍。

成公十八年載：

（晉）荀家、荀會；欒黶、韓無忌為公族大夫，使訓卿之子弟恭儉孝悌。

襄公九年載：

楚子囊論晉曰：「其士競於教，其庶人力於農穡，工商皂隸，不知遷止。」

《國語・晉語七》載：

君（晉悼公）知士貞子之帥志博聞而宣惠於教也，使為太傅。

《國語・楚語上》載：

莊王使士亹傅大子箴……問子申叔時。叔時曰：「教之《春秋》，而為之聳善而抑惡焉，以動戒其心；教之《世》，而為之昭明德而廢幽昏焉，以休懼其動；教之《詩》，而為之導廣顯德，以耀明志；教之《令》，使方物官；教之《語》，使明其德，而知先王之務用明德於民也；教之《故志》，使知廢興者，而戒懼焉；教之《典訓》，使知族類，行比義焉。」

這些記載，都可以看出周人通過詩書禮樂來養成士大夫恭儉孝悌、明德知物、崇先王、知興廢、有德義的品德與能力。從前，《尚書・無逸》曾載周公之言曰：「嗚呼！我聞曰：古之人猶胥相告、胥保惠、胥教誨」，孔安國注：「歎古之君臣雖君明臣良，猶相道告、相安順、相教誨以義方。」以上《左傳》這些記載，就可以看出當時彼此「相教誨以義方」的實況。

積極地相期以道義之外，對於失德、失政之事，國人也有批評諷刺的義務。批評了若還不見改善，國人更可能起而出君、逐君。故《國語・周語上》曰：「為川者決之使導，為民者宣之使言。故天子聽政，使公卿至於列士獻詩，瞽獻曲、史獻書、師箴、瞍賦、蒙通、百工諫、庶人傳語、近臣屬規、親戚補察、瞽史教誨、耆艾修之，而後王斟酌焉，是以事行而不悖。」又，《國語・晉語六》，范文子曰：「夫賢者寵至而益戒，不足者為驕寵。故興王賞諫臣，逸王罰之。吾聞古之王者，政德既成，又聽於民。於是乎使工誦諫於朝，問謗譽於路，有邪而正之，屬戒之術也。先王疾是驕也。」又，《左傳》襄公十四年載師曠評衛人出其君云：「天生民而立之君，使司牧之，勿使失性。故《夏書》曰：『遒人以木鐸徇於路，官師相規，工執藝事以諫。』正月孟春，於是乎有之，諫失常也。天之愛民甚矣，豈其使一人肆於民上以縱其淫，而棄天地之性？必不然矣。」

這些言論不是說著玩兒的，而是的確在運作著。《左傳》昭公十二年載楚右尹子革引祭謀父所作〈祈招〉之詩以勸楚靈王，就是以詩為諫的實況。同年，南蒯欲叛魯，「將適費，飲鄉人酒。鄉人或歌之曰：我有圃，生之杞乎！從我者子乎？去我者鄙乎？倍其鄰者恥乎！已乎已乎，非吾黨之士乎！」鄉人這也是以歌為諫的。《詩經》中收錄這類諫歌甚多：

〈魏風．葛屨〉：維是偏心，是以為刺。

〈陳風．墓門〉：夫也不良，歌以訊之。

〈小雅．四杜〉：是用作歌，將毋來諗。

〈小雅．節南山〉：家父作誦，以究王訩。式訛爾心，以畜萬邦。

〈小雅．四月〉：君子作歌，維以告哀。

〈小雅．何人斯〉：作此好歌，以極反側。

〈大雅．民勞〉：王欲玉女（汝），是用大諫。

〈陳風．墓門〉鄭箋云：「歌謂作此詩。既作，可使工歌之，是謂之告。」《經典釋文》引《韓詩》：「訊，諫也。」《說文》：「諫，數諫也。」段玉裁注：「謂其失而諫之。凡譏刺字當用此。」這些都是諷刺勸誡之歌。

民國以來，有不少學者謂《詩三百》為民歌，大肆嘲笑漢人美刺之說，謂古人把詩作諫書看而不作詩讀，是冬烘。此皆妄說，實不知詩非民歌。民不作詩，作詩著乃國人或貴族，國人「是用大諫」、「是以為刺」，亦見於《詩經》本文，豈漢人所杜撰哉？

君有不善，獻詩勸誡，即是「胥教誨」之一法。彼此規過勸善，形成一套行事習慣、典故制度，這就是禮教。能行事有禮，才足以稱為君子。

《左傳》成公九年「文子曰：楚囚（指仲儀），君子也。言稱先職，不背本也。樂操土風，不忘舊也。稱太子，抑無私也。名其二卿，尊君也。不背本，仁也；不忘舊，信也；無私，忠也；尊君，敏也。仁以接事，信以守之，忠以成之，敏以行之，雖大事必濟。」又，成公十三年：「劉子曰：是故君子勤禮，小人盡力。」襄公三十一年：「故君子在位可畏，施舍可愛，進退可度，周旋可則，容止可觀，作事可法，德行可象，聲氣可樂，動作有文，言語有章，以臨其下，謂之有威儀也。」講的都是君子德義風儀之美。

《詩經》中有許多篇章也反覆稱頌君子，例如：「樂只君子，邦家之基」、「樂只君子，民之父母」、「既見君子，為寵為光」、「既見君子，樂且有儀」、「淑人君子，其德不回」。可見君子是有德義也有美感的。唯其為君子，故「如切如磋，如琢如磨」、「充耳琇瑩，會弁如星」、「如金如錫，如圭如璧」。〈國風〉言及君子一詞者凡五十三次，〈小雅〉言及君子九十五次，〈大雅〉二十八次，〈頌〉一次，〈君子陽陽〉等標題帶「君子」者則有三個。這些「君子」，都不只有階層義，更有德性義，動止合禮之人才配稱為君子。

總之，《周禮・春官・大司樂》說得好：「大司樂掌成均之法，以治建國之學政，而合國之子焉。……以樂德教國子：中、和、祇、庸、孝、友；以樂語教國子：興、道、諷、誦、言、語；以樂舞教國子，舞雲門、大卷、大咸、大盤、大夏、大濩、大武。以六律、六同、五聲、八音、六舞、大合樂以致鬼神示，以和邦國，以諧萬民，以安賓客，以悅遠人，以作動物。」政治、教育、禮教，在這套封建制度之中，是整體結合了的。整個周朝的封建體系，事實上也即是一個禮的體系。

二、郁郁乎文

歷來有的學者認為「禮」即禮儀，是階層社會的統治者對古老的風俗習慣進行加工改造後，用以鞏固對階級內部組織和人民的統治的一種手段。有的學者認為「禮」有廣義、狹義之分，廣義的禮包括風俗信仰、禮儀制度等等，狹義的禮則指禮物、禮儀兩部分。有的學者則認為「禮」是制度化的習俗，是古代統治階級日常道德生活、宗教生活和人際交往的行為規範等等。這些講法都對也都不對。禮是習俗，但非一般之習俗；禮是統治的手段，但又非一般手段。故其他民族、其他時代並未發展出這樣一套禮文化體系。禮含有許多進退揖讓之儀節，可是又非儀式、禮節而已。禮有規範的意味，但又不是法律式的規範，也不是道德的戒律。

因此，要準確地認識周朝視為「立國之本」的禮，至少必須把握以下兩條原則：

第一，「禮」是一套制度與文化的架構，是一個整合性的文明體系，具有多維度、多層面的特徵。在文獻記載中、在古代禮學家的闡釋中，可以發現禮的涵蓋面之寬泛、內涵之豐富，在世界文化中恐怕是獨一無二的。對於這樣一個內容整合、涵蓋面極為廣泛的概念，用西方的分化式文化結構的理論模式來分析，猶如圓鑿而方枘。古代中國的禮，既不能與政治、法律、宗教、倫理、習俗等任何一個分離式的概念相對應，又包含著政治、社會、宗教、倫理、法律和文化的各個方面。

第二，「禮」又是一個歷史概念。歷經夏商周，禮的基本原則及其社會功能固然在千年間未曾發生根本性的變化，但其內容、結構及適用的範圍，則因王朝興廢、社會變遷而發生過多次重大改變。三代損益之詳，連孔子也講不清楚。但僅就周公制禮作樂之後的周文化狀況來看，仍可以看出禮與整個封建體制合和的狀況。此即孔子所說：「周鑒於二代，郁郁乎文哉！」這個周文化體系，正是孔子及爾後諸子百家之學誕生的沃土。

據後世禮家歸納，周禮大約可概括為五類：

1. 吉禮，以「事邦國之神祇」，包括上帝、日、月、風神、雨師、社稷、五祀、五岳、山林川澤、四方百物以及先公先王等十二個項目的典禮。
2. 凶禮，以「哀邦國之憂」，也括喪禮、荒禮、弔禮、禬禮、恤禮等五個項目的典禮。
3. 賓禮，以「親邦國」，也括朝、宗、覲、遇、會、同等六種天子款待四方諸侯來朝會的典禮，以及問、視二種諸侯遣使向天子問安的典禮。
4. 軍禮，以「同邦國」，包括大師、大均、大田、大役、大封等五項軍旅的典禮。
5. 嘉禮，以「親萬民」，包括飲食、婚冠、賓射、餐燕、脤膰、賀慶等六個項目的典禮。

其實，除此五類典禮之外，尚有所謂「禮儀三百、威儀三千」（《禮記・中庸》），可謂包羅萬象。但綜合來看，周代的禮，涵蓋著禮制和禮典兩大部分。一代王朝的政教刑法、朝章國典，包括賜姓、胙土、命氏的分封制度、朝覲貢巡制度、軍族田狩制度、賦稅刑法制度、祭祖喪葬制度、學校養老制度等，依靠一系列具體的禮典來體現，如政教、祭祀、兵戎、農耕等方面的、在貴族階層內部實行的朝覲、盟會、祭祀、喪葬、軍旅等禮典，用以定名分、序民人、明尊卑、別貴賤，規定和明確貴族階層內部的關係及權利義務，用古代禮家的話說即「夫禮者，所以定親疏、決嫌疑、別同異、明是非也」（《禮記‧曲禮》）。因此，不同的等級要用不同的禮典：有的禮典只在某一階層貴族舉行，如覲禮只有王才能舉行；有的禮典雖各階層貴族都能舉行，但具體儀式不同，如射禮，諸侯舉行「大射」，卿大夫則舉行「鄉射」。

這樣的禮，非周朝才有。據陳剩勇考證，良渚文化的墓葬，無論從墓葬形制、隨葬品的規格及其多寡優劣看，四種類型之間界限分明、懸殊極大。墓葬形制和規格的等級分化以及反應墓主身分的禮儀用器的多寡優劣，投射出禮制在良渚文化社會的成熟和發達之歷史。極有規則的隨葬禮器的分布情況，也表明了在距今五千年的良渚文化社會時代，禮已經趨於系統化、規範化和制度化，成為兼具政治、軍事、宗教、文化等多重功能，維繫社會正常運轉的禮儀體系（〈禮的起源〉，見《漢學研究》十七卷一期）。

良渚文化以後，禮當然續有發展。夏禮之詳雖不可考，但至少已知有養老禮、冠禮等，商禮則可就見於卜辭者予以勾稽。可是，跟周相比，夏商之禮都顯得較為簡直，椎論大略，尚是「質而不文」的階段。因此古人盛稱周公制禮作樂。

稱周公制禮作樂，並不是說自周公以後才有了禮樂，而是說周公使禮樂文明粲然大備。其「制禮作樂」的意義，在於他發展且豐富了夏商以來宗教禮儀為主的古禮體系。在繼承鬼神祭祖傳統的同時，注入了喪祭、冠婚、朝聘、射御等大量的人際禮儀，使禮系統化、社會化而成為規範；又調整統治階級內部個人與他人、宗族、群體之關係，由此而使得周人的交往關係「文」化，進而使整個社會生活高度儀式化。

古人所說的「周文」或「郁郁乎文哉」的文明彰盛之美，即由此禮制體現而出。「禮」與「文」一般均視為同義詞。

禮為何就是文呢？由人情方面說，「禮者，達愛敬之文」。透過禮，才可以適當地表達感情。由社會方面說，禮可以使人與人的關係井然有序，人人各得其所。由感通方面說，人也可藉著禮儀上通於天，上達於道。

先由人情方面說。《荀子・禮論篇》有云：「禮者，達愛敬之文，而滋成行義之美者也。」禮豐於人情。人情有喜怒哀樂，是天生自然的，「悅豫媚澤、憂戚悴惡，是吉凶憂愉之情發於顏色者。歌謠傲笑、哭泣啼號，是吉凶憂愉之情發於聲音者」。人情有哀樂，自然會表現在顏色聲音飲食衣飾上。所謂禮，第一個意義就是要將它表現出來，在衣飾容貌聲音舉止各方面，讓愛敬或憂戚能充分地宣泄表現，此即所謂「達愛敬之文」。愛敬是情，黼黻歌笑或哀絰哭號則是它的文。禮對於迎賓歡樂或喪祭哀戚的一些規定，其實只是順著自然人情的表現而使其暢達而已。

但除了暢達之外，亦須節制。若歡樂歌舞魚肉悅娛過甚或哀毀悴鬱過久，便不太美了。哀樂皆能傷人，此即須略作調節，「兩情者，人生固有端焉。夫斷者續之、博者淺之、益者損之、盛之美之，使本末終始莫不順此純備，足以為萬世則，則是禮也」。兩情，就是哀樂兩個極端。禮，以其飲食衣飾言語顏色聲音之文，來調節人的感情，使人不走上極端。所以「持平奉吉」時，「文飾聲樂恬愉」，但使之

「不至妖冶」；「持平奉凶」時，「其立哭泣哀戚也，不至於隘懾傷生」。這就叫作禮義之文，因為禮必須如此才合於義。當然，禮也因能完成它適度、合宜之義，才能成就為美，所以說：「禮者，達愛敬之文，而滋成行義之美者也。」（以上皆見《禮論篇》）

現代人一想到禮，就想到理性規範、外在教化、道德意識、壓抑情欲、禮教吃人等等。其實古人所說的禮並不是如此的。上文曾引用一個術語：「持」或「持養」。禮出於情，亦所以養欲。通過持養，才能令其適當而有美感。自然天生的才性情欲就是質，予以修飾教化則是文，所以禮文就是要求「情欲的適當化」。如能適當，就能產生美感，否則則有過文或過質之病。

唯此種調節疏導，不能只仰賴個人的修養，而更應依靠一套制度，那就是禮制。禮制，對人生的各種欲望希求作了分別。長幼、貴賤、貧富各色人等，其所養耳目口鼻身體威望者各不相等，故其服飾飲食房舍聲樂亦各有等差，以滿足不同程度的欲求。所以禮以養欲，其所以能養，便在於它的「分」、它的「別」。

一個社會如果毫無禮制、無所分別，人人依自己的欲望去爭去求，那就是個以原始氣力情欲流動的世界，所謂「縱情性，安恣孳，禽獸行，不足以合文通治」（《荀子・非十二子篇》），亦可說是沒有文化、椎魯不文的世界。因此，禮文的涵義，即是與「禽獸行」相對稱的「人文」。

建立這套禮制的周文、武王及周公，也因此備受推崇。《詩・大雅・棫樸》說：「雕琢其章，金玉其相，亹亹我王，綱紀四方。」王者之綱紀，即其禮制。而此禮制，又是在原始素樸的世界中形成其人文條理，分之別之，為之雕鏤刻琢黼黻文章以辨貴賤、為之鐘鼓管竽以辨吉凶歡戚，於是整個社會乃形成這樣一幅景象：

井井兮其有理也，分分兮其有終始也，厭厭兮其能久長也，樂樂兮其執道不殆也，昭昭兮其用知之明他，修修兮其用統類之行也，綏綏兮其有文章也，熙熙兮其樂人之臧也。（〈儒效〉）

有理、有序、有節、有度、有制，且能合宜，故亦能得安樂。此即人文之美。禮的世界，遂亦為一具有美感之世界矣。

在此，禮與樂是一體化的。《荀子・大略篇》說：「天地生之，聖人成之，和鸞之聲，步中武象，趨中韶濩，君子聽律習容而後士。」君子不能不習禮容、學音樂，禮與樂此時乃是一體的。

這麼一種有禮樂、有條理、有美感的世界，並不僅僅存在於聖人內在的生命境界中，更存在於整個社會中。因此，荀子特別討論到「俗」的問題：「奧窔之間，簟席之上，斂然聖王之文章具焉，佛然平世之俗起焉。」（〈非十二子篇〉）文章，所謂人文之典章制度，固然由聖王所創立，但此人文之落實表現卻在一般人的日常世俗生活中。

在西方美學中，「美感」與感官獲得的「快感」往往被認為是難以分開的。例如美感是指通過視覺、聽覺而得到的愉悅滿足之感。對象滿足了我們的欲望，我們才對之具有快感、才滿足肉體欲望，乃是許多美學家共同的看法。可是，除了柏拉圖曾說美是「有益的快感」（profitable pleasure）之外，鮮見有人討論感官欲望究竟要滿足到何種地步，才能具有美感或變成不美？美除了滿足感官、帶來快感外，是否也能由節制、不滿足感官欲望而生？現代人受西方文化之影響而不能理解中國傳統禮文之美，不能認同對欲望的持養調節，更不能通過禮制表現出人文生活之美，實在是令人遺憾的事。

其次，由社會方面看。在人文世界中，人是社會人而非自然人。自然人，是一個個的人，社會人則每人均有社會生活中的位置與角色。例如在工作職務上，必然有辦事員、組員、組長、科員、科長、主任之分，這些區分既是平面的分工，又是垂直的分層，構成一種位階式的層級關係，界定著彼此的權利與義務。同理，在一個團體中，每個人也都各有其位置，例如在家庭裡，我是夫；在學校裡，我是教師；在社團裡，我是會員。站在什麼位置上，就有與站在其他位置上不同的意義及不同的處事方式。

「位階」或「位置」，事實上就是社會生活的主要骨幹或框架。就像我們赴宴時，賓主寒暄既畢，肅客入座，那幾個座位之間，便大有學問。別賓主、分大小，敘爵、論齒、評德儀、看交情，一切怡然理順，大夥兒才能安心用膳。不然就會有些人彷彿猴子坐在火爐上，覺得位子火燙，恨不得逃席而去。

位子的學問如此之大，其所表現的意義何在？需知此類問題，都是在團體中才會發生的，個人獨居時既無此問題，亦不需如此講究。因為所謂位子也者，指涉的乃是人與人相對待的關係。人與人的人格當然是平等的，但在不同的相對待關係中，卻會構成不同的權利義務，也會具有不同的道德意涵。長官與下屬、父母與子女、師長與弟子、先輩與後進，各有應遵循的基本處事行為原則。

而這些關係，由於生於人我相對應之間，故又隨時會產生變動。為父執、為師長者，面對另一人、另一群體時，又可能是子侄、是後輩末學。隨著這種變動，人即必須針對不同的「場域」，調整自己與他人對應的方式；一個下了班，在面對私領域事務時仍擺出一副長官派頭，隨意麾措其僚屬的人，必然讓人厭惡。在前一個宴會上坐首席的人，到下一場壽筵中，亦可能敬陪末座。人唯有認清場合、站妥位置，說該說的話、做該做的事、穿該穿的服飾，才能彼此相安。此即所謂「各得其所」。所，就是指場所。《周易》特別強調「時」、「位」，講的也就是場所。唯其「得其所哉」，每個人才能適然怡然。

人通常不會也不想永遠站在同一個位置上，因為位置的變動乃是自然而然的。做人子女者，時間久了，自然就得為人父母。但多年的媳婦熬成婆，位置的轉換，不免也會形成人們的心理期待。科員期盼苦幹時日後升為科長，經理等著當總經理，這種社會品級的追求，正是社會上一般人基本的生活目標及方式。

這種場所的觀念及其運作的原則，和社交禮儀的「逢場作戲」，其實甚為類似。例如一個人到了要作個場面時，必然穿戴、舉止、言談都具有表演性，擔心別人觀感不佳；任何一個社交場所，演出失常者也都會像在舞臺上忘了詞或走錯位子一樣，覺得尷尬。

正因為如此，故表演藝術和社會學乃有了一個共同的術語：角色。角色理論從不考慮個性、動機、態度之類問題，而是把人在社會關係網絡中視如演員在舞臺劇場上，扮演著某種角色，對該角色亦有其期望與需求。角色不同，其行為也就有不一樣的模式。所以社會學中定義角色，一般都說是「根據自己所處位置不同，而採取不同的行為方式」，就像演青衣人不能說起話來像個花旦似的，演啥像啥，才算得上是個角色。

這「位置」、「位階」所構成的一大套社會生活框架，所撐展開來的，就是世俗世界的社會空間。人與人不同的對待關係所形成的位置、位階交錯網絡，就是「人文」，其意涵就是「禮」。

文的本義，《說文》云：「錯畫也。」殆即此縱橫交錯之關係。所謂人文，意即依此位置、位階所構造出來的社會生活秩序。這種秩序，包含彼此權利、義務關係及道德的規定。把權利、義務弄錯了，大家就會說這個人不懂禮、失禮、無禮，在道德上遂有了虧欠。故人文又稱為禮文。無此禮，便不成世界，社會生活是難以進行的。

此種人文禮儀，因為是我們社會構成的基本原則，故凡合乎禮度的行動，都可以在道德上使我們覺得沒有歉負，令我們喜悅。而人與人之間回旋揖讓、進退中節、語言合度，自然也就是美的。故所謂人文美，並不只表現在人格上，更顯示在各種禮文，亦即典章、制度、服色、言語、行為之間。用傳統的言語來說即是「文」，指人類脫離自然的人文活動所顯露之樣態。由此所顯示出來的對比關係便是「自然／人文」，亦即「質／文」。質是原始粗糙的，文才有彩飾可觀，故二者可用玉石的渾璞與琢治來比喻。從這個層次說，禮文本身就代表了美。

就一位君子來說，「君子黃中通理，正位居體，美在其中而暢於四肢，發於事業」（《易・坤・文言》），其文化修養及舉止動作，都可以表現出美感來。整個社會當然也可能因為人人都是君子而顯得文質彬彬，進退有序，洋溢著美感。《禮記・少儀》說得好：「言語之美，穆穆皇皇；朝廷之美，濟濟翔翔；祭禮之美，齊齊皇皇；車馬之美，匪匪翼翼；鸞和之美，肅肅雍雍」，此即人文之美也。《論語》云：「里仁為美」，朱注「里有仁厚之俗為美」，又說「詩可以觀，可以群」，觀人群所表現的文化狀態、觀風俗之厚薄，指的都是這種人文美。

人文之美、風俗之厚，也即善，是具有道德的狀態。因此舉止合宜固然是善，情欲的適當化其實也是一種善的狀態，故無論從人格或社會風俗上講情欲之適當化，都會把美與善視為同一。一個有禮的社會，自然也就是美善合一的社會了。

三、禮本太一

但「禮」僅是社會生活的位階制度、位置關係及交往禮儀嗎？禮不是更常表現在喪祭行為或面對非世俗事務上嗎？是的，禮不但是世俗空間的架構者，也是神聖空間的體現者。

在中國，神聖世界與凡俗世界之分，一般以三界來表示，天界、地界、人界。天神地鬼及人分居此三界中。相對於人所居處的人文世界，鬼神所在均為神聖世界（可再分為仙界與冥異）。唯有通過某些儀式，人才可能與神聖世界溝通，故《墨子．天志上》云：「以祭祀於上帝鬼神。」祭天神時主要是焚燒牲畜或玉帛等，使香氣上達於天；祭地祇時，主要是把祭品沉埋於山川，使下達於地；祀人鬼時則饋食肆獻以薦享於祖先。凡祭，均有相配合的歌與舞，例如祀天神「奏黃鐘、歌大吉、舞雲門」，祭地祇「奏大簇、歌應鐘、舞咸池」，享先祖「奏無射、歌夾鐘、舞大武」（《周禮．大司樂》）。在演奏這些樂曲、跳動這些舞蹈時，人便在儀式中脫離其世俗生活，進人一個神聖領域中，滿足了他的宗教感情，也達到了與仙界、冥界之溝通。

此種溝通或感通功能，是通之於兩端的。在世俗社會生活中，藉由禮來通人我之情；在面向神聖世界時，藉由禮則可以通鬼神而達天地之情。

古人特別重視這一點，事實上，禮制廣含萬物，禮儀三百，威儀三千。可是在複雜的儀制中有一個根本的東西，所謂萬殊一本。

《禮記．禮器》說得很明白：「禮也者，反本修古，不忘其初者也。」整個禮都是由這種反本、不忘其初的精神所推動而發展的。例如個人不忘其本，其本就是祖先；整個人類不忘其本，其本就是天地；政事教育等人文世界亦不能忘其本，政教之本則為君師。故曰：「禮有三本，天地者，生之本也；

先祖者，類（種族）之本也；君師者，治之本也。……故禮，上事天，下事地，尊先祖而隆君師，是禮之三本也。」（《荀子・禮論》）所謂三本，其實仍只是一本。各種禮制，均本於「一」。禮制是否合宜合理，判斷的標準也在於它是否能本於一。荀子說禮「歸於太一」，就是這個道理。

到底什麼是一，什麼又是太一，眾說紛紜，至今仍無定論。但禮家為什麼強調一或本呢？強調這個一，其實是在講感通。因為禮本於太一，也復歸於太一。對於這個一，人若能抱持著事天、尊祖、隆君師（即後世中國人廳堂裡常見的牌位：天地君親師）的報本崇德態度，則在行禮時自然而然地會興起與其根源性的關聯之意及神聖之感。通過這種感情，具體行禮於邦國宗族諸人之間，相保惠、相教誨、相道告、相規正，則人倫之際也就自然會生發出一種彼此關懷之仁。前者使人通於天，上達於道；後者使人興發怛惻之心，通人我一體之懷。

這種怛惻關懷之仁，要怎麼理解呢？對後世中國思想史之發展，又產生何種作用呢？

據唐力權的研究，中國可視為一種關懷體系的文化，西歐則顯示為一種驚異型知識系統。在關懷體係的文化傳統裡，知識的意義必須通過人的人性而建立，這和驚異型知識系統偏重知識之客觀性有根本的差異。自《易經》、《尚書》以來，中國哲學總喜歡從成人成物、利用厚生的立場來論知識或賦予知識以意義和價值；而「成人成物，利用厚生」之願望，則是基於人所具有的仁性關懷。

為什麼驚異型的知識系統會偏重知識的客觀性呢？這個問題的關鍵就在知性作用本身。西方傳統的知識論在這問題上，走的基本上是一個材性分析的路子。在知性緣起的問題上，材性的分析就是意識心認知作用的分析。它們對認識心的分析，就好像生理學家對人體的解剖一樣。認識到心之有感覺、記憶、想像、理解等認知官能，就好比人體之有五臟六腑。且不把認識心視為一有機體，而只把知性活動視為一感覺或經驗資料（sense data）的「加工」歷程，將感覺與資料觀念化、範疇化。在宇宙論方面，柏拉圖的宇宙論以大理石代表渾沌、雕刻匠代表創造神，雕刻匠在運刀操作時所投注的藝術理想及所表現的創作技巧和能力，則代表創造神創造宇宙時所運用的理性。雕刻匠所用的那把刻刀，乃是他的主要工具，代表理智（intellect）。

在西方的哲學和文化傳統裡，理性的主要工具正是形式邏輯。形式邏輯就是具體化了的理智工具。亞里士多德那部討論形式邏輯的書，正是以「工具」（organon）命名的。形式邏輯就是賦事物以形式的工具。

運用理性以認知他人及世界，必然關聯著二元對立的人性論。例如，在柏拉圖的哲學裡，理性我基於永恆的理型世界，而自然我則是生滅於變易的具體宇宙的一份子。柏拉圖運用「靈魂」的觀念連結兩者，以中介永恆與變易。但靈魂的本質是什麼呢？它只是一種伸張材性的力量、為一切權利欲所本的力量。這種力量，希臘人稱之為愛羅（eros）。愛羅，就是愛的意思。但這個「愛」不是仁性的愛，而是材性的愛，生於材知衝動的愛。對希臘人來說，下自凡夫俗子的性愛欲望，上至哲人對真善美的追求，無不是愛羅精神的表現。可是這只是以愛羅精神為本的主體性，而非以仁性關懷為本的主體性。愛羅精神的主體，事實上就是工藝匠型的主體，存有伸張其材知權利的匠心匠識。

反觀中國，知性主體為仁性主體所涵攝，因此沒有產生由匠心匠識的執著所框成的有無對立觀念。二元觀念在中國形上學裡主要是相即與相依的關係。「相即」乃是就場所的背景而言的，「相依」則是在無限背景與前景現象之間的關係上取義的。從個體性的觀點來說，則驚異型知識系統所強調的乃是個體的區別外在性，而關懷體系所關注的乃是個體的場性，或個體與其他個體的內在關聯性（《周易與懷德海》，三民書局一九九五年版）。

在封建體制之禮樂文化中，人與人因親親之仁而相連結，彼此相保惠、相教誨、相翼輔，形成的就是一個關懷型的文化體系。在此體系裡，人與人相依相即，彼此在視聽言動、揖讓進退的各種場合中，體驗著人的內在關聯性。通過這種方式所達到的成人成物、利用厚生，當然與西方基於「好奇」、「愛智」或對外在世界予以簡別加工的意識迥異。

關懷之仁，與材知衝動之愛，也不會是一樣的。因此，我們的君子也跟西方式的智者不同。君子是溫潤如玉的，令人見之，亦覺得心生溫慰，所謂：「既見君子，其樂如何？」、「既見君子，云何不樂？」（〈小雅・隰桑〉）、「未見君子，憂心惙惙。亦即見止，亦即覯止，我心則悅」（〈召南・草虫〉）。

這是由怛惻關懷之仁這方面說。這種怛惻關懷之仁，事實上也會貫聯於對根源性的神聖感情。打個比方，西方人在一同參加教會禮拜時，也能因認知到人都是上帝的子民，而對他人興起「皆我兄弟」的同胞之愛。或反過來，在「主內兄弟」的具體關懷溫慰之中，體會到上帝對人的愛。人與人的關懷之仁，與人對根源性的神聖嚮往，常常是相關聯、相生發的。

而這個禮之本、人之源，古代就稱為一或太一。《易・繫辭下》：「嚴天下之動，貞乎一者也」，《老子》：「聖人抱一以為天下式」、「昔之得一者，天得一以清，地得一以寧，神得一以靈，谷得一以盈，萬物得一以生，侯王得一以為天下貞」，講的也都是這個一。荀子則稱為太一。莊子並把老子之學說形容為「主之以太一」。可見一、大、大一、太一均是這個「一」。此為生之源，故亦為道之源。封建體制之政教治化、倫理典彝，皆由此生化。用莊子的話來描述，就是由這個「一」形成了整體道術，聖王君子、百官士庶皆憑之而安位居化：

古之所謂道術者，果惡乎在？曰：無乎不在。曰：神何由降，明何由出？聖有所生，主有所成，皆原於「一」。不離於宗，謂之天人。不離於精，謂之神人。不離於真，謂之至人。以天為宗，以德為本，以道為門，兆於變化，謂之聖人。以仁為恩，以義為理，以禮為行，以樂為和，熏然慈仁，謂之君子。以法為分，以名為表，以參為驗，以稽為決，其數一二三四是也。百官以此相齒。以事為常，以衣食為主，蓄息畜藏為意，老弱孤寡皆有以養，民之理也。古之人其備乎！配神明，醇天地，畜萬物，和天下，澤及百姓，明於本數，繫於末度，六通四闢，小大精粗，其運無乎不在。（〈天下篇〉）

此即古內聖外王之道、古道術之全體大用也。莊生文字甚美，先是說神明聖王皆原於一，然後說天人、神人、至人、聖人都是能與這個「一」契合不離的，君子則是能具有仁義禮樂，且能「熏然慈仁」關懷他人之人。內在具有這些仁德，再以法為分、以名為表、以參為驗、以稽為決地去治事理政，就可以達成王道之治。參稽決驗，當然也是知性的活動，但這些活動和一二三四的計算安排，乃是在內有其本的情況下，通顯於外的。此即所謂「明於本數，繫於末度」，有道有術，既不離於天，亦可以齒官理民。天下亦因此而大治，醇美和樂矣。

第六講　天人：通乎神明

特殊的神人關係
非超越性的天帝
非奉誡待救的人
自然自在之天道

一、特殊的神人關係

世界各民族早期均有神話，中國也不例外。但中國神話比希臘印度都少得多。現在的許多所謂神話，其實大都形成於戰國至漢朝。還有一部分，例如盤古開天故事等等出現得更晚。故就夏商周時期看，神話實在甚少。即使包括後來的仙話與傳說，跟其他民族比，也仍是較少的。以至整個民族的人文性較高，成為一種顯著特徵，與其他民族很不一樣。所以就連那少數的神話，中國與希臘也非常不同。

在希臘神話中，最早的泰坦族神話中的神（天、地、海等等）是單憑生殖和血緣而擁有神性的，但這種地位隨即被後來的神憑藉武力所推翻，其後用暴力取得統治地位即成了慣例。這些神都不是道德神，也不為人類謀利益，只是一些力量神。祂們用自己掌握的自然力互相爭鬥，也用以威脅人、支配人。要到奧林匹斯神系產生後，整個神界和人間才有了秩序。以宙斯為首的奧林匹斯神系，最大的特點就是以諸神來代表或掌理社會性、精神性的職能（法律、正義、婚姻、交通、文藝、技術、智慧等等），自然屬性（太陽、雷電、火等）則是從屬於這些職能的手段。但這些新神同樣也不替人類利益著想，所考慮的只是自己的統治。

相對來看，中國那些為數不多的神話裡的神就截然不同。祖先神、自然神的地位一直非常崇高，行業神、職能神之位階則在祖先神與自然神之下，且往往由祖先神或聖哲神兼代，大部分甚至年代極晚，如妓女戶祀管仲、商人祀關公、木匠祀魯班之類。因此中國不是用神來表示或掌理精神性及理會性職能，而是將之作為人們對古聖先哲創造功業、澤被人群的感念。

故而中國人在法律、道德、文藝和一切社會生活、精神生活中，只效法先人、聖人，並沒有分化出專司某一方面職能的神靈，且由神來管理該事物。例如希臘人說雅典娜代表智慧、維納斯代表愛情、繆斯代表文藝，又將人的一切精神生活和社會生活都看作是某種神力的體現，如宙斯職司法律、希拉掌管婚姻、阿波羅主持文藝和科學、赫美斯則是交通和商業之神等。中國人均無此類說法（行業神皆後起，神話時期無。且位階都較低，與希臘不同。而所謂行業神，也多是該行業的創造者，即祖師爺，屬於行業內部之祖先崇拜）。

公元前八世紀，赫西阿德已把當時流行於希臘的兩百多個神，按照一脈相承的血緣關係依次整理為一個合乎邏輯的系統。但他這個系統完全是模擬人類的生殖來構撰譜系的。後來泰勒斯則從事物相互間的自然規律來解釋整個世界的形成，並擺脫了希臘神話「神人同形同性」的比附，認為萬物起源於水。依亞里士多德《形上學》的描述，即：「有些人認為去今甚久的古哲，他們在編成的諸神的記載中，也有類此的宇宙觀念。他們以海神奧啟安與德修斯為創世的父母，而敘述諸神往往指水為誓……，事物最古老的最受尊敬，而凡為大家所指誓的，又應當是最神聖的事物」。這種關於自然的解釋，究從遠古何時起始，殊難論定，但我們可以確言泰勒斯曾這樣的指陳了世界「第一因」。中國則並沒有泰勒式或赫西阿德式的譜系。

這種把全部神人納入一個系統中，並為之確立一個「最高、最初的第一因」之行為，不只泰勒和赫西阿德在做，其他還有許多同道。如畢達哥拉斯及其學派認為靈魂是「以太的碎片」或各種元素之間的比例和數的和諧，而神則被看作「諸數之數」——「我們在那裡發現數，神也就降臨到我們」。赫拉克利特認為靈魂是最乾燥的人，神則是本原的火，即「永恆的活火」。這些，都是用某種自然的元素或關係來解釋神的。

但這個東西卻又是最高的，高於其他一切元素或關係。因此赫拉克利特才說火是「神聖的邏各斯」，邏各斯是本原的火在宇宙中燃燒的「分寸」、「尺度」，是萬物的命運和規律，也是智慧：「人類的本性沒有智慧，只有神的本性才有」、「智慧是唯一的，它既不願意又願意接受宙斯的稱號」。

邏各斯（*λογος*）的本意是「話語」、「表述」。本來是人的精神所特有的東西，即思想和理性的標準（尺度、分寸），用以指稱火和萬物的規律其實只是一種借用。

邏各斯甚至高於畢達哥拉斯派所說的「數」。數雖然也是抽象的，但它完全是物質世界的一種關係，人們把它用在精神的事物上時只是從自然界「借用」而來。邏各斯卻是名正言順地屬於精神世界的。赫拉克利特把神看作邏各斯，並把神的邏各斯看作一種比人的精神更高的精神，即開啟了後世希臘理性神學的道路。埃利亞派又繼承並發展了這條思路。塞諾芬尼說：「有一個唯一的神，是神靈和人類中間最偉大的；無論在形體上或思想上都不像凡人」、「神是全視、全知、全聽的」、「神毫不費力地以祂的心靈的思想力左右一切」。

如此一來，往後希臘神學的發展就有一條不同於中國的通路了。從柏拉圖的「創造主」、亞里士多德的「第一推動者」、斯多亞學派的「普紐瑪」和「世界理性」，一直到新柏拉圖學派的「太一」，都是沿著塞諾芬尼所開闢的這條道路發展的，最後並為基督教提供了完備的宗教哲學理論基礎。

不但如此，從倫理學上說，蘇格拉底曾認為：人的行為是受他的目的及選擇這一目的的自由意志所支配的，是人覺得這樣做最好，他才這樣去做。蘇格拉底確立這一點，是為了將這種人的「合目的性行為」推廣到其他事物上去。他說：「如果有人要想發現某個特殊事物產生、消滅或存在的原因，就必須找出哪類存在的狀態對它最好。因此關於這件事物或其他方面，人需要考察的無過於什麼是最好的、善的……。」

但世上除了人以外，其他事物並沒有什麼「自由意志」包藏於其中來充當自己的動力。於是蘇格拉底引入了一種「自然目的論」的世界觀，即：自然物本身雖然沒有自發的目的性，但那創造萬物的神卻使它們處於某種合乎目的的關係中，最終體現出神的目的，即最高的善。

他舉動物機體的各個部分為例，這些部分相互之間如此天衣無縫地配合，以利於機體的生存，「好像是一位研究了動物的利益的賢明的製造者的工作」。再推而廣之，機體之外的那些同樣具有自然性質的土、水等「無數廣大無邊的物體的集合」，也不會沒有理性的東西在維持著它們的秩序。而在世上萬物中，又只有人擁有優越於其他動物的各種條件（直立、手、語言等），特別是理性的靈魂（自由意志），使人接近於神、相信和認識神。且由於神「能一下看見一切、聽到一切，無處不在，並且同時照顧到一切事物」，所以要崇拜和供奉神。這就說明整個宇宙的無機物、有機物、人，最後都趨向於神的目的系統之中。

後世神學，往往即以此說來論證上帝存在。但這種目的論還只是一種外在的目的論，即一切目的都是由一個外在的神強加於萬物的，而不是萬物出於內在的本性自動地趨向於一個目的。為了彌補這兩大缺陷，就產生了柏拉圖和亞里士多德的神學目的論。

柏拉圖的神學目的論主要是克服了蘇格拉底對自然目的的「擬人論」之缺陷，其基礎是他所提出的「理念論」。理念是萬物的共相和本質，它高居於一切具體事物之上，構成一個真實存在的「理念世界」。具體的現實事物則是這個理念世界的摹本，它們只是「分有」了理念才能存在。但萬物和它們的理念相比都是不完善的，它們永遠不能達到理念，只能接近於它。這樣，每一個理念就成了這一類事物的無限接近而不能達到的目的，這些目的的理念被稱之為「一」，也被看作是「神」。

亞里士多德則分析物之所以為物有四種原因：質料因、動力因、形式因、目的因。其中，動力因和目的因可以作為形式實現自身的手段和目的而包括在形式因裡面，因此實際上可以概括為質料和形式兩種原因。而質料在個別實體中是被動的，形式則是主動的，是使個別實體成為個別實體的能動的要素，因此真正的個別實體又歸結為形式。但這些形式和質料的區分也仍是相對的，即低級事物的形式對於高級事物來說又是質料，高級事物的質料對於低級事物來說又是形式。故萬物就處在一個由低到高級不斷努力向上的等級系統中，其最高點就是全能、全知、全善的神。中國人論神、論世界，完全不會這麼說。

換言之，神話的性質不同，神人關係也就不一樣。希臘神話中的神，對人起掌管、支配作用。後來自然神學的發展，不但沒有改變這種神人關係，反而強化鞏固之，建立了一個超強的神。祂全知、全能、全善，人只能是祂的創造物，永遠不可能是神。這樣的神話及自然神學，與後來傳入羅馬的基督教實乃異曲而同工。中國為數不多的神話中的神，則被人們用來作為對古聖先哲的感念和追思，缺少了絕對支配性而更具有世俗意義。

二、非超越性的天帝

在中國，「天帝」不具有萬物起源、唯一、第一推動者、神意目的論這些涵義。他雖也對人世發揮支配作用，可以「帝令其風」、「帝令其雨」（《殷墟文字乙編》，三二九二，六九五一），或影響人事，如「王封邑，帝諾」、「伐𢀛方，帝受我佑」（《卜辭通纂》，三七四、三七三）、「上帝將復我祖之德」（《書・盤庚下》），但這種支配，與希臘神話及自然神話中所講的支配非常不同，不擁有高居一切具體事物之上，作為「第一因」那樣的支配力。而且，這種支配是神人互動的，人透過修德或敬事，可以知天命，亦可改變帝令；透過占卜，可以與神溝通，趨吉避凶。帝令、天命，本身亦與希臘之命運觀迥異。

從詞源學看，《說文解字》曰：「命，使也，從口令。」所謂「天命」，實際上就是指作為主神的「天帝」所發布的那些具有主宰效應的命令。段玉裁《說文解字注》指出：「令者，發號也，君事也。非君而口使之，是亦令也。故曰：命者，天之令也。」可見命字源初是指君的職能，後來才轉而被賦予了擬人化的天，成為天之令。也因此，天命就像君命一樣，其主宰效應主要是指向了人們的各種行為活動，很少涉及到自然界本身。

誠然，天命也可以支配某些自然界的現象，如「帝其令雨」或造成地震等，不過，天帝在這方面發揮主宰效應的動機，似乎並非要改變自然界，而是「為人事而自然」。不僅雨雪會直接影響農業生產活動，而且在中國人看來，地震、彩虹等自然現象也都不是與政事治理活動無關的。故那些與人文踐履活動缺乏直接聯繫的自然現象，往往不在天命觀討論的範圍之內。

雖然天命對於人具有決定性的作用，以至天命往往成為人們必須接受的前定「命運」，但中國人從來沒有因此主張人們可以消極地聽天由命、坐待其成。相反，它往往特別強調，即便在獲得了天命允准的情況下，人們也應該充分發揮人為活動的自覺努力，力求在「自天佑之」的基礎上，真正實現「吉無不利」的結局，做到「永言配命，自求多福」（《詩經・文王》）、「天命自度，治民祇懼，不敢荒寧」（《尚書・無逸》）。甚且，積極的人為努力才是能夠延續天命惠佑的先決條件，因為只有真正做到了所謂的「王其德之用」，才有可能確保「祈天永命」（《尚書・召誥》）。

同時，天命也像君命一樣，雖然具有前定作用，卻又不是必然不易、無法改變的。它不但可以變更，甚至還有「天命靡常」（《詩經．文王》）的特徵。導致變更的原因，儘管可以說是直接來自天帝，卻往往取決於人為活動的實際狀況。例如，倘若某位君王消極懶惰、敗壞德行，就會「惟不敬厥德，乃早墜厥命」（《尚書．召誥》）；反之，倘若某位君王積極努力、自強不息，儘管天帝原本並不惠佑，也照樣能夠將無命變成有命。

因此，一方面，天命對於人具有決定性的主宰效應，因而人必須服從；另一方面，人聲必須遵循天命的同時，又可以對於天命產生反饋性的影響，或是積極實現天命，或是導致天命變更。

希臘的「命運」則不如此。在希臘宗教中，命運並不是出自神的意志命令，甚至也不是出自「命運三女神」（Fates）的意志命令。因所謂命運三女神，只不過是命運這種具有前定作用、令人敬畏的冥冥力量之擬人化象徵。

故命運不僅能對塵世中的凡人發揮命定的主宰功能，還能對天國裡的神靈發揮命定的主宰功能。希臘宗教中的各位主神（像烏蘭諾斯、克洛諾斯、宙斯等）和於天上人間的許多事情固然也能擁有生殺予奪的決定作用，但祂們自己的興衰沉浮，甚至祂們自己主神地位的獲得與喪失，卻依然不得不服從於在冥冥之中已經前定的命運。

命運一旦前定，就不可能變更，必然會以不可抗拒的力量實現。因此，無論人神如何充分發揮自己的能動性，都無法扭轉或是改變已注定的命運。例如，在著名的阿狄帕斯神話中，雖然這位希臘英雄早就獲悉了自己的前定命運，並且想盡一切辦法努力試圖躲避，但最終還是無可奈何地落入了弒父娶母的悲劇結局。同樣，雖然天神烏蘭諾斯、克洛諾斯也曾經率先得知自己將被推翻的命運，並且千方百計預防，但最終也不可避免地喪失了自己的主神地位。

在殷周宗教中，天命由天帝發布、直接體現天帝的意志，因此天帝也可以更改命令或是收回成命。人雖然無法抗拒天命，卻可以憑藉自身的積極努力，通過天人互動而影響天帝、改變天命。以致天命具有偶然性意蘊，並非決定論。在希臘宗教中，命運則不受任何人為因素的影響制約，超絕於一切之上，其地位亦如造物主或上帝，其意不可知，其命不可改，因此命運觀是一種決定論。

決定論當然也不一定就不好。雖然自此之後，意志自由與決定論之矛盾，成為西方哲學上纏訟不絕之大問題，歷史決定論也導生諸多詰難，但從另一個角度說，西方自然哲學或科學之源，或許即來自此種命運觀及決定論。

羅素就曾指出：「從荷馬史詩中能夠發現的真正宗教意蘊，並不是奧林匹斯山上的眾神，而是那種就連宙斯自己也要服從的命運、必然、定數這些冥冥之中的存在。命運對於整個希臘思想都產生了極大的影響，並且也許就是科學能夠形成有關自然規律的信念的淵源之一」(《西方哲學史》)。這是因為命運的宗教觀念轉化為必然（ananke）的哲學觀念。例如，阿那克西曼德就認為，萬物都是按照必然性產生；赫拉克利特認為的「邏各斯」本身就包含著必然規律（確定尺度）的哲理意蘊；亞里士多德更是具體分析了必然性的概念，並且主張：三段論式的邏輯證明也是一種必然(《形而上學》)。希臘哲學家們有關必然性的這些見解，為希臘自然科學形成必然規律的觀念奠定了堅實的基礎。西方科學以追求自然之規律為主，與中國科學以天人互動的「天工人其代之」為思想主軸不同，此亦為原因之一。彼此優劣，固難斷言，但無論如何，中西人神關係、天人關係、天命與命運觀之不同，是昭然若揭的。

三、非奉誡待救的人

在西方，天命之命，可能還具有一個中國所沒有的面向，即上帝對人的道德命令。在超絕的人神關係底下，倫理只是上帝外在地定給人的戒律：「我賜給你們一條新命令，乃是叫你們彼此相愛。」（〈約翰福音〉，十三章三十四節）執行這些命令和戒律，未必合於人意，而且上帝也並不顧惜人意。因為人是有原罪的、人心是邪惡的，只能等待救贖。所以，人只能悉聽上帝的道德戒律，才能知道善惡，懂得該做什麼、不該做什麼：「愛神的，也當愛弟兄，這是我們從神所受的命令」、「親愛的弟兄啊，我們應當彼此相愛。因為愛是從神來的。凡有愛心的，都是由神而生並且認識神」（〈約翰一書〉，一章二十、七節）。

在中國則不如此。天命固然是不可抗拒的，所以儒家說「死生有命，富貴在天」（《論語・顏淵》），要人畏天命（《論語・季氏》）；同時又提出要知天命，說「不知命無以為君子」（《論語・堯曰》）。這「知命」看起來與「認識神」相彷，實則不同。因為知天命是要靠人的學習和實踐，通過人事，力求去了解、去溝通這在冥冥之中支配著人的命運的至上力量，從而去積極地順應它，而不是消極地聽天由命或奉行誡命。

其次，又須法天。所謂「唯天為大，為堯則之」（《論語・泰伯》），則之，效法天。天有何可以效法之處？這就要靠人體會了。或體會出「天行健，君子以自強不息」，或體會出「上天有好生之德」，或體會出「天大地大人亦大」、「天法道，道法自然」。這些健、仁、生、自然等等倫理德目，非上天之命令，而是人「上體天心」所得，故其實非規定的，亦非從神受令。因此，接受神的誡命的人，只能是神的僕人；上體天心的人卻能「以德配天」，使自己成為天，如後來孟子所說的「盡其心者知其性，知其性者則知天矣」（《孟子・盡心上》）。以人心體天心，以人道證天道，從而以人合天，天道與人德合而為一。在這個意義上，所謂「順天者昌，逆天者亡」（《孟子・離婁上》），中國人的知命順命，當然就不同於西方式的接受上帝之命令。

天命觀不同，人觀當然也就不一樣。基督教的人，在上帝面前，其地位是低下的。不僅因為他是受造物，缺乏獨立性，而且他已犯有原罪，從而失去樂園，罰入世間。如利瑪竇所言：「現世者，非人世也，禽獸之本處所也。……人之在世，不過暫次寄居也。」（《天主實義》）所以人生的終極追求不在人間，而在超越的另一個世界。人要以苦修等待末日的審判和天國的到來，回到上帝身旁，恢復破裂的神人關係。中國的人與天卻根本上是和諧的，人可以「與天地合其德，與日月合其明，與四時合其序，與神鬼合其吉凶」（《易・繫辭》），自己成就為「大人」或「聖人」。

基督教的人，在求得拯救或得到終極的超越上，則是自力不足。因為他有罪，光靠自我道德修養是不足稱義的：「……凡有血氣的，沒有一個因行律法能在神面前稱義；因為律法本是叫人知罪」（《新約・羅馬人書》，三章二十節）。所謂行律法，就是指人的道德活動。因基督教的道德不是本源於人心，而是以上帝給人的立法的形式外加於人的。若人能靠著行律法、靠著自我道德修養而得救，那麼就否定了基督救世、人因無能而「因信稱義」的基本教條：「因為不知道神的義，想要立自己的義，就不服神的義了。律法的總結就是基督，使凡信他的都得著義」（《新約・羅馬人書》，十章三—四節）。《羅馬人書》五章二節又說：「我們既因信稱義，就藉著我們的主基督耶穌，得與神相和。我們藉著他，因信而得進入現在所站的這恩典裡，並歡歡喜喜盼望神的榮耀。」人的內在本質並不足以自救，因為人性是惡的：「從人裡面出來的，那才能污穢人。因為人裡面，就是從人心裡，發出惡念，苟合、偷盜、兇殺、奸淫、貪婪、邪惡、詭詐、淫蕩、嫉妒、謗瀆、驕傲、狂妄。這一切的惡，都是從裡面出來，且能污穢人」（〈馬可福音〉，七章章二十節）。

所以，基督教的人，不是中國式「民之秉彝，好是懿德」的，而是正好相反。他們需要的也不是「求放心」、發揚本性，而是自我否定，要改悔、要棄惡從善。由於自性不足，自我提升和拯救是人力所不及的，所以就要靠基督方得救贖。而孔子卻說：「人能弘通，非道弘人。」（《論語・衛靈公》）一個靠道成肉身，一個是人自己肉身成道。這是兩條判然不同的道路。

四、自然自在之天道

自萊布尼茨一七一四年的《中國自然宗教論》以來，即有不少西方學者認為儒家的早期學說與基督教教義是一致的。後來雖不再把中國早期文化跟基督教作類比，大多數人仍傾向於認為一個文化只有發現了「超越性」才可能在軸心世紀完成向高級文明的轉化。因此不少學者就努力在中國古典文化中找「超越性」，想論證中國早期文化也同西方一樣具有超越的（transcendent）性質。

所謂超越，是如我們在上文所描述的，指上帝以其存在影響著世俗世界，但其本身卻絲毫不受世俗人世的影響。因此，上帝超越於世界之上。反之，世界對於上帝卻不具有這種超越性，因為它依賴上帝而存在，並受其制約。

這種超越性並不始於猶太及基督教神學。我們在前文中已說過，在此之前，希臘哲學傳統就以各種不同的方式表現了超越的概念，也由此發展了不同的宇宙觀。巴門尼德斯所說「Only Being is; not-Being is not」（只有「本質存在」為存在；非本質存在為不存在），就意味著所呈現的事物與事物本身具有本質區別，為作為根據的存在（being）超越於（獨立於、不受制於）具象世界的存在這一觀念定下了基調。

上述哲學觀和神學觀都會形成「自然法則」這樣一種觀點，認為自然界的運動有永不變的規則，自然法則超越於自然界。這樣的法則也經常被認為是邏輯必然的。所謂必然，就是指「出現在所有可能的世界中」。

自然法則理論，更要把有關嚴格的、必然的自然法則或規律應用於人的世界。這種理論，與阿奎那（Thomas Aquinas）以及後來的經院哲學有明顯的關係，而且至今仍以多種世俗形式出現。根據這一理論，衡量人類的活動與行為是否與自然和社會合拍是有客觀標準的，而人的理性則能夠發現這些客觀的標準。

這種想法也涉及了超越理性（transcendent rationality）的概念。因為理性接受邏輯的必然法則或規律的指導，人們也依靠理性去發現那些永恆不變的規律或本質，就這種意義來看，「理性」本身也具有嚴格的超越性。

本身浸潤在這個傳統中的西方人，遂試圖在他們的超越性語言中尋找詞彙來描述他們以為是超越的中國概念。因此中國的「天」被譯作 Heaven、「道」被譯作 God 或 the Way。他們又常將「世俗／神聖」這樣二元對立的架構塞進不應如此理解的中國文化中去，先給這個文化一個不適宜的神學詮釋，而後再給它一個不適宜的世俗詮釋。還有許多人則沿用 absolute deity（絕對神）、salvation（救贖）、faith（信仰）、hope（祈望）、exclusive truth-value（唯一真理價值）、suffering（苦難）、conscience（良心）、scripture（經文）、saint（聖徒）等純粹西方的宗教文化詞彙，去建構中國人的人生經驗。

當然，以上這些情形，在異文化交流時是非常容易出現的，西方人對中國不了解，故有誤解，乃是常態。但是，隨著資本主義世界體系在近幾個世紀向全球的擴展，以及對世界其他國家和地區的征服，西歐核心區國家所創造的「歐洲特殊的文明」竟逐漸被普遍化，並越來越被認為是一種「具有普遍性的文明」。以致起源於西歐，具有特殊性的文明（資本主義世界體系）在隨後的幾個世紀裡也被普遍化。

其過程，主要是通過三種制度或機制（institution）：一是社會科學（social science）；一是意識型態（ideology）；一是運動（movement）。特別是社會科學制度，建置了一個學術研究的世界體系，包括詞彙、思維、標準、程序、預設等，都採用了西歐的模式，推廣及於全世界。影響所及，思想文化等人文研究，也逐漸類化，逐漸被納入這個世界體系中，用超越、自然法則、本質、客觀規律、神聖與世俗、救贖、理性等來解說中國人的想法竟成了時髦。而對中國思想哲學之解釋，乃漸成一大套有系統之偏見矣，乃充斥於坊間或課堂或教科書矣！

可是，中國的天、帝、命、道、天人關係，是不能如此來理解的。以天道來說，中國人講天道，看《易經》就曉得，是著重於過程和運動義的，希臘則偏重靜止和永恆，故需要借助因果關係來解釋變化。中國的「本質世界」（world as such）是由 worlding（自然）的過程構成的，即通過自發的產生或以「自然而然」（self-so-ing）這樣一種過程來實現，所以不需要借助任何外在的原則或媒介為之解釋。

在天道運行之下，四時行、百物生，整個世界，乃由萬物組成，並成族系方式遞次展開的無限世界，與西方那種由某個超越的媒介帶來，或是依循超越的目的和原則產生的單一秩序之宇宙完全不同。在西方，一種具有獨創力的原則（猶太—基督的上帝，或者柏拉圖的造物主 Demiurgos），獨立於他所創造物之外，並從外部強加秩序於混沌。因此，自然變化便由一種線性的目的論所驅動，這種目的論指引人們行動，直到實現既定的設計。中國人所說的「道」則不然，它並不是高高在上的原則，而是宇宙自身的運動過程。

在天道觀底下，秩序是漸漸展開、漸漸形成的，道生一，一生二，二生三。易有太極，是生兩儀，兩儀生四象，逐漸化生，而不是早已有個獨立原則存在於萬物之前。在天道流行運化之中，陰和陽、時間和空間、天和地都不是超越式的語言，而是描述宇宙秩序的不確定（contingent）語言。這些概念均不能作為普遍原則或決定宇宙秩序的「必然」的先決條件。Beginning一詞的意思，在中國只是「始」，具有胎始的意思，與胎（foetus）、元、原等屬於同源字。描述天地初闢、天道初顯的詞彙中，初、哉、始、基、源、胎，都具有這種涵義，而且這些描述宇宙秩序的語言完全是族系式的，如宗（ancestor）、母（mother）、帝（thearch）和天等等。這樣的天道運行或「創生」觀，均與西方迥異。

正因為如此，所以在中國，形容天道運行時，會強調它的動能。這種能動的秩序感通過特定的語言反應出來。比如「勢」這一概念，其語義範圍涵蓋了許多看似差別頗大的不同意思，包括事物表現出來的力量（勢力）、趨勢（force of circumstances）、傾向（disposition）、勢能（momentum）、優勢（strategic advantage）等等。

另一組反應這種情況的術語是「幾」，以及它的同源詞「機」。安樂哲曾將其譯成英語，顯示它們都具有豐富的語義範圍：「幾」有最初的暗示或騷動（first inklings orstirrings）、微小（minute）、即刻（imminent）。幾乎（nearly），也有可能性（probability）、預料（anticipation）、時刻（occasion）等涵義。而「機」這個字則有關鍵時刻（critical point）、轉折點（turning point）、樞紐（pivot）、危險（danger）、推動力（impetus）、原動力（motive force）、扳機（trigger）、巧妙的設計（clever device）、機會（opportunity）等意涵，以及包括形容可以抓住機會的人的詞：靈巧的（adroit）、靈活的（flexible）、足智多謀（ingenious）等。在這一秩序感中，不確定的方向開始為「小」（最初的騷動），但它又是原動力，是關鍵的轉折點。由於這種不確定性提供了轉化的推動力，因此它可能是一種「危機」，也可能是一次「機會」，關鍵在於人是否能夠抓住這個機會，故人在天道運行之中，須能「知幾」。

「幾」這一術語，實際上是一個意涵系列。《易傳》中就非常典型地把「幾」與深（deep, profound）和神（spiritual, mysterious, inscrutable）聯繫起來：

夫《易》，聖人之所以極深而研幾也。唯深也，故能通天下之志；唯幾也，故能成天下之務；唯神地，故不疾而速、不行而至。

知幾其神乎！君子上交不諂，下交不瀆，其知幾乎？幾者，動之微，吉之先見者也。君子見幾而作，不俟終日。

安樂哲認為：正是中國古典傳統所理解的秩序中的這種無所不在的非確定性，使得西方超越性語言均不適用，因而研究者必須回到中華世界本身去尋找更方便、更合適的語言。而且真正有別於「超越／內在」對立的中國秩序觀，更會帶來一種與過程相關的所有形式和流動方面的完全共生關係。由於那種有規律的典範（道、文、理、禮）從不脫離具體的背景、從不脫離具體的時間，因此，秩序從來就是有具體場所的、具有「時」、「位」的，如同有紋理的木頭、有層次的石頭（因此古人也常以「文」來形容宇宙秩序）。若用西方天帝觀來比擬或想像，終究不能相應。

第七講　王官：理性的禮制社會

諸子出於王官之學
王官本於宗法禮教
理性化的支配型態
社會變遷下的官學

一、諸子出於王官之學

學術及思想的發展狀況，在西方，往往用樹木分枝的圖像來比擬或描述。可是在中國最常見的乃是「源流觀」，以水源出於一，再分流發展，來形容思想的演變。故「淵源」、「流派」等詞，都是極為常見的。最早在《莊子・天下篇》就採用了這種源流觀。認為古道術為「本」為「源」，後來各家「各得其一察焉以自好」，宛如水之分流，才形成了諸子百家。

此說後來演變為「諸子出於王官論」，如班固《漢書・藝文志》據劉歆《七略》論淵源，謂儒家出於司徒之官、道家出於史官、陰陽家出於羲和之官、法家出於理官、名家出於禮官、墨家出於清廟之守、縱橫家出於行人之官、雜家出於議官、農家出於農稷之官。由於各家均出於王官，故王官之學為本源，各家為眾流，合稱九流十家。此說與莊子不同之處有二，一是淵源分散了，非共出於一源，而是各家各有源流；二是源不一而歸向仍然是一，所以說諸子百家「一致而百慮，殊途而同歸」。

後來所謂諸子出於王官，又具體指出於周官。如清朝章學誠在《文史通義・詩教上》提出「六藝存周公之舊典」即是。所謂「周公之舊典」或「周公之典章」，其涵義可理解為：上古的文獻檔案傳到周公時，曾經過整理；到了孔子，再度刪定，並拿自己編的這六部教科書授予一般平民。六藝正是儒家開的六門功課，把六藝普及到民間，始於孔子。因此，諸子出於周官，又蘊涵了「六經皆史」及「官學至孔子時變為私學」等涵義。

同時，在源流觀底下，也蘊涵了價值判斷，認為本源是盛、末流是衰。如章學誠《文史通義・詩教下》云：「世之盛也，典章存於官守，禮之質也；情志和於聲詩，樂之文也。迨其衰也，典章散而諸子以術鳴。故專門治術，皆為官禮之變也」；《易教下》說：「諸子百家，不衷大道。其所以持之有故而言之成理者，則以本原所出，皆不外於《周官》之典守」，都認為諸子百家不如周官舊學，是末流之衰。中國人平常用「末流」批評任何事物時，也都是貶詞。

又因六藝皆為官守，故論者均會強調它的實用性格，謂其非徒託諸空談而無裨於實用者。亦即學術皆非只是基於知識及理論之興趣，而是具實踐性的。章學誠云：「古之所謂經，乃三代盛時典章制度，見於政教行事之實」，即就此而言。

他又說：「古未嘗有著述之事也。官師守其典章，史臣錄其職載，文字之道，百官以之治而萬民以之察，而其用已備矣。是故聖王書同文以平天下，未有不用之於政教典章，而以文字為一人之著述者也」（《文史通義・詩教上》）。後來柳詒徵說：「孔門講學，根據六藝，以之從政，告冉有以富教、語子貢以食兵、示顏淵以為邦、許仲由以治賦。未嘗離家國天下而言學。唯其術，本末始終，一貫相承，必自身心推及事物，無所畸輕畸重。故空言心性，偏尚事功，亦不可謂非儒術，特非其全耳」（《國史要義・史術第九》），亦是此意。

當然，在這裡還存在著一個「公」與「私」的問題。王官之學，代表學術出於公家、公意，也施用於公眾。孔子以後則是私學、私人著述，代表個人意見。官學好還是私學好呢？主張「六經皆史」者，如章學誠等，大抵均認為官學較好。反對者則有不同的評價。

此外，張爾田又特別說明其中還有文字體系與口述傳統之分的問題：「政教之書，六藝為最大。六藝之外，官司之職掌、百官曲技之授受，其有別識心傳，非書契所能具，則治其學者，相與口耳講習而世守之，此天下所以無私家之著述。」又說：「六藝有兩大派焉，一曰古文，一曰今文。古文者，舊史說經之言，而孔子採之者也。今文者，孔子說經之言而弟子述之者也。純乎明理者，今文也。兼詳紀事者，古文也。」（《史微》）可見口說與文字、古文與今文之爭，也由此一問題衍出或與此相關聯。

再者，章學誠以孔子為中國政教與學術由合而分的界限，以周公代表周代王官之學，孔子開啟後來末流泛濫之說，故尊周公而抑孔子。張爾田則點出王官學術中的史官由道家繼承，主管教化的司徒之官流衍為儒家，故尊道家而抑儒家，謂：「周之東遷，天子失官，百家始分諸子之言，紛然淆亂。司徒之官衍為儒家……而史官之大宗獨降為道家。」其意涵都在尊源而貶流，且有把「出於史官」的道家視為正宗或源頭之意，認為孔子在魯哀公十一年（前四八四年）回到魯國刪述六藝之前，曾到雒邑（今河南洛陽）向東周守藏史老聃問禮，並「觀書周室」，所以儒學淵源於道家之學。

凡此等等「源／流」、「本／末」、「一／多」、「盛／衰」、「正／變」、「經／史」、「公／私」、「官學／專家」、「周公／孔子」、「道家／儒家」、「今文／古文」、「口說／文字」、「實踐／空言」等後世思想史中不斷會涉及的架構與區分，都可從「諸子出於王官」這樣的論述中發見其端倪。

胡適在《中國哲學史大綱》中，提出了一個新講法，認為諸子不出於王官，而是基於春秋戰國特殊時代與社會而發的思考。故其說不就源論，只說流變，由老子孔子講起，不敘周公周官。蔡元培稱之「截斷眾流」。但其實非截斷眾流，乃是截斷眾源，因其不言諸子各出於何官也。然胡適本人最終也仍不能不討論源的問題，〈原儒〉之作即是追溯儒家之源。後來原儒原墨，蔚為熱門話題，正是因諸子之學的源流畢竟不能不講。不過，因追考源流比較困難，缺乏古史研究訓練的哲學史家，自然會以胡適「諸子學皆面對時代挑戰而發」這樣的論述為主，由孔老講起。馮友蘭、牟宗三、勞思光等，其實都是如此。

這樣的論述，又較強調歷史的變。諸子不出於王官，乃面對新時代變局而發，歷史在此間是斷裂的。諸子出於王官論，或曰源流觀，較強調的則是歷史的傳承延續，其變，也是在源流架構中的變。如章學誠說「諸子百家，不衷大道。其所以持之有故而言之成理者，則以本原所出，皆不外於周官之典守」，即是就其變而說其源，而且重源而輕變，謂其變而漸衰。

現在我們不必再堅持諸子出於王官或不出於王官，因為學術必有淵源，也有發展變化。說諸子出於王官，強調的是淵源；謂其不出於王官，則是著眼於思想的創新與應變。整個思想史，乃是繼承中有發展的。王官之學，是孔子之前的學術狀態。孔子之後，王官之學產生變化，諸子百家蜂起，遂進人一個新的時代。

二、王官本於宗法禮教

相傳在堯舜夏時，「皋陶作士以理民。……非其人居其官，是謂亂天事」，以士來治民。士，是專作「天事」的官，故須精心挑選。當時的官多稱為「正」，如南正（司天以屬神）、火正（司地以屬民）、工正、農正等。商代官吏主要是祝（司祭天神）、宗（司祭祖）、卜（司占卜）、史（修史、觀星象與管理文籍典冊）。到了周代，這些禮官又擔任師、保，掌管教；而司徒之屬則管農業、民事、財務、教民等，此即所謂「學在官府」。

《莊子・天下》稱這個時期的學術是「以天為宗，以德為本」。此說也表示了宗教與哲學、政治及倫理的密切關係。《尚書・盤庚》中，商王向臣民宣稱：「無有遠邇，用罪伐厥死，用德彰厥善。」意思是說，不論親疏遠近，犯罪者處死，行善者表彰。這時「德」、「禮」、「孝」的思想均已經產生。後來周人即在此基礎上，形成了更為系統的倫理觀念，並作為官學中的重要內容。

據《史記・周本紀》、《史記・魯周公世家》稱，周公曾作〈大誥〉、〈微子之命〉、〈歸禾〉、〈嘉禾〉、〈康誥〉、〈酒誥〉、〈梓材〉、〈多士〉、〈無佚〉、《周官》、〈立政〉諸篇。鑒於夏商的滅亡，周公認識到「天命不僭」而又「天命靡常」，因而提出「敬德」、「保民」、「明德慎罰」、「作稽中德」、「孝養父母」、「以德輔天」的思想。又參酌殷禮，制定了田制、官制、祿制、樂制、法制、謚制、畿服制、嫡長子繼承制等，形成了一套相當完備的典章制度，稱為「周禮」或「周公之典」。以此為後人稱道。如孔子就一再說「吾從周」，一切是非都要用「周公之典」加以衡量。後代儒家也普遍視周公為聖人。孟子在回答齊大夫陳賈問「周公何人也」時曾說：「古聖人也。」他還把「周公、仲尼之道」合稱。荀子對周公也給以極高的評價，說：「武王崩，成王幼，周公屏成王而及武王以屬天下，……因天下之和，遂文武之業，明枝主之義，抑亦變化矣，天下厭然猶一也。非聖人莫之能為，夫是之謂大儒之效。」他也是把周公視為「大儒」的。

而周公之制，又是怎麼回事呢？據《左傳》襄公十四年云：

天有十日，人有十等。下所以事上，上所以共神也。故王臣公，公臣大夫，大夫臣士，士臣皂，皂臣輿，輿臣隸，隸臣僚，僚臣僕，僕臣儓。馬有圉，牛有牧，天子建國，諸侯立家，卿置側室，大夫有貳宗，士有隸子弟，庶人工商各有分親，皆有等衰，是以民服事其上而下無覬覦。

天子有公，諸侯有親，卿置側室，大夫有二宗，士有朋友，庶人工商，皂隸牧圉，皆有親暱，以相輔佐也。

可見，周代社會的特徵是「各有分親，皆有等衰」。實行世卿世祿制度，由宗法等級下的各級貴族世襲土地，掌握周王室、諸侯國和大夫之家的行政管理權，亦即血緣族屬關係跟政治管理關係合一。如周初，鄭武公、莊公父子連續兩代為周卿士，權限相當於後代的宰相，執掌王室權柄。晉國荀氏從荀林父到荀寅，五世擔任中軍統帥，竟連姓氏也改為官職之稱，即中行氏。公族蕩任宋國司城一職，死後由孫子擔任，後人稱司城氏。其他以官為氏的還有司馬（掌軍事）氏、司空（掌土建）氏等。這些宗法貴族世代擔任職官，也世代享受爵祿，血統越貴，官位即越高。

按照血統畫分，諸侯國也是有等差的，最高的當然是周人所建的諸侯國，其次是其他姬姓國，又其次是姻親國，復又其次是三代後裔之國，最低的是原有的方國。

在各個諸侯國裡，也實行分封。國君把自己的子弟封為大夫，給他們封地，叫「采邑」或「邑」。大夫的子弟為士，士以上屬貴族範疇。

周代的宗法制度即在這個時候定型。它是用來確立宗子繼承、規範本族等級秩序的制度。當時，周人實行分封制，說明他們對宗族的分化有系統的規定。其次，周人實行一妻多妾制，即所謂媵妾制，正妻叫嫡妻、冢婦。其名稱，天子的叫后，諸侯的叫夫人，大夫的叫孺人，士的叫婦，平民的叫妻。妾叫庶妻，庶妻還有若干等級。天子的庶妻有六宮、三夫人、九嬪、二十七世婦、八十一御妻等。諸侯的庶妻有世婦、妻、妾等侄娣九人。大夫可以蓄二妾；士一妾（《左傳》定公四年）。歷史實際是否如此嚴格，很難確證，但貴族實行多妾制卻是事實。多妻妾必然多子，由於眾子出自不同的母親，故有身分的不同，為了區別他們的不同身分，於是有嫡庶之別。在這種情況下，大小宗的畫分、宗子繼承制度必然要有明確的規定，這就是宗法制產生的內在條件。

史稱周公「制禮作樂」，宗法制就是他所制之禮的主要架構。其中包括了諸如宗子繼承制度、祖先宗廟制度、喪禮喪服制度等等具體內容。

宗法制要成立，至少須滿足下列七個條件：1.家長必須擁有政治權力和職位，政治權力和職位不可分割，所以要求繼承人的唯一性；2.一妻多妾或一正妻多媵妾制，在眾多兒子中必須區別嫡庶，這就是嫡庶制的必要性；3.家族分化，所以有姓氏、有大小宗、有喪服制和封建制的必要；4.宗族必須要有一個實體性的組織；5.宗族內部的血緣關係，不僅需要有明確的系統，且必須能夠對之進行嚴格與完善的範疇分析；6.宗族成員的文明程度必須達到一定的水準，要能夠有系統、有層次地進行宗族活動；7.宗族必須脫離原始的孤立狀態，將自己的發展自覺地納入等級制國家的整體發展之中。

因此，宗法制並非世界性普遍存在的，全世界只有中國有。因為嫡長子繼承制與長子繼承制（primogeniture）不同。長子繼承制的前提是一夫一妻制，它的繼承人是固定的。而嫡長子繼承制的前提是一妻多妾制，它要考慮姻親的地位，所以要在眾多兒子中確定哪一個具有嫡長子的身分，因此嫡長子未必是長子，這是其與希臘羅馬制度不同之處。

而由宗法所形成的禮法等差制度，更與其他等級制社會不同。以印度及南亞地區的種姓制來看，該地把種姓制稱為「瓦爾納」（varna）。此詞原意為顏色，用於指由婆羅門（祭司和學者）、剎帝利（武士和統治者）、吠舍（商人、農夫等）、首陀羅（受奴役的勞動者）四個種姓構成的體系。

印度的創世神話對瓦爾納的起源有各種解釋。最流行的神話說，四個瓦爾納從原始巨人的各部分產生。婆羅門從他的嘴裡生出，剎帝利來自他的臂，吠舍來自他的大腿，首陀羅來自他的腳。

從這些神話中可看出吠陀時代的世係社會有幾個特點：一是世系雖然以父系傳承，但沒有形成嚴格的長子傳承制。二是父系傳承是世系的組織原則，但並非是純粹的血緣關係。三是各等級之間人口不得流動，因而各等級之間不得通婚，其他社會交往也受到各種嚴格限制。歷史上各種法典都對違反通婚禁忌和交往規範的行為制定了各種懲罰條例。

公元前三世紀，希臘使者麥加昔尼就描述了孔雀王朝時各種姓集團之間不得通婚、不能改變職業、社會生活相對隔離的狀況。十一世紀初的中亞學者阿爾貝魯尼也詳細描述了種姓間的避諱和對違反種姓隔離法則的人的嚴酷懲罰。《摩奴法論》的解釋是：有人違反種姓集團間的婚姻禁忌而生育子女，這些子女就形成各種新的低級種姓集團。這是指首陀羅瓦爾納中的賈提（jati）。

此種制度與周代宗法截然異趣，豈不甚為明顯嗎？

三、理性化的支配型態

但宗法禮教僅是「周公制禮」的一個方面，周公所制之禮還包含著另一個重要面向，此即「周官」的那一套官僚制度。

商朝職官的畫分是相對的、模糊的。正如學者們指出的，商代官制相對來說不發達：「官事可攝」。例如，在某些場合，「卜」和「貞」是同一人，有些場合不是。這似乎意味著貞人與卜人二者職務既合又分的不確定狀態。

周朝則不然，官制非常明飭。縱使不以《周禮》為依據，見於歷史文獻之官制亦極井然明秩，政務系統職官即有令尹（右尹、左尹）、相（左相、右相）、師（右師、左師）、帥、司徒（大司徒）、司馬（大司馬、右司馬、左司馬）、司空（司城）、司寇（司敗）、司士、司宮、司鋒、工尹、連尹、武尹、寢尹、宮尹、樂尹、門尹、針尹、廄尹、箴尹、隧正、鄉正、工正等，不下二、三十種。金文所顯示的情況也一樣。如令彝銘文：「惟八月，辰在甲申，王令周公子明保，尹三事四方，受卿事寮。丁亥，令矢告於周公宮。公令：出同卿事寮。惟十月吉癸未，明公朝至於成周。出令，舍三事令：眾卿事寮、眾諸尹、眾里君、眾百工；眾諸侯：侯、田、男，舍四方令。」這段銘文記錄了周公明的身分（保）、受命的日期（八月甲申）、轄理的機構（卿事寮）、權能（尹三事、四方）。周公明受命之後，不久就到成周赴任，向官署下達了指令。所謂「三事」，一般認為是司徒、司馬、司空（或謂任人、准夫、牧），這裡泛指諸尹、里君、百工等朝內百官。所謂「四方」，銘文中明確提到侯、甸、男，實際上指邦外的諸侯國家。根據研究，卿事機構的僚屬很多，層層轄制，達幾十種。可見《周官》所載官制固多後人之附益，但周代官制體系大備確是不爭之事實。

官吏制度或官僚制，依韋伯（M. Weber）之見，是屬於理性的法制型支配型態，其特徵為：

1. 有持續不斷受規則所約束的行為與正式經營（betrieb）。
2. 有明顯範圍的權限（管轄權）。這包括：(1)執行因系統分工而分化出來的特定功能的義務；(2)賦予在職者某些必要的權力；(3)有明確規定的必要強制手段，以及使用這些強制手段的明確限制。一個根據這種原則而進行經營的組織，就可稱為「機關」。
3. 各種職位的組織，是依照官職層級制的原則而建立的。
4. 節制一個職位行為的原則，包括：(1)技術性的法規；(2)規範。但無論如何，這些原則的運用與實施必須有專業的訓練。一個人只有具備了適當的專業訓練之後，才有資格成為這個組織化團體的一員，才有資格接受正式職位的任命。因此，無論這個組織是政治性的、宗教性的、經濟性的或其他的性質，任何一個理性化組織的行政幹部，都是由官員（beamte）組成的。

5.行政措施、決議和規令都以文字的形式提出及記錄。甚至在某些必須以口頭討論的例子中亦如此。這個原則至少適用於初步討論、提案、最終決議以及所有各種命令和法規。見之於文字的資料和官員的持續管理，兩者共同構成「辦公室」。這是現代任何「有組織行動」的核心焦點。

官僚，在此一體系內，其職務即職業。須經一套明確規定的訓練過程（經常需要一段長時期的全力以赴），而且在任用前還得通過專業測試。其次，官僚的地位具一種義務的性格。法律上與實際上，占有職位者絕不能因執行職務而換取個人收益或酬庸；據有職位也不能被視為一種類似自由勞動契約下的、普通的有償交換。接受一個職位，即被視為接受一種特殊的職務忠誠義務。

職務忠誠的特點，在於它是以非人格的、即事化的目的為導向，而非設定在一種對人的關係上，如封建制或家產制的支配體系下封臣或扈從那般的忠誠義務。這種非人格的、即事化的目的，自然會有來自文化價值理念的榮耀感。而且，官僚化也提供了貫徹行政職務專業化（根據純粹即事化的考量）之原則的最佳可能性。每個職員皆負有個別的任務，他們受過專業訓練，而且從不斷的實習中增加自己的專業知識。可以「即事化」地處理事務，亦即根據可以計算的規則、「不問對象是誰」地來處理事務。

此外，韋伯還認為，法制型支配中的「法」是：(1)抽象的；(2)一種制定的規則。傳統型支配中的「法」則非制定之規則，在純粹家父長制結構的支配下，又因掌權者的專斷，使「法」的規制性極度縮小，乃至根本不存在（例如在蘇丹式支配下）。反之，在身分制結構的支配下，「法」只成為各種具體的特權的總和，而非抽象的規則。唯有在官僚制中，法律體系基本上是由一些抽象規則依首尾一貫的系統所構成。故司法只是這些抽象規則之運用於具體的事例；政治則是為滿足組織的成員理性地追求其利益而設的行政程序，由規範組織的基本原則詳細規定。它不得逾越法令對施行程序所設限制，並且必須遵循某些一般化的原則。準此，在典型的支配型態中，即使是「上級」，自身也得服從於這一套無私的法令和程序。

依韋伯之見，「官僚制，其最成熟之發展，僅見諸近代國家的政治與教會共同體，在私人經濟的領域則僅見諸資本主義之最進步的組織。具有明確權限的、持續性的官廳，在歷史上縱或有之，亦屬例外。對曾經有過龐大政治組織的古代東方、耳曼人與蒙古人的征服國家以及許多封建國家而言，這點殆無疑義。在上述這些政治組織裡，支配者皆透過個人心腹、共食夥伴或廷臣來執行最重要的政策。這些人的任務與權力並沒有明確限定，而且也只是為了個別的事件暫時賦予的」。

但是，韋伯對此論斷似乎又前後並不一致。因為他有時候又說：「在下述諸條件配合之處（例如在古代文明國家），官僚通常擁有最高社會地位：強烈要求由訓練有素的專家來處理行政；高度且穩定的社會分化，絕大多數的官僚——基於權力之社會分配以及接受專門教育與維持身分慣習的費用過高等緣故——出身於社會、經濟的特權階層」，「擁有教育文憑，通常即意味著任職資格；這點自然會強化官僚之社會地位裡的身分制的（standisch）因素」。既然在古代文明國家或身分制社會中也仍可以有官僚，官僚制便不應僅視為近代政治或資本主義組織所特有之物。何況他還說：「許多重要的理性支配形式，其最終權威的泉源來自其他的類型。如世襲性卡理斯瑪支配（世襲的君主制是一例）、和由全民投票產生的總統之純粹卡理斯瑪支配即是」。可見在世襲君主制中，也可能存在著理性化的支配類型，亦即官僚制。

我國周朝的制度，我認為就已符合了韋伯所說的理性化支配類型，官僚制度已極為發達。《周禮》

又稱《周官》，前文所引章學誠諸人說，也一再以「王官之學」來概括周朝學術，正可見古人均以「制官分職」為周之文明特色。以韋伯對官僚制之描述來看，周官也無一不合。

周朝所謂的禮，就包含了韋伯所說理性法制型支配中的「法」。它是一套抽象的規則系統，上自天子，下至底層官吏，都須遵守。凡具體施政程序、人際應對進退，乃至官員專業施為的準則，均須合乎禮，或以禮意為依歸。較之韋伯用以解釋近代官僚制所依據的法律系統，更為嚴格。

在這種以禮法依據所構成的官僚制中，官員具有經專業訓練而獲得的專業知識技能。所謂「王官之學」，即指此。在官僚制運作下，一切行政施為、決議、規章均須形諸文字，又構成了整套文官檔案文書，累積為典章文獻。周朝在這方面也很豐富，老子為周之「守藏史」，典理的就是這些文獻。六經，原先也就是這類文獻，經孔子刪擇後，才成為教本。

四、社會變遷下的官學

但王官之學為什麼又會瓦解，變而為諸子百家呢？

我認為主要的原因在於整個周朝的禮制含有兩個方面，一是宗法制度，二是官僚制度。這兩個制度在周禮中被統合在一起，但兩者本質上是有差異的，施行時間越久，其裂痕便越來越明顯，終致分途。其次，是宗法封建本身便存在著瓦解變異的因素。

茲先從宗法封建之變講起。

依孔子的說法，「天下有道，禮樂征伐自天子出」，天子應具有至高無上的權威，諸侯要定期朝覲貢獻，若有不服，周王可以興師討伐，甚至執而誅殺。周王直接統治的王畿比任何諸侯國的封地都要大，而且是當時最為富庶的涇渭和伊洛平原，人口稠密、物產豐富。但越到後來，王室統治的土地越來越小，其地位也急劇下降，不但不能維持昔日天下共主的地位，甚至連一個二等諸侯的地位也不如。諸侯各行其是，不把周王放在眼裡，本來應該按照宗法制度向周王的貢獻也幾乎停止了。據《春秋》統計，在春秋二四二年裡，魯國國君向王室朝覲只有三次，魯大夫聘周也只有四次。魯國保存周禮最為完備，尚且如此非禮，其他諸侯僭越禮制的行徑可想而知。

諸國之間，齊桓公滅國三十五個，楚莊王滅國二十六個，秦穆公滅國十二個，此外，晉、楚等國也滅掉許多小國。大批的宗法家族被消滅，宗法制度日益成為虛談。

在諸侯國內部，也有大批舊貴族被消滅。如晉國原有十一家大貴族，其中有晉的同宗狐氏、韓氏、欒氏、郤氏，異姓的有趙氏、魏氏、范氏、中行氏、智氏等。經過長期的鬥爭，剩下韓趙魏三家，最後由這三家瓜分公室，滅亡晉國。齊國原來也有許多貴族，如欒氏、國氏、高氏、鮑氏、晏氏、崔氏、慶氏、田氏。經過長期的鬥爭，最後田氏消滅了其他大族，取代姜姓齊國，建立田氏齊國。

為什麼會這樣呢？宗法的精神是「親親」，可是政治上的實際的權力與利益競爭，往往壓倒了親親之義。尋常百姓，爭奪起家產來，尚且毫不顧惜親情，何況王公？欲以親親之義維係政治秩序，其結果便是權力創造了新秩序而傷了親親之義。

再加上土地私有制的發展，「士食田」很難維持。戰爭的頻繁、從軍資格的鬆弛、徵兵界限的縮小，使大量的平民湧人軍隊，士壟斷甲士的局面也被打破。諸侯大夫在勢力鬥爭中往往打破宗法界限，任用新興的士人，亦使傳統的士階層失去了擔任家臣的壟斷地位。總之，士階層曾經擁有的田地、宗廟和社會地位都受到衝擊，當然就無法繼續盡其宗法職責了。

而宗法制，本身就存在著難以久長的窘境。因為家產分數子，數子再各分數孫，數孫再各分數曾孫，人越來越多，最後勢必出現無田土可分的貴族，其實質便同於庶人。以周公自己為例，周公一直在周王室服務，實際沒有國。子伯禽代替周公封魯，伯禽成為周公的繼別者大宗，他的嫡長子也世世成為魯國的繼別者大宗。而在諸侯國內又實行分封，諸侯的支子又成為繼禰者小宗，可是在他們自己的采邑內成為別子——始祖，他們的嫡長子又成為繼別者大宗，支子又成為繼禰者小宗，成為士階層。士還是別子為祖，他們的嫡長子又成為繼別者大宗，支子成為繼禰者小宗。再往下就無法再分封，因此也就無法再序宗法了。貴族凌夷，乃成必然之趨勢。

宗法制又有其不利於大宗的一面，它同時樹立「尊尊」、「親親」的原則，兩者緊密地結合在一起。但在實際運作中，由於血緣關係的制約，它的發展總是有利於血緣相近的集團。以姓氏制度為例，同氏比同姓親近，小範圍的近親比大範圍的遠親親近。周人於姓為姬，於氏則為周，太王這一支周人就比其他姬姓親近。取得政權後，周族又進一步發展，新分化出的氏族就比其他氏族親近，如對厲王以後的周室而言，鄭比晉親近，晉比魯、衛親近。因為魯衛是文王的後裔，而晉是武王的後裔，鄭則是厲王的後裔。所以東周之初，鄭國地位最高，鄭武公、鄭莊公父子連任王室卿士，執掌朝政，有號令諸侯的權威。諸侯的氏（族）也進一步分化，新的氏（族）內部各支也比原來的氏（族）親近，如對三桓來說，魯桓公以前的公室支子（小宗）就沒有他們之間親近。可見氏是一種聯繫，又是一種分別，各氏之間隔著深深的界限。

遵循這個規律，很自然地，小宗都在發展自己的宗法系統，都以自己的宗法關係為最親近。隨著歷史的發展，必然形成脫離大宗的趨勢。諸侯都在發展自己氏（族），由此而距離周王室越來越遠；在諸侯國內，大夫們也在積極發展自己的氏（族），由此形成了與諸侯大宗的分離傾向。可見，宗法制是自我否定的，它一方面要維護大宗的地位（尊尊），另一方面又在加強小宗的宗法勢力（親親），腐蝕和瓦解大宗的地位。

以上這因素，合起來就構成了宗法封建之變。這是一條脈絡。

另一條脈絡，是官僚制度原先被鑲嵌在宗法制中，但越發展到後來，官僚制就越呈脫離宗法封建另成體系之勢，封建也逐漸變為郡縣。

春秋時代，大國併吞小弱，新擴張的領土往往與他國接鄰，具有戰略意義，在這樣的地區就出現了「縣」。如《史記・秦本紀》記載，秦武公十年（前六八八）伐邽冀戎，初縣之。十一年（前六八七），初縣杜、鄭。《左傳》僖公三十三年（前六二七），晉襄公以再命命先茅之縣賞胥臣。宣公十一年（前五九八），楚子縣陳。十二年（前五九七）鄭伯逆楚子之詞曰：「使改事君，夷於九縣。」十五年（前五九四），晉侯賞士伯以瓜衍之縣。以上均屬此類。可知縣制在春秋時代已經興起。

春秋之時，郡也出現了。如《國語・晉語》：「公子夷吾私於公子摯曰：『君實有郡縣。』」又《左傳》哀公二年趙簡子之誓曰：「克敵者上大夫受縣，下大夫受郡。」

郡縣不是封建邦國或采邑，而是官僚組織。春秋出現郡縣，即標明其正在轉變。由春秋至秦漢，正是由封建轉向郡縣制的時代。

轉變以後，「天子失官，學在四夷」。夷是在下、在野的意思，不是指夷人。西周後期逐漸衰落，制度逐漸瓦解，掌握著學術文化的禮官不斷流佚，官學廢弛，典籍散失、流落外方的不可勝數，至春秋時期已極嚴重。像史籍中提到的《三墳》、《五典》、《八索》、《九丘》等古籍，早已失傳。

但官學的失墜，並不意味著傳統文化的滅亡。孔子說「禮失而求諸野」，這個禮即指官學，野泛指民間。官學的廢弛、典籍的散失、學官流落到民間，必然促進學術下移的進程。因此從西周末到春秋時期，社會上逐步形成了一個在野的士階層，他們擁有官府散失而一部分為民間保存著的文化典籍和知識。這是儒學與儒家產生的歷史條件，也是後來百家之學興起的歷史契機。

第八講　史學：史官與歷史意識

「舊法」世傳之史

舊法世傳之「史」

舊法「世傳」之史

歷史性的思維

一、「舊法」世傳之史

王官之學，均由官吏職掌，而這些職掌的業務知識則存於其所掌理的文書檔案。因此古人常說王官之學均由史掌。其實不是由史官所掌，而是王官之學俱存於文書檔案中，史則是主管文書典冊的人。這樣的人，據說起源甚早，黃帝時已有。不過我們縱使不講得那麼遠，只從商代說，商代之史亦已甚多。蓋殷商已有「作冊」一類官。作冊是司理典冊與冊告、冊命的職官，可說是史官的起源或同類人。本來，「惟殷先人有冊有典」，武丁朝已出現冊命的舉措，包括征伐之前請示祖先的「告廟」和祭牲的登記等，所以商朝作冊之官不少，如作冊（見《京津》七〇三，作冊般甗）、作冊甾（見《乙》四二六九）、作冊豐（見鼎銘）、作冊宅（見方彝銘）、作冊尌（見𢦏其卣）、作冊友（見寢晨鼎）等等。西周王朝也有作冊官，各封國亦有設置，其長官稱作冊尹。西周作冊的職務與內史最為接近，因為兩者都負責冊命工作，故亦有作冊內史之職。

至於史官，卜辭中大部分的「史」字其實是「事」字。在軍事、祭祀、農業各領域，事務繁雜，需有書契銘記之事，便從中派生擔任書契的職務，史即隨之產生，故「史」與「事」相關。在晚商，部分「事」更向「史」過渡。〈酒誥〉、〈商誓〉中已說到商代有「大史友、小史友」，卜辭也有「大史寮」等記載，可見商代已有專門史職的出現，可能也區分了職務的大小。

周代官制龐大，典書冊之史當然也遠較殷商為多。金文中，太史見於中方鼎、大史友甗、作冊䰧卣、𩰫從盨，大史寮見番生簋、毛公鼎等。《金研》匯集了內史的銘文二十八件，並把作冊尹、作冊肄於大史屬下，把作冊內史、作命內史統屬於內史之下。其他一般的史也很多，金文中可見者即達六十多件。除王朝外，地方亦皆有史，職務大體是傳命、冊命和作儐右，這是本職；另外也受命視察地方、參與軍事活動，則是兼職。

文獻中可考的史更多。如《周禮》謂天子建天官，先六太，太史屬其一，掌建邦之六典。小史掌邦國之志，內史掌八柄之法。外史掌書，使乎四方，外令掌三皇五帝之書。御史掌贊書。此外尚有女史、州史、閭史。四官所屬，可數者就有九百八十六人，冬官尚不可知，足見其多。還有些不可考的，如商肆之史等等。

史官這麼多，似乎凡掌書冊（《左傳序疏》）、造文書（《周禮・天官序疏》）、載筆（《曲禮上》）、執策（《穆天子傳》卷六）者都被稱為史，亦即所有官僚系統中主管文書檔案紀錄的都算，不像後代史官只是眾多職官中的一種官。他們被稱為史，顯然與「史」這個字的字義相符，因這個字就是以手持筆之形，在機關中掌文書做紀錄的人乃因此而均稱為史。王國維〈釋史〉曰：

史為掌書之官，自古為要職。殷商以前，其官之尊卑雖不可知，然大小官名及職事之名多由史出，則史之位尊地要可知矣。……古之官名多從史出。殷商之間，王室執政之官，經傳作卿士（書牧誓、洪範、顧命；詩商頌）；而毛公鼎、小子師敦、番生敦作卿事；殷虛卜辭作御史；是卿士本名史也。又天子、諸侯之執政，通稱御事（書牧誓、大浩、酒誥、梓材、洛誥、文侯之命），而殷虛卜辭則稱御史，是御事亦稱史也。又古之六卿，《書・甘誓》謂之六事；司徒、司馬、司空，《詩・小雅》謂之三事，又謂之三有事；春秋左氏傳謂之三吏；此皆大官之稱事若吏，即稱史者也。

內史掌書王命，同於唐宋之知制誥，即「左史記言」之謂也。太史掌建邦之六典，同於魏晉六朝之著作郎，即「右史記事」之謂也。《尚書》之〈酒誥〉、〈顧命〉，或即內史所撰之王命。《春秋》為事典，《周禮》為政典，《儀禮》為禮典，或即大史所掌六典之類。此外，太史又掌天時。《周禮》說：「太史抱天時。」鄭司農注：「大出師，則太史主抱式以知天時，主吉凶。」其餘各種史，各有職掌，文獻所載，如五帝三王之書掌於外史，見《周禮・春官》。《左氏》莊公二十二年云「周史有以《周易》見陳侯者，陳侯使筮之，遇觀之否」，襄公十四年云「史誦書」，昭公十二年云「楚左史倚相，能讀《三墳》、《五典》、《九丘》、《八索》」、又云祁招聞詩於倚相，可見《易》、《詩》、《書》及其他典籍均由史官掌理。史官也嫻熟這些文獻，兼及這些文獻所涉及的知識性事務。例如史掌易，則卜、占、筮、祝或「抱式以知天時」這類事就也都屬史官之職。其所掌文獻，跟他主管的事是一體的。

研究周代官制的學者，有些認為當時可分「卿士寮」與「太史寮」兩大系統。卿士寮包括司徒、司馬、司寇、大師、公族、宰等職官；太史寮則包括太史、太祝、太卜等，舉毛公鼎「彶（及）茲卿事寮、大（太）史寮，於父即尹。命女（汝）玔司公族雩（與）參（三）司、小子、師氏、虎臣雩（與）聯執事」為證。

我以為不然。卿士寮與太史寮非相對的兩個系統，否則卿士寮包含各類職官，規模甚大，而太史寮僅卜、祝、作冊、書史之類，數量與規模頗不相當。其次，卿士系統中亦有各種史，如宰之下便有史，且有內史尹，下轄內史、作命內史、作冊內史等。可見史是整個官僚系統中普遍存在的文書檔案法規例則管理人員。只因其數眾多且為整個官制之骨幹，特為世重，故在稱呼時並提罷了。金文語意是說：卿士們、太史們。卿士與太史互文見義，寮即僚，不是有一個卿士寮之外，又另有一個太史寮。

諸史既是王官體制中的中堅，其辦事及檔案紀錄都有一套規則，「循法則度量，刑辟圖籍，父子相傳，以待王公」。所以三代雖亡，治法猶存。《莊子・天下篇》說得好：

以仁為思、以義為理、以禮為行、以樂為和，熏然慈仁，謂之君子。以法為分、以名為表、以參為驗、以稽為決，其數一二三四是也。百官以此相齒、以事為常、以衣食為主，蕃息畜藏老弱孤寡為意，皆有以養，民之理也。古之人其備乎！……其明而在數度者，舊法世傳之史，尚多有之；其在於詩書禮樂者，鄒魯之士、縉紳先生多能明之。

在戰國時期，禮崩樂壞，王官之制業已瓦解，但世傳舊法之史仍然所在多有，史所掌之詩書禮樂典籍及一套相關的學問，也仍有「鄒魯之士、縉紳先生」懂得。鄒魯之士，指的大抵就是以六藝為教的儒家。縉紳先生，則是指衣冠貴族，仍保有老世家學術傳統的那批人。《莊子》這一段，講的是春秋戰國時的景象，此時「舊法世傳之史」尚且如是，則前此王官之學體制正盛時，史官均秉持一套「舊法」辦事，是可以推想而知的。莊子所謂「以法為分、以名為表、以參為驗、以稽為決」，即是其法之原則，故曰百官以此相齒、以事為常。

二、舊法世傳之「史」

但諸史所司及其所典守者甚雜，整個官僚系統中，有司天之史、有司人事之史，前者如司祝司歷，後者如司徒司馬。不能說整個官僚系統的史官都共有、共傳承一種史官之學，或所有史官都如太史一樣，「文史星歷，近乎卜祝之間」（《史記．太史公自序》）。太史以書協禮事、小史以詩協禮法，明禮法、通詩書，應是史官之基本修養，但職掌不同，恐怕其世傳之法即差異甚多，不能說大史、小史、女史、州史、閭史的道術內容都屬於同一類或同一性質。

過去講諸子之學出於王官的先生們往往弄不清楚這一點，遂以為九流皆出於史，亦即皆為王官之學的流裔，有同一個源頭，而這個源頭的史官之學就是「文史星歷近乎卜祝之間」的。某些人更由此推論，謂太史抱天時知吉凶，又雜於星歷卜祝之間，則史官之學自以知天道為特點，後世道家之學即源於此，故史官及道家又為九流諸子之源。

我少年時亦主此說，而後知其不然。這裡涉及史官的分職和演變的歷史。

所謂史之分職，是說史是執事之官而掌文獻者，乃文官體系中的基本文官，所以《周官》釋史說：「史掌官書以贊治。」百官官府之政令甚繁，分職也甚繁，不能說史都屬一類人，也不能以後代特定分職的史官一職來想像。

其次，古代立官較簡，雖然《五行大義》卷五引《帝王世紀》，殷湯問伊摯立三公九卿大夫元士的道理，伊摯說：「三公智通於天地，應變於無窮，故三公之事常在於道。九卿通於地理，能通利不利，故九卿之事常在德。大夫通於人士，行內舉繩，故大夫之事常在仁。元士知義而不失期，事功而不獨專，故元士之事常在義。道、德、仁、義定，而天下正矣。」（《帝王世紀輯存．殷商第三》）用道、德、仁、義來分說三公以下各官職，確實可能是殷代已有的事情，本段也或許是道家《伊尹》四十一篇的遺說，而由皇甫謐所保存的（見《海日樓札叢》四）。但殷商時期立官分職之細密，無論如何不能與周相比。依卜辭所見，其官亦以卜祝為大宗。因此，殷商以來，史以星歷卜祝為事，乃是傳統的職能，也是早期政治較重視宗教祭祀的徵象。後來設官越來越繁，史便不只限於宗教事務了。《周禮》所述，史職如下：

太史掌建邦之六典，以逆邦國之治；掌「法」以逆官府之治；掌「則」以逆都鄙之治。凡辨法者考焉，不信者刑之。凡都鄙及萬民有約劑者藏焉。以貳六官。六官之所登，若約劑亂，則辟法，不信者刑之。正歲年以序事，頒之於官府及都鄙。頒告朔於邦國。閏月詔王居門終月。大祭祀，與執事卜日。戒及宿之日，與群執事讀禮書而協事。祭之日，執書以次位常，辨事者考焉，不信者誅之。大會同朝覲，以書協禮事，及將幣之日，執書以詔王。大師，抱天時，與太師同車。大遷國，抱法以前。大喪，執法以蒞勸防。遣之日，讀誄，凡喪事考焉。

小史，掌邦國之志，奠系世、辨昭穆，若有事，則詔王之忌諱。大祭祀，讀禮法。史以書敘昭穆之俎簋。大喪、大賓客、大會同、大軍旅，佐大史。凡國事之用禮法者，掌其小事。卿士夫之喪，賜諡讀誄。

內史，掌王之八枋之法，以詔王治，一曰爵、二曰祿、三曰廢、四曰置、五曰殺、六曰生、七曰予、八曰奪。執國法及國令之貳，以考政事，以逆會計。掌敘事之法，受納訪，以詔王聽法。凡命諸侯及孤卿大夫，則策命之。凡四方之事書，內史讀之。王制祿，則贊為之，以方出之。賞賜亦如之。內史掌書王命，遂貳之。

外史掌書外令、掌四方之志。掌三皇五帝之書。掌達書名於四方。若以書使於四方，則書其令。

御史掌邦國都鄙及萬民之治令，以贊冢宰。凡治者受法令焉。

執禮、掌法、授時、典藏、策命、正名、書事、考察，都是史所負責的事。整個政治運作，顯然也以史為軸心。禮、法、典均由史執掌，政治則是依法行政，不守法則刑辟誅考之。《周語》記載：「先時九日，太史告稷曰：『自今至於初吉，陽氣俱蒸，土膏其動。』稷以告王，曰：『史帥陽官，以命我司事。』太史贊王，王敬從之。後稷省功、太史監之。」太史的提議，王須敬從之；王執事時，太史也要監察之。史在官僚制度中的地位，可以想見。此時政權的代表雖是帝王，可是實際施政責在卿宰，而史則是掌握治事之法的人。此法通貫著天時、喪祭、世系昭穆，史有早期宗教祭司般的神聖性，故其所執之禮法，雖王與諸侯亦皆不能不依循之。職官之生殺予奪、爵祿廢置，也均須通過史。

周朝的官僚制度，之所以是一種韋伯所說的理性法制型支配，關鍵即在於此。後來我國史官傳統一向可獨立於王權之外，自主運作，也本於這個淵源。

這是因為史所執之禮、所掌之法，是官僚制度中的文書法例。這些東西，既為法則典秩，即有一定的制度，不能隨意亂來，柳詒徵《國史要義・史權》說：「春秋之時，史官蓋有共同必守之法。故曰君舉必書，又曰德刑禮義，無國不記。故一國君臣之大事，他國史策亦皆書之。如孫林父寧殖出其君，名在諸侯之策。知一國之事，非僅本國記之，他國之史官有共同之書法以記之矣。」確實不錯。這就是所謂的「書法」，指各種史官書寫的一套傳統、慣例、規矩、格式。凡辦過公的人都知道，在一個成熟的官僚體系中，這類規格是非常嚴格的，沒有任意書寫或杜撰造假的空間。後來中國史學強調「直書」、「君舉必書」以及「書法」，都是由這個地方發展來的。

三、舊法「世傳」之史

史官所掌文籍，有些為邦國要典，有些為小單位的檔案文書，性質並不一致。比較重要的就稱為墳、典或經。

近人考證，多謂「經」這個名稱應始於戰國末年，是諸子百家把他們推崇的文籍經典化以後才有這樣的名稱。其實不然。《國語．吳語》已說「挾枹秉經」，經之名，至少在這個時候就有了。《老子》書中引古說，也往往說「經言」如何如何；荀子則更徵引過「道經」說人心之危、道心之微。另外，〈大略篇〉云：「禮以順人心為本。故亡於禮經而順人心者皆禮也」，〈勸學篇〉云：「學惡夫始？惡夫終？始乎誦經，終乎讀禮」，《管子．戒》云：「譯其四經」等，都已提到經的名稱，可見不是戰國末年才有的。

而且，縱或經這個字用的年代較晚，也並不代表古無經典，只是古或稱墳或稱典或用其他名稱罷了。墳乃隆起堆高之意，正如「九丘」之「丘」，典則象冊在几案上，也是尊崇的意思。都是指文籍中比較重要的，也就是後世經典的涵義，二者字義亦相通。如《禮記．曲禮下》云：「天子建天官，先六太，曰太宰、太宗、太史、太祝、太士、太卜。典司六典。」典不就是經嗎？《周禮》鄭玄注「典，經也」即是此義。後來魏文侯師李悝，撰次諸國法，著為法經，見《晉書．刑法志》；韓非作內外〈儲說〉云有經二十二篇；墨家也傳《墨經》；《漢書．藝文志》則載老子有傳氏、徐氏、鄰氏三家經傳。凡此等等，均可見以「經」為經典的通稱，在戰國前期即已普及。

又據荀子〈大略篇〉言：「國風之好色也，其《傳》曰：盈其欲而不愆其止，其誠可比於金石，其聲可納於宗廟。」可知在荀子以前，《詩》已有傳，而《史記・伯夷列傳》所引佚詩傳，似乎更顯示了孔子前也許即已有了詩傳。若然，則經傳，也就是經典及其傳述材料間的關係也是很早就形成了的。

這種傳述，形式甚多，直引、逕用或轉引都很常見。如《墨子・兼愛下》引周詩，〈明鬼上〉引〈甘誓〉，《管子》說「擇士必取好學孝慈」，又見《左傳》僖公二十七年趙襄子語，顯然也都是傳述古語。其他諸子百家說志曰、古云、聖人言等等甚多，大抵均是如此（見下圖）。也就是說，各類史官所典守職管之文籍，後來便成為諸子百家奉行或傳述的經典。而諸子引用經典、傳述經典的方式，大概也就是王官世傳其學的方式（見次頁附圖）。

所謂「舊法世傳之史」，正是指王官世傳其學。如何世傳呢？這裡不妨來看個例子。晉之董史，即歷代相傳的史官。《左傳》昭公十五年周景王說：「及辛有之二子董之，晉於是乎有董史。」又宣公二年：「太史書曰：『趙盾弒其君。』以示於朝。宣子曰：『不然。』對曰：『子為正卿，亡不越境，反不討賊，非子而誰？』宣子曰：『嗚呼？我之懷矣，自貽伊戚！其我之謂矣。』孔子曰：『董狐古之良史也，書法不隱。趙宣子古之良大夫也，為法受惡。惜也，越境乃免！』」杜預謂董狐為董史之後，不誤。蓋董史在晉，歷數百年，均為史官。而春秋時齊之太史，且有兄弟繼承者，如《左傳》襄公二十五年：「太史書曰：『崔杼弒其君。』崔子殺之。其弟嗣書而死者二人，其弟又書，乃舍之。」此是兄弟四人，相繼為太史也。以上兩樁，皆因有弒君之事而偶然記載在《左傳》中，其餘世襲的太史，因未遇到政變，故亦無此類記載，但依此類推，便可知「世傳之史」是怎麼回事。

先秦文籍引用《尚書》篇數次數總表

先秦文獻	總次數篇名數	今文二十八篇被引者	古文十六篇被引者	書序中餘篇被引者	先秦逸書逸篇	引書、某書、逸句	某種特用稱法所在不同篇數
《詩》	1次	1次1篇					
《論語》	9次	1次1篇		1次1篇	1次1篇	5次	1次1篇
《國語》	28次7篇	7次6篇		4次2篇	5次5篇	7次	5次4篇
《左傳》	86次13篇	23次6篇		9次3篇	8次8篇	23次	23次10篇
《墨子》	47次22篇	9次4篇		10次2篇	18次18篇	6次	4次4篇
《孟子》	38次7篇	12次6篇	5次3篇	6次3篇	1次1篇	11次	3次2篇
《荀子》	22次3篇	16次5篇		2次2篇	1次1篇	2次	1次1篇
《管子》	6次1篇	4次2篇		1次1篇		1次	
《莊子》	3次	1次1篇				2次	
《韓非子》	7次1篇	2次2篇				4次	1次1篇
《戰國策》	6次	1次1篇				5次	
《周禮》	4次	4次2篇					
《禮記》	43次13篇	20次8篇	2次1篇	15次5篇	1次1篇	5次	
《大戴記》	2次	2次2篇					
《孝經》	3次1篇	2次1篇				1次	
《公羊傳》	1次	1次1篇					
《穀梁傳》	1次					1次	
《尸子》	1次				1次1篇		
《呂氏春秋》	14次2篇	4次3篇		1次1篇	1次1篇	8次	
《逸周書》	13次4篇	5次4篇	1次1篇		3次	2次	2次1篇
合計（20種）	335次	115次（15篇）	8次（4篇）	49次（7篇）	40次（32篇）	83次	40次（可能19篇）

一九七六年十二月陝西扶風莊白村發現一號窖藏，出土微氏銅器一〇三件，其銘文中述及微氏的世代系統，亦可考知微氏一族七代為史。從武王時開始，經歷成王、康王、昭王、穆王、恭王、懿王到夷王。世傳史職的情況，再明顯不過了。家學、世傳，顯然也就是史官之學的基本傳承授受狀態。這種方式，與周朝另一種公開的公眾教育系統並不相同。

那種針對貴族子弟實施的公眾教育，也就是所謂的小學和大學。《大戴禮記・保傅》說：「及太子少長，知妃（配）色，則入於小學。小者，所學之宮也。」又說：「古者年八歲而出就外舍，學小藝焉，履小節焉；束髮而就大學，學大藝焉，履大節焉。」八歲而出就外舍，就是入小學。束髮而就大學，束髮謂成童，一般是指十五歲以上。《白虎通・辟雍》說「八歲入學，學書計。十五成童志明，入大學，學經籍」，即指此。《禮記・內則》說得更詳細：

> 六年教之數與方名……九年教之數日，十年出就外傅，居宿於外，學書記。……朝夕學幼儀，請肄簡諒；十有三年學樂，誦詩，舞《勺》；成童舞《象》，學射御；二十而冠，始學禮。

貴族兒童教育凡三個階段：1.六至九歲在家中學習，學習簡單的數字、方名、干支等。2.十歲「出就外傅，居宿於外」，便是入小學，學習以書記、音樂（包括舞蹈等）為主；這和前引各書所說八歲入小學略有出入。3.十五歲為成童，以學習音樂、射御為主。這時該已入大學，音樂、射御正是大學的主要課程。到二十歲舉行「冠禮」後，便為成人，開始學禮。

其時的大學，有兩個特點：第一，建設在郊區，四周有水池環繞，中間高地建有廳堂式的草屋，附近有廣大的園林。這主要是為了便於練習弋獵，以訓練武藝。第二，大學不僅是貴族子弟學習之處，同時又是貴族成員集體行禮、集會、聚餐、練武、奏樂之處，兼有禮堂、會議室、俱樂部、運動場和學校的性質，實際上就是當時貴族公共活動的場所。貴族子弟在此學習成人的社會生活方式和必要的知識、技能。當時貴族生活中必要的知識和技能，有所謂六藝：禮、樂、射、御、書、數。但是，因為「國之大事，惟祀與戎」，故他們實是以禮樂和射御為主的。

《周禮・諸子》說：「凡國之政事，國子存游倅（萃），使之修德學道，春合諸學，秋合諸射，以考其藝而進退之。」《禮記・燕義》同。鄭注說：「學，大學也；射，射宮也。」射宮就是大學中的廳堂，前後兩句，前稱「學」，後稱「射」，只是行文的變化。《禮記・射義》又說：「天子將祭，必先習射於澤。……已射於澤，而後射於射宮。」所謂澤，即是辟雍的大池。所謂射宮，就是辟雍中的廳堂。學校的「校」字，本義也是指射獵練武之場所。後世「校場」一詞仍保留這個意思，檢閱士兵也稱為校閱。

在大學中，除了舉行飲酒禮、射禮以外，還舉行獻俘的慶功典禮。《禮記・王制》說：「出征執有罪反，釋奠於學，以訊馘告。」詩〈泮水〉也說：「明明魯侯，克明其德，既作泮宮，淮夷攸服。矯矯虎臣，在泮獻馘，淑問如皋陶，在泮獻囚。」可知古代獻俘的慶功典禮，除了在宗廟舉行外，確有在學宮舉行的。

在大學中執教者稱為師或夫子。其語意亦與軍事射獵有關。《書・牧誓》以師氏和千夫長、百夫長連稱，師氏在周朝常簡稱為師，以師和人名連稱則為師某，例如齊國的始祖呂尚，又稱師尚父，《詩經・大雅・大明》說：「維師尚父，時維鷹揚，諒彼武王，肆伐大商。」又如《大雅・常武》說：「王命卿士，南仲大祖，大師皇父。整我六師，以修我戎。」所說的「大師」，即是武官。故《周禮・師氏》說：

> 師氏，掌以媺（美）詔王，以三德教國子。……居虎門（路寢門）之左，司王朝，掌國中得失之事，以教國子弟，凡國之貴游子弟學焉。凡祭祀、賓客、會同、喪紀、軍旅，王舉則從。聽治亦如之。使其屬帥四夷之隸，各以其兵服，守王之門外，且蹕。朝在野外，則守內列。

當時的大學教師由師氏兼任，所以「師」就成為教師的稱呼。其主要教學內容，除了射以外，還有樂。樂的教學由樂官擔任，因此到西周後期，樂官也開始稱為師。到後來，「師」就成為教師的通稱，擔任教導手工業技術的工官也稱為師。

夫子之稱，則最早見於《尚書・牧誓》。〈牧誓〉開頭說：「王曰：嗟我友邦冢君、御事、司徒、司馬、司空、亞旅、師氏、千夫長、百夫長，及康、蜀、羌、髳、微、盧、彭、濮人，稱爾戈，比爾干，立爾矛，予其誓！」結尾說：「夫子勖哉！不愆於四伐、五伐、七伐，乃止齊焉！勖哉夫子！尚桓桓，如虎如貔，如熊如羆，爾所弗勖，其於爾躬有戮！」這裡的「夫子勖哉」、「勖哉夫子」，很明顯都是指前述的各級軍官。故黃以周《儆季雜著》的《禮說》卷四先生夫子條說：「夫即千夫長、百夫長之夫。夫子者千夫、百夫以上尊者稱也。」

也就是說，周朝平行著兩個教育系統，一是學校，貴族子弟八歲就離家去上小學，十五歲以上則去上大學，在學校中習禮樂習射御，修成一個貴族子弟所應有的文化教養。這是一個系統，以通識教養教育為主。另一個系統則是家學。貴族往往世襲其職，關於這個職事的知識專業均得自家學，此即「舊法世傳之史」的意義。

四、歷史性的思維

史官史職眾多，皆秉其家學世傳之法執事，也以其法記錄。其典守之檔案文書又成為累世不斷傳述的經典。這樣的體系以及由此而形成的歷史意識，正是周朝的文化思想特色，與古印度、古希臘都完全不同。古印度人無歷史意識、無歷史觀、也無史著。希臘文化則是反歷史（antihistorical tendency）的。

希臘人「對本民族的起源很不感興趣。他們的好奇心只追溯到前幾個世紀為止，他們相信自己的祖先是神。柏拉圖在《泰米阿斯篇》一書中所說梭倫的一件逸事可以說明這點，他說，梭倫在埃及祭司們提問時，才發現他自己或任何其他希臘人誰也不知道他們自己的古代史。埃及祭司說：『你們希臘人仍處在幼年時期，你們沒有從你們祖先那裡得到任何古老的教誨，也沒有得到任何一門古老的學問。』和埃及人想像所及的漫長的遠古回憶比較起來，希臘人所能回顧到的景象就有如小巫見大巫。希臘人的頭腦中追溯到的，一點都沒有超過特洛伊戰爭以及在那次戰爭中那些天生的英雄們」（湯普森：《歷史著作史》上卷第一分冊，商務印書館，一九八八年版，第三一—三二頁）。

希臘哲學家都不關心歷史，沒有人精研歷史，歷史在教育中也沒有確定的地位。僅有的一位希羅多德（Herodotus，前四八四—前四二五），雖創造了公元前五世紀的希臘史學。但是公元前四世紀的時候，其所創的史學便中斷了。當時之史學更是不能取代哲學或宗教，在希臘人的心目中，史學也從無地位。

為什麼會如此呢？首先，希臘人不喜歡寫歷史，他們感興趣的是當代之事和過去史事中的細節。所以在古希臘，並無整體歷史的敘述，即使敘述了古代史事，所描寫的大多也是與歷史不相干的事情，譬如酒宴、景色乃至阿喀琉斯的盾牌。被譽為「歷史學之父」的希羅多德亦是如此。他的《歷史》充滿著雞毛蒜皮的奇聞軼事。他告訴我們：漂亮的伊利里亞姑娘如何選擇丈夫；湖區的居民怎麼防止兒童失足落水；埃及人驅除蚊子的辦法以及蚊帳形狀；波斯國王在旅途中只喝煮沸的開水；亞得利馬基第人對付跳蚤的辦法；塞西亞人怎樣擠馬奶等等。然而，對於民族的起源、國家的形成、制度的演變、文化的傳播與發展，希羅多德則很少涉及。換言之，希臘人關注的並非歷史，而只是一些事件。

其次，追求永恆、確定性和事物的有序性，是希臘人的思維特徵。他們認為，哲學和科學的使命就是尋求世界的秩序和確定性。不管是泰勒、畢達哥拉斯還是德謨克利特，哲學家們都在尋找世界的本原。這種尋找世界本原的哲學運動，與歷史學意義上的尋根完全是兩回事。世界的本原不是世界的初始狀態，而是世界的內在本質和原因，它所體現的是事物的確定性和秩序，強調的是永恆，而不是變化。

相對來看，中國自黃帝以來，即有史官的設立。即使遲一點說，商周皆有史官，而且史官的數目相當可觀，從中央到地方都設史官，一直到清代，中國沒有一代沒有史官。這是世界其他國家、其他民族所沒有的。

而且中國遠古史官的紀事，是源於歷史的興趣，是為了綿延歷史。中國的史官又神聖獨立、正直不屈，其紀事遵守共同必守之法，「君舉必書」、「書法不隱」。君王無法操縱歷史，史官負有神聖的歷史使命，直書當代所發生的事件，這是對歷史負責任，也顯示一種極濃厚的歷史觀念。他們留下的大量歷史文獻，又強化了歷史對人的影響。

商周時期更瀰漫著以歷史作鑒戒的觀念。如《尚書・召誥》云：「我不可不監於有夏，亦不可不監於有殷。」《詩經・節南山》云：「國既卒斬，何用不監。」《詩經・文王》云：「殷之未喪師，克配上帝，宜鑒於殷，駿命不易。」「命之不易，無遏爾躬，宣昭義問，有虞殷自天，上天之載，無聲無臭，儀刑文王，萬邦作孚。」《詩經・蕩》云：「殷鑒不遠，在夏後之世。」《尚書・召誥》是西周初年的作品，〈節南山〉、〈文王〉、〈蕩〉諸篇，屬於〈小雅〉及〈大雅〉部分，作於西周初年到東周初年。可知以歷史作鑒戒的觀念在殷周已極流行，形之於詩歌、載之於誓誥。

史官又是文獻的保存者。《國語・周語上》記周厲王時邵公云：「……天子聽政，使會卿至於列士獻詩、瞽獻曲、史獻書……」，周書〈楚語上〉記衛武公事蹟，也說：「史不失書、蒙不失誦，以訓御之。」都表明史官確有藏書。《史記・老子韓非列傳》說老子為「周守藏室之史」，孔子曾適周，向他問禮。〈孔子世家〉也有魯南宮敬叔與孔子適周，見老子問禮的故事。〈十二諸侯年表・序〉曰：「孔子明王道，干七十餘君莫能用，故西觀周室，論史記舊聞，興於魯而次《春秋》。」《嚴氏春秋》引〈觀周篇〉還有孔子與左丘明「如周，觀書於周史」的說法。儘管這些記載的確切性尚有爭議，在史官處可以觀書卻是事實。

由於歷史意識強烈，因此古史官有時棄國出奔，仍要抱史而行，「夏太史令終古出其圖法，執而泣之，夏桀迷惑，暴亂愈甚，太史令終古乃出奔如商」；「殷內史向摯見紂之愈亂迷惑也，於是載其圖法，出亡之周」；「晉太史屠黍見晉之亂也，見晉公之驕而無德義也，以其圖法歸周」。這似乎又是後來人說「國可滅，史不可滅」的歷史觀念的遠源了。

相對於希臘人不重史而重永恆，中國的史官之學最重視「通古今之變」，其學以《春秋》和《易》為要。《左傳》昭公二年稱：

二年春，晉侯使韓宣子來聘，且告為政，而來見，禮也。觀書於大史氏，見《易象》與《魯春秋》，曰：「周禮盡在魯矣！吾乃今知周公之德與周之所以王也。」

《左傳》莊公二十二年載，周史以《周易》見陳侯，筮遇「觀」之「否」，解釋說：「是謂『觀國之光，利用賓於王』，此其代陳有國乎？不在此，其在異國；非此其身，在其子孫。光，遠而自他有耀者也。坤，土也；巽，風也；乾，天也。風為天於土上，山也。有山之材而照之以天光，於是乎居土上，故曰『觀國之光，利用賓於王』……。」又，昭公五年，叔孫穆子生時，其父得臣以《周易》筮之，遇「明夷」之「謙」，卜楚丘論云：「明夷，日也。……明夷之謙，明而未融……日之謙當鳥，故曰『明夷於飛』；明而未融，故曰『垂其翼』；象日之動，故曰『君子於行』；當三在旦，故曰『三日不食』。離，火也；艮，山也。離為火，火焚山，山敗。於人為言，敗言為讒，故曰『有攸往，主人有言』。」這些也都是對《易象》的解釋。

可以推想，在《易傳》撰成以前，已經存在不少類似的講卦象的書籍，供筮者習用。這種書是若干世代筮人知識的綜合，對《易》有所闡發，是後來《易傳》的一項來源和基礎。《左傳》記韓起所見《易象》，應該就是這樣一類書，乃魯人所作所傳，有其獨到之處，以至韓起在太史氏處見後頓生讚歎的心情。太史之學，無疑即與此有關。

第九講　用思：思維模式與方法

思維的模式
思維的方法

一、思維的模式

1. 本末

由周代《詩》、《書》、《禮》、《易》及其他相關典籍來觀察，中國人的一些基本思維模式，到此時已大抵定型，後世通常都仍利用這些思維在進行思考。

其一是「本—末」的思維模式。也就是凡事以本末來進行價值判斷，主要且重要的部分稱為本，不重要的、附屬的稱為末。兩者間又有連帶關係，如果掌握了本，末也就不必太予理會而自然得以掌握。反之，若凡事只注意到末節，就會失落了根本。例如《尚書・五子之歌》：「皇祖有訓，民可近，不可下，民為邦本」，《左傳》桓公二年：「國家之立也，本大而末小，是以能固。……今晉，甸侯也，而建國，本既弱矣，其能久乎」，莊公元年：「夫能固位者，必度於本末，而後主衷焉。不知基本，不謀；知本不知枝，弗強。《詩》曰：本枝百世」，這些都是本末思維的例證。以樹木作類比，本是根，末是枝葉。一事之中，何者為本，何者為末，則須由作此類比的人來作價值判斷。

稍後的文獻和戰國諸子的言論中，遍布著這些思維模式的痕跡。如儒家文獻《論語・學而》：「孝悌者也，其為人之本歟」，《禮記・禮器》：「禮也者，反本修古不忘其初者也」，〈哀公問〉：「禮，其政之本歟」，《禮運》：「禮，先王所以承天之道，以治人之情」、「禮必本於天」，〈郊特牲〉：「萬物本於天」，《大學》：「自天子以至庶人，一是皆以修身為本」，〈鄉飲酒義〉：「經之以天地，紀之以日月，參之以三光，政教之本也」都是。道家文獻，如《老子》說「萬物芸芸，各歸其根」（十六章）、「重為輕根，靜為躁君」（二十六章），《莊子》說「請循其本」，亦皆如此。

重根本而輕枝末，故本是君、是一、是靜、是源、是宗、是母、是根、是主、是先，末是臣、是

多、是動、是派、是子、是流、是枝葉、是從。本末之間，形成這樣一種「關係」，因此這是關係性的思維。針對一事一物，尋繹其內在之主從、輕重關係，而以「本－末」界定之。

「本－末」就是這麼一個思想的框架，在這個框架下，中國人會說做事勿捨本逐末、本末倒置，會強調根深才能柢固，會說某些事是一本萬殊、源遠益分，又說應強幹弱枝，而不可令枝大而根小等等。

與此框架相類的，是「綱－目」、「母－子」、「源－流」、「主－從」、「一－多」、「先－後」、「靜－動」、「根－枝」、「君－臣」、「質－文」、「正－變」、「重－輕」、「宗－派」等等類似的思維模式。綱舉則目張，源亦為本，流亦為末。論事者，須觀瀾而索源、振葉而尋根，舉綱維而張網目。本為主、末為從，綱為主、目為從，這不但是觀物、思維之法，也是中國人所強調的做事態度。如老子說：「貴以賤為本，高以下為基」（三九章），「有國之母，可以長久，是謂深根固柢長生久視之道」（五十九章），「天得一以清，地得一以寧，神得一以靈，谷得一以盈，侯王得一以為天下正。……是以聖人執一為天下牧」（二十二章），「載營魄抱一」（十章），「致虛極，守靜篤，萬物並作，吾以觀其復」（十六章），五千言中，處處可以看到他如何運用這個框架來構思。可以說，在後來興起「體－用」、「表－裡」等思維模式之前，這是最常見、使用最廣的架構了。

這個架構，顯示了中國人重根源、重本株、重基礎的態度。而構成這樣一種思維框架的，則是類比思維及關係性思維。把事物類比為樹木，故云本末；類比於河流，故云源流；類比於魚網，故云綱目；類比於人倫，故云主從、君臣、母子。一母生九子、一根發萬枝，故本是一，末是雜、是多。根深柢固者靜，枝葉扶疏者動。根本潛植，是有其質；花葉葳蕤，是有其支。君子不當慕其榮華美觀而忽略了

深植根本。故老子曰：「聖人終日不離其輜重，雖有榮觀，宴處超然。輕則失根，躁則失君」（二十六章），「常德乃是，復歸於樸」（二十八章）。

上述這些，都是類比。可是類比中，又明顯是以價值定存有，屬於價值性類比，與《易經》觀物取象以定吉凶相同。因觀物取象時已以吉凶定象了。再以樹木、河流、君臣、父子等來類比說本末時，更是作了價值判斷，認定何者為本、何者為末。故非以存有論價值，而是以價值定存有。亦正因為這是價值性類比，故每個人的價值觀雖有不同，卻都可以運用這樣的論式來討論事情。

類比，是尋找事物與事物間的關係，但「本—末」本身還體現著事物自身內在的關係。凡事皆自有其本末，我們需要得其本末，才不會錯誤拿捏輕重，徒數枝葉，不達根本。這種態度，重視本是無疑的，但末也不就是不重要或可以輕視之、放棄之的。因為綱舉則目張、根深則葉茂，本末非對立的或相排斥的兩物，乃是一物之相關聯的兩個部分，立本固本，末才得以發達暢旺。故重本非所以輕末，反而是真正能令「末」有所成就之道。

2.始終

亦因如此，「本—末」思維模式尚關聯著兩個術語：「反」與「復」。二語涵義相似，都是指人的行動，應該由末回返、回歸、回復到本來。前面舉過《禮記》說「禮者，反本修古不忘其初者也」，老子也說「萬物芸芸，各歸其根」、「萬物並作，吾以觀其復」以及「常德乃足，復歸於樸」，都是講這個道理。老子還說「反者，道之動」（四十章），《禮器》也另有「禮也者，反其所自生者也」話。〈郊特牲〉也說：「酒醴之美，玄酒明水之尚，貴五味之本也。黼黻文繡之美，疏布之尚，反女功之始也。」反本復始的思想，在「本—末」思維中表露無遺。

但是正因為本末不是對立或排斥的，而是命運榮枯一體相關的，因此「物有本末、事有始終」的本末始終也不可能是樹木般直線的關係，而是一個圓。

由本至末是順，由末至本是逆，一順一逆，合起來則是一個循環，這時本末就成為「始終」。終始原本與本末相同，一指開端，一指結尾。可是這結尾並不真是結束，因為始終是循環的，莊子〈齊物論〉說「始卒若環」，或鄒衍講的「五德」，都是這個意思。

此即「始─終」的思維模式。《尚書・仲虺之誥》：「嗚呼！慎厥終，唯其始。殖其禮，覆昏暴。欽崇天道，永保天命。」講的就是始終。說始終，與只講本末不同之處，在於「本─末」思維畢竟仍有崇本抑末的意味，「始─終」思維則並不特別崇始，始與終都一樣重要，所以說要慎終也要慎始。中國人常說做事要有始有終，批評有頭無尾或虎頭蛇尾，正表示始與終都必須重視。為什麼始與終一樣重要呢？原因就在於始終是循環的，始卒若環，終則有始，故不能僅重始而輕視終。

用老子的話來說，「執古之道，以御今之有，以知古始，是謂道紀」（十四章），可見是重始的。但他又說「慎終如始，則無敗事」（六章）、「天下有始，以為天下母。既得其母，以知其子。既知其子，復守其母，設身不殆」（五十二章），顯然始終均應重視，且在行動上應由母知子，再由子返於母。一順一逆，經由回歸反歸的動作，形成一個循環。

3. 陰陽

「本末」、「始終」，似相異相反而實不然的這種情況，有另一種形式，其表現為陰陽互濟。

陰陽，亦是就一事物之性質說，某事物被認定為陰，某事物被認定為陽，或某事物之中一些部分為陰，另一些部分為陽。陰陽，指兩種相反的性質，凡大小、高下、水火、冷熱，一切相反者均可以陰陽稱之，亦即可以陰陽來為之定性。但這兩種相異的質素，卻又被認為不只是相反而已，乃是可以互補互濟互動、相輔相成的。《左傳》昭公二十年晏嬰說：

一氣、二體、三類、四物、五聲、六律、七音、八風、九歌，以相成也。清濁、大小、短長、疾徐、哀樂、剛柔、遲速、高下、出入、周疏，以相濟也。君子聽之，以平其心。心平德和，故《詩》曰：「德音不瑕。」

凡事之異者，可以相成；凡物之反者，可以相濟，此所以是和是平。這樣的思維模式，顯然在晏嬰之前便已定型。如《易經》所顯示的，就是明證。

《易經》論陰陽，先是分陰分陽，如天地、尊卑、男女、知能，都以陰陽分指之。或如說泰卦是內陽外陰、否卦是內陰外陽，乾為陽物、坤為陰物等都是。可是陰陽雖分，其間也可能有歷時交替變化的關係，如晝夜、死生、寒暑，或如「迭用剛柔」之類，指歷時交替變化而顯為陰陽。且有時陰陽是對立與交替兼具的變化。如幽明，若分指背陽和向陽，就是對立的；若指晝夜，則是交替的。〈彖傳〉說泰卦「內君子而外小人，君子道長，小人道消」，說否卦「內小人而外君子，小人道長，君子道消」，也是對立與交替並行。

由於《周易》以乾卦為首，又說陽尊陰卑，故常給人陽比陰重要的印象，後來整個中國人文傳統的正面論述，也強調乾元健動、陽氣剛健的一面，似乎重陽而輕陰，宛如重本輕末般。但陰陽其實是同樣重要的，故〈彖傳〉把乾坤並視為「元」，說：「大哉乾元，萬物資始。……至哉坤元，萬物資生。」後來清朝王船山乃更有「乾坤並建」之說。印證《周易》以前《歸藏》以坤為首的歷史，自可知乾坤應是並重的。

且乾坤無定指，其本身也是相需相待而成的。所以京房《周易章句》說需卦：「陰陽之體，不可執一為定象。於八卦，陽盪陰、陰盪陽，二氣相感而成體，或隱或顯。故〈繫〉云：一陰一陽之謂道。」船山《周易內傳》也說：「盈天地之間，惟陰陽而已矣，一一云者，相合以成主持而分劑之謂也。無有陰而無陽，無有陽而無陰。而兩相倚而不離也，隨共隱顯，一彼一此之互相往來。雖多寡之不齊，必交待以成也。」陰陽相需、相感、相倚、相互往來，是動態的關係；孤陰不生、孤陽不長，又是相互的關係。故《莊子・則陽》說：「陰陽相照、相蓋、相治。……雌雄片合……安危相易，禍福相生，緩急相摩，聚散以成。」

這種模式，既非乾為本坤為末，亦非乾坤陰陽始終循環，而是交替迭用、互待互濟。後世運用此一模式者甚多，大家都知道，所以就不再多說了。

4.中和

與陰陽這個模式相關的，是「中」的問題。

就如晏嬰所說：大小、高下、清濁、陰陽相濟，相濟了就是中，就是和。故《老子》曰「萬物負陰而抱陽，中氣以為和」（四十二章），《莊子・田子方》曰「至陰肅肅，至陽赫赫。肅肅出乎天，赫赫出乎地，兩者交通成和，兩物生焉」，《淮南子・泛論》曰「積陰則沈，積陽則飛，陰陽相接，乃能成和」。中，是陰陽清濁剛柔等各異質之兩端相合相濟以後形成的和諧平衡狀態。中國人一向強調這種狀態，是以凡事均希望能夠得中。

中道的思想，不只彌漫於《詩》、《書》、《易》，更早還可推源於上古。《史記》即說：「高辛生而神靈。普施利物，不予其身，聰以知遠，明以察微，順天之義，知民之急。……其幼也時，其服也士。帝嚳既執中而遍天下，日月所照、風雨所至，莫不服從。」執中，據孔子所說，乃堯舜禹一脈相傳的心法，帝王均應「允執厥中」，否則就會「天命永終」，見於《論語・堯曰》。若由《史記》這段話來看，則在堯以前，諸帝王已以此為心法了。若依《左傳》成公十三年載劉康公說，則中道也是老百姓應遵循的法則：「吾聞之民受天地之中以生，所謂命也。是以有動作、禮儀、威儀之則，以定命也。能者養之以福，不能者敗以取禍。」既然中是君子與老百姓都應遵守的法則，那麼它就是天下共循共守之道，此所以《中庸》云：「中也者，天下之大本也。和也者，天下之達道也。至中和，天地位焉，萬物有焉。」

中和，是一切都適當、均衡的狀態。追求這種境況，是中國人思考各種事情時的傾向。國人自稱「中國」，不只是在地理上自居中央，更是在意識上強調這個中。前文曾說先秦諸子徵引《尚書》時都喜歡引「王道盪盪，無偏無陂」之類話，不偏不頗，不傾斜於任何一方，就是中、就是和、就是平。凡事均以得中為貴，正是中國人思維的特色。

可是，如何才能得中呢？陰陽、清濁、剛柔、徐疾兩種相反之物，相與調濟，可以中和，是一種方法，此稱為「折衷」或「折中」。如後儒所說「群言淆亂，折衷於聖人」之類，即指此。一曲音樂裡，剛柔徐疾輕重相調劑，或一人之性格剛柔並重、做事寬猛得宜，也都可以說是中和的。

但兩物既相反，往往就無可折衷，是一種不能中和的關係，猶如水火之不可相容也。水與火要如何相濟呢？以水濟火，不是火蒸發了水，就是水淹熄了火。亦如矛與盾，不是盾擋住了矛，就是矛刺穿了盾，兩物性反，無可折衷。因此，水火陰陽之相濟或中和，不能僅認為是相加或折衷。相加，是一陰一陽成了二；折衷，是一陰一陽各折其半，以合成一個一。水火陰陽之相濟得中，卻是另一種綜合的方式，是陰陽水火相異者之外的中。

用老子的話來，那就是三，「道生一，一生二，二生三」（四十二章）。二是一陰一陽，三就是中。中不是一陰一陽加成的二，也不是半陰半陽折中的一，而是一陰一陽之外的三，表示這個中和是超越地中，辯證地作用性保存了陰與陽，或超越了陰與陽。

這可以有兩種型態。一是既有陰也有陽，雙是得中；一是既非陰又非陽，雙遮得中。例如《莊子・養生主》說：「為善無近名，為惡無近刑，緣督以為經」，督脈在人背脊中，所以緣督就是行乎中道的意思。這是既不為善，又不為惡，雙遮而自居於中。猶如莊子說要自居於「才」與「不才」之間。若從平面看，即從亞里士多德式的邏輯看，A與非A之間，是排中律的，不可能有一個A與非A之間的東西或位置。所以莊子所說的中，只能是超越辯證的中，才既非其所慕，不才又非其所能，所以雙遣俱斥，超越兩端而得中。孔子或《中庸》所講，則是另一型態，乃是取兩用中。例如孔子說「文勝質則史，質勝文則野，文質彬彬而後君子」，文質彬彬就是文也要、質也要，文質兼得而為中，有文有質，但又不落在文這一邊或質那一邊。

這兩種得中的型態，普遍存在於後世文獻中：佛道思想常見雙遮得中者，儒家思想較偏於雙是得中者。例如嚴羽《滄浪詩話》說「詩有別材，非關學也。然非多讀書多窮理則不能極其至」，學是A，不學是非A，多讀書多學才能到達極致，就是超越辯證地綜合，達到中和極致之境。類如此等思維模式，在我國文化傳統中是不勝枚舉的。

5. 繫數

「道生一，一生二，二生三，三生萬物」云云，還涉及了另一種思維模式，那就是「繫物以數」。

繫物以數，以《易經》為大宗，但《尚書》等文獻中亦不罕見。如〈洪範〉論九疇：「一曰五行，次二曰敬用五事，次三曰農用八政，次四曰協用五紀，次五曰建用皇極，次六曰用三德，次七曰明用稽疑，次八曰驗用庶徵，次九曰向用五福、威用六極。」九疇本身就是以「九」論「疇」，屬於繫物以數的模式。九疇之中，五行、五事、八政、五紀、三德也都是繫物以數。

《易》以「九」、「六」二爻相變成卦，卦再變而重卦，形成六十四卦。這六十四卦，除了乾、坤、離、坎、頤、大過、中孚、小過這八個卦以外，全都以「倒序對應」的方式來構成，也就是說有二十八雙卦是倒序對應的，例如「剝」是666 669，「復」就是966 666。這樣成對的兩卦，不但在卦序方面緊鄰著，吉凶也正好相反，如剝與復、泰與否、通與大壯、晉與明夷、蹇與解、損與益、漸與歸妹、渙與節、既濟與未濟等。至於乾坤等八個卦，之所以不用倒序對應的方式，是因為它倒序仍是自己，上下爻序是對稱的。可是它們彼此之間，仍可以爻序相反的原理配成四對，比如「中孚」的爻序是996 699，則「小過」的爻序就是669 966。

整個《易經》卦爻，乃因此而是一嚴密的數學構造，萊布尼茨會用二進算術法求之，良非無故。但這不只是以數成卦而已。每一卦代表一種狀況，人生的各種狀況見諸卦爻，事實上也就顯於數中，故可以歷算而得。易學中象數一派之論數者，正因此而大昌。這不就是繫物以數之思維的運用嗎？

前引晏嬰語「一氣、二體、三類、四物、五聲、六律、七音、八風、九歌，以相成也」。亦是繫物以數。當時此類說法甚多，如：

> 則天之明，因地之性，生其六氣，用其五行。氣為五味，發為五色，彰為五聲，淫則昏亂，民失其性，是故為禮以奉之。為六畜、五牲、三犧，以奉五味。為九文、六采、五章以奉五色。為九歌、八風、七音、六律以奉五志。……為政事、庸力、行務以從四時……。民有好惡、喜怒、哀樂，生於六氣。（《左傳》昭公二十五年）

> 服物昭庸，采飾顯明，文章比象，周旋序順，容貌有崇，威儀有則，五味實氣，五色精心，五聲昭德，五義紀宜，飲食可餐，和同可觀，財用可嘉，則順而建德。（《國語‧周話中》）

> 六禮：冠、昏、喪、祭、鄉、相見。七教：父子、兄弟、夫婦、君臣、長幼、朋友、賓客。八政：飲食、衣服、事為、異別、度、量、數、制。（《禮記‧王制》）

這類言論，也是不勝枚舉的。繫物以數，而論事理，後來在以兩儀、三才、四季、四方、五行、六合、七音、八風、九歌、十二月、十二律、二十四氣相比配方面，越來越形成為一個龐大的系統，正是此一思維模式之推衍。

二、思維的方法

以上這些思維模式與希臘傳統是極為不同的。例如從巴門尼德斯區分真理與俗見、柏拉圖區分理型世界與現實感官世界以來，在存有論上有真實與虛假之分，在價值論上有價值真假之分。依這個兩分的模式，大抵把世界畫分成一個真實且具永恆或完美性（perfectio）的本體界，和另一個較不真實也較不完美的感官界。這種二分模式，或稱為兩領域定理（zweisphärenthenorem，指本體與現象之分），自柏拉圖以降，可謂一脈相承，影響深遠，至康德，才將之翻轉，認為現象界是真實的，本體才是一種權宜概念（problematischer begriff），並非實相。但這雖逆轉了柏拉圖以來的真假區分與價值判斷，且謂柏拉圖硬說現實世界虛妄不實是自作孽（sebst schuldig），可是整個二分的模式並未突破。本體與現象之分，依然是西方最重要的思維模式。

據柏拉圖說，先有床的理念，才有具體的床。後來亞里士多德再區分：床有質料部分和形式部分。茲先談這種二分。

二分的思維，就是將物事一分為二，A與非A；A之中再分成A-1、A-2，非A也可再分為二，一直分下去。這是整個分類學的基礎，也是邏輯的起點。因為A與非A，形成「矛盾律」；其間並無另一物，兩者為相排斥的窮盡關係，則是「排中律」。依此二分之法，主客分了、理性與感性分了、本質與現象分了、一般與個別也分了。主體之中，又可再分為心靈與身體；客體事相，亦可分為實體與屬性，凡此等等。

在兩分之下，界定或描述所分的兩個部分，則有本體與現象、質料與形式、主體與客體、真實與虛假等。運用這樣的二分以及這類區分二著的語詞，西方思想家以此思維著事物、論析著世界。

除了二分法以及兩領域論述之外，希臘傳統在思維上還廣泛運用範疇（category）。運用範疇，主要是用以描述自然世界。據亞里士多德之見，描述事物時可用十個範疇：

實體（是什麼？）（實詞）

分量（什麼大小？）（形容）量
性質（什麼性質？）（形詞）質
關係（什麼關係？）（形詞）比較
場所（什麼地方？）（副詞）地點
時間（什麼時候？）（副詞）時間
位置（什麼姿態？）（動詞）關身態
狀態（具體什麼？）（動詞）完成式
動作（做什麼行動？）（動詞）主動態
被動（接受什麼行動？）（動詞）被動態

這十個範疇，後來成為西方思維並描述物事時的重要方法。也有些人予以損益，發展了不少引申範疇（predicables），形成一個陳述網絡，對西方經驗科學的發達極具影響，甚且被認為是人類普遍具有的內在化的「認識能力」。

可是這樣的認識能力，並不是所有人類都具有的或該具有的。因為認識或表述世界的方法，正因文化不同而有所差異。在不同文化傳統中或不同時代中，人可以「看」到意義不同的「世界」，因為看的方法本來就不同。

我們看上述中國在春秋時期即已具有的思維模式，大抵也是兩分，例如「本—末」、「陰—陽」、「始—終」均是兩分。然而兩分皆不涉及價值上的真假，而是性質上的比較。較重要者為本，較不重要者為末；較偏於剛者為陽，較少剛者就是柔、是陰。因此既非真假，亦非相對立、互排斥之兩端。且是相依相待相需而成：物極者必反，始卒則若環；攻乎異端，乃得中庸。這些都迥異於柏拉圖、亞里士多德的思維。

亞里士多德的十範疇，傾向於對事物作確定的描述，是客觀性的說明。我們講物有本末、事有終始，則重在體會事物內部之關係。這也是中西之不同。

熟悉中國人思維的人，都曉得中國人辦事時有多麼講究人際關係。其實中國人面對任何事務都是如此，著重於去體察、體會事物與事物之間的關係或事物內部的關係。

關係的認定，有許多地方，非十範疇所能奏功，須恃乎體察。因此中國人俗話說「找關係」，關係確實是找出來的。一件事的本末、輕重、終始、陰陽或者與什麼數相繫，每個人的認定都會不同。前引《左傳》莊公六年說凡事「必度於本末，而後立衷焉」，度，就是仔細揣量的意思。

度，本身是計長短的單位，本應求其客觀準確。但中國人說度卻往往不然，更多的是心中的體會。例如說「審時度勢」、「他人有心，余忖度之」之類。計量時，若說「以某某為度」，指的也是一個大概的約略數，到底可以比這個「度」長多少或短多少，須由人自己審酌情況。因而，對關係的揣摩度量、體會玩察，顯示了一種非理智邏輯客觀知識性的思維狀態。這種狀態本身就與二分法、十範疇或「知識量表」式的認知模式不同。

揣量衡酌、拿捏分寸，本於心中對該事之體會，來決定我們對它的認識以及應採取的態度或行動。這種審度，又著眼於我們對於事物間關係的判斷，某事與另一事有無關係，找不找得出關係，或一事中某些部分與另一些部分的關係何在，都取決於我們的關係性思考。

關係性思考，是說一事通常不是孤立的，必與另一事有關，事物也應在關係、關聯或脈絡中才能被認識。例如要明白什麼是末，得同時知道什麼是本；要了解陰，得同時了解陽。同異、有無、進退、高下、短長、前後、美醜、虛實、強弱、動靜、開合、榮辱、古今、清濁、曲直、多少、新舊、輕重、成敗、巧拙、生死、子母、上下、先後、存亡、遠近、奇正、彼此、大小、正反、主客、左右、凶吉、得失、始終、寒熱、生滅、貴賤、明晦、損益、厚薄、取與等各類相對語詞，瀰漫在一般用語及思想性文獻中。這些都是要由彼此相待的關係中去理解的。

這與西方常以定義一事的方式對一物予以定性定位非常不同，強調的是其關係與脈絡。例如「彼」、「此」，誰是彼誰是此，要看在什麼場合、什麼脈絡、用什麼東西來比較。物無非此也，亦無非彼也。正如跟天地比泰山就小了，跟細菌比螞蟻就大了，故大小彼此等詞，不僅本身顯出一種相互關係，這種關係也呈現其脈絡義，讓我們明白一事一物均非孤生自成，而是在關聯與脈絡中顯其意義與價值。

關聯性思考，注意彼此的關係與脈絡，即必然帶動「聯想」與「取譬」之思維。何謂取譬？《論語．雍也》有言：「能近取譬，可謂仁之方也已。」謂能夠處處以自己作比喻，可稱得上實踐仁德的方法。《說文解字》曰：「譬，喻也。」故取譬就是「以什麼作比喻」之意。《論語》取譬之處甚多，如：「為政以德，譬如北辰，居其所而眾星拱之」（〈為政〉）；「譬如為山……譬如平地……」（〈子罕〉）；「色厲而內荏，譬諸小人，其猶穿窬之盜也歟」（〈陽貨〉）；「譬之宮牆……」（〈子張〉）。《老子》亦有「譬道之在天下」（三十二章）、「含德之厚，比於赤子」（五十五章）諸語。《墨子》一書更有〈大取篇〉和〈小取篇〉，取即取譬之取。可見取譬之法是先秦諸子通用之法。

而且我們看《論語》，凡涉及孔子核心思想範疇的語詞如仁、孝、禮等，均以比喻作答。以仁為例，〈顏淵〉云「克己復禮為仁」，又「樊遲問仁，子曰愛人」。這些是抽象地對「仁」作比喻。仁的具體化是仁者，即有仁德的人。《論語》更多地是對仁者以比喻形容：〈里仁〉：「唯仁者能好人，能惡人」；〈雍也〉：「仁者先難而後獲，可謂仁矣」、「仁者樂山……仁者靜……仁者壽」、「仁者，己欲立而立人，己欲達而達人」；〈子罕〉：「仁者不憂」；〈顏淵〉：「仁者，其言也訒」。由這些地方，可以發現《論語》沒有一處對仁作「屬加種差」式的定義，甚至有意回避對仁下定義。此即取譬式思維方法與亞里士多德式方法有絕大差別。

據胡適說：「一個中文的命題或者詞，和西方的與之相當的東西的不同，在於係詞。係詞在西方的邏輯中具有十分重要的地位，而在中文的命題裡卻被省略，它的位置僅用短暫的停頓來表示。……在西方邏輯中，圍繞係詞發生出來的一切神祕的光暈就這樣被消除了」(《先秦名學史》)。因為西方自亞里士多德的《工具論》以來，就是以判斷係動詞來建立整個邏輯學的。

在存有論中，所謂「存在」直接關聯到判斷係動詞「是」；而且「是」是一個與其他思維世界、可感世界沒有內在必然關係的獨立自存世界。

在認識論方面，柏拉圖舉「一」和「是」兩個字為例。當「一」和「是」未結合時，它們分別自成一個封閉的世界。若二者結合，即「一是」時，就產生了許多意義世界的變化。「一是」中的「一」和未經與「是」結合的「一」就有差別，在「一是」中的「一」已蘊涵了部分與整體等意義世界。同時，「一是」中的「是」和未經與「一」結合的「是」亦不同。「一是」中的「是」已成為聯繫特定主詞、揭示特定關係的「是」，而非原來僅表示自身是一種存在的「是」(見《巴門尼德斯篇》)。這種思維方式的後果是：世界上萬事萬物及相應概念都被分成了兩個世界，如「實體與屬性」、「本質與現象」等等。而這些關係的兩方並不存在一一對應的關係。

亞里士多德則在《工具論》中將世界分成兩類實體，即第一實體（個別的事物，如個別的人）和第二實體（一般的事物，如人這個「種」和動物這個「類」）。據他的看法，在一個由「是」構成的判斷句裡，第一實體不能被第二實體斷言。因此不能說「人是某人」，只能說「某人是人」，也就是第二實體被第一實體斷言。另外「種差」也不依存於主體。如「陸生的」、「兩腳的」等種差可以被斷言於人這個種，但這些種差卻不依存於人。「人是陸生的」，不能倒過來說「陸生的是人」。所以，主詞與賓詞、第一實體和第二實體等，一個由「是」構成的判斷句裡，前後項都不是相互對等的關係。總之，「是」（或存在）這一語詞世界和思維運動導致了以上哲學認識論、存有論的諸多變化。

中國的情況則完全不同。先秦文獻中判斷係動詞已呈弱化狀態。弱化意指：第一，判斷句可不用判斷係動詞，而代之以「……者……也」等句式。第二，「是」、「為」等可充作判斷係動詞的字，其最初和基本的語義、功能都與判斷係動詞沒有直接關係。如「是」，《說文解字》云：「是，直也，從日正。」並注曰：「是，籀文是從古文正。」亦即是的最初意義為直、正，或為通常用語中的「對」。後又引申出「此」、「這」等具有指示代詞功能的涵義。所以從詞源學分析，「是」不是一個判斷係動詞。第三，在某些場合，「是」、「為」等如用作判斷係動詞，都必須有某種特定語境和句式的限定。譬如在提身分問題的語境裡使用「是誰」句型，又如在比喻關係的語境裡使用「為」字。

以《論語》來看，〈陽貨〉「偃之言是也」中「是」意為正確、對；〈八佾〉「是可忍孰不可忍也」中「是」為指示代詞。另外，如「富與貴是人之所欲也」（〈里仁〉），「吾無行而不與二三子者，是丘也」(〈述而〉),「夫顓臾,昔者先王以東蒙主,且在城邦之中矣,是稷之臣也,何以伐為」(〈季氏〉),這三句中的「是」均非判斷係動詞,而是用作指示代詞。

上述判斷係動詞的弱化狀態,使得說明一物通常不採用限定判斷語或種屬定義的方式,而須廣泛採用譬喻的方法。在取譬思維方法中,任何事物都被當作不能分割的整體;任何抽象的概念都有現實具體的東西與之對應,對任何概念的說明都會先採用類比法。

這個道理,說來複雜,但簡單地說,那不就是「比」跟「興」嗎?比、興都是《詩經》中詩歌中的表現方式。比,當然就是指比喻,「桃之夭夭,灼灼其華,之子于歸,宜室宜家」,桃花之美,正象喻著新娘的嬌豔,以及花開即將結子的新婚景況。這就是取譬比喻之法。興的問題較為複雜,或視為比喻之一類,或說是象徵,或說可無端起興。但無論如何,都是聯類性的思考,而且所聯之類乍看根本毫無關係。像「關關雎鳩,在河之洲」那般,河上沙洲的鳩,相互鳴叫著,本來跟底下要說的「窈窕淑女,君子好逑」毫無關聯,可是藉此起興,想頭橫空而來,卻構成了彼此特殊的意義關係,此即為興。宛若兒童遊戲時,一霎時興高采烈起來,折楊柳為馬鞭、堆沙土為城堡,宇宙滙會、觸手牽連,結合湊對到一塊兒。此物彼物,揑合作對,若有意,似無情,又無端,又有趣。正如「孔雀東南飛,五里一徘徊」,下竟接廬江小吏夫妻分離之故事,這其間的審美性質、創造思維,豈理性推論、定義界屬云云所能臻哉?

第十講　抒情：氣感愉悅的世界

風氣聲樂以生萬物
聲歌舞踴以成君子
君子興詩感情成樂

一、風氣聲樂以生萬物

五四運動後，對中國哲學的解釋都強調理性精神。故對漢儒陰陽五行之說頗多非議，並認為經典中陰陽氣化的講法都是後起的，出於戰國晚期，篡亂或偽造於早期典籍中。

這樣的解釋，方向完全弄錯了。氣，才是商周時期最重要的存有學概念。當時人認為一切物類及整個宇宙，都充滿著「氣」，一切的生成變化與感應溝通也都是因氣使然。氣動則成風，風動才有聲音。一切動植物，包括人類，其化生及感動，同聲相應、同氣相求，莫不由氣。

為什麼會這麼認為呢？一點也不奇怪，人本來就得靠呼吸才能存活，一息尚存的仍有生命，若沒氣了，生命也就結束了。所以生本於氣，氣也充塞於天地之間。如《黃帝內經・素問》論到生理病理時，即貫穿著「生氣通天」的道理。謂上古「真人」能呼吸「精氣」，故能長生得道。而真正能從實際生活環境中養生的聖人則是：「處天地之和，從八風之理，適嗜欲於世俗之間，無恚嗔之心。」為什麼說八風？因為氣動則成風，人體的氣與自然界「風氣」的運行相通。能順應者乃得健康快樂，乖逆則病苦。該文雖不可能真是黃帝時的文獻，但這種宇宙觀、生理心理觀，卻是古代中國音樂、詩歌、文學，乃至一切思想的基本觀念。

《易・繫辭傳》說：「故火水相逮，雷風不相悖，山澤通氣，然後能變化，既成萬物也。」又說：「精氣為物。」宇宙依氣化而生成萬物，氣的變化、運動就是風。故氣是就存有的性質說，風是就它的活動說。

風動則有聲，聲律就是風動狀態的顯示。動的狀態不同，聲律也就不同。因此，論氣化又常關聯於聲律說，聽聲律，即可以知風動的狀態、風的變化。氣動而生風，風動有聲，聲律感人，人又以氣相應。所以《荀子・樂論篇》說：聲可感人，氣應聲而「成象」。所謂「成象」，應該即是形於舞蹈音樂歌詩之類，亦即風之狀態藉著歌詩舞踴表現出來。

《呂氏春秋・音律篇》對此說得更明白：「天地之氣，合而生風，日至則月鍾其風，以生十二律。」又說：「天地之風氣正，則十二律定矣。」〈音初篇〉還說：「凡音者，產乎人心者也。感於心則盪乎音，音成於外而化乎內。是故聞其聲而知其風，察其風而知其志，觀其志而知其德。」《禮記・樂記》論音樂的發生：「凡音之起，由人心生也。人心之動，物使之然也。感於物而動，故形於聲。聲相應，故生變；變成方，謂之音；比音而樂之，即干戚羽旄，謂之樂。」接著更據〈繫辭傳〉而推演說：「地氣上齊，天氣下降，陰陽相摩，天地相盪，鼓之以雷霆，奮之以風雨，動之以四時，暖之以日月，而百化興焉。如此，則樂者，天地之和也。」天地氣運，生各種風，形成各種聲律。人與天地萬物，因同氣相感，故聞其聲而知其風。《易》有云：

> 風行天上，小畜，君子以懿文德。
>
> 風行地上，觀，先王以省方觀民設教。
>
> 風自火出，家人，君子以言有物而行有恆。
>
> 天下有風，姤，後以施命誥四方。
>
> 隨風，巽，君子以申命行事。

君子要觀風、觀樂，以知吉凶，以「察其風而知其志，觀其志而知其德」。《易經》本身的卦爻辭就是如此的。所以觀風就可以具有觀風化、風動、風教的意涵，具有倫理意義。

另外，因古人相信充滿天地萬類的氣分布各方鄉土，其風氣自亦有異。這各地不同的風氣，生出不同的音樂，便叫作土風。《左傳》成公九年（前五八二）記載楚囚鍾儀撫琴「操南音」，范文子說他：「樂操土風，不忘舊也。」應用於歌詩，便叫作國風，如《詩經》中的各國國風。而個別作者所作的詩，也可稱為風，如〈大雅・崧高〉說吉甫之詩「其風肆好」。

這些音樂、詩歌都由風氣鼓動感人而生，也就可以動人、感人、教化人、諷刺人，甚至還可以「動天地，感鬼神」。因為天人同氣，故亦可以共感。這都是從氣充滿宇宙、天人交感、天人合一的觀念發展出來的講法。

風的意義，還不只於此，更與性和生殖有關。因為前文說過，宇宙因氣化而生萬物，氣之運動變化就是風，故風與生同意相關。試看〈國風〉中許多詩就以戀愛和婚姻為說。其實早期所謂「風化」和「風俗」諸詞語，本來也就包含有這種意義。俗字從人從谷，前人早已有釋為人欲之所趨的說法。後世所謂「有傷風化」，也於無意中保留著「風化」的初義。餘如「風月」、「風流」、「風騷」、「風情」等後起的詞彙和涵義亦然。

風有性誘惑的意思，更是見於很早的記載，如《易經》蠱卦辭「蠱，元亨而天下治也」，蠱就是風誘之意。《左傳》僖公十五年記卜徒父對晉侯問蠱卦時就說：「蠱之貞，風也。」《尚書・費誓》曰「馬牛其風」，賈逵注：「風，放也，牝牡相誘謂之風。」《左傳》僖公四年（前六五六）曰「唯是風馬牛不相及也」，杜預注引賈逵、服虔疏意同。《呂氏春秋・季春之月》：「乃合累牛騰馬，游牝於牧。」注曰：「累牛父牛也，騰馬父馬也，皆將群游從牝子牧之野風合之。」風字亦是牝牡相誘之意。

後來俗語說男女「爭風吃醋」，風字也仍是這個意思。風有這種意義，是因古人相信生命乃是由風來的。例如《黃帝內經・素問》第五〈陰陽應象大論篇〉以氣與陰陽論人身的生理和病理，便說：「東方生風，風生木，木生酸，酸生肝，肝生筋，筋生心。肝主目。其在天為元，要人為道，在地為化。化生五味，道生智，元生神。神在天為道，在地為木。」在〈氣交變大論〉裡也用氣之變動或「氣化」來解釋生理和病理，說：「東方生風，風生木，其德敷和，其化生榮，其政舒啟，其令風，其變振發，其災散落。」

這雖然可能已是晚周的記載，但應本於很早的傳說。因為在《周易》姤卦〈象傳〉中就曾說：「天下有風，姤。」姤一作遘，當即媾字，姤卦辭云：「女壯，勿用取女」，本來就是為婚媾而卜。又如《太平御覽》卷九引《易通卦驗》說：「八風以時，則陰陽變化道成，萬物得以育生。」《春秋考異郵》也說：「風之為言萌也。」《大戴禮・易本命》引孔子曰：「二九十八，八主風，風主蟲，故蟲八月（日）化也」。《淮南子・墬形》略同。此雖漢人之說，然猶存古義，與《尚書》、《左傳》風馬牛之說相彷彿。〈詩大序〉說風，似乎不脫此義，故〈國風〉由正夫婦講起。夫婦之風正，推而廣之，其他各種風教風化風俗亦正，天下就太平了。

至於風正或不正，聽音樂就可以明白，故〈詩序〉云：

〈關雎〉，后妃之德也，風之始也。所以風天下，而正夫婦也。故用之鄉人焉，用之邦國焉。風，風也，教也。風以動之，教以化之。詩者，志之所之也，在心為志，發言為詩。情動於中，而形於言。言之不足，故嗟歎之。嗟歎之不足，故咏歌之。咏歌之不足，不知手之舞之，足之蹈之也。情發於聲，聲成文，謂之音。治世之音，安以樂，其政和。亂世之音，怨以怒，其政乖。亡國之音，哀以思，其民困。故正得失，動天地，感鬼神，莫近於《詩》。

二、聲歌舞踴以成君子

以上是對風、氣、聲、樂這些觀念的綜合描述。另有一些應再予說明之處，以下分別討論。

1. 精神

由風發展出，或者說是與風相關聯的另一些觀念還有許多，例如「精」、「神」就是重要且對後世影響深遠的。

風與神有關，早在甲骨文中便有明確的記述：

貞：羽癸卯，帝其令鳳（風）？（《合》一九五）

羽癸卯，帝不令鳳（風）？夕霧。（《乙》二四五二）

於帝史（使）鳳（風），二犬？（《遺》九三五）

貞：帝鳳（風）？（《鐵》二五七・二）

辛未卜：帝鳳（風）？不用。雨。（《佚》二二七）

前三例中之「帝」均指天帝，為殷人信仰中之至上神，萬物之生命與靈魂的賜予者。風或鳳（同義字，商民族自認是鳥的後裔）作為帝之使者，負責為天帝傳播生命於萬物。《莊子》所說：「生物之以息相吹也」亦指此意。

這是以風為神所使令的。風吹拂大地而萬物以生，即如神力創育天下。神不可見，可見者是風。風生水起，萬物憑之。因此，中國神話中有一種「元氣剖判」創世說，即可視為風化創世觀的較抽象表達。《老子》第二十一章所云「道之萬物……其中有精」，第三十四章所云「大道泛兮，其可左右。萬物恃之以生」，也均可與風化創世觀相通。老子形容道之創生功能的這個「泛」字，其實正是與「風」通訓的（劉熙《逸雅》說：「風，泛也。其氣博泛而動物也」）。中國神話中風化創世故事雖不甚完整，但風化創世的觀念卻隨處可見。《莊子・天運》中便有這樣的說法：「夫白鶂之相視，眸子不運而風化。蟲雄鳴於上風，雌應於下風而風化。類自為雌雄，故風化。」

這裡所說「風化」的三種形式均是無性生殖，這同「聖靈感孕」的單性生殖實質是一樣的。雌與雄之間並無肉體上的結合卻能受孕生殖，風之媒介作用在這裡顯然至關重要。可知「牝牡相誘謂之風」的古訓淵源有自。漢字「風」為何從「蟲」，也當由此風化故事去理解。《說文》說「風」是：「風動蟲生，故蟲八日而化。從蟲，凡聲。」王充《論衡》也說：「夫蟲，風氣所生。倉頡知之，故凡、蟲為風字。取氣於風，故八日而化。」蟲是各種生物的代稱。風動蟲生，就是說風動而萬物化生，物皆取氣於風，因風而有生氣。此風由神所出，或代表著神。這是風與神的關聯。後世也有結合為「風神」用以形容人的精神生命狀態，如說某人風神俊朗之類。

精，則如《老子》說的：「其中有精」。這個觀念，是由風所代表的牝牡交合生化萬物意義中轉出的。牝牡交合，要能化生後裔，必須其中有精。精，就是生命的元素。後世講「精、氣、神」，教人藏精養氣以保命，都本於這一觀念。《難經・第三十六難》：「命門者，諸神精之所舍，元氣之所繫也」，則說明命門是全身精氣和神氣所在之處。

2. 聲教

我們至今還常用「聲氣相通」這個詞來說人與人之間頗有關係。而聲與氣本來就是相通的，古人亦本於此而發展出「聲教」，重視聲音在溝通神人、協和百姓方面的作用。《禮記・郊特牲》曰：

> 有虞氏之祭也，尚用氣、血、腥、焰，祭用氣也。殷人尚聲，臭味未成，滌盪其聲，樂三闋，然後出迎牲。聲音之號，所以詔告於天地之間也。

祭用氣，其後繼之以聲。聲為什麼可以告於天地之間呢？古有伏羲氏作瑟，造駕辯之曲（《楚辭・大招》王逸注）的記載，有夏禹之子啟從天神處帶回〈九辯〉、〈九歌〉（《山海經・大荒西經》）的說法，也有黃帝時伶倫定樂律，造作十二律管的傳說（《呂氏春秋・仲夏記・古樂篇》）。這些都表明音樂能夠溝通聖俗二界並維繫神人關係。

方玉潤《詩經原始》認為〈那〉：「全詩詞意與周之〈有瞽〉備舉諸樂以成文者，亦復相類。第彼以作樂合祖，『永觀厥成』，是樂之終；以此聲音詔神，冀其來享，是樂之始。」又引陳祭泰語說：「商人尊鬼而尚聲。聲者，所以詔告於天地之間。聲召風，風召氣，氣召神。懼其雜而集焉，則有湯孫之思矣。思者，氣之精者也。鬼神非其類也，不至；心有精氣而藉聲以召之，神無不格矣。」陳氏講得很好。聲召風，風召氣，氣召神，在風聲神氣的關聯中，殷人尊鬼而尚聲才顯得那麼自然。

到了周朝，這種情形亦無改變，仍是以聲教。只不過，聲教的內容，從宗教擴及到了教育（教這個字本來就兼有這兩種意涵），一方面以聲樂致鬼神，一方面以聲樂教國子。《周禮．春官》中的大司樂之職，即掌此工作：「以樂語教國子，興、道、諷、誦、言、語。以樂舞教國子，舞〈雲門〉、〈大卷〉、〈大咸〉、〈大磬〉、〈大夏〉、〈大濩〉、〈大武〉。以六律六同五聲八音六舞大合樂。以致鬼神，以和邦國，以諧萬民……。」

擔任這些工作的，是一批盲人。其中，「瞽矇」的職司是音樂與詩歌的整理及其教育。關於宗教禮儀方面的活動，由盲樂官的首長「大師」主持，其狀況據〈春官〉所述，大抵如次：

大師，掌六律六同以和陰陽之聲。……皆文之以五聲：宮、商、角、徵、羽。皆播之以八音：金、石、土、革、絲、木、匏、竹。教六詩：曰風、曰賦、曰比、曰興、曰雅、曰頌。以六德為之本，以六律為之音。大祭祀。帥瞽登歌，令奏擊拊。下管播樂器，令奏鼓朄。大饗，亦如之。大射，帥瞽而歌射節。大師執同律以聽軍聲而詔吉凶。大喪，帥瞽而廞作柩謚。凡國之瞽矇正焉。

另外《禮記．文王世子》講到國家級教育體制時也有「禮在瞽宗，書在上庠」之說。鄭注：「瞽宗，殷學名。上庠，虞學名。」又《禮記．明堂位》在排比三代官學之名稱時亦云：「米廩，有虞氏之庠也。序，夏後氏之序也。瞽宗殷學也。泮宮，周學也。」鄭注：「瞽宗，樂師瞽蒙之所宗也。古者有道德者使教焉，死則以為樂祖，於此祭之。」鄭注依據的是《周禮・春官・大司樂》中的說法：「大司樂掌成均之法，以治建國之學政，而合國之子弟焉。凡有道有德者，使教焉，死則以為樂祖，祭於瞽宗。」注曰：「道，多才藝者。德，能躬行者。若舜命夔典樂教冑子是也。死則以為樂之祖，神而祭之。鄭司農云：『曹，樂人，樂人所共宗也。或曰：祭於瞽宗，祭於廟中。』」

從這些追述中不難看出，我國最初的國家教育體制，是以盲樂師為中心的非文字傳授的詩歌禮樂之教。這些人，不僅是宗教知識的傳授者，本身亦是以音聲為手段，溝通神人、調節宇宙秩序與社會秩序的聖者。他們生前是神的代言人，死後則被進一步神化，獲得「瞽宗」或「神瞽」之稱。這種名稱在殷商時代又成了宗廟和學校的代稱。周雖不用瞽宗稱呼學校，但瞽者的地位與作用並無不同。

3. 聲歌與聲訓

也就是說，孔子所希望的以詩、禮、樂三方面的教養而達成的人格培育，在早期原本就是由盲瞽推動的聲教。因古時候詩樂不分、禮樂亦不分，故詩、禮、樂三者原為一個統一體，即由非文字的語音符號（詩歌）、音樂符號（樂）和身體動作符號（舞↓禮），綜合表現出來的宗教活動和教育方式：「凡國之小事用樂者，令奏鐘鼓。凡樂成，則告備。詔來瞽皋舞。及徹，帥學士而歌徹。令相。」（《周禮・春官》）

宗教與教育之外，盲人在朝政上也占有重要地位。其職能之一即主持王政禮樂，據《周禮・春官・敘官》說：「大師，下大夫二人；小師，上士四人；瞽矇，上瞽四十人，中瞽百人，下瞽百有六十人；眡瞭三百人。」鄭注：「凡樂之歌，必使瞽矇為焉。命其賢知者以為大師、小師。」自大師至下瞽皆為王朝樂官，規定人數共達三〇六人，另外有三百人之眾的眡瞭，也就是專為輔助盲樂師們而設的視力正常的助手，合起來總共的六〇六人。人數如此眾多，足以顯示實際政治行為中禮樂儀制的重要性，與後世禮樂為裝飾而無足輕重的情況，實有天淵之別。

正因在禮樂政治中，禮官、樂官並不是儀式性的，均有實質政治權力的功能，故《國語・周語》說：

故天子聽政，使公卿至於列士獻詩，瞽獻曲，史獻書，師箴，瞍賦，矇誦，百工諫，庶人傳語，近臣盡規，親戚補察，瞽史教誨，耆艾修之，而後王斟酌焉，是以事行而不悖。

這裡說的是天子聽政的多種渠道。十二種信息諮詢渠道之中，由盲官主持的就多達五種：瞽獻曲、師箴（師亦為盲官）、瞍賦、矇誦和瞽史教誨。瞽者近乎參謀或師父的地位。

同類的記載很多，《國語・晉語》引范文子語：「吾聞古之王者政德既成，又聽於民。於是乎使工誦諫於朝，在列者獻詩……。」這裡的工便多是樂工、瞽矇。又《楚語》引衛武公所言在朝者「誦志而納之以訓導我」一段後說：「……倚几有誦訓之諫，居寢有褻御之箴，監事有瞽史之導，宴居有師工之誦，史不失書，矇不詩誦，以訓御之。」《左傳》襄公十四年也說：「自王以下，各有父兄子弟以補察其政：史為書，瞽為詩，工誦箴諫，大夫規誨，士傳言，庶人謗。」《漢書・賈誼傳》說：「瞽史誦詩，工誦箴諫。」賈誼《新書・保傅》說：「天子有過，史必書之，……於是有進膳之旌、有誹謗之木、有敢諫之鼓，瞽史誦詩，工誦箴諫……」凡此諸說，都顯示了瞽者在匡輔王政時的作用。

瞽矇作為「聲教」（語出《尚書・禹貢》）的主要運作者，以有韻的或合樂的歌詩傳播禮樂教化，自殷之瞽宗至漢之樂府，一千多年間不斷。這對於我國詩歌普及且持久流行，實在是功不可沒。中國文學從開始就側重在抒情文學方面，而敘事性的散體文學則相對晚熟，亦與此有關。劉師培說：「歌謠而外，復有史篇，大抵皆為韻語。言志者為詩，記事者為史篇。史篇起源，始於倉聖。周官之制，太史之職，掌諭書名。而宣王之世，復有史籀作《史篇》。書雖失傳，然以李斯〈倉頡篇〉、史游〈急就篇〉例之，大抵韻語偶文，便於記誦，舉民生日用之字，悉列其中。……蓋古代之時，教曰聲教，故記誦之學大行，而中國詞章之體，亦從此而生。詩篇以降，有屈、宋楚詞，為詞賦家之鼻祖」，即講此事。

聲訓之例，亦肇端於聲教全盛之時。王先謙《釋名疏證補敘》說：「流求佴貳，例啟周公；乾健坤順，說暢於孔子。仁者人也、誼者宜也，偏旁依聲以起訓；邢著佣也、佣者成也，展轉積聲以求通。此聲教之大凡也。寖尋乎漢世，間見於緯書，韓嬰解《詩》、班固輯論，率用斯體。宏闡經術，許鄭高張之倫，彌廣厥指。逮劉成國之《釋名》出，以聲為書，遂為經說之歸墟，實亦儒門之奧鍵已。」

聲訓，就是利用聲音尋找意義關聯，例如：《易．序卦》：「蒙者，蒙也；比者，比也」，這是以本字釋本字；《易．說卦》曰：「乾，健也，坤，順也」，這是以音近字作解釋；《易．彖卦》曰：「咸，感也」、「夬，決也」、「兌，說也」，則是以聲母與形聲字互釋。這都叫聲訓，是我國釋義學中一個主要方法。

這種歌詩傳統與釋義方法傳統，均由殷周「聲教」所開，在後世文字系統越來越占優勢的時代，仍持續發揮著作用。

4. 詩教

聲教希望培養出什麼樣的人呢？什麼聲才是最好的呢？

《孔子家語・辯樂》云：「夫先王制音也，奏中聲以為節，流入於南不歸於北。夫南者生育之鄉，北者殺伐之城，故君子之音溫柔居中，以養生育之氣。憂愁之感，不加於心也，暴厲之動，不在於體也。夫然者，乃所謂治安之風也。小人之音則不然，亢麗微末，以象殺伐之氣。中和之感，不載於心，溫和之動，不存於體。夫然者，乃所以為亂之風。昔者，舜彈五弦之琴，造南風之詩，其詩曰：『南風之熏兮，可以解吾民之慍兮；南風之時兮，可以阜吾民之財兮。』唯修此化，故其興也勃焉，德如泉流，至於今王公大人述而弗忘。殷紂好為北鄙之聲，其廢也忽焉，至於今王公大人舉以為誡。夫舜起布衣，積德含和，而終以帝。紂為天子，荒淫暴亂，而終以亡，非各所修之致乎？」這段論述，主要是在說明中聲價值之高及其影響力之大。中聲乃和諧之音。和諧之音，可以養成人溫柔敦厚的氣質，使人心中不存憂傷之感、行動不現暴戾之氣。人民有如此修養，社會才有安和氣象。

「君子之音，溫柔居中」，意謂氣以中和為貴，君子以溫柔為德。這就是好音與好人、好性情的標準。這個標準，在《禮記・經解》中曾被歸入「詩教」，視為詩教的功能。

而詩在那個時代是與樂分不開的。因先王制樂，奏中聲以為節，故歌詩、誦詩者才會因此而產生陶冶情性的作用，逐漸溫柔敦厚起來。孔子曰：「入其國，其教可知也。其為人也，溫柔敦厚，《詩》教也。……《詩》之失愚……其為人也，溫柔敦厚而不愚，則深於《詩》者也。」孔穎達《禮記正義》對溫柔敦厚的解釋是：「溫謂顏色溫潤，柔謂性情和柔。《詩》依違諷諫，不指切事情，故曰溫柔敦厚是《詩》教也。」

《詩》本身就經常強調柔德，如〈崧高〉說：「申伯之德，柔惠且直。揉此萬邦，聞於四國。」柔德是柔，揉也是柔。孔疏：「申伯以柔直之德揉服萬邦不順之國，使之皆順，其聲譽聞達於四方，是申伯之德實美大矣。」又〈烝民〉云：「仲山甫之德，柔嘉為則。令儀令色，小心翼翼，古訓是式，威儀是力，天子是若，明命便賦。」又〈小雅・桑扈〉四章：「兕觥其觩，旨酒思柔。彼交匪敖，萬福來求。」鄭箋：「古之王著與群臣燕飲，上下無失禮者，其罰爵徒觩然陳設而已。其飲美酒，思得柔順中和與共其樂，言不忼敖自淫恣也。」這些詩句，都強調柔，以柔為君子之德。

《詩經》在這方面表現明顯，讀詩也更易令人濡染這種柔惠柔和之風，因為詩本身就是可使人優游善入的。但其他經典其實一樣提倡柔德，如《尚書・舜典》言「文明溫恭」及〈無逸〉言「徽柔懿恭」均是。此外如《禮記・曲禮》：「君子恭敬撙節，退讓以明禮。」〈樂記〉：「恭儉而好禮。」《孝經》：「若夫慈愛恭敬。」《論語・學而》：「恭近於禮。」《論語・季氏》：「貌思恭。」《國語・魯語》下：「陷而入於恭。」注：「謙為恭。」《周語》中：「夙夜恭也。」《荀子・解蔽》：「仁者之思也，恭。」《論語・學而》：「夫子溫良恭儉讓以得之。」《孟子・滕文公上》：「賢君必恭儉禮下。」《荀子》一書引《詩》，僅「溫溫恭人」、「溫恭朝文」和「溫其如玉」等詩句的就有〈大略〉、〈法行〉、〈不苟〉、〈非十二子〉、〈君道〉五篇。其〈法行篇〉還提出衡量君子的標準：「夫玉者君子此德焉，溫潤而澤，仁也。」〈修身篇〉亦云：「人無法則倀倀然，有法而無志其義則渠渠然，依乎法而又深其類，然後溫溫然。」《爾雅・釋訓》：「晏晏、溫溫，柔也。」〈儒行〉：「溫良者，仁之本也。」《禮記・文王世子》：「恭敬而溫文。」《禮記・內則》：「必求其寬裕慈惠，溫良恭敬，慎而寡言者使為子師。」溫、良、恭、謙、和、讓，也都屬於柔德，與柔字往往互文見義或連結成詞。

敦與厚，也是同義字結合成詞。《邶風・北門》：「王事敦我。」毛傳：「敦，厚也。」《周易・艮卦》「上九敦艮，吉。敦艮之吉，以厚後也：」疏：「敦，厚也，上九居艮之極，極，止者也。在上能用敦厚以自止，不陷非妄，宜其吉也。」《左傳》成公十六年：「民生敦庬，和同以聽。」注：「敦，厚也。」《禮記・曲禮上》：「敦善行而不怠。」注：「敦，厚也。」均可見敦與厚連言，猶溫柔連言，是同義詞的組合。合成敦厚這個詞，是用來指稱某種人格特徵的。《老子》第十五章：「古之善為士者……敦兮其若樸。」

這種溫柔敦厚的人，一般就稱為君子。所謂君子，一為古代統治者（天子、諸侯、卿大夫）和一般貴族男子的通稱，二為有高尚道德的人。也有女子稱鍾情的男子，如〈鄭風・風雨〉曰「既見君子，云胡不夷」，或詩人自稱，如《小雅・四月》曰「君子作歌，維以告哀」。基本上以前二說為主，與「大人」義相近，也是指居尊位者和有道德者，如「謙謙君子」、「君子夬夬」、「君子以赦過宥罪」、「君子以非禮弗履」、「君子以虛受人」、「君子以行過乎恭」等。《左傳》一書中「君子」凡一三九見，其意義大致也有兩類：賢者、在高位者。《國語》中「君子」凡三十見，意義與《左傳》略同。這些文獻，都顯示了周代已將君子作為聖人之下的重要人格典範。君子本指居高位者，有地位，也有知識、有教養，又體面、又溫文有禮。因此「君子」一詞也就有了道德意涵。

稱讚君子德行的詞很多，但最主要的就是溫柔敦厚。其他一些詞彙，例如謙謙君子、其人如玉、溫文爾雅、彬彬有禮等，大抵也是相同的意思。

如今一說到溫柔，大家卻可能有一種女性化的聯想，認為是代表柔順服從的倫理態度。其實當時說君子溫柔敦厚時，往往具有尊嚴的意蘊，不單純是一種馴順服從、小心翼翼的奴性品質。因為對於「貌曰恭」（〈洪範〉）、「貌思恭」（《論語》），孟子就曾說：「恭儉豈可以聲音笑貌為哉？」恭是關聯著內在敬持於禮而有的態度，其內涵是敬、是守禮。柔的內涵是對人的仁愛。因有仁愛之心，故能待人寬裕慈惠，顯出柔德。這跟柔巽以媚人，完全是兩回事。

而且，這些君子本身就是居上位者，對於居上位著，才會要求他們恭、謙、溫、厚、儉、惠。到了戰國，「君子」也可能用來要求一般士庶了，這時，就臣下而言，孟子即提出了「責難於君謂之恭，陳善閉邪謂之敬」的新講法。

再者，我們亦當注意：溫柔敦厚的溫柔，並不只是柔，乃是剛柔相濟以後的中和狀態。試看〈烝民〉五章：「人亦有言：柔則茹之，剛則吐之。維仲山甫，柔亦不茹，剛亦不吐。不侮矜寡，不畏強禦。」君子其實是柔亦不茹，剛亦不吐，不偏於剛也不偏於柔的。正如他不偏於文也不偏於質，是文質彬彬的。這種中和，不偏剛柔、不偏文質的狀態，又叫柔又叫文，例如說此人溫文爾雅，講的是文質彬彬，而非文勝於質。說君子溫柔敦厚，也非柔而不剛。有些人搞錯了，一味柔巽敦厚，變成笨頭笨腦，所以說「詩之失也愚」。

5. 師儒

柔又與儒有關。《周禮・地官・大司徒》有「師儒」之稱，鄭注：「師儒，鄉里教以道藝者。」孫詒讓《正義》以為此師儒即〈天官・大宰〉中之師儒。《周禮・天官》敘大宰之職：

以九兩係邦國之民：一曰牧，以地得民；二曰長，以貴得民；三曰師，以賢得民；四曰儒，以道得民……

鄭注：「師，諸侯師氏，有德行以教民者。儒，諸侯保氏，有六藝以教民者。」劉臺拱云：「師即禮經所謂先生，鄭注云『古者年七十而致仕，老於鄉里，大夫名曰父師，士名少師，而教學焉』是也。儒即禮經所謂君子，鄭注云『有大德行不仕者』是也。」俞樾說：「師者，其人有賢德著也。儒者，其人有技藝者也。《說文．人部》：『儒，柔也，術士之稱。』是古謂術士為儒。凡有一術可稱，皆名之曰儒，故有君子儒、小人儒之別。此經所謂儒者，止是術士耳。以道得民者，道亦術也。《國語》曰：。『過五日，道將不行。』韋注曰：『道，術也。』儒以道得民，謂以道術得民也。」

儒為什麼稱為儒？儒又源於什麼？源於巫、源於史、源於相、源於師、源於司徒……他們各有說法，但不管如何，儒的道術與柔德有關是無爭議的。

有人說儒這個字源出於腝。《說文．腝部》：「腝，面和也。從百從肉，讀若柔。」此字即柔字，《爾雅．釋訓》曰：「戚施面柔也。」《釋文》曰：「和顏悅色以誘人，是謂面柔也。」本指面和，引申之，則泛謂和，指和顏悅色之柔。和柔正是儒家思想的特徵。或者說，在周朝的師儒們，透過詩禮教化，想要讓人成為溫文有禮的謙謙君子，把人原始的氣性、質野不文的生命狀態「揉服」一番，使之柔化，有溫良敦厚之德。後來孔子及儒家後學主要即繼承並發揚了這個傳統。

三、君子興詩感情成樂

總而言之，聲教詩教，是以樂語樂舞讓人在精神上感到和樂，以改善其才性，令其成為溫厚謙和、有教養的人。

這在思想史上就有兩個特點值得注意。一是整個教育之目標，是讓人成為有德行的君子人。但這種成德之教，是由感入，而非理入，是以樂音聲詩，令人於「興發感諷」中潛移默化，而非通過理性的討論、辯難、教誨。這與希臘蘇格拉底、柏拉圖、亞里士多德等人所採用的「言辯證成」教育方式迴然異趣。瞽師根本不識字，其教化亦不用言語。真理不賴言語發聲，反而是話語有賴於聲音之啟迪。必經由詩樂聲教，人才懂得說話、會說話。故後來孔子說：「不學詩，無以言。」

另一個特點，是成德之教與成樂是合一的，即孔子所說「興於詩，立於禮，成於樂」。成於樂，人的德行也就成了。為什麼成德與成樂是合一的？美與善的合一，是周朝禮樂文明所追求達致的最高目標，孔子所稱羨的「郁郁乎文哉」之文，即顯示在韶樂的洋洋乎、蕩蕩乎之中。可是此種美善合一之境，非由善成，乃由樂成。非由挺立道德主體、刻苦道德實踐、彰發道德理性等方式來，而是由興於詩漸至成於樂的，故是從美這一方面去達成美善合一（當代新儒家牟宗三先生曾指出：審美判斷不能開美善合一之境；唯挺立道德主體，攝美歸善，才能以善統美，開出美善合一之境。這是牟先生之偏見，非周朝禮樂文明興詩成樂之道）。

1.興於詩

興字本義訓舉、起，本來讀作平聲，後來衍生了譬喻的意思，也衍生了與譬喻相應的作去聲的讀音。其本義源於宗教祭祀活動中精神、情感乃至祭祀器具的上舉升騰。甲骨文興字即象人在宗教祭祀活動中及巫覡在通神時的那種極度興奮、迷狂的狀態。

這種宗教祭祀的體驗，至少有幾種特徵：⑴合一性。在這種神祕體驗中所有界限（人我、人神、天界人界）都打破了。⑵不可言說性。神聖內在之體驗難以言詮。言說，特別是分析性的語言，是以意識具備區分能力和對象具有可區分性為基礎的。但在神聖體驗中，意識喪失了區分事物的能力，因而神聖體驗的意識無法理智地言說，神聖體驗中的事物也不具備可區分性，所以即使意識最終擺脫了神聖體驗狀態（比如說在祭祀完畢回到日常狀態之後），也無法言說神聖體驗。⑶愉悅性。在這種體驗中有一點是十分明白的，那就是愉悅。所有的神聖體驗都會伴隨著極度的興奮、愉悅甚至崇高感。這就是興。

興基本是情感的感動感發，所謂興發。後來論興者，無論解釋為何，大抵均能掌握這個涵義，例如賈島《二南密旨》說：「興者，情也。謂外感於物，內動於情，情不可遏，故曰興。感君之德政、廢興，而形於言。」王安石《詩義》卷一說：「以其所類而比之，謂之比；以其感發而況之，謂之興。」

興既是情的感發，其起興與感發便非完全有理路可循，因其原不由理性推求考索而得。從「關關雎鳩，在河之洲」到「窈窕淑女，君子好逑」，從「南有樛木，葛藟累之」到「樂只君子，福履綏之」，從「桃之夭夭，灼灼其華」到「之子于歸，宜其室家」（以上三例俱見〈周南〉），均是感興。若有意，似無關，其關聯亦在情之聯繫而非理之推證。

興最重要的表達場域，當然是聲詩。整個音樂，予人之體會，即是興發，而非告知，故孔子說「興於詩」。但不只詩才有興、不只詩中感興是如此，興其實存在於整個人文活動中，《詩》、《易》、《春秋》都是興。

「《春秋》之辭多況」（《春秋繁露・楚莊王》），本來就多譬況，而從經文到傳文，也是一種興發活動。這種現象與《詩經》的興其實性質相同。至於《易》，清朝的章學誠曾說：「《易》辭通於《春秋》之例。」《周易》卦爻辭本身也都是像《春秋》一般，是完整的句子，其中也有吉凶等價值判斷。解讀《周易》的人見了整句的卦爻辭之後，這些語詞所描述的事物意象即引發人對處事之道的聯想與體悟。這大體上也是解讀《春秋》的情形。而且，《春秋》三傳中整段的文字也可藉由歷史教訓使人奮發興起，這種情形可以拿章學誠所說的「戰國之文，深於比興，即其深於取象者也」來相互印證。所以，如果對《詩》、《易》、《春秋》三教的興發活動作個綜合比較，則我們可以說《詩》的興句以及《易》的卦象與卦名乃以具體形象為內容，而《易》的卦爻辭以及《春秋》經傳的語句與文本乃以行動實踐為內容。據此而言，興於詩，其實又具有方法論之意涵，經傳之構成或意義之傳釋與理解，主要就是以興於詩的方法來達成的。

2. 感於情

「興發感諷」相對於「言辯證成」，一為感入，一為理入，顯示了中國人一般思想傾向中其實更重視情感。我們說凡事應情理法兼顧、做人要有情義、做事不能不合情理、要通情達理，情都在前。

非僅尋常處世如此。在中國哲學中，人就都被視為知情意統一的整體存在，而且知情意之中，傳統哲學最關注的是情而不是知或意。就是說，情感因素在傳統哲學中占有極其重要的地位，或者說傳統哲學具有強烈的情感色彩。從比較哲學的角度看，甚至可說西方哲學是理智型哲學，而中國哲學則是情感型哲學。

西方哲學一向被界定為「愛智」之學，情感與理智兩分亦由來已久，哲學主要討論智理性，而不太重視情感。康德在討論道德形上學時，才提到情感問題，乃因批判倫理學上的快樂主義和目的論而發。他所說的情，是指感性情感、道德情感、脾性等等，完全是作為經驗心理學的問題提出的。且他認為這樣的情感，包括道德情感，都不能成為道德形上學的基礎或根據，因其缺乏客觀的普遍必然性。他提出意志自律與意志自由，作為普遍必然的「基準」或「設準」，作為道德形上學的命題，至於意志自由如何可能，是思辨理性的問題，與人的心理情感亦無關係。

但周朝師儒聲教之學卻是建立在情感之上的。爾後孔子所說的孝與仁、孟子的「四端」說，亦均以道德情感為人性的根源。怵惕、戒懼、不忍人之心、敬、畏、慈、恕……都是感情而非思辨的。當下即有所感，如見孺子之乍入於井，何待思辨？

宋儒所說的，尋「孔顏之樂」也是一種道德情感的體驗，孔子的「求仁得仁」、顏淵的「不違仁」、孟子的「反身而誠」，就是這樣的體驗。為什麼要「反躬」、「反身」呢？因為它是生命所具有的，既是生命之源，也是生命之流，並不在身心之外，因此要體之於身、體之於心。這也是後來宋明儒家經常提起的話題，用朱熹的話說，就是「在自己身上著切體驗」。

體驗、體會、體味都是情感的投人、性情的陶冶，同時也伴隨著認識，其結果就會得到一種「樂」。這是自我內在體驗，不是一般的情緒感受。「樂」本是自家所有，正如王陽明說「樂是心之本體」時，是把情和知統一起來的，這種體驗是「為己」而不是「為人」的，即為了自家「受用」，正所謂「如人飲水，冷暖自知」。體驗作為陶冶性情、自我實現的重要方法，必須去掉「私情」。若「自私而用智」，則不能體會「萬物一體之仁」，亦不能享受到真正的樂。正因為中國哲學是如此把體驗心中之樂作為最高追求，所以孔子說「學之不如好之，好之不如樂之」，程顥說「學而至於樂則成矣」。學而至於樂，就是完成生命的體驗，得到情感的昇華，提高精神境界，享受到人生的樂趣。這其中的道理，闡明發揚、講說透闢，固然有待於孔孟以迄宋、明儒，如上所述，但基本原理早就表現於西周，後世只是繼續闡揚它罷了。

中國傳統哲學既是體驗之學，它的智慧也就是與體驗相聯繫的人生智慧，情感問題始終是它所關注的重要課題。無論美學體驗、道德體驗，還是宗教體驗，都離不開人情。王陽明說良知是「心之本體」，但又說良知是「真誠惻怛之心」。真誠惻怛之心或本心明覺之活動及作用，不僅僅是智的活動。良知雖是一種「知」，能知是非善惡，但是這種知既不是邏輯推理，也不是孤懸的「體知」，而是在應事接物、酬酢應對中實現其知，這裡情與理是合一的而不是二分的。因此後來宋明理學所說的「知覺」、「明覺」、「靈明」，都不是單純的知性之事，還包括情感活動、情感意識。孔子所說的仁、孝也一樣是以情為主的。

中國古代最早也最突出的倫理規範就是孝。周代的婚冠喪祭養老諸禮無不貫穿著孝的原則與精神。《論語・泰伯》：「子曰：禹，吾無間然矣。菲飲食而致孝乎鬼神，惡衣食而致美乎黻冕，卑宮室而盡力於溝洫。」可見孝不僅是子女對父母的一種特殊的倫理規範，而且可以擴展為整個晚輩對長輩的倫理規範（如孟子所說的：老吾老，以及人之老）、所有人倫規範（父義、母慈、兄友、弟恭、子孝），乃至人與非人（鬼神、祖先）之倫理規範。金文孝字上部像戴髮佝僂老人，蓋即「老」之本字；「子」攙扶之，會意。孝敬是一種情感，只有物質上的供養，沒有情感上的敬愛，不能算孝。所以孔子說：「今之孝者，是謂能養。至於犬馬，皆能有養，不敬，何以別乎？」（《論語・為政》）

孝以感情為內涵，仁也一樣。《論語・里仁》記載：「曾子曰：夫子之道，忠恕而已矣。」所謂忠恕之道是「己欲立而立人，己欲達而達人」（《論語・雍也》），或者說「己所不欲，勿施於人」（《論語・顏淵》)。忠有衷心、正直、誠敬等意思。《說文・心部》曰「忠，敬也」，段玉裁注：「盡心曰忠。」盡心即《中庸》所說的誠，故忠指的是內心的真實情感。恕，有仁愛、推己的意思。《說文・心部》：「恕，仁也。」所謂忠恕，即把自己內心真實的情感推及他人，此即為仁。

由情論仁孝，故孔子把真實情感看得比抽象的倫理規則還要重要。《論語・子路》記載：「葉公與孔子曰：『吾黨有直躬者，其父攘羊，而子證之。』孔子曰：『吾黨之直者異於是，父為子隱、子為父隱，直在其中矣。』」父親偷了別人的羊，對做兒子的來說，總是一件不體面的事情，做兒子的不願意父親的壞事被張揚出去，這是做兒子的真實情感。若做兒子的根據某一項道德規則而去揭發父親，從道德規則的角度來說，兒子做得對；但從真實情感的角度來看，兒子做得不妥。揭發父親的兒子看起來大公無私，似乎是一種「直」。但在孔子看來，由於這不是他的真實情感，所以不是直，而是「罔」，扭曲了真實的感情。

又《論語・公冶長》「子曰：『孰謂微生高直？或乞醯焉，乞諸鄰而與之。』」有人向微生高借醋，微生高沒有，而到鄰居那裡轉借。這在孔子看來也是不直的。雖然微生高盡力滿足別人的願望，也是美德，但微生高隱瞞了自己家裡沒有醋的實況，這種隱瞞本身就是不直的表現。可見孔子在面對真情實感與道德原則的時候，把前者看得比後者更重要。但這並不是說就不要講道德原則，而是一項道德原則如果在具體實施時與人的真實情感相牴牾，這項道德原則就有變通的必要。甚至可以說，孔子希望把所有的道德原則都還原到真實情感的基礎上。這一點與西方倫理思想相比，有極大的差異。西方多半強調道德原則至上，服從道德原則才是真正道德的表現。

3. 成於樂

由情來講道德，而不是以道德來克制、壓抑感情，是周文明的基本型態。因此「立於禮」是由「興於詩」始，而至「成於樂」終。禮本身就是本乎人情也用以宣達人情的。禮不是理，而是情的適當化。適當了，就能和樂。禮樂之所以常常並言，即由於此。

「樂之務在於和心，和心在於行適」（《呂氏春秋・適音》），感覺合適了，才會感到快樂，所以「適」本身也有樂的意思。《廣韻・昔韻》：「適，樂也。」適樂，所以於心中感到「和」。和，是矛盾對立諸因素相互作用後的真正和諧，如《國語・鄭語》記載史伯的話說：「夫何實生物，同則不繼。以它平它謂之和，故能豐長而物歸之。若以同裨，盡乃棄矣。」還說：「聲一無聽，物一無文，味一無果，物一不講。」諸音合會交錯，共同組成和諧的樂曲，聽起來才會令人快樂。所以和諧之中必含有矛盾、差異、不同；而諸矛盾、差異、不同又可以合組成一個和諧的境況，使人聞之深感和樂。

古人認為此種經由聞樂而得之樂，本身就是人快樂的基本狀態。快樂的樂與音樂的樂，因此而同是一個字。為什麼會這樣認為呢？

聽樂、奏樂之類審美活動不同於抽象的認識活動。抽象的認識活動可以不受具體情景的限制，比如一道數學題，不論什麼時間、什麼地點、什麼人、以怎樣的心情計算，其正確結果一致。但審美活動就不一樣了。審美是主體與對象於此時此地的交往，不能從「此時此地」中抽提出來（因為審美沒有確定的概念可以依附），而且審美不是為了實現某個外在的目的，其意義就在具體發生的審美過程。

在這種意義上，審美如同遊戲。人們遊戲並不是希望藉此得到什麼東西，而僅僅是參與遊戲而已，遊戲過程本身就是目的。故康德在《判斷力批判》中稱審美為「無利害的快感」，是一種無緣由的愉悅，內在情感的自然流露。他說：「為了判別某一對象是美或不美，我們不是把它的表現憑藉悟性聯繫於客體，以求得知識，而是憑藉想像力聯繫於主體。審美判斷因此不是知識判斷，也不是邏輯的，而是審美的。」在康德看來，愉悅是審美的本質。康德說愉快有三種：生理的、審美的、道德的。「在這三種愉快裡，只有欣賞美的愉快是唯一無利害關係和自由的愉快；因為既沒有官能方面的利害感，也沒有理性方面的利害趕來強迫我們去讚許。」無利害關係，表明審美愉快是沒有其他原因的直接而純粹的感情；自由，表明審美愉快是純粹的。它只是將一種純粹的愉快呈現出來，審美體驗只是體驗這種純粹的愉快。

在中國思想史上，儒、道兩家儘管有許多不同的地方，但以樂作為人內在情感的自然流露卻是一致的。整部《論語》，一開頭就講樂，學而時習之是樂，有朋自遠方來是樂，獨居而不獲人賞知仍要樂。但人如何能樂？儒家強調人心最本己的狀態是仁、誠，人在施仁、體誠時會有一種發自內心的愉悅，所以孔子說「仁者不憂」（《論語．子罕》），他自己就能做到「飯疏食飲水，曲肱而枕之，樂亦在其中矣」（《論語．述而》），並稱讚三月不違仁的弟子顏回說：「賢哉，回也！一簞食，一瓢飲，在陋巷，人不堪其憂，回也不改其樂。賢哉，回也。」（《論語．雍也》）孟子則認為只要誠就可以回到本然的「天人合一」；只要誠，內心就會充滿無限的喜悅，所以說：「反身而誠，樂莫大焉。」（《孟子．盡心上》）道家體道時會得到一種「至樂」、「天樂」，如《莊子．田子方》中借老聃之口，說「游心於物之初」就會「得至美而游乎至樂」。

在這樣獲得樂的情況中，審美愉悅，那種發自純粹的、最本原的情感而生的樂，既通人我，又合天人。這種合一的型態，亦是中國思想最特殊之處，與西方的人我關係、天人關係甚為不同。

人對世界有兩種基本關係：「天人合一」與「主客二分」。用海德格「在之中」的思想來說：一是指兩個現成的東西，其中一個在另一個「之中」。按照這種意義理解人和世界的關係，人就不過是一個現成的東西（人體）在另一個現成東西（世界）之中存在。在這樣的關係中，人似乎本來是獨立於世界的，世界似乎是碰巧附加給人的，或者說，是碰巧與人碰在一起的。兩者處於外在關係之中。海德格認為，西方傳統哲學中主客關係就是這樣的「在之中」關係：客體是現成的、外在的被認識著，主體是現成的、內在的認識者，兩者彼此外在。這樣的「在之中」就是主客二分式。

與這種模式相反的，是另一種「在之中」。不是一個現成的東西（主體）在另一個現成的東西（客體）之中，而是人「融身」在世界之中、「依寓」於世界之中，世界乃是由於人的「在此」而對人揭示自己、展示自己。人生在世，首先是跟萬物打交道（製造、辨理、使用、操作、疏遠、自衛等部是打交道的方式），而不事先進行認識。換言之，世界萬物不是作為外在於人的現成的東西而被人注視、認識，而是作為與人打交道、起作用的東西而展示出來。人在認識世界萬物之先，早已與世界萬物融合在一起，早已沉浸在他所活動的世界萬物之中。世界萬物與人之關聯跟它們打交道不可分，世界只是人活動於其中的世界。這樣的「在之中」，可稱之為天人合一式。大體說來，中國哲學是天人合一式的，西方傳統哲學是主客二分式的。

可是，人與萬物打交道，也仍可能具功利實用性或帶有各種目的。只有在純粹的審美愉悅中，人才能真正體會、體察在世諸物，與物合同、與物為一，因此，只有審美經驗中的「情景合一」才真正是人與世界的原初交融。用中國哲學的術語來說，這就是天人合一。所謂天，指的是世界。人與世界的交融不同於主體與客體的統一，原因在於這不是兩個獨立實體之間的認識論上的關係。它們雙方一向就是合而為一的關係。審美意識或意境，既非單方面的境，亦非單方面的情或意，而是人與世界、天與人一氣流通、交融合一的結果。達致此種結果時，禮成、樂成、仁成，德亦成矣。

第十一講　憂患：德業政治的擔當

天下：受命於天的帝國
革命：應順於民的政權
國家：參錯於家族的邦國
治國：異於家政的國務

一、天下：受命於天的帝國

上一講說詩可以興可以觀，這一講要談詩可以群可以怨。群，中西方在群體組織方面甚為不同，形成這些組織的歷史與觀念也都不一樣。

古代西方，由軍事首長、議事會和群眾大會構成的軍事民主制之氏族社會，在中國古代是見不到的。古希臘、羅馬諸部落聯盟沒有最高首腦，中國古代部落聯盟卻有最高首腦。西方部落聯盟會議之議事原則，乃由大家共同決議通過，中國古代的部落卻主要是由最高首腦決斷。因此中國古代部落聯盟首腦與西方古代部落聯盟之軍事首長大不相同。

中國古代部落或其聯盟的權力結構，基本是以首長為主的，西方古代部落聯盟的軍事首長卻不是，其權力要受到議事會和人民大會的多方制約。因此，最高軍事首長從來沒有成為聯盟的權力者，或最高權力中心。而中國古代的「帝」以及一大堆聖君傳說、明君信仰，卻表明了君主才是中國部落聯合體的最高權力者。

在以君為「首」、「領」的古代氏族部落社會中，看起來，社會乃是以血族組織為線索的分層組合，階層和血族是完全糾纏在一起的。堯、舜時，氏族部落（或稱酋邦、早期國家等）已有「百官」。夏代一些部族國又出現了「牧正」、「庖正」等基層官職；同時「夏有亂政，而作禹刑」（《左傳》昭公六年），政刑均已形成基本規制。商代，「越在外服，侯、甸、男、衛、邦伯；越在內服，百僚、庶尹、惟亞、惟服、宗工」（〈酒誥〉），官制更龐大。西周宗法大分封後，宗子維城，等級明秩，三典九刑，國家各級統治體系就更為完備了。

這個體系，看起來就像個強化了的血族網絡，人與人之間的關係，完全以與統治者血緣關係的親疏、長幼來分等級，權力和財產也基本按此等級分配。等級和家長制統治相結合，社會階級結構呈現一個寶塔形。周天子在上，底下一層一層，「天有十日，人有十等，下所以事上，上所以供神也。故王臣公，公臣大夫，大夫臣士，士臣皂，皂臣輿，輿臣隸，隸臣僚，僚臣僕，僕臣臺，馬有圉，牛有牧，以待百事」(《左傳》昭公七年)。

相對來看，西方早期國家則大都繼承了氏族軍事民主制多權結構的特點，並發展出民主、共和政體。如雅典國家的主要權力機構有公民大會、五百人會議、十將軍委員會、陪審法庭等，而沒有總攬執行權力的最高官員。古羅馬共和國時的主要權力機構包括：百人團會議、平民會議、元老院和數名執政官、保民官。這些機構彼此互相制約，決策有一定的民主制的程式，具有「公共權力」的特點。

而中國古代國家始終是君主制，彷彿是族長統治傳統的延續。官員相當於君王的家臣，如西周初期的中央官僚體制，是乙太保和太師為主，太保就如同商代的「保衡」或「阿衡」。「保」和「阿」就是貴族家中的保育人員。貴族家中這種保育人員，是族中的長老，由此發展形成官職，仍具有長老監護的性質。師氏則是從警衛人員發展成的教養監護之官。二者都具有家臣的意涵。再加上血族組織又被強化為國家的基層組織，實行族長主管制，國家儼然只是家族統治形式的擴大而已，即所謂家天下。

希臘邦的官職有：市場監理、城市監護、鄉區監護、公共水源管理、司庫、會計、將軍及法庭的陪審員、註冊員、執罰員、典獄等。各類官員也不組成為行政首腦統一領導之下的「政府」，而是分別由公民大會或其他相應機構直接選出或抽簽決定。各機構對其選出的官員有監督和審查的權利。除軍務外，一切職司各人都不得連任。而且要定期匯報工作，如犯法，便要受審。

中國古代西周中央政權的卿事諸機構，分別管理政治、軍事、刑法和冊命、記史、祭祀、耕作等事，但卻都是在家長君主制統治下從事之。中西方政府組織及性質顯然極為不同。

由此不同，論者不免會推論：中國君權較大，聖君思想源遠流長，君主中央專權體制其實早有脈絡可尋。而且整個以君為「主」、「首」、「腦」、「領」的思維，又配合著氏族血緣組織與政治社會組織的疊合，使得政治組織呈現著「家天下」的特性，缺乏西方公共權力的性質。君權也不像西方那樣，有人民大會、元老院等足以制衡。

這樣的論斷，看起來言之成理，但他們忘記了：自堯舜以後，部落聯合盟各部落便不一定有血緣上的關係。聯盟成員已不再似部落聯盟般，以親屬關係為聯盟之基礎與原則，而是已具有超血緣聯合的性質。也就是說，早在堯舜時期，甚或更早的黃帝時期，君或帝就不只是氏族部落首領，而是諸氏族部落之共主。這個共主的觀念，才是君之所以為君的核心。

古代被稱為帝者，大抵都要具有這個特質。黃帝、炎帝以降，直到周天子，帝都是共主。因此上古帝王甚至都具有各氏族共同祖先的地位。中國人喜歡說「黃帝是我們華夏民族的始祖」、「中國人都是炎黃子孫」等等，根源正在於此。

氏族部落各有王者。這些王，是諸侯王，即帝、君、天子底下許多侯王之一的王公王侯。帝王意義的王，則是孟子所說可以「保民而王」、「王天下」的那種王。一種只是部落氏族主；一種卻是天下共主，他所面對的，是天下，而不只是他自己的血親部族。

在部族範圍之內，論者的講法沒錯，政經階級與血族完全結合在一塊，具有家長制的性質。但許多家族結合起來，這個大的國家體制卻不等於哪一家。帝王是以天下共主的身分，作為政權代表人。政權本身則是「天下者天下人之天下也」，並不屬於帝王自己那一家所獨有。天子底下諸臣子，因此也就與諸侯王手下的家臣意義不同。

不同的氏族部落為何願意共擁一人為共主？最早可能是靠武力征服。但帝不可能天天去打仗，武力鎮壓也非長久之道，故帝之所以能成其為帝，中國人認為要靠德。若德業不足以服眾，其底下的部族就會散離，或反叛，另立共主，此即「湯武革命」之邏輯。

因此，在部族層次，其聚眾原則是血。在國家層次，其聚眾原則是德。德盛則民聚，德衰則民散。血源於天，是天生的。德之源，也同樣是天，是天命的。帝奉天以蒞民，承天命而代表人民。制衡他的，或使他具有這個統治位置的，就是這個「天、德、民」一體的結構。

帝以德承天命，才有資格代表人民；若無德，則不足以代表，天命亦將消失或轉移。故「天視自我民視、天聽自我民聽」，「民為邦本、本固邦寧」。整個政權成立的正當性及結構原則，不在血緣，而在天（也就是民，人民群體意志合起來，無法確指，故說為天）。

群體組織上通於天，下貫於民。這樣的特色，在空間處理上也可看到。以城市為例。西方城市的起源，是先出現軍事意義上的要塞，進而在要塞外面出現市場，兩者結合構成城市。中國古代的城市則多不位於經濟和貿易的要衝，其出現源於社會對於禮儀中心的需要，視國家為宇宙中樞（pivot）。故以都城把天與地、人與神通合起來。因此商代城市居民主要是王族、巫師、手工業者和衛兵，城市的主要建築只有三類——禮儀中心、王室的宗廟和貴族的住房，周圍環有農田和村莊。

周朝城市則不管它屬於什麼等級，每一級城市都有廟壇用以行使禮儀。

由城市的宇宙象徵性層面看，宇宙次序、日月星辰的起落，與人的生死、生物的榮枯密切關聯，因此人需要通過一些禮儀活動與天地宇宙相溝通，中國城市主要的功能就在於此。越是高級的中心城市，越是強調它在祭祀禮儀方面的地位和作用，也越以祭祀禮儀關係來界定人群組織內部的關係，而非以經濟或技術因素。試想孔子為什麼會以分不分得到祭肉作為離不離開魯國的判斷標準，就知道禮儀祭祀在界定人群組織內部關係時的重要性。城市，這個人群組織的生活空間，會以禮儀廟壇作為整個都市建築的中心，那也就是理所當然的了。

禮儀祭祀中心，是人平面連結其他人眾，而又縱貫地上通於天的地方。世俗的城市生活，須連貫於天，乃得貞定，政治社會組織也一樣如此。我們看東周乃至戰國，諸家論禮，都推本於天，論帝論治，也都說天，就是這個道理。此所以稱天下為「天下」。

天下不是一個國家的概念，更不是家產的概念。這個詞是中國特有的，非西方政治學所能知，西方無此觀念。西方的君王只是君王，中國則要在天下的意義中講「天子」、「王天下」、「帝」。中國的「帝」，原本就是與天相連結的。

二、革命：應順於民的政權

在上述這樣的政治組織中，有幾個重要觀念，應再作些說明。首先就是人民革命權的確立。

「革命」一詞，在中國起源甚早。所謂「湯武革命，順乎天而應乎人」，著於詩書，見諸典籍，其行動與觀念皆早已具備。後來儒家論政權之更替，向來主張「天下者，天下人之天下」，非某家某姓的私有物。因此，「天子不能以天下與人」（《孟子・萬章》），其改替不能是統治者的私相授受轉讓，而須以天意為依據。然而天意是什麼呢？依「天視自我民視」的原理，那不就是民意嗎？以民意為判斷，則繼承、禪讓、革命都是合法的，此所以孔子曰：「唐虞禪、夏後殷周繼，其義一也。」（同上）

儒家之基本立場如此，後世對於革命亦皆極力肯定。《易經・革卦》孔穎達疏：「此卦明改制革命，故名革也。夫民情可與習常，難與適變，可與樂成，難與慮始。故革命之初，人未信服，所以即日不孚，三日乃孚也。」不僅言革命權為正當合理的，且主張在革命時對民眾進行革命教育，使之能安於革命、支持革命。換句話說，由儒家經典及實際落實於君權政治中的表現來看，革命之義，從未失落，亦無人敢予反對。在暴政肆虐時，老百姓唱「時日曷喪，吾與汝偕亡」的詩，起而抗暴，此即「詩可以怨」。

反之，西方政治哲學自亞里士多德以降，基本上即有一反對革命的傳統。後來由於基督教的發展及政教衝突的經驗，肯定了反抗政權的合理性，才引發了革命思想。但這種革命思想一直與反對革命的勢力相激相盪，雙方皆越來越激烈。於是一方面形成了自宗教革命、工業革命、光榮革命、美國革命、法國革命以下，泛濫了的革命文化。流波所及，幾乎什麼都要冠上革命的徽號，例如傳播革命、性革命、藝術革命……之類。另一方面，則由反革命傳統繼續發展出保守主義、反民主思潮等。而且為了反革命，甚至形成了對抗革命的革命，如法西斯、納粹主義等等皆是。革命也者，漸成一意識型態；與我國固有之革命論也越來越不一樣了。

西方政治哲學自柏拉圖、亞里士多德以下，多不主張人民有革命權，但其理據互不相同。亞里士多德是目睹希臘各國政亂頻仍、政治局勢不穩，因此渴望安定，認為革命永遠不是件高明的事。革命或者能帶來某種利益，但同時也帶來更多的罪惡與苦難，破壞了政治組織與秩序，造成社會的紊亂。

至於如何防止革命，當然也因環境不同而所採方法亦互異，然大體上只是一種政治上隨機應變的策略或技巧。政治方面：統治者應盡量開放政權，不可使少數人把持，所以至少要把不重要的低級官吏給一般人民做，高級要職仍為統治者掌握。經濟方面：如在財閥政體下，發現一般商人獲利甚豐，躍躍欲試地要謀取政權，便要設法使他們的財富不致膨脹。

到了霍布斯，則認為主權者的權力要極大，不受任何限制；因為若他受任何限制，那他就不是至尊者，也就沒有權力以維持社會的安全了。霍布斯說：「主權者的權力之大，正如人們所能想像做到的那麼大。」為什麼必須如此呢？霍布斯有兩種重要的理由：

第一，他依人類自私的立場，認為絕對服從主權者是各個人民的最大利益。若推翻了主權者，人們就回到了自然狀態，亦即是戰爭狀態，那是人間最痛苦、最可怕的狀態。霍布斯說：「主權者有這樣無限的權力，雖然大家可以想到種種的壞結果；但假若沒有這樣的權威者，那就是在每人都敵對他的鄰人的那種永久的戰爭狀態，這不是更壞得多嗎？」他強調，人民在一個國家之中，只有兩條路可走：若非絕對地服從主權者，就是回復到無政府的戰爭狀態。

第二，他認為權力可以用兩種方法建立：㈠依制度而成立的權力（sovereignty by institution）；㈡用征服而得的權力（sovereignty by acquisition）。前者是人民與人民之間立定的契約，這種契約並非人民與主權者訂立的，所以主權者無論作任何行為，絕無違反契約之處。但人民之間必須永遠遵守他們立定的契約，永遠服從主權者的命令。若依後者，因為他們已經應允了要永遠服從，以獲得自己的生命，所以他們也必須遵守他們自己所訂的契約。

與霍布斯相似，斯賓諾莎以為，因人類有理知，人人都想逃脫那種互為仇敵的可憐狀態，所以自然就會同意組成社會，使大家可以得到安定的生活、享受自己的權利。這也就是當時所流行的社會契約說。

因為大家都想避免那種互為仇敵的自然狀態，所以大家把自己的權力讓給一位主權者。這位主權者不受任何法律的支配，人民必須絕對地服從。因為人類的理智告訴他們，兩害相權取其輕，雖然主權者的命令有時荒謬，但假若不服從時，大家即又回復了互相仇敵的狀態。那種恐怖與不安寧的狀態，對於大家的害處要更大些。所以斯賓諾莎說，國家成立了之後，「每一個人民就不能自主了，必須靠國家生活，聽從國家的命令，他們自己便無權決定什麼為是非、什麼為公正了。……所以無論人民覺得國家的決定多不公道，他也必須服從」。

在《關於理論與實踐的俗論》一書中，康德則論證道：

1. 人民的任何反抗行為都是罪惡。他聲稱立法權只屬於人民，但他有時又說人民的統治者不是行政官，而是立法者，「國家的最高權力者對於人民，僅有權力，而無義務」，因此縱使違反憲法也可以不受任何人的制裁。對此種國家的立法首長，人民沒有反抗的權利。他強調服從法律為人民的義務，縱然人民覺得某種法律剝奪了他們的幸福，亦唯有服從。「一切對立法權力之反抗、任何鼓動屬民不滿、任何程度與任何種類的反叛或變亂，都是國家中最應懲處的罪惡」。因而，統治者倘若違犯法律時，屬民只能提出控訴或異議，而不能反抗，他說：「假如作為最高權統治者或攝政者，於徵稅、募兵等事情上……對法律有所違犯時，屬民對這種不正義之舉，可以提出控訴與異議，但是不能有見諸行動的反抗。」甚至於連主政者違反憲法時，也不能限制或反抗。他說：「甚至於政治的憲法中不能含有一種條款，可以使國家中有權在最權威者違反憲法時予以反抗，甚或限制它。」並且，即使最高權力者違背原始契約時，康德仍舊認為人民沒有抵抗權，他說：「倘若最高權或作為其代理人的主權者違背了原始契約，在人民的判斷中已失去立法的權利。但因政府已被授權，故縱然如此暴虐，也不容許人民有抵抗權，作為與國家相對敵的一方。」倘若一國之憲法有缺陷，而必須改變，這種改變亦「只能由最高權力者，用改革（reform）的方式來作，而不可由人民用革命（revolution）的方式為之」。不只如此，人民甚至不應該尋根究柢地追問最高權的起源，無論這個權的起源為何。

2.人民不應反抗的理由：(1)服從普遍立法意志，始有法治秩序，他說：「只有服從一個普遍的立法意志，法律與秩序的情況才是可能的。」(2)倘若承認人民的革命權力，則立法權力便不再是至高無上的了。如果一國的最高權力可以受到人民的反抗，則必導致在一個「最高權」之外，另有一個「最高權」。果然如此，則是一種矛盾，而且，「在實際存在的憲法中，人民已不再享有以他自己的判斷決定如何治理它的權利。蓋倘若他們擁有那種權利，而又與國家首長之判斷直接相反對，有誰來決定權在他們的哪一方呢？顯然，他們任何一方都不能作判斷。所以必須在主權的首長上，另有一個主權的首長，以決定它與人民之間的問題；但這乃是一個矛盾」。(3)倘若允許人民反抗，則必致動搖國本而摧毀國家基礎。他說：「那樣的反抗所依據的規律，如使之成為普遍的，則將摧毀一切立憲主義，並且將把僅有的國家毀滅無餘。但只有在國家之中，人們才可以在實際握有權利的情形下過生活。」

諸如此類高論，都是反對人民有革命權的。中國沒有這類奇奇怪怪的講法，只平實地強調：主政者若獲罪於天或獲咎於民，人民就會推翻他，老天也會否棄他。周朝本身取得天下，就本於這個觀念，當然也會不斷強調這一點。主政者也因此一直處在「責任的憂惕」中，擔心什麼時候失了德、悖了民心，就會被推翻。事實上，西周滅亡，也就是人民革命權的再一次發揮。周幽王無道被逐，由周昭

「共和」。這類革命力量的發揮，雖然在後世實踐起來並不容易，但湯武革命或驅逐幽王這類例子，就像「禪讓」一樣，永遠在後世發揮著觀念的作用。

三、國家：參錯於家族的邦

在天下的觀念中，國家不是「國家」而是「國」、「家」。家是家，國是國。家可以擴張結合其他家或氏族而逐漸變成國，也可以自己發展為國，但至周朝，後者大抵已不存在。一國之內，總有許多家。他們合作，奉一共主，自己擔任大夫，各自擁有家臣及家、氏的權力。他們不想合作了，就去爭奪共主的權力，形成《春秋》所謂「權移於私家」的狀況；或者乾脆奪位（弒篡）；要不則拆夥，各立為王，三家分晉就是此類例證。

造成這種現象的原因，在於家、氏族、社群、國根本不是同一種共同體，它們彼此交錯爭衡，不能把它們想像成是同一樁事。

先說家。家共同體並不如一般人所以為的那麼自然原始。其前提也不是我們今日所謂的家庭，而是在某種程度上有計畫的農耕收獲。在純粹掠取式的覓食條件下，固然已有家庭組織，卻不見得有家共同體存在。而且，即使農耕技術已有高度發展，家共同體也往往只是一種次發性的組合。

不過，雖然如此，家共同體仍是最常見的經濟共同體，並且涵攝了許多共同體行為。它是恭順與權威的原始基礎，也是其他許多人類共同體的基礎。權威掌握於身強力壯者及經驗豐富者之手，如：男人對女人與小孩的權威、有戰鬥力與勞動力者對無此能力者的權威、成年人對未成年人的權威、年長者對年少者的權威。「恭順」是指權威承受者對權威擁有者，以及他們彼此之間的恭順。由於對祖先的恭順，家共同體遂有了宗教的關係；由於家產制官吏、扈從、封臣的恭順，家共同體又轉化出家產制與封建制。就經濟與人際關係而言，家共同體是奠基於嚴格的人際恭順關係上的牢不可破的統一體，對外團結一致，對內則是日用財貨之共產主義式消費共同體。

在家共同體裡，個人依存於家，個人有生死，家共同體卻是不朽的。假若有成員因死亡、放逐、過繼到另一個共同體（收養）或自願退出而離開共同體時，家共同體並不因此而瓦解，離開者也不能再要求對家之權力「持分」。活著離開的，即因其離去而放棄其持分；若有人死了，仍活著的家共產經濟也依然會持續下去。

家共同體雖具以上這些特點，足以作為人類各式共同體之基礎。可是我們別忘了：它不是最早或最基本的；且又與其他共同體有交錯或分立的現象。例如，在家共同體未形成前，父母、子女、子孫和兄弟姊妹的共同體，對氏族和鄰人團體其實更具包容性，個人也有較大的自由度。此外，即使男女婚媾，也未必能建立家共同體。在許多社會中，男性與女性的財貨與營求活動常會分開來，男女背對背甚或完全分開來進食。在政治團體裡，女性首領的獨立女性組織與男性組織也會分立。軍事活動，男性兵役期間必須離家在外，由女性管理家計。如斯巴達的家族結構裡，財貨就是男女分離的。後世家庭中男女分居分財者，其實也屢見不鮮。

此外，我們應注意：家共同體之外，還同時存在著另外一些共同體，其重要性不下於家共同體，且亦與家庭共同體互動互存。其一即鄰人共同體。在早期自給自足的農業經濟裡，典型的鄰人共同體是村落，亦即一群緊密地比鄰而居的家共同體。他們是典型的急難救助者，因此，鄰人關係便成為兄弟愛（包括感情性、經濟倫理意味的兄弟愛）的擔綱者。你如何待我，我也如何待你，這是俗民倫理的基本原則。

其二是氏族共同體。一個氏，發展成族，看起來是最原始最自然的。但其實氏族更不像家共同體和鄰人團體那麼原始。氏族的特徵是：成員即使彼此並不認識，光是想制止某事（例如性交），就可以有共同體的行動存在。「同姓不婚」這個禁忌，就是氏族共同體的行動之一。藉這個行動，就界定了氏族共同體及其成員。

氏族通常也是先前的家成員分割或結婚而離開家共同體後，由他們及其子孫所組成的財產繼承共同體。其作用有可能僅限於禁止成員之間通婚（氏族外婚制）。為了此一目的，氏族夥伴們或許就有了共同的辨識表徵，並且相信彼此都是此一表徵作用的自然物（多半是動物）的後裔，而氏族夥伴通常不准食用之（此即圖騰信仰）。同時氏族內禁止彼此鬥爭，相互間也負有血仇義務和血仇責任（有時候僅限於特定的近親）。

對家，氏族成員也往往擁有非常明確的權利，諸如對於家財讓售的否決權、女兒出嫁的參與權和出嫁金額的分潤權、擔當監護人的權利等等。靠實際或虛擬地建立起來的血統世系，氏族中衍生出人與人之間的義務關係與恭順倫理，這些人有時不只是分屬不同的家，也可能分屬於不同的政治單位和不同的語言共同體。因此，氏族得以獨立自主地與政治團體（例如國）處於既競爭又交會的對峙狀態。

家、鄰人團體和政治共同體，相互也會呈現出交錯情形，如家和村落成員屬於不同的氏族，氏族成員屬於不同的政治共同體甚至不同的語言共同體。因此，鄰人、政治夥伴甚至家共同體成員間，有時也不免彼此血仇相向。直到政治共同體逐漸壟斷了暴力行使之權力後，它們的直接衝突方才遞減。

共同體內部的權力關係也是交錯而複雜的。有能力付錢購買（納聘）婦女為妻的男人，將女子帶離她原屬的家和氏族，納入自己的家與氏族中。此時，這名婦女及其子女便完全成為夫家的共同體成員。反之，無此種能力的男子，則須永久或暫時進入女方的家共同體，以償付娶妻的代價（入贅或勞役婚），妻家的共同體仍保有對其妻及子女的權力。因此，有的家共同體首領，既可從較無資財的其他共同體中為自己及其子弟買入妻子（抵價婚），也可令追求其女兒的無產者加入自己家中（賓納婚）。如此，父系制（歸屬於父親的家與氏族）與母系制（歸屬於母親的家與氏族）、父家長制（Vaterhausgewalt，夫家的權力）與母家長制（Mutterhausgewalt，妻家共同體的權力），便可能因人而異地並存於家共同體裡。

同樣地，一個父系氏族或父家長制家庭中，掌權者也可能是母親或母系。中國許多朝代發生的外戚、女主、后妃干政奪權衝突（如《詩．大雅．瞻卬》曰「人有土田，女反有之；人有民人，女覆奪之」），即肇因於這種複雜的權力結構。

所以，我們不能只用「家天下」、「家父長權力」、「父系家庭政治類擬」、「家共同體恭順倫理」這些觀念去理解政治社會現實，尤其不能以此去描述中國的政治社會特徵。

在中國人的政治生活中，「齊家」誠為其中重要的一環，但家共同體的權力問題已甚複雜，家與氏族、鄰人、政治團體參錯互動之關係更是紛紜糾繚，不是齊了「家」就能平「天下」的。中國人從來也不認為家就等同或類似天下。「天下非一『家』一『姓』之私」，思想史中扣人心弦之處，不在家國一體，而在「家」、「氏」、「鄰人社群」跟「國」的合作與衝突關係。

四、治國：異於家政的國務

還有不少人把中國跟西方的不同，描繪成農耕文明與商業文明的差異。此亦謬見。古代中國和古希臘、羅馬思想家都一樣重視農業。在希臘，色諾芬的《經濟論》是第一本專講農業經營管理的著作。在羅馬，老伽圖、瓦羅、珂魯眉拉也都著有《農業論》，西賽羅則譯了色諾芬的《經濟論》。他們都極言農業的高尚、農業生產的重要。以後奧古斯丁的《懺悔錄》，也仍把農業看作高於一切的經濟部門。更不用說後來的重農學派了。故可以說重農才是西方的傳統思想。

在此思想下，工商實受貶抑。色諾芬就很鄙視手工業者，說手工業者是鄙俗技藝，不能與農業相比。柏拉圖也鄙視工商業奴隸主，反對他們參與政治。亞里士多德更認為貨殖是違反自然的。羅馬的上述思想家也都反對以營利為目的的商業，特別是大商業。只有西賽羅贊揚大商業而鄙視小商業，認為羅國帝國需要大商業，地主應從事這種事業。

與之相比，中國倒並不鄙視工商。據說伏羲以來，「日中為市，致天下之民，聚天下之貨，交易而退，各得其所」，足證商貿起源之早。〈洪範〉九疇，論八政，以食貨居先，食指農業，貨指商業。又以富為五福之一，與《周易》說「富家大吉」（家人卦辭）相似。〈酒誥〉則說「肇牽車牛遠服賈用孝養厥父母」，可見殷商以來乘牛車去遠方做買賣已很盛行，也被視為養親之正途。至周則〈瞻卬〉說「如賈三倍」，其獲利之厚，想必更會刺激更多的人投入商貿事業。也因此，《周禮》描述了許多設官管理商業的事，其中有商賈一職，司通財賄事，掌於司市，以管理市場，以次敘分地而經市、以陳肆辨物而平市、以政令禁物靡而均市、以商賈阜貨而行市。其官，分質人（掌質劑，調劑各種貨物以供求）、廛人（掌斂布，監視商人交易之手續）、胥人（掌禁偽，以刑法禁商民之作偽）、賈司（掌平價，管轄物品市價之高下）、司虣（掌治安，以維持市場之秩序）。管理的重點，在於運用公權力建立公平競爭的商業秩序，而非抑商。抑商重農，其實是漢朝以後的政策，非殷周時代的思想。這是我們應特別注意的。

古希臘、羅馬上述這種輕商重農思想是怎麼來的呢？就是出身於貴族的思想家為維護大地主制利益而生的呀！

古希臘、羅馬思想家論述的農業經濟，其實只是奴隸經濟，他們是為奴隸經濟辯護的。色諾芬在《經濟論》中曾就管理財產的問題說：奴隸主的主要任務，即是組織和監督奴隸勞動。他認為奴隸與牲畜沒有什麼區別：「對於奴隸來說，適用於訓練野獸的辦法也同樣是訓練他們馴順的有效方法。你只要用他們所渴望的食物填滿他們的肚子，就能收到很大的效果。」柏拉圖在《理想國》卷二中也說：有些人是天生能擔任統治者的人，有些則是天生做體力勞動、做奴隸的。亞里士多德則說：「有些人天賦有自由的本性，另一些則自然地成為奴隸。對於後者，奴役既屬有益，而且也是正當的。」老伽圖的《農業論》中講到管理大農莊時，也認為要把「老而病的奴隸賣掉。凡是過多的、陳舊的東西，都應賣掉」。

與此對比，中國先秦思想家則不見有這些言論。因為他們所論，主要是奴隸主對大農莊的管理，也涉及奴隸主對家務的管理，如教導妻子安排好家中財物，以增大其使用價值。其經濟一詞，常是家務管理法的意思。而他們所說的家務管理法，主要又是大農莊管理法，重點是提高農莊的農業生產。與此相較，中國古代思想家若講重農，講的也是國家應發展農業，而非私人農莊的生產。

由於中西方在此截然異趣，故西哲所論，在中國輒成罕見之奇談。例如色諾芬在《經濟論》中說：「耕種同樣的土地，有些人弄得挺窮，說是種地害了他們，另一些人卻種得挺好，衣食豐足。這是不是財產管理的一部分？當然是的。使他們按時按季為你生產大量穀物；要知道土壤的性能，能種什麼作物、如何耕地、如何播種、如何翻土休耕、如何栽種果樹等。」以後羅馬老伽圖的《農業論》也講農莊管理法。他和色諾芬一樣，講農莊主視察農莊時，要查問：管理人工作完成的情形如何，還有哪些未完成，這一季的工作進行得如何，釀酒和穀物種植的情形如何，各種農工的勞動情況如何；有風暴時，要考慮下雨時應做的工作，如把罐子洗乾淨和安放好，把穀子收藏好，把糞肥移在適當的地方做成糞堆，等等。

以上這些農莊管理術，都表明了古希臘、羅馬思想家所論農業主要是從奴隸主大農莊的利益出發，與古代中國思想家主要從治國角度提出者明顯不同。

此外，亞里士多德把經濟學分為兩類，一為貨幣增值術，以儲積金錢為主，他並不贊成；另一種則是關於生產的經濟，以農業和小工商業為主，屬於家務管理法範圍。他認為這種經濟才是合乎自然的，也是正當的。其管理法也適用於政治家對於城邦的管理。「農莊主和政治家應該各自熟悉獲得財產的這種自然技術」。換言之，其城邦管理術乃是家務管理法的推拓。

中國人論治國富國可不會如此，都是談治國，卻極罕言及家政（家務管理法）。孔子才說家政也是政，其意似說可以國政之法施用於家，與亞里士多德之見剛好相反。

當時公卿與農民的關係，也非奴隸主對奴隸的管理型態。〈小雅・甫田〉曰：「倬彼甫田，歲取十千。我取其陳，食我農人。自古有年，今適南畝，或耘或耔。黍稷薿薿，攸介攸止，烝我髦士」，「以我齊明，與我犧羊，以社以方。我田既臧，農夫之慶。琴瑟擊鼓，以御田祖。以祈甘雨，以介我稷黍，以穀我士女」，「曾孫來止，以其婦子，饁彼南畝。田畯至喜，攘其左右，嘗其旨否。……農夫之慶，報以介福，萬壽無疆」。公卿與農人是合作式的，合力農事，奉祭方社田祖，進用農人中的髦秀之士，祝農夫之慶。

當然不是任何時候公卿與農人的關係都這麼好，但假若彼此不再能相互體恤尊重，居上位者只曉得剝削下民，歌詩就要批判他了。〈小雅・節南山之什・正月〉曰：「彼有旨酒，又有嘉肴。洽比其鄰，婚姻孔雲。念我獨兮，憂心殷殷」，「佌佌彼有屋，蔌蔌方有穀。民今之無祿，天夭是椓。哿矣富人，哀此孤獨」，有錢人住大房子、喝美酒、食佳餚，窮人卻喪亂無以為生，因此歌詩說此乃「國之為虐」。

碰到這種情況，詩可以怨。人民或如寺人孟子般，「寺人孟子，作為此詩。凡百君子，敬而聽之」（〈小雅・巷伯〉）；或警告君王「盪盪上帝，下民之辟。……雖無老成人，尚有典型。曾是莫聽，大命以傾。……殷鑿不遠，在夏後之世」，這是提出革命論來了。

以下，我想以《周易》卦爻辭論「群」之義，對上述事理作一綜合說明。

《周易》論群，主要是渙卦。渙既是散，又是聚。卦辭說：「渙，亨，王假有廟，利涉大川，利貞。」祖考過世後，精神就渙散了。要立個廟，王到廟中去致祭，鬼神已散之氣才能再度凝聚。推而廣之，人群渙散了，也要以誠感格，使之聚合了，聚合才吉。所以六四卦辭說：「渙其群，元吉。」

另外，師卦亦有聚眾之意。卦辭：「師，貞。」彖曰：「師，眾也。貞，正也。能以眾正，可以王矣。」又，上六：「大君有命，開國承家，小人勿用。」二者皆聚眾之法。有命，指有天命，有天命才能開國承家。凡開國承家者，皆當正眾、遠小人。此與王者須立宗廟，以誠致感，才能聚合精魂、凝結人氣相同。

二卦所論之「群」皆指國家。但此處是合論，家與國有時也會分論。如家人卦即專論家。卦辭：「家人，利女貞。」家以女人為主。女人在家不生事、好好做飯即吉，故「六二，無攸遂，在中饋，貞吉」；若「婦子嘻嘻，終吝」。所以家要正，仍須有些規矩，此即齊家之道。其次則為富家，「六四，富家，大吉」。家庭既富裕又有規矩，那當然就太好了，「九五，王假有家，勿恤，吉」。勿恤吉，就是無憂吉祥之意。

但家道也不盡是和樂的，因此家人卦之後接著就是睽卦，睽指家道窮則乖，睽而離。在家人乖離時，必須要重新提倡宗廟聚合之義，方能無咎：「六五，厥宗噬膚，往，何咎。」在宗廟裡聚餐噬食大臠，宗人乃得重新凝聚。

論家之卦如此，顯示《周易》並不忽視家的作用，也希望家人合聚。但《周易》論群更重視超越家這個範疇的價值。

例如大畜卦辭：「大畜，利貞，不家食，吉。」家中雖有主婦主中饋，但人應與賢人共食以養賢，而不應在家吃飯，故象曰：「不家食，吉，養賢也。」

損卦上九則說：「弗損益之，無咎，貞吉，利有攸往，得臣無家。」《漢書・五行志》解釋道：「易稱得臣無家，言王者臣天下，無私家也。」一位君王，要想無咎貞吉，就必須明白他要治理的是天下，而非他自己那一家。顧炎武《日知錄》卷一說此卦是教王者「以天下為一家、中國為一人」，意義相同，都是超越一家一姓的說法。

與此相似者為同人卦。同人亦群之意。卦辭分別說同人於門、同人於宗、同人於郊、同人於野。

同人於門，無咎，是因同人以義相合故無咎。可是同人於宗就不好了，「六二，同人於宗，吝」。吝不是咎，只是不大好，因同人若只找同宗的人，同人之義便不廣了，所以不甚好。那怎麼樣才好呢？要同人於門，或同人於郊野：「同人於野，亨，利涉大川，利君子貞。」邑外是郊，郊外是野。同人於野，與泰卦九二「包荒，用馮河；不遐遺，朋亡，得尚於中行」相似。都是說同人取友，應包括遐遠。荒服是五服（侯、甸、綏、要、荒）中距京畿最遠之處，荒服中的賢者都不應遺棄，正可見同人之廣。《淮南子．繆稱篇》載「黃帝曰：芒芒昧昧，從天之道，與元同氣。故至德者言同略、事同指，上下一心，無歧道旁見者。遏障之於邪，開道之於善，而民向方矣。故易曰：同人於野，利涉大川」，釋此卦最好。王者論同人，須超越一宗一家，講得再清楚不過了。

亦因如此，「王假有廟」就須進一步解釋。王假有廟故能聚眾，一是指王者在宗廟致誠感格，才可以聚鬼神、聚宗人。推而廣之，用此誠格之心，也可以聚合其他人。因此王假有廟是個起點。其次，王假有廟也是個象徵。在宗廟制度底下，天子為天下之大宗，凡擁天子為天下之共主者，均有宗廟助祭之義務，故王假有廟，即象天子在此凝聚天下諸侯。此與觀卦說「觀，盥而不薦，有孚顒若」相同。王者致祭，中心孚誠是最盛美可觀之事，天下觀仰之。〈周頌．臣雍〉說「相辟維公，天子穆穆」，也是這個道理。並不是說天子只要「同人於宗」就可以了。

天子奉天命、開國承家、不用小人、不遺遐遠、大養賢、不家食、得臣無家、同人於野，這所有的行為，都建立在天子對於他自己的職事須謹慎行事上。以一種恭謹戒慎之心去做，才能超越對自己一家一姓的私心，廓爾無家。這種戒慎之心，就是憂患的意識。

〈繫辭下〉：「作易者，其有憂患乎！」就卦爻辭看，確實也是如此，處處提醒人君應存憂懼之心。乾卦：「九三，君子終日乾乾，夕惕若，厲，無咎」。臨卦：「六三，甘臨，無攸利。既憂之，無咎」，甘悅恬嬉，無憂俱之心，才會有禍。震卦，〈象傳〉：「洊雷震，君子以恐懼修省」，都是以憂懼教人的。居上者，為什麼要如此戒慎恐懼呢？大有卦說得好：「上九，自天佑之，吉無不利。」人要修德要惕厲，才能獲得老天的眷顧，否則天命就會轉移。故張承緒《周易象理證》說：「惟德動天，無遠弗屆。成湯顧厥天命，用綏萬方，而慶於太甲。是故伊尹曰：『皇天眷佑有商，俾嗣王克終厥德。』又曰：『非天私我有商，惟佑於有德。』其上九之義乎！」

《周易》也因此特別推薦謙德：「謙，亨，君子有終。初六，謙謙君子，用涉大川，吉。六二，鳴謙，貞吉。九三，勞謙，君子有終，吉。六四，無不利，撝謙。六五，不富以其鄰，利用侵伐，無不利。上六，鳴謙，利用行師，徵邑國。」整個卦都是吉。

這其中講「不富以其鄰」，又見泰六四。君子可以富家，但不能靠征伐苛削鄰人來富家。而富家富國之法，他仍是與修德戒慎相關的。〈繫辭下〉：「天地之大德曰生，聖人之大寶曰位，何以守位？曰仁。何以聚人？曰財。理財、正辭、禁民為非曰義。」所指即此。

第十二講　周公：文化實踐的聖王

思想史上的周公
「軸心期」之謎
集大成的創制者
中國觀的確定者
禮樂文德的教化

一、思想史上的周公

立封建，以形成為「國家」；定禮度、設王官，以成就為一理性法制社會；再依王官，以傳世學；且奉聖王德治以為典型、賴風詩聲教以成君子；舉兩用中，以致中和；而以憂患惕勵之情，承擔德業政治的責任。以上幾章所描述的這幅文明景象及其思想、內容，乃堯舜禹湯以迄商周長期的積累與發展。

我們今天看歷史，上古茫昧，多半存而弗論。講思想史，從春秋戰國講起，亦自以為得計。其實那是因為大家都搞不懂古代的東西，所以使想像那時樸鄙原始，無甚可說。實則孔子迄今，只兩千五百餘年；孔子以前，北京人約在五十萬年前，仰韶龍山文化在五、六千年前，夏商兩朝合起來亦約有一千年之久。也就是說，周朝以前，中華文明的發展已有很長很長的歷史了。縱使只說周人所尊崇的堯舜禹湯，也是長達千年的醞釀涵育。周文明，就是在這個基礎上斟酌損益而成就其「郁郁乎文哉」的盛業。孔子說「周監於二代，其損益可知也」，就是這個意思。

損益上古文明，予以綜合，而成就周文之盛者，起於周文王、成於周公。文王主要在精神上，點出一個方向：畏天命，尊德性。周公則是創設制度，把德治社會的理想全面體現於典章制度之中，成就了文王所提點的精神。

今人論思想史，只知抽象的概念思辨，不重架構性的制度思維，亦不談思想之實踐性質，故於「創制」一事，甚少著墨，但古人卻是極注重這一點的。周公並無什麼理論言說可供稽述，然而孔子以迄諸子百家，對之無不佩服，那就是他制度創闢的力量。荀子心目中的聖王或「後王」，就是以他為模型的。漢人把孔子形容為「為漢制法」的素王，亦是比擬周公。

可是周公制禮作樂的這種「創作」，卻又是因襲而來的，是依夏商之舊而斟酌損益以成。所以它既是一種集大成的型態，又是一種創作。「作」即在「述」之中，且以「述」為「作」。這種兩面性，也就成為後來諸子百家立議造論、創立新制時的基本模式。

孔子是最崇拜周公的人，思想、行事皆學周公，且時時夢見他。其以「述」為「作」亦極似周公。孔子以後，固然也有許多孔子的崇拜者推尊孔子，說「自有生民以來，未有如孔子也」——例如孟子即如此主張，但周公的地位一直不衰。唐朝以前，且以周公為「先聖」、孔子為「先師」；學校釋菜、釋奠之禮，也一直並祀周孔。宋朝以後，周公之地位才下降，孔子漸漸變成至聖先師，兼「聖」與「師」之號。可是論者仍不無異議。唐朝韓愈〈原道〉即說學術以周公為古今變遷之一大關鍵：「由周公而上，上而為君，故其事行。由周公而下，下而為臣，故其說長。」清朝章學誠更於此發揮之，說：「自有天地，而至唐、虞、夏、商，皆聖人而得天子之位，經綸治化，一出於道體之適然。周公成文、武之德，適當帝全王備，殷因夏監，至於無可復加之際，故得藉為制作典章，而以周道集古聖之成，斯乃所謂集大成也。孔子有德無位，即無從得制作之權，不得列於一成，安有大成可集乎？」（《文史通義．原道上》）。

我們不一定要像他們那般尊周公而抑孔子，但由他們的話，卻不難讓我們發現周公這個人在思想史上其實具豐富的意蘊，也有具體的影響。

如前所說，他是一位創制者。創制者依其架構性思維，成就典章制度，與學者哲人，依其抽象性思考探賾鉤玄，頗為不同。後世一直爭論不斷的事功實踐與理論言說之辨，即肇啟於此。中國後來在思想傾向上，一直強調思想應作用於經世方面，就與周公作為人物之典範有關。

何況，周公之制度，非徒存傳說而已，他還有《周禮》一書可供後人摩挲追想，以慕仿其意。許多想把經世理想落實於平治大業的人，即往往依仿《周禮》以說均田共產、王制太平。從新莽、北周、王安石、張載、顏元到孫中山、熊十力，都有其影響之跡。《周禮》一書，有人信奉，有人斥其為偽書，吵了幾千年，亦即與思想應否經世、如何經世，以及對周代井田封建制度之評價，大家見解不同有關。

創制的另一個問題，是創作與「述」、「集大成」的區分。依古人之見，創作是聖人的事，具有創造性能力的，才叫聖人。中國古代那些聖人，都與創造神話有關，黃帝作車、倉頡造字、大撓作甲子，斯即所謂「作者之謂聖」。周公創制或說周公制禮作樂，就是推崇他的創造之功。但創造是無中生有、前無所承的。若說周公之事功乃集大成而來，那就不是創而是述，是「善繼人之志」，以紹述、傳承為主，把前人的東西予以發揚光大，使其昌明於天下。此可稱為「明」，是「述者之謂明」，但不是聖。周公到底是述者還是作者？這不但涉及到周制度的性質、殷與周的關係，更牽連到後人以周公為人格典範時的角色認知問題。漢唐以前，以周公為「聖」、孔子為「師」，就是以周公為作者、孔子為述著。韓愈、章學誠以周公為集大成者，則是以他為述著。

作與述，還關聯著另一個經與史的爭論。聖人創作的是經典，述者整理、傳述的則是歷史。所以像章學誠說周公為集大成者，就要同時說「六經皆史」。漢人今古文之爭，今文家推尊孔子為漢制作，以孔子為聖人，故曰六經皆孔子所作。古文家則說周公舊法、史官舊例，孔子不過依其成例以修《春秋》等書而已。創制者可立大經大法，刪述舊籍以傳後世的則是史家。

周公之聖，還有一個特點，那就是韓愈他們說的，周公跟上古堯舜禹湯文武一樣，都屬於聖王，

「皆聖人而傳天子之位」。周公以後，縱或還有聖人，均只是聖，不再能是王。因此，周公是最後一位聖王的典型（為了成就這個典型，經學上還存在一個「周公稱王踐阼」的爭論。有一派人認為周公不只是攝政輔佐，擁有實權，他還確曾踐阼稱王）。連孔子也只是有德而無位，故被稱為「素王」，不是真已為王。

聖王，非但是中國人的理想，也是希臘柏拉圖的理想，或譯為「哲人王」、「哲學家皇帝」，代表德位合一之典型。但這樣的理想，其實也帶來爭議。爭議之一，是福、德是否可以一致？為何不一？若福、德不一定能一，修德者所為何來？其德又如何施用，以造福社會？爭議之二，是道德與政治權位可否結合？合一必定比不合好嗎？不合，可能是政治壓迫道德，也可能道德制衡著政治。合，可能成就為聖王，但也可能是王者自居為聖人。其中是非優劣，大堪推勘。爭議之三，是聖王「上而為君，其事行」，學術與治事施政可以結合。不能王，只能聖，學術便僅能徒託空言，無法實踐。但學術與政治可以合一嗎？政治是勢，是治統；學術是道，是學統。二者應合一，抑或應以學輔治，或者應道尊於勢，以學抑政，都存爭論。

「周公／孔子」、「作／述」、「聖／師」、「經／史」、「經世／垂教」、「立功／立言」、「聖王／聖人」、「德位合／德位分」、「福德一／福德不一」、「治統／學統」、「勢／道」等各種區分與爭端，正是周公這個人在思想史上的意義。其意義在往後歷史的發展中會逐漸顯明，逐漸議題化。

二、「軸心期」之謎

回到周公當時的歷史情境看，周公之創制，應該如我所說，乃是以述為作的，既是創制，又是集大成的型態。黃帝以來的文明創造，到此得一綜合、得一整理，損益以成就為周文明。

但對於周公以及周文明重視不足，卻是民國以來論述中國思想史、哲學史的特色。胡適的史述，以「截斷眾流」的方式，從老子、孔子講起；新儒家牟宗三先生由「周文疲弊」講起，都屬此類。余英時先生則介紹一種雅斯培的觀點，強調春秋戰國「軸心期」（Axial Period）在精神化哲學突破上的作用。這都是把思想史真正的起點定在春秋戰國時期的。

不論「源」而截之斷之，以說流變，或不說周文，僅說疲弊，其誤顯然。至於軸心期理論，近來雖日益流行，但恐怕更不合情實。

所謂軸心期，在拉索爾克思（Lasaulx）和維克多・馮・施特勞斯（Victor Von Strauss）的著作中已討論到。雅斯培更予以發揮，他認為：世界各大文明在戰國同一時期內都共同經歷了一場哲學的突破。在中國，孔子、老子、墨子、莊子、列子等諸子百家都出現了。印度出現了《奧義書》（*Upanishads*）和佛陀（Budbha），探究了懷疑主義、唯物主義、詭辯派、虛無主義等哲學之可能性。伊朗有所羅亞斯德，巴勒斯坦有以利亞（Elijah）、以賽亞（Isaiah）、耶利米（Jeremiah）、以賽亞第二（Deutero-Isaih），先知們紛紛湧現。希臘賢哲如雲，其中有荷馬、巴門尼德斯、赫拉克利特和柏拉圖及許多悲劇作者。在這數個世紀內，這些名字所包含的一切，幾乎同時在中國、印度和西方這三個互不知曉的地區發展起來。

除了跨地域共同出現大批哲人外，軸心期還有如下幾個特點：1.軸心期結束了幾千年古代文明。前軸心期文化，像巴比論文化、埃及文化、印度河流域文化和中國土著文化，其本身規模可能十分宏大，但卻沒有顯示出某種覺醒的意識。與軸心期相比，古老的文化似乎罩上了面紗，人彷彿未真正甦醒過來。2.任何未同軸心期獲得聯繫的民族仍保持「原始」狀態，繼續過著已達幾十萬年的非歷史生活。3.直至今日，人類一直靠軸心期所產生、思考和創造的一切而生存。每一次新的飛躍都回顧這一時期，並被它重燃火花。如歐洲的文藝復興時期。故這個時代產生了至今仍在我們思考範圍的基本範疇，創立了人類仍賴以存活的世界宗教之源。

為什麼軸心時期能有如此宏大之影響呢？雅斯培說：這個時代的特點是：三個地區的人全都開始意識到整體的存在、自身和自身的限度。人類體驗到世界的恐怖和自身的軟弱。他們探詢根本性的問題。面對空無，他們力求解放和拯救。通過在意識上認識自己的限度，他們為自己樹立了最高目標。這一人性的全盤改變，可稱為「精神化」。人不再封閉在自身之中。他們變得不能確定自己，因此向新的無限進行探索。「哲學家」首次出現了。人敢於依靠個人自身。中國的隱士和雲遊哲人、印度的苦行者、希臘的哲學家和以色列的先知，儘管其信仰、思想內容和內在氣質迥然不同，但都統統屬於哲學家之列。人證明自己有能力，從精神上將自己和整個宇宙進行對比。他們在自身內部發現了將他們提高到自身和世界之上的本原。這些信念和教義雖然途徑不同，但有一點是共同的，即人能夠在整體內不斷地意識到自己而超越自己。

這個歷史解釋看起來十分有趣，但到底說明了什麼呢？三大文明，除了時間上相近外，有什麼相似或相同的性質嗎？而所謂時間的相近，不恰好就是把孔子以前畫為原始神話時代所致嗎？假若我們不把殷周文明視為原始蒙昧時期，春秋戰國時期就不能描繪成是一個精神飛躍的時代。換言之，軸心時期云云，根本是為符合結論而製造出來的。因為之前是不自覺的蒙昧時期，所以春秋戰國才有一精神性的飛躍；因為春秋戰國有一場哲學的突破，故前此又必須是蒙昧原始時期。這不是自我循環論證嗎？

其次，所謂精神性的飛躍或哲學的突破，指的是人的意識自覺。但，人的意識自覺，這個觀念根本就是西方的，具有希臘式或現代性之特徵，能用以解釋中國或印度的情況嗎？

而且，介紹者往往不曉得雅斯培描述軸心時期的用意何在。他可不是要談古代史，而是要利用一個「世界歷史的結構」來指明人類未來應循之道路。這個道路是什麼？就是西方現在的路子。

雅斯培認為，人類在軸心時期，其實就已在大同中存了小異。西方一些特殊的文化質素，即是後來可以產生現代文明的種子。現代科學技術不產生於中國印度，而產生於歐洲，即證明了：「那最終在科學中顯現自己的東西，在軸心期已經作為胚胎存在了。」所以，「科學技術的根源，與日耳曼、羅馬民族一起奠定。由於科學技術，這些民族完成了歷史的突變，他們開始了真正世界性的、全球的人類歷史。只有這些民族，才仍然能在決定人類命運方面發揮積極的作用」（詳見 Karl jaspers, *The Origin and Goal of History*, New Haren: Yale Univeraity Press, 1953）。

也就是說，軸心期只是第一度的世界歷史同一結構，未參與軸心期哲學突破的民族都落伍了，永遠停留在原始階段。而參與軸心期突破的民族，現在又皆耗盡了軸心期以來創闢的資源，如中國、印度俱已衰頹。只有歐洲，因具有「西方的特殊性」，所以才能一枝獨秀。這樣的文明，才能成為世界史真正的方向，為全人類發揮作用，成為普遍的。於是，世界都走向西方式，就成為再一度的世界歷史同一結構了。

此等論調，豈不荒謬？雅斯培還有其他諸般荒謬，例如他說「與西方相比，中國和印度沒有正史」，就不必再談了。論者徒摭拾其軸心期之說，卻未審其立說之底蘊，竟持此以描述吾國思想史，殊欠考慮哉！

而軸心期這類說法，之所以會被接受，跟「截斷眾流」、「周文疲弊」諸說會流行一樣，又都是現代性社會歷史觀的一種表現。

現代社會的自我定位，本來就是依歷史斷裂觀，把現代社會形容成是由傳統社會變革而成的，所以與傳統有著斷裂的關係。傳統代表蒙昧，現代則是理性、民主、科學、工業化的。所謂軸心期或截斷眾流云云，其實也就是這樣的關係在古代的再現：文明在變革以前，甚為平庸，甚且停留在人的自我意識尚蒙昧不清的階段；變革以後，精神自我醒覺了，遂產生了飛躍的進步。

歷史當然不會是這樣的。我們講歷史的人，要「通古今之變」。通變，就是不能只知變而不能通其變，若知變而不知常，即不能通矣！何況，在雅斯培所說的軸心期以前，周文王、武王、周公所開之文明，早已「郁郁乎文哉」，或如孔子所讚歎，是「盡善盡美」了。吾人能用截斷眾流之法去抽刀斷水乎？

三、集大成的創制者

對春秋戰國時期的人來說，周公所代表的周文化即為其擁有之傳統。他們的變，乃是在這個傳統的基礎上變。同理，周公也是本於夏商之傳統而予以斟酌損益之。有因有革，革本於因，因出於革，又遂以革為因，因革損益，是整體滾在一塊兒的。

這時，傳統、現在、未來，也是合在一起的。「殷因於夏禮，所損益可知也；周因於夏禮，所損益可知也」，所謂傳統，既指所因之夏禮殷禮，也指商周依本身當時之價值判斷而作的損益抉擇，所形成之殷禮周禮。殷禮周禮在商周被當成時代之典制，而同時也具有傳統之性質。其作用則又非只用以緬懷既往，乃是用以示人以一條可往前走下去的路。

於是，傳統以過去為導向，過去被用來對現在施加重大影響。早已約定俗成的東西（禮俗）被當作集體決策和個人行為的重要標準。在這個意義上，傳統乃是一種途徑。通過它，過去在現在中生活著，從而塑造著未來。

傳統不只是風俗，也不是任何信仰與實踐的特定制度，而是使信仰和實踐能夠被組織起來的一種慣例。它內在地充滿了意義，因為它含有規範的、道德的或情感的內容，因而具有約束性及控制性的特徵。它所體現的，不僅是一個社會做了什麼，而且體現了這個社會「應當」做什麼。傳統的這種道德性，為堅持它的人提供了一種安全感和方向性。傳統同時也可以區別彼此，知禮守禮的人是「自己人」，不知禮的是異文化的「他者」。對於內部人而言，傳統是維繫個人身分並與更廣泛社會身分相聯繫的基本要素。

這樣一種傳統，完全可以「禮」這個字來概括。這是因為典章制度乃至儀式，是傳統中強制性的內容，它所注入的是一套莊嚴的神聖性實踐，其功能不僅在於維繫過去、現在與未來的連續性，而且也為個體生存提供了安慰機制、為區域內的人際關係提供了信任機制。故若整體說夏文化、殷文化、周文化，就說夏禮、殷禮、周禮。

當然，若細說，周禮之因革於夏商者，也是可以辨識出來的。例如《逸周書・世俘》說「文考修商人典」，講文王修商人之典籍或學著商人修典籍。《周書・多士》載周公說：「惟爾知惟殷先人有冊有典，殷革夏命」，強調殷革夏命，載在其典冊。殷的典冊之多，確實是周所羨慕的。因為周人初始本無文字，當然不會有典冊。故周人在文王以前之歷史，皆為傳說，今出周原甲骨，紀事亦不出文王以前。後來周開始使用文字了，用的即為殷人之文字。周人採用了殷人文字後，隨即也吸收了殷人作典作冊的文化，且發揚光大之。周公強調殷人冊典之語，適可印證這一點。

文字的使用、記載，以及典冊化、歷史化（把殷革夏命的「史實」繫於典冊有徵的「史載」），表明周人的歷史意識繼承於殷而又有所增強。靠著這種歷史意識，商周之革命便被解釋成是延續而非替代。周之代興，不再是異族消滅殄覆了殷商。商與周，被解釋成同一族的兩兄弟。

商人以契為始祖，周人以稷為始祖。但在周文王時，已祭成湯、太甲等商人先祖，周原甲骨中多有證據。為什麼周人竟祀商人祖先呢？《國語．魯語上》有個記載說：「商人禘舜而祖契，郊冥而宗湯。周人禘嚳而郊稷，祖文王而宗武王。」魯為周公之後，故此語應即代表周人正統觀點，亦即把周人的族屬關係放在一個更大更長遠的歷史脈絡中去看，於是商與周均非孤立的兩個族，乃是可以上接舜與帝嚳之胤的血統。舜與帝嚳，按〈魯語〉又都可以再往上追溯到黃帝。這樣與殷商攀親戚，起初也許是不得已的，但自文王時已如此做了，後來索性將它攀個徹底。於是從黃帝以下，嚳舜夏商周遂串成一個整體的歷史，周也成為這個久遠傳統的繼承著。

不但在世系上牽連於商之先祖，周公行事也頗仿商王。例如《商書．湯誥》中談到商有天災，湯以自己作犧牲奉祭，向上天禱告：「爾有善，朕弗敢蔽。罪當朕躬，弗敢自赦，惟簡在上帝之心。」意思是說若老天要降罪，就罰我一個人好了。周人在克商之後第二年，武王生病不癒，周公去祝禱，也一樣，說請由我代死好了：「惟爾元孫某遘厲瘧疾，若爾之王是有丕子之責於天，以旦代某之身。」這篇禱詞，還曾封起來，藏在金縢的櫃子裡，那就是收入《周書》的〈金縢篇〉。這樣的舉措與祝詞，顯示周公並不像後人所以為的那麼人文性，其奉天翦商之際，同時也繼承了商人「率民以事鬼」的傳統。

周公與文王一樣，都強調天、天命的德性義，說人須以德奉天。但這也只是發揚著商人的看法，《商書・咸有一德》就曾說：「惟天降災祥，在德。」此雖僞篇，其語固不僞也。試看〈湯誓〉，湯對自己起兵革命的解釋是：「非臺小子，敢行稱亂，有夏多罪，天命殛之。」此與〈商頌〉說「天命玄鳥，降而生商」，都可證明天命觀本是商人的觀念，上天降命，有德者獲佑、無德者獲咎。後來周人革命，當然據此而更強調之。所以像周公〈多士〉說「向於時夏，弗克庸帝，大淫逸有辭。惟時天罔念聞，惟廢元命，降致罰，乃命爾先祖成湯革夏。……在今後嗣王，誕不顯於天，顯民祇。惟時上帝不保，降若茲大喪」，不就像〈湯誓〉的續篇嗎？

另外，〈洛誥〉說：「王肇稱殷禮，祀於新邑。」這個王，是成王。成王即位，建新邑，卻仍用殷禮。且據鄭玄注說：「伐紂以來，皆用殷之禮樂，非始成王用之也。」周公制禮作樂之後，也未立刻改變，「仍令用殷禮者，欲待明年即取告神受職，然後頒行周禮」。可見周朝對殷禮一直保持著相當的尊重。

在上述種種情況下，立基於殷禮而建立起來的新制（周禮），才可能迅速被人接受。周的「革命」也才形成為一種非斷裂式的繼承性創新。因與革、損與益同時存在，成了中國後來文化變遷的主要模式。

四、中國觀的確定者

武王革命，主要是政治意義的，周公制禮作樂，才使得這個變革具有豐富的文化意涵。而這次文化變革，既因又革，既創又述，在歷史觀上奠定了一種特殊的模式，周公本人也因此而成為「集大成的創制者」，成了一個人物典範。

他還有一個值得重視之處，那就是：他是「中國」概念的確定者。

前面談歷史因革主要是在時間之流中的問題，「中國」涉及的則是空間問題。《尚書．梓材》載周公進諫武王時，即提及「中國」：「皇天既付中國民越厥疆土於先王，肆王惟德用，和懌先後迷民，用懌先王受命。」在此之前，《詩經．大雅．蕩》中也用文王的口吻說：「咨！咨！汝殷商，汝炰烋於中國，斂怨以為德。……如蜩如螗，如沸如羹，小大近喪，人尚由乎行。內奰於中國，覃及鬼方。」

在他們之前，與此相關的另一概念「四方」，早已出現於〈禹貢〉：「九州攸同，四隅既宅……四海會同」、「迄於四海」。四海，是說禹所規劃的整個區域，到達四邊海隅。隅，就是水涯。這個講法，與〈皋陶謨〉說「光天之下，至於海隅蒼生，萬邦黎獻」恰相符應，代表古人早期的天下觀。整個天宇蒼穹蓋覆之下的大地，四邊為海水所包圍，王者治理之地即為此天下。四海之內，所有土地均含在內。《詩經．小雅》說「溥天之下，莫非王土」，即指此義。其實這是很早就有的觀念。天下廣有四海，包涉萬邦，因此，它本身不是民族國家的講法，而是由天、由上帝的角度說，大氣磅礴，總攝四方。如《詩經》所說：「皇矣上帝，臨下有赫，監視四方，求民之瘼。」所有四方萬邦，都在上帝的眷顧與監察之下，故〈召誥〉云：「嗚呼！天亦哀於四方民。」

在天的注視下，所有邦國都是一樣的，四方之民都是天所哀矜的。雖是小邦，也可能格外獲得天眷，如周那樣：「天體於寧王，興我小邦周」（〈大誥〉）。大邦也可能獲得天譴，如殷那般：「皇天改大邦殷之命」。

「天下」、「萬邦」這些觀念下的國，也就是邦國之義。或邦等於國，如〈酒誥〉說「乃穆考文王，肇國在西土」，這個國就是周邦。或邦中又分若干國，如《商頌・殷武》說「命於下國，封建厥福」，這個國就是殷邦內部的諸國。

文王周公所說的「中國」，卻是相對於這些觀念而說的，與它們不同。在萬邦諸國之中，「中國」跟一般邦國不同，是特殊的國。中國與四方相對，所以《詩經・大雅・民勞》說：「民亦勞止，汔可小康，惠此中國，以綏四方。」從前講四方，是天底下直抵海隅的四方各地；現在，則是中央有一國，其餘才是其四方各國。

「中國」作為一個相對於「四方」的概念，不只是空間上一在中央，一分列四方，更在於它具價值判斷。中國所代表的文化價值意義，甚且超越了空間上的意義。這在文王、周公的用法中就已明確可見。因為文王崛起西岐，若以空間疆域說，他只是西伯，其國只能是西土西方，豈宜說中國如何如何？周公說「皇天既付中國民越厥疆土於先王，肆王惟德用……」云云，則表明「中國」之具體內涵在於天命與德治的應和關係上。因此，「中國」乃是有德之地。

相對來說，四方就是德義較遜之邦了。後來乃以此而形成了華夷之辨，「中國／四方」、「華夏／四夷」等區分，皆本於此。如《左傳》僖公二十五年載周王賜晉侯以陽樊之地，陽樊不服，圍之。蒼葛呼曰：「德以柔中國，刑以威四夷，宜吾不敢服也。」《大學》載：「唯仁人流之，迸諸四夷，不與同中國。」孟子說：「當堯之時，天下猶未平，洪水橫流，泛濫於天下，草木暢茂，禽獸繁殖，五穀不登，禽獸逼人，獸蹄鳥跡之道，交於中國。禹疏大河……然後中國得而食也。……教以人倫。……吾聞用夏變夷，未聞變於夷者也。陳良，楚產也，悅周公仲尼之道，北學於中國」（〈滕文公上〉）等。中國與四夷相對，都用以代表文明昌盛之地、禮義之邦。而這個概念及夷夏之分，孟子也很清楚地將之推本於周公。

「中國」這個概念，在中國思想史上的重要性，是不待多說的。中國人以此指明並辨識自我，中國以此為國號，中國自認為是禮義之邦，中國人在文化意義上強調華夷之辨、對四裔邦國有文化自豪感，而且向來傾向以文化而非以政治體統治轄區來界定中國，都與周公確定中國這個概念有關。

四方，這時已成了四夷，其地位與中國不可相提並論，是以殷商時代仍祭奉的方神也不再有作用了。殷時崇祀，是要向方神獻祭祈求的，例如：「壬辰卜，其寧疾於四方，三羌又九犬」（《合集》，三〇一七八），指以三羌人、九條犬獻祭四方神，以寧息疾病；「甲子卜，其求而於東方」（同上），向東方神祈雨；「南方受丰」（《屯南》，二三七七），南方神授予豐年。這是關聯著四方而有的神。可是到周初，四方就不再有神義，只指方位。要到戰國時期，才再結合中央，形成東西南北中五方帝的新講法，或說東西南北中之上還有一個上帝，五帝則為其佐。《周禮・春官・小宗伯》說「兆五帝於四郊」就明顯是戰國以後的說法，非周公時的觀念。至於鄭玄注：「蒼曰靈威仰，大昊食焉。赤曰赤熛怒，炎帝食焉。白曰白招拒，少昊食焉。黃曰含樞紐，黃帝食焉。黑曰汁光紀，顓頊食焉。」把五方帝神跟上古五帝結合起來，更是受漢代緯書的影響而然，也不是周公時能有的觀念。

五、禮樂文德的教化

把自己民族及其所在地視為宇宙中心，是世上許多民族或國家常有的觀念。但許多人都沒弄清楚，文王、周公所提的中國觀實與之不同：其一，這個觀念並不起於民族中心主義。其二，這個觀念反而是後起的，我國早期並沒有其他民族常有的民族中心意識。「天下意識」本來就是超越我族中心的，故後來天下與中國兩個觀念仍可相結合。其三，自居中國，充滿文化自豪感，認為自己的文化高於周邊邦國，這種態度仍不脫我族中心心態。但中國觀並不只是這種感情態度，更包含著實質的文化內涵。亦即中國之所以能為中國，須有德、須是禮義之邦。其四，這些實質文化內涵，亦非就本民族本邦國已具備者說，不是以自己為標準的論斷，而是說須達致這些實質文化內涵方足以稱為中國。非「我即中國」，乃「我成為中國」。中國觀，亦因此而是一文化實踐活動。

這個活動，具體表現於文王的修德和周公的制禮作樂。文王之德，成於克殷之前，使周朝的建立具有天命的正當性。周朝建立之後，周公的制禮作樂則讓周真正成為中國。

克殷後，武王去世。成王初立之時，周貴族中管叔、蔡叔發動了武裝叛亂，周公統兵平叛後，便規劃了以禮治國的大政方針。《書大傳》說：「周公攝政，一年救亂，二年代殷，三年踐奄，四年封衛侯，五年營成周，六年制禮作樂。」《逸周書・明堂解》又載：周公於成王六年建明堂。史料上記載周公制禮作樂者，類似之文句甚多。唯因記載簡略，許多典制並不清楚。例如「明堂」究竟為何，歷來就有不少爭論。但其禮樂之內容，若以《周禮》為基本材料予以勾勒，則大抵可簡述如下：

1.吉禮。《周禮・地官・司徒》：以吉禮事邦國之鬼神（祭祀之禮曰吉，因有受福之義）。其別十有二：(1)以禋祀祀昊天上帝；(2)以實柴（實牲於柴而燔之）祀日月星辰；(3)以槱（讀酉，積木燎之）燎祀司中、司命（文星第四、五星）、風師、雨師；(4)以血祭祭社稷五祀（五行之神）五岳；(5)以貍沉祭山林川澤（祭山林曰貍、祭川澤曰沉）；(6)以疈辜祭四方百物（披牲胸曰疈，磔牲體曰辜）；(7)以肆獻祼享先王（肆謂薦熟，獻謂薦肢，祼是灌鬱鬯之酒）；(8)以饋食享先王（饋食薦黍稷）；(9)以祠春享先王（春物初生，未有以享，故曰祠）；(10)以禴享先王（夏物未成，用薄物以祭，故曰禴）；(11)以嘗秋享先王（秋物既成，以嘗新為之，故曰嘗）；(12)以烝冬享先王（冬物大備，可進者眾，曰烝）。

2. 凶禮。《周禮．春官．大宗伯》：以凶禮哀邦國之憂，其別有五：(1)以喪禮哀死亡，歸以賻贈；(2)以喪禮哀凶札（民飢曰凶、民病曰札，饋以財粟）；(3)以弔禮哀禍災（遣使慰問）；(4)以稽禮哀圍敗（國被圍敗，喪失財物，會財貨以補之）；(5)以恤禮哀寇敗（兵作於外為寇、興於內為亂，出師旅以救之）。

3. 賓禮。《周禮．春官．大宗伯》：以賓禮親邦國，凡八：(1)春見曰朝；(2)夏見曰宗；(3)秋見曰覲；(4)冬見曰遇；(5)時見曰會；(6)殷見曰同（殷，眾也。二歲王不巡狩，則六服盡朝，王為壇以命政；其來必同，故謂之同）；(7)時聘曰問；(8)殷頫曰視（王室有故，慶喜弔憂，而六服皆使人專視）。

4. 軍禮。《周禮．春官．大宗伯》：以軍禮同邦國，凡五：(1)大師之禮用眾（師禮有師旅卒兩之制，有坐作進退之節，所以用之征伐）；(2)大均之禮恤眾（均禮，謂賦之輕重，視地肥磽；役之多少，視家上下，所以優恤其民）；(3)大田之禮簡眾（田禮習兵教戰，所以簡核其材）；(4)大役之禮任眾（役禮、築城、修邑，所以任使其力）；(5)大封之禮合眾（封禮正其封疆溝壑，所以合聚其民）。

5. 嘉禮。《周禮．春官．大宗伯》：以嘉禮親萬民（嘉，善也，因人心所善而為之禮），凡六：(1)以飲食之禮親宗族兄弟；(2)以昏冠之禮親成男女；(3)以賓射之禮故舊朋友；(4)以饗燕之禮親四方之賓客；(5)以脤（膰）膰之禮親兄弟之國（社稷之胙曰脤，宗廟之胙曰膰）；(6)以賀慶之禮親異姓之國。

《周禮》號稱周公之書，但此書並非周初所作，多採戰國制度，故此處所載，應非周公制禮的原貌。但以上五禮，仍大抵可以與春秋戰國時描述周公之禮的文獻相參證。所以上述禮制，仍可讓人追想其時制禮作樂之情狀。

但所謂制禮作樂，並不只有這些。以上各禮，也不只是一些儀制，而是跟整個政治社會體制結合起來的。《周禮》記載諸官教民養民，均與此有關。例如，地官大司徒職司十二教：「以祀禮教敬，以陽禮教讓，以陰禮教親，以樂禮教和，以儀辨等，以俗教安，以刑教中，以誓教恤，以度教節，以世事教能，以賢制爵，以庸制祿。」可見官掌禮，且以禮教、以禮制，一切都成就為禮。司徒這種官，實質上便成為禮官。它除了以十二吉禮教之外，且以「六德」、「六行」、「六藝」之鄉三物，教萬民而賓興之，以「鄉八刑」糾萬民，以「五禮」防民之偽、以「六樂」防民之情，亦顯然是以禮進行民眾教育。教敬、教讓、教親、教和、教辨等，教安、教中、教恤、教節、教慎德、教興功。

司徒底下，州、黨、族、閭、保、比也一樣要推行禮樂教養於邦國都鄙，使以登萬民：一曰稼穡，二曰樹藝，三曰作材，四曰阜蕃，五曰飭材，六曰通材，七曰化材，八曰斂材，九曰生材，十曰學藝，十一曰世事，十二曰服事。凡此，皆養之事。然後以鄉三物教萬民而賓興之。鄉三物，即是鄉三事：一曰六德，知、仁、聖、義、中、和；二曰六行，孝、友、睦、婣、任、恤；三曰六藝，禮、樂、射、御、書、數。

地官以外，天官之官也是如此。例如冢宰，以九兩繫邦國之民：「三曰：師以賢得民，四曰：儒以道得民。」注：「師，諸侯師氏，有德行以教民者。儒，諸侯保氏，有六藝以教民者。」又，天官宮正：「會其什伍而教之道藝。」五人為伍，二伍為什，此謂會合其民人而教之道藝。鄭眾注：「教，謂先王所以教道民者；藝，謂禮樂射御書數。」

師以賢得名，儒以道得名。賢，是指他本身應具備賢德。道，是指儒應負責教導人民，教之以道藝，使之由禮樂射御書數六藝的學習中獲得對道的體認。

藝，本不限於六藝，據《周禮・地官・保氏》曰「見於事為藝」，所頒職事十有二，就是廣義的藝：稼穡，謂三農先九穀；樹藝，謂園圃毓草木；作材，謂虞衡作山澤之材；阜蕃，謂藪牧養蕃鳥獸；飭材，謂百工飭化八材；通材，謂商賈阜通貨賄；化材，謂嬪婦化治絲枲；斂材，謂臣妾聚斂疏材；生材，謂閒民無常職，轉移職事者；學藝，謂學道藝；世事，謂以世事教能，則民不失職；服事，謂為公家服事。廣義的藝事之下，保氏「掌養國子以道，教之以六藝」，則是狹義的藝。教養人民，本不限於此，而是廣及稼穡、阜蕃、通材、疏斂、服事諸行為上的。

六德、六行、六藝、十二職事等，都是在陶養人民的實踐理性，要讓人從生命總體的提升來體現其禮樂教養。也就是說，周公的制禮作樂，並不只如王國維《殷周制度論》之類論析那般，只是典章制度方面的事，而更是推動著一種社會文化運動，讓國家成為一個文化實體，而非只是一政治實體。「中國」的涵義，即在此文化實踐中才足以表現出來。

周朝享祚八百年，是我國史上最長的。因此史學上一個熱門的論題就是探究周何以能享國如此之久。後世許多人把答案訴諸制度，認為周因封建井田而長久，恰與秦因中央集權而遽亡，成為強烈的對比。所以論封建與郡縣孰優孰劣、封建可不可恢復，是歷代爭議不休的題目。可是，封建再好，後世各朝不也都仍有封建藩國嗎，為什麼不能像周一樣，起著「封建親戚，以屏藩周」的作用，反而常成為內部分裂的亂源？周之所以為周，不只是它的封建井田等制度，更是它的文德禮樂。這套周禮周文，凝合了克殷以後的四裔萬邦，也讓幾百年後王室業已衰微時，孔子孟子仍對之欽遲嚮往不已，這就是文化的力量。中國人自詡禮樂文明之邦、自覺文化高超、相信文化力優於政治力，都是在這段時間確定的。周公之所以能成為我國思想文化上的人物典型，即形成於此一意義中。

第十三講　畫歪的臉譜：孟德斯鳩的中國觀

想像遠方的「異類」
貶損「異類」的道德
中國國情特殊論
亞洲社會停滯論
中國觀的新典範
精神發展的譜系
孟德斯鳩在中國
由歷史發現歷史

一、想像遠方的「異類」

一六〇二年耶穌會傳教士鄂本篤由印度啟程來中國，一六〇七年抵肅州而病卒，利瑪竇據其遺留之日記，撰成《鄂本篤訪契丹記》。他這次旅行最大的意義，在於確認「契丹」即「中國」。在此之前，歐洲人大抵視契丹與中國為兩國。稍早，更有不少人以為中國是信奉基督教的。經過利瑪竇及鄂本篤等人的實際考察，對中國的理解，才漸漸準確了些。

但在一百多年以後，流行於歐洲學界的中國圖像，其實仍如哈哈鏡一般，看起來有些滑稽。以一七四八年出版的孟德斯鳩《論法的精神》為例，其中便有許多值得商榷之處。

孟德斯鳩這本名著是討論法律與地理、氣候、人種、風格、習慣、政治、宗教等等的關係，說明法律在各民族各文化中之地位與作用，具有比較法律社會學的視野。但它對於各民族文化及社會的知識畢竟不甚充分，故時有河漢其談的毛病。例如他根據「旅行家們的記述」，推斷：

> 我得到的結論是：正確地說，亞細亞是沒有溫帶的。和嚴寒的地區緊接著的就是炎熱的地區，如土耳其、波斯、莫臥兒、中國、朝鮮和日本等是。
>
> 歐洲正相反，溫帶是廣闊的，雖然它的四周的氣候彼此極相懸殊。西班牙、義大利的氣候和挪威、瑞典的氣候便迥然不同。但是當我們由南方走向北方，氣候幾乎是依照各國的緯度的比例，在不知不覺之中逐漸轉冷。因此相毗連的國家的氣候幾乎相類似，沒有顯著的差別。……

因此，在亞洲，強國和弱國是面對著面的。好戰、勇敢、活潑的民族，和女人氣的、懶惰的、怯懦的民族是緊緊地相毗連著的。所以一個民族勢必為被征服者，另一個民族勢必為征服者。歐洲的情形正相反。強國和強國面對著面，毗鄰的民族都差不多一樣地勇敢。這就是亞洲之所以弱而歐洲之所以強的重要原因；這就是歐洲之所以有自由而亞洲之所以受奴役的重要原因。……由於這個原因，在亞洲，自由沒有增加過；而在歐洲，自由則隨著情況或增或減（三卷，十七章，三節）。

這就是他論述的基本風格。先依據某些文獻，說明亞洲之狀況，然後持以與歐洲相對比。而歐洲好、亞洲差則為其結論。「亞洲與歐洲」，有時也用「東方與西方」來代稱。

在亞洲，代表性的國家就是中國。因為中國人的政制及精神曾影響到北方的韃靼民族等，「所以，哲特或韃靼民族的氣質常常同亞洲各帝國的人民的氣質相類似。亞洲的這些帝國的人民，是用短棒統治的，韃靼的人民是用長鞭統治的。歐洲的精神同這種習氣則永遠水火不相容。在任何時代裡，亞洲人民叫作刑罰的，歐洲人民則叫作暴行」（同上，五節）。歐洲因此而顯示了它的自由，中華帝國則是帝制、專制主義、奴隸制的組合。

有關專制與自由的判斷，且留待後文討論，我們可以先看看孟德斯鳩所理解的中國（包括自然景觀與社會風俗）究竟為何。因為這部分的認識，乃是他推展出各種相關結論的依據。

據孟德斯鳩說，亞洲實無溫帶，只有炎熱與嚴寒。其次，「在亞洲，人們時常看到一些大帝國；這種帝國在歐洲是絕對不能存在的。這是因為我們所知道的亞洲有較大的平原；海洋所畫分出來的區域廣闊得多；而且它的位置偏南，水泉比較容易涸竭；山嶽積雪較少；河流不那麼寬，給人的障礙較少」（同上，六節。相信亞洲河川不寬，河水在匯集前後往往流失或蒸發，可能是他讀了旅行者對沙漠地區河流狀況描述後的印象）。而這樣的氣候與土地性質也非常不好，「由於中國的氣候，人們自然地傾向於奴隸性的服從」（同上，十八章，六節），「由於氣候和土壤性質的關係，中國人生活的不穩定，使他們具有一種不可想像的活動力和異乎尋常的貪得欲，所以沒有一個經營貿易的國家敢於信任他們。這種眾所公認的不忠實使他們得以保持對日本的貿易」（同上，十九章，十節。對中國人性格貪婪、喜歡詐欺之批評，又見三卷十九章二十節。這也是對中國人國民性研究的濫觴。不過，艾田蒲（Rene Etiemble）曾引用讓尼娜・柯恩・艾梯昂伯爾的注解說：「看來，孟德斯鳩只不過複述了幾個歐洲商人的流言蜚語，這些商人因無法讓中國商人上當受騙而大失所望。」見《中國之歐洲》，許鈞、錢林森譯，下卷第一部第三章，河南人民出版社一九九四年版）。

對自然環境之認識，荒謬至此。孟德斯鳩在人文景觀方面，其理解亦多可笑。他首先注意到中國人多，但他判斷中國女人遠多於男人，並認為這是因為中國人吃魚及宗教上的原因：「濱海港口的男人，常常身歷萬險，遠涉天涯海角和窮鄉僻壤，生死是無定的，所以在那裡，女子多於男子。但是那裡的兒童，卻比什麼地方都要多。這是因為生活容易的緣故。這也許又因為魚類機體中油質的部分是較好的、促進生殖的物質。日本和中國人口繁密，不可勝數，其原因之一，恐怕就在此。在這兩個國家裡，人們幾乎只是吃魚過日子」（四卷，二十三章，十三節）；「宗教的教義曾經對人性的繁衍產生極大的影響；在鼓勵增殖方面是如此，在抑制生殖方面也是如此。例如猶太人、回民、格伯爾人、中國人等的繁殖就受到了宗教的鼓勵」（同上，二十一節）。

中國人並不都吃魚，北方各省尤其罕有魚吃。宗教方面，儒家固然鼓勵生育，道教卻只講個人養生。男女性交，僅視為房中術，並不鼓勵繁殖。宮觀道士甚至模彷佛教，建立出家教團。因此孟德斯鳩之說均不準確。

孟德斯鳩認為，因人口眾多、土地貧瘠，所以中國必須節儉。「要知道一個國家應該鼓勵或是應該禁止奢侈，首先就要考量那裡人口的數目和謀生的狀況二者間的關係。在英國，土地出產的糧食可以供給農民和衣物製造者們食用而綽有餘裕，所以它可以有些無關緊要的工藝，因而也可以奢侈。法國生產的小麥也足以維持農民和工人們的生活。加之，對外貿易可以輸入許多必需品來和它的無關緊要的東西交換，所以用不著懼怕奢侈。中國正相反。婦女生育力強，人口繁衍迅速，所以土地無論怎樣墾植，只可勉強維持居民的生活。因此，在中國奢侈是有害的，並且和任何共和國一樣，必須有勤勞和儉約的精神」（一卷，七章，六節）。

孟德斯鳩當然明白中國人擅長國際貿易，更從杜亞爾德《中華帝國志》中知道中國境內之貿易量甚至比整個歐洲還要龐大（四卷，二十一章，二十一節），卻仍將中國定義為一個農耕國，拿來和法國之進行對外貿易相對比。因為他相信，「非農業人民幾乎不可能形成一個大國家」（三卷，十八章，十節），而中國之所以能形成這麼大一個帝國，即與它是農業國家息息相關的。理念先行，遂致罔顧事實，竟有如是者。

孟德斯鳩以節儉為中國人的生活方式，並進而認為基於人口及地理因素，這種方式是不可改變的。同理，中國人基於人種學的原因，其相關風俗將持久不變：「器官的纖弱使東方的人民從外界接受最為強烈的印象。身體的懶惰自然地產生精神上的懶惰。身體的懶惰使精神不能有任何行動、任何努力、任何鬥爭。如果在器官的纖弱上面再加上精神的懶惰，你便容易知道，這個心靈一旦接受了某種印象，就不再能加以改變了。所以，東方今天的法律、風俗、習慣，甚至那些看來無關緊要的習慣，如衣服的樣式，和一千年的相同」（三卷，十四章，四節）。

對於中國的風俗，孟德斯鳩論述甚多，但也往往與上述例證相同，都是跟自然條件關聯起來說。例如「歐洲生男多於生女，亞洲和非洲則相反。關於這兩洲的遊記、著述告訴我們那裡生的女子比男子多得多。因此，歐洲的法律採取一妻制，而亞洲、非洲准許多妻制，是和氣候有一定的關係的」（三卷，十六章，四節）。

亦因氣候的關係，中國人必須盡量將男女隔離開來：「有的地方因氣候關係，自然的衝動極強，道德幾乎是無能為力的。倘若讓一個男人和一個女人單獨在一起，誘惑將帶來墮落，必然會有進攻而不會有抵抗。這些國家，不需要箴言告誡，而需要鐵窗門閂。中國一本古典的書認為一個男人在偏僻冷落的房屋內遇到單身的婦女而不對她逞暴行的話，便是了不起的德行」（同上，八節）；反之，「在我們北方各國，風俗天然就是好的；人們的一切情感都是平靜的，不太活潑，不太風雅，愛情很秩序地統治著人們的心靈。所以只要最少的行政力量，就可以領導他們。在這些國家裡，把婦女們幽閉起來，有什麼用處呢？」（同上，十六節）

嚴復認為孟德斯鳩論東西方之差異，僅從天時氣候立說，未考慮地理及人為等因素（嚴譯，十七卷，三章）。其實不盡然。孟德斯鳩除了氣候之外，也考量了人口、地理、人種、制度等條件。只不過他對氣候因素的說法太強烈，所以常令人形成他是氣候決定論者的印象。

孟德斯鳩強調歐洲的婦女無須隔離，中國婦女卻須如此。但幽閉婦女正是專制政治的一種特質，他說：「在一個共和國裡，公民的生活條件是有限制的，是平等的、溫和的、適中的。一切都蒙受公共自由的利益。在那裡，要向婦女行使威權是不那麼容易行得通的。在氣候需要這種威權的地方，單人統治的政體一向是最適宜的政體。在東方要建立平民政治，總是那樣困難，其原因之一即在此。反之，對婦女的奴役是極符合於專制政體的特質的。專制政體所歡喜的就是濫用一切權力。因此，在亞洲，無論什麼時代，我們都看到家庭的奴役和專制的統治總是相輔而行的。如果一個政體，它的首要要求就是安寧，又把絕對的服從叫作『太平』的話，那麼就應該把婦女都幽閉起來。」（同上，九節）

家政與國政具有類比的相似性。幽閉婦女，要求她們在家庭中進行道德實踐，體現對家的依戀。這種「東方的道德原則」，固然使得風俗純潔了，但事實上乃是強化了政治的奴役。因此他說：「什麼都是密切聯繫著的：君主的專制主義和婦女的奴役自然地相結合；婦女的自由和君主政體的精神也是相結合的。」（三卷，十九章，十五節）

中國婦女被幽閉、歐洲婦女社交自由，是孟德斯鳩的基本看法。但中國婦女怎麼被幽閉呢？男女如何被隔離呢？包括《詩經》在內，有些時代或地區甚至到達「淫奔者不禁」的地步。漢代以後，婦女或採桑或參與農勞，如樂府詩所云「上山採蘼蕪，下山逢故夫」，怎能都關在家裡？男女交往，則有秦羅敷之類故事，豈能說已隔離？如張籍詩所謂「還君明珠雙淚垂，恨不相逢未嫁時」，男女贈答，已婚尚多來往，未婚又怎麼會隔離不通交際？對於男女交往而生之各種流弊，古人有許多反省，提出過許多「嚴男女之防」的主張，並著書告誡之。歐洲傳教士陸續介紹翻譯了不少這類文獻，孟德斯鳩遂因此而據以建構其歐亞不同論，殊不知此與中國社會實際狀況頗有差異。何況，依羅馬之法律，小孩與婦女是要受到男人「監護」的，其禁制、歧視婦女，遠甚於漢魏南北朝。孟德斯鳩推崇羅馬法，對此卻無一語譏議其非，反而責中國禁錮奴役婦女，真是奇哉怪也。

孟德斯鳩對於中國之婦女地位及婚制實不盡了解，所以他說：「妻子嫁到夫家去，這幾乎是各地的通例。臺灣的習慣正相反，即丈夫入贅妻子，成為它的一個成員。」（四卷，二十三章，四節）又說：「有些國家，一個合法的妻子在家裡所享受的地位幾乎和歐洲的一妻制的妻子差不多。在這些國家裡，妾所生的子女就被看作是正妻的子女。中國的制度就是這樣。孝敬之禮和嚴肅的喪儀不用於生母，而是用於法定的母親的。根據這個擬制，他們就無所謂私生子了（妻有大老婆、小老婆之分，也就是說，合法與不合法之分，但是子女就沒有這種區別。杜亞爾德神父所譯的一本中國關於道德的著作裡說：『這是帝國的重要訓條。』見《中華帝國志》，第一四〇頁）。如果沒有這麼一種擬制，而用法律使妾的子女合法化的話，這顯然是不適宜的，因為這項法律對大多數國民將是一種羞辱。在這些國家裡，也沒有姦生子女的問題。那裡婦女受到隔離，幽閉深閨，又有太監和門閂，這種事情根本就很難發生，所以法律就認為這是不可能的事了。」（同上，第五節）

孟德斯鳩一方面讚揚歐洲的氣候好，所以男女可以自由交往：「在這些氣候之下，人們彼此交往，嬌媚的女性彷彿是社會的美飾。結了婚的婦女，雖只承一人之歡，但仍然可以給與大家交際的快樂。在這種氣候之下，生活是幸福的。」（三卷，十六章，十一節）另一方面，他又提倡貞操，說：「一切民族對婦女的淫亂都是鄙視的。這是大自然給一切民族的訓示。……所以，如果說淫亂是遵循自然的規律的話，那是不對的。相反，淫亂正是違背了自然規律。遵循這些規律的，是貞潔與節制」（同上，十二節），「婦女們失掉了品德，便會有許多的缺點繼之而來，她們的整個靈魂將會極端墮落。而且在這個主要之點失掉以後，許多其他方面也會隨之墮落。所以在平民政治的國家，淫亂之風就是這種國家最後的災禍，它預示該國的政制必將變更。所以共和國良好的立法者總是要求婦女要有一定程度的莊重的美德。這些立法者在他們的國家裡不但擯斥了邪惡，而且連邪惡的外表也在擯斥之列。風流情場中的交際產生怠情，使婦女甚至在自己未墮落之先就成為使人墮落之人；這種交際把一切無聊的東西當作有價值的東西，對重要的東西反而加以貶抑；最後，這種交際使人完全依照揶揄戲弄的處世法則行事。婦女們在揶揄戲弄的處世法則上是非常高明的。良好的立法者是連這種風流情場中的交際也全都加以擯斥的」（一卷，七章，八節）。這，與為他譏評之「東方道德原則」其實相去不遠，非常接近宋明理學家的婦女貞節觀，也反對男女交際。

而且孟德斯鳩的上述描述都是錯的。但他卻據此推論中國的風俗較為穩定少變化：「在專制的國家；每一個人都是既居人上又居人下、既以專制權力壓迫人又受著專制權力的壓迫。那裡人們的交往就少於那些社會上各階層都有自由的國家。因此專制國家的禮儀和風俗就較少改變。風俗較為固定，所以就近似法律。因此，在這樣一個國家，君主或立法者比世界上的任何國家都應當少去更動風俗和禮儀。這樣的國家的婦女，通常是幽閉在深閨裡，對社會影響絕少。在其他的國家，男女互相交往；婦女要取悅於人的願望和男子要討婦女歡心的願望，便引起風俗不斷的變更。」（三卷，十九章，十二節）

他所說的這個專制國家，指的就是中國（艾田浦《中國之歐洲》曾考察過這句話，說它的原意是指中國的刑法包括了笞刑，孟德斯鳩卻引用來作為中國屬於專制統治之證據。艾田浦對他這種引證方式非常不滿，認為那就像法國曾經有過禁書之舉，我們就說法國政體「只有靠禁書才能維持」那樣，十分偏頗不公平）。

孟德斯鳩又說：「中國的婦女和男人是絕對分開的。除此之外，中國人的禮儀，和他們的風俗一樣，都是教育的內容。一個文人可以從他行禮時那樣從容自若的態度看得出來。這些東西一旦經嚴厲的教師用來當作箴規施教後，便成為固定的東西，像道德的原則一樣，永遠不能改變。」（同上，十三節）

造成中國風俗如此穩定的另一個原因，孟德斯鳩認為是國家之統治者、立法者，把支配著人類的各種原則混淆了。因為風俗不是法律，「風俗以人民一般的精神為淵源，法律則來自特殊的制度」；禮儀也不等於風俗，「風俗主要是關於內心的動作，禮儀主要是關係外表的動作」（同上，十二節）。然而，「這些東西有時候被人混淆了。萊喀古士把法律、風俗和禮儀混合在同一個法典裡，中國的立法者們所做的也是一樣。中國和拉棲代孟的立法者們把法律、風俗和禮儀混淆在一起，我們不應當感到驚奇。因為他們的風俗代表他們的法律，而他們的禮儀代表他們的風俗。中國的立法者們主要的目標，是要使人民能夠平靜地過生活。要人人互相尊重；要每個人時時刻刻都感到對他人負有許多義務；要每個公民在某個方面都依賴其他公民。因此，他們制定了最廣泛的『禮』的規則」（同上，第六節），「他們把宗教、法律、風俗、禮儀都混在一起，所有這些東西都是道德，所有這些東西都是品德。這四者的箴規，就是所謂禮教。中國統治者就是因為嚴格遵守這種禮教而獲得了成功。中國人把整個青年時代用在學習這種禮教上，並把整個一生用在實踐這種禮教上。文人用之以施教，官吏用之以宣傳；生活上的一切細微的行動都包羅在這些禮教之內，所以當人們找到使它們獲得嚴格遵守的方法的時候，中國便治理得很好了」（十七節）。

為什麼中國的統治者要如此混淆法律與風俗，創造出這套宗教、法律、風俗、禮儀結合為一體的禮教來呢？孟德斯鳩認為這是與統治者追求「太平」，而要求人民絕對服從有關的：

中國的立法者們認為政府的主要目的是帝國的太平。在他們看來，服從是維持太平最適宜的方法。從這種思想出發，他們認為應該激勵人們孝敬父母；他們並且集中一切力量，使人恪遵孝道。他們制定了無數的禮節和儀式，使人對雙親在他們生前和死後，都能克盡人子的孝道。要是在父母生前不知盡孝，就不可能在父母死後以應有的儀式來敬奉他們。敬奉亡親的儀式，和宗教的關係較為密切；侍奉在世的雙親的禮節，則與法律、風俗、禮儀的關係較為密切。不過，這些只是同一個法典的不同部分而已；這個法典的範圍是很寬廣的。

尊敬父親就必然和尊敬一切可以視同父親的人物，如老人、師父、官吏、皇帝等聯繫著。對父親的這種尊敬，就要父親以愛還報其子女。由此推論，老人也要以愛還報青年人；官吏要以愛還報其治下的老百姓；皇帝要以愛還報其子民。所有這些都構成了禮教，而禮教構成了國家的一般精神。

我們現在可以看到，在表面上似乎是最無關緊要的東西都可能和中國的基本政制有關係。這個帝國的構成，是以治家的思想為基礎的。如果你削減親權，甚至只是刪除對親權表示尊重的禮儀的話，那麼就等於削減人們對於視同父母的官吏的尊敬了。因此，官吏也就不能愛護老百姓了，而官吏本來是應該把老百姓看作像子女一樣的；這樣一來，君主和臣民之間所存在的愛的關係也將逐漸消失。只要削減掉這些習慣的一種，你便動搖了國家。一個兒媳婦是否每天早晨為婆婆盡這個或那個義務，這事的本身是無關緊要的，但是如果我們想到，這些日常的習慣不斷地喚起一種必須銘刻在人們心中的感情，而且正是因為人人都具有這種感情才構成了這一帝國的統治精神，那麼我們便將了解，這一個或那一個特殊的義務是

有履行的必要的。（同上，十九節）

二、貶損「異類」的道德

孟德斯鳩對中國的理解，荒腔走板之處當然不只於上述，例如他據《創建東印度公司歷次航行輯覽》第五卷第一篇，第一八二、一八八頁的記載，說：臺灣島的宗教不許婦女在三十五歲以前生育子女；若懷孕，便由巫婆壓腹墮胎（四卷，二十三章，十六節）。又說：「臺灣人相信有一種地獄；但是這種地獄是要懲罰那些在某些季節沒有赤身裸體的人、該穿絲衣時而穿布衣的人、尋找牡蠣的人、沒有先問卜於小鳥的歌唱而採取行動的人。正因這樣，他們反而不把酗酒和荒淫當作罪惡了；他們甚至認為子女們的放蕩墮落是他們的神明所喜歡的」（五卷，二十四章，十四節）。

甚至，他還以為中國所有官吏都是太監，說：「有一些國家，把一切官職都給予太監們。唐比埃說：『在東京，所有文武官吏都是太監。』（過去在中國也一樣。九世紀時兩個阿拉伯伊斯蘭教徒曾到那兒去遊歷，當他們說到一個城市的長官時，他們就是用太監這個詞），他們沒有家庭；雖然他們是貪婪成性的，但是他們的主人或君主卻從他們的貪婪中得到了利益。」（三卷，十五章，十九節）

造成他講這些荒唐話的，主要是時代的限制。他所論每一件事，都有根據，並非信口開河。所依據的資料，主要是《耶穌會士書簡集》、《北方旅行記》、杜亞爾德《中華帝國志》、《韃靼史》等書。尤其是杜亞爾德的書對他影響極大。「統治中國的就是棍子」，即是杜亞爾德的介紹。

另外，他曾於一九一三年僑居巴黎，住了十年，遇到在皇家圖書館工作的福建興化基督徒黃嘉略，他們作過長談，孟德斯鳩更做了詳細的筆記。因此，孟德斯鳩談論中國的態度是嚴謹的。無奈，在那個時代，整個西方對中國的認識仍極有限；他所遇到的一些中國人，給他的訊息與印象也未必準確（黃嘉略對孟德斯鳩的中國觀有決定性的影響。但此人在國內所追隨之法國傳教士，屬於域外傳道會，對中國之見解，本與耶穌會不同；而其本人又為鄉曲之士，對中國政經法律等等所知有限。他告訴孟德斯鳩的東西，大抵強不知以為知，而且態度偏激，對中國之優點語焉不詳，一些缺點卻津津樂道，錯誤又極多。孟德斯鳩以為他既是中國人，所說一定比耶穌會傳教士的報導更可信，實在是上了他的大當。另詳許明龍《孟德斯鳩與中國》，第四章，國際文化出版公司，一九八九年版）。

前面曾談過，在利瑪竇那個時代，歐洲人甚至尚不能分辨「契丹」與「支那」。這個認識，是犧牲了一位旅行家傳教士才獲得的。而並非所有旅行者都如此盡責，一四〇三年西班牙使者克拉維局《奉使東方記》信誓旦旦地說他曾經過契丹國境內一個臣屬的女兒國（詳見張星烺《中西交通史料匯編》第二冊，一六三－一六四節，世界書局，一九八三年版）。一四八〇年義大利人巴巴羅《奉使波斯記》則記契丹人皆奉基督教，且因天氣寒冷，故不產葡萄酒（同上注，一四一節）。一五六〇年荷蘭人白斯拜克記述某位曾遊中國之土耳其人所見，更謂中國人禮節近於猶太教，而印書之紙則均為蠶絲所制（同上注，一四四節）。這類記載，類如海客談瀛，恢詭難憑，但對歐洲人的東方觀卻已具有先入為主的作用，使得歐洲人對於東方世界很早就習慣了從「異文化」的角度去掌握。

語云：「非我族類，其心必異。」遠方的異族，必然有奇山異水、奇風異俗，與「我們」截然不同。這種觀察東方或中國的態度，基本上主宰著孟德斯鳩那個時代的歐洲人。孟德斯鳩晚於鄂本篤百餘年，中歐交通狀況自非昔日可比，但獵異搜奇之心，仍然使得孟德斯鳩輕易地採信了許多早期旅行家的奇談怪論（如中國女多於男、中國之官吏均為太監、中國無私生子、中國河川不寬且在匯集前或後便已流失或蒸發、中國人幾乎只吃魚過日子等），並依著這些奇談怪論努力地把中國建構成一個足以與歐洲相對比的「邪惡帝國」（同上注，一五七節）。

艾田蒲《中國之歐洲》上卷第三部第一章〈傳教士不懂漢語的某些後果或公然傳播的謬誤〉對於那個時代歐洲中國觀之整體水準，有詳細的分析。他並認為孟德斯鳩即受限於這樣的理解情境，故所言多謬：「杜亞爾德神父在法國可謂是大權威了。但他從未到過中國，他所做的，僅止於編纂、刪改、歪曲。……然而，孟德斯鳩正是向他探詢到了最明確的資訊」，「讓我們對伏爾泰、孟德斯鳩採取寬容態度吧。他們幾乎身不由己，被他們自身的偏見、被耶穌會士的企圖所左右。再說，他們沒有課本、又沒有拼音表、沒有語法、也沒有字典」。

造成這種結果，當然也同時是由於孟德斯鳩的觀點有了問題，因為在他之前或他自己那個時代，對於非我族類之異族，也不乏視之為「聖善天堂」的資料。而孟德斯鳩並不如此看，這就是他的觀點的問題。

一三五三年馬黎諾里自東方歸，著《波希米亞史》，一七六八年刊布，書中描述中國為「燦爛光榮之世界，非筆所能書、口所能言。而余得飽眼福，豈非人生之大幸乎？」但這仍非天堂，該書曾敘述他到過天堂，說天堂就在印度科倫白姆對岸，與錫蘭山相峙。此為當時有關天堂之一說。當時人有主張天堂「在恆河畔者、在錫蘭島著、在中國者、在韃靼境」等等甚多（同注十所引書，第一一七節），馬黎諾里雖未以中國為天堂，但對中國的敬慕之意仍是非常明顯的。而這種敬慕的態度，實普遍瀰漫於當時各類文獻中，如一五六〇年白斯拜克所記錄的土耳其人言語，便說「契丹人精於各種技藝、開化文明、深知禮讓」。

十七、十八世紀的歐洲也正瀰漫著中國風。僅荷蘭東印度公司輸入歐洲各國的中國瓷器，自一六〇二年至一六八二年便達一千六百萬件以上。路易十四、十五時代，中國式家具、壁紙、絲織品、摺扇、服飾、化妝等也都成為歐洲的時尚，中國繪畫與建築園林更被群起模仿。孟德斯鳩倚為主要資料書的杜亞爾德（J. B du Halde）《中華帝國志》，一七三四年出版後，一七三六年立刻出現英譯本，一七四七年出現德譯本，一七七四年又有了俄譯本，可見其風行。伏爾泰因讀其書見其中有趙氏孤兒故事，乃「根據孔子的教導，改編成五幕劇」，並認為此一故事「是個巨大的明證，體現了理性和才智最終必然淩駕於愚昧和野蠻」。歌德也因讀到此書而感歎：「中國人有千萬部好小說，他們開始創作的時候，我們的祖先還在樹林裡生活哩！」「在他們那兒，一切都比我們顯得更明理、純潔和道德」（詳見沈福偉《中西文化交流史》，十八章第四、五節，東華書局，一九八九年版。許明龍《孟德斯鳩與中國》（國際文化出版公司，一九八九年版）第三章〈歷史上的中法交流和十八世紀法國的中國熱〉，對此更有生動的描述）。

也就是說，在孟德斯鳩那個時代，推崇中國者大有人在。可是，孟德斯鳩雖與伏爾泰、歌德一樣看《中華帝國志》，卻看出了不一樣的意味。他對中國人毫無好感，曾說：

> 中國人的生活完全以禮為指南，但他們卻是地球上最會騙人的民族。這特別表現在他們從事貿易的時候。雖然貿易會很自然地激起人們信實的感情，但它卻從未激起中國人的信實。向他們買東西的人要自己帶秤。每個商人有三種秤，一種是買進用的重秤，一種是賣出

用的輕秤，一種是準確的秤，這是和那些對他有戒備的人們交易時用的。……由於需要或者也由於氣候性質的關係，中國人貪利之心是不可想像的，但法律並沒想去加以限制。一切用暴行獲得的東西都是禁止的；一切用術數或狡詐取得的東西都是許可的。因此，讓我們不要把中國的道德和歐洲的道德相比較吧！在中國，每一個人都要注意什麼對自己有利；如果騙子經常關心著自己的利益的話，那麼，容易受騙的人也就應該注意自己的利益了。在拉棲代孟，偷竊是允許的；在中國，欺騙是允許的。（三卷，十九章，二十節）

顯然孟德斯鳩對當時稱揚中國人道德高尚之風氣是不甚滿意的。他認為歐洲人之道德高於中國，不僅中國人最會騙人，更因中國人所服膺的「東方的道德原則」乃是建立在恐懼和服從上的。所以他反駁當時有關中國政治清明、風俗良善的紀錄，謂：

我們的傳教士們告訴我們，那個幅員廣闊的中華帝國的政體是可稱讚的，它的政體的原則是畏懼、榮譽和品德兼而有之。那麼，我所建立的三種政體的原則的區別便毫無意義了。但是我不曉得，一個國家唯有使用棍棒才能讓人民做些事情，還能有什麼榮譽可說呢？加之，我們的商人從沒有告訴我們教士們所談的這種品德；我們可以參考一下商人們所說的關於那裡的官吏們的掠奪行為。此外，巴多明神父的書簡，敘述皇帝懲辦了幾個親王，因為他們皈依基督教，惹起皇帝的不快。這些書簡使我們看到那裡經常施行的暴政，和依據常例——也就是無情地——對人性進行殘害的大略情形。我們還有德麥蘭和巴多明神父關於談論中國政府的書簡。……

是不是我們的教士們被秩序的外表所迷惑了呢？是不是因為在那裡，不斷地行使單一的個人意志，使他們受到了感動呢？教士們自己就是在受著（教皇）單一的個人意志的統治，所以在印度諸王的朝廷裡，他們也極願意看到同樣的統治。因為，他們到那裡去的使命只是要提倡巨大的變革。那麼，要說服君主們使君主相信自己什麼能夠做，總比說服人民使相信人民自己什麼都能忍受要容易些。（一卷，八章，二十一節）

由這一大段，可知孟德斯鳩對於中國人品德的印象可能有一大部分來自商人，所以對傳教士之稱許中國頗不以為然。據艾田蒲之研究，孟德斯鳩對中國人惡劣之印象，來自一位前耶穌會士富凱。此公因被耶穌會所憎惡，故竭力詆毀耶穌會對中國的描述。此外，孟德斯鳩讀過一七一五年出版的《羅朗・朗吉中國紀行》，「這位瑞典工程師說盡了他所能想像的一切有關中國商人的壞話」。孟德斯鳩還讀到《一七四〇—一七四七年環球航行》一書，此書是由一位英國神父所寫，他曾在一次旅行中被迫在中國停泊，與中國商人有些接觸，這些接觸使他對中國印象惡劣（見艾田蒲《中國之歐洲》下卷第一部第三章）。

但更重要的，是他對政體的見解使他無法稱讚中國。

三、中國國情特殊論

孟德斯鳩把政體分成共和、君主、專制三種，各有其原則與動力：共和政體的原則是品德，君主政體的原則是榮譽，專制政體的原則是恐懼。立法工作須與政體的原則相適應，法律才能發揮其效用。

所謂共和政體，是指全體人民或部分人民握有最高權力的政體，例如民主或貴族政體。君主政體，是由君主一人執政，但一切依法律規定辦理。專制政體既無法律又無規章，由君主依其個人意志與反覆無常的性情領導一切。因此，在專制政體中，其實無所謂法的問題：「因為土地都屬於君主，所以幾乎沒有任何關於土地所有權的民事法規。因為君主有繼承一切財產的權利。所以也沒有關於遺產的民事法規。……人們通常和女奴結婚，所以幾乎沒有關於奩產或關於妻子利益的民事法規。又由於奴隸眾多，所以幾乎沒有有個人意志的人，因此也沒有應該對自己行為負責而對簿公庭的人。他們道德上的行動，大半只是父親、丈夫或主人的意志而已。……因此，在專制國家裡是完全沒有發生糾紛和訴訟之機會的。」（一卷，六章，一節）

同理，孟德斯鳩認為共和及君主制均有自由可論，專制政體則無自由可言。歐洲各國中，英格蘭情況最好，義大利等國就差了，但縱使是義大利等國，也只是「企圖實行專制」，與「東方專制主義」仍是不同的（二卷，十一章，六節）。

亞洲，乃因此而是孟德斯鳩用來與他所揭揚的民主自由價值相對比之物，代表著專制政體與精神。對所有亞洲國家，孟德斯鳩都無讚詞。事實上歐洲人此刻也正在進行大規模的亞洲殖民運動，對於中亞、西亞、南亞乃至東亞諸邦國，確實也較難激生什麼敬意（對歐洲殖民大業躊躇滿志，可見孟德斯鳩書第四卷，二十一章，廿一節）。但中國顯然不同，這個大帝國、古文明，與亞洲其他國家不能一概而論。何況，歷來歐洲人對中國政體、文化、風俗的頌揚已多，徑要將之貶為專制主義之代表，是得花一番氣力的。

在某些地方，孟德斯鳩也很稱讚中國，認為中國比亞洲其他地方好，間或也有值得歐洲政府效法之處，如：

亞洲的帝王幾乎沒有一年不下詔諭寬免他們帝國中某個省分的稅（這是中國皇帝的習慣）。他們表現賜給人民恩典的心意。但是歐洲則不然，君主的詔諭在人們還沒看到之前就已使人們發愁，因為君主的詔諭通常談的都是君主的需要，而從來不談我們人民的需要。（二卷，十三章，十五節）

有關中國的記述，談到了中國皇帝每年有一次親耕的儀式。這種公開而隆重的儀式的目的是要鼓勵人民從事耕耘。不但如此，中國皇帝每年都要知道誰是耕種上最優秀的農民，並且給他八品官做。（三卷，十四章，八節）

佛的教義是由氣候上的懶惰產生的，卻反而助長了懶惰，這就產生了無數的弊害。中國的立法者是比較明智的，他們不是從人類將來可能享受的和平狀態去考慮人類，而是從適宜於履行生活義務的行動去考慮人類，所以他們使他們的宗教、哲學和法律全都合乎實際。（同上，五節）

這顯示了他對中國的態度與對印度、暹羅、韃靼都不相同。甚至於他有時亦認為中國的政體也是或曾是寬和的，可以與歐洲並稱，如卷三第十六章第六節說：

有的地方需要人類的勤勞才可以居住，並且需要同樣的勤勞才得以生存。這類國家需要寬和的政體。主要有三個地方是屬於這一類的，就是中國的江南和浙江這兩個美麗的省分、埃及和荷蘭。

中國的古代帝王並不是征服者。他們為著增強自己的權勢就首先做一件事情，這件事情最有力地證明他們的智慧。他們平治了洪水，帝國版圖上便出現了這兩個最美麗的省分。這兩個省分的建立是完全出於人力的勞動的。這兩個省分土地肥沃異常，因此給歐洲人一個印象，彷彿這個大國到處都是幸福的。但是要使帝國這樣大的一塊土地不至受到毀壞，就要不斷地用人加以必要的防護與保持。這種防護與保持所需要的是一個智慧的民族的風俗，而不是一個淫佚的民族的風俗；是一個君主的合法權力，而不是一個暴君的專制統治。政權就必須是寬和的，像過去的埃及一樣。政治就必須是寬和的，像今天的荷蘭一樣。大自然給荷蘭那樣不便的地勢就是要它關心自己，而不是要它懶怠或是任性而使土地荒廢。

因此，雖然由於中國的氣候，人們自然地傾向於奴隸性的服從，雖然由於帝國幅員遼闊而會發生各種恐怖，但是中國最初的立法者們不能不制定極良好的法律，而政府往往不能不遵守這些法律。

這是很重要的一段文字。因為它表明了孟德斯鳩立說時必須要與歐洲人對中國已有的美好印象搏鬥。他是以中國為專制主義之代表的，但某些時候他也不能不妥協說：基於某種原因，中國專制之害並不甚嚴重。

為什麼中國雖屬於專制主義卻仍能定法並守法，君主也能進行合法性統制呢？他歸功於早期那些立法君主具有非凡的智慧。這樣的辯解當然也是充滿「智慧」的。因為此種說法雖承認中國可能具有較寬和的政權、極好的法律，卻因其氣候與土地廣闊，不得不實施專制統治；而且後來的君主也不像早期那樣寬和睿智，以致中國終究仍是專制主義的典型。這就又回到他原有的主張上來了：

由於特殊的情況，或是絕無僅有的情況，中國的政府可能沒有達到它所應有的腐敗程度。在這個國家裡，主要來自氣候的物理原因曾經對道德發生了有力的影響，並做出了各種奇蹟。

中國的氣候異樣地適宜於人口的繁殖。那裡的婦女生育力之強是世界上任何地方所沒有的。最野蠻的暴政也不能使繁殖的進程停止。在那裡，君主不能像法老一樣地說：「讓我們明智地壓迫他們吧！」他只好歸結到尼祿的願望：希望全人類只有一個首領。中國雖然有暴政，但是由於氣候的原因，中國的人口將永遠地繁殖下去，並戰勝暴政。……

在中國，腐敗的統治很快便受到懲罰。這是事物的性質自然的結果。人口這樣眾多，如果生計困乏便會突然發生紛亂。在別的國家，改革弊政所以那麼困難，是因為弊政的影響不那麼明顯。不像在中國那樣，君主受到急遽且顯著的警告。

中國的皇帝所感悟到的和我們的君主不同。我們的君主感到，如果他統治得不好的話，則來世的幸福少，今生的權力和財富也要少。但是中國的皇帝知道，如果他統治得不好的話，就要喪失他的帝國和生命。

中國雖然有棄嬰的事情，但是它的人口卻天天在增加，所以需要有辛勤的勞動，使土地的生產足以維持人民的生活。這需要有政府的極大的注意。政府要時時刻刻關心，使每一個人都能夠勞動而不必害怕別人奪取他的勞苦所得。所以這個政府與其說是管理民政，毋寧說是管理家政。

這就是人們時常談論的中國的那些典章制度之所由來。人們曾經想使法律和專制主義並行，但是任何東西和專制主義聯繫起來，便失掉了自己的力量。中國的專制主義，在禍患無窮的壓力之下，雖然曾經願意給自己帶上鎖鏈，但都徒勞無益；它用自己的鎖鏈武裝了自己，而變得更為兇暴。

因此，中國是一個專制的國家，它的原則是恐怖。在最初對那些朝代，疆域沒有這麼遼闊，政府的專制的精神也許稍微差些；但是今天的情況卻正相反。（第一卷，第八章，廿一節）

在這一大段中，他再次認定中國是專制政治。但它是專制中的特例、奇蹟。據孟德斯鳩此處的分析，出現此種奇蹟之原因，與它形成專制的原因，都是不可抗拒的自然條件：因土地太廣以及氣候關係，中國不得不成為專制大帝國，人民自然地傾向服從；但又由於人口太多，這自然之物理原因又戰勝了暴政，使得人民要辛勤、政府要關懷人民。不過，雖然如此，中國也只是不太壞而已，專制政體最終仍然戰勝了。中國在早期縱或尚稱寬和，後來卻越來越嚴厲，成就為一專制國家。因為專制政體的原則正是不斷腐化：

專制政體的原則是不斷在腐化的，因為這個原則在性質上就是腐化的東西。別的政體之所以滅亡是因為某些特殊的偶然變故，破壞了它們的原則。專制政體的滅亡則是由於自己內在的缺點。某些偶然的原因是不能夠防止它的原則腐化的。所以專制政體，只有氣候、宗教、形勢或是人民的才智等等所形成的環境強迫它遵守一定秩序，承認一定規則的時候，才能夠維持。這些東西可能對專制政體的性質發生強有力的影響，但是不能改變專制政體的性質，專制政體的兇殘性格仍然存在；這種性格只能暫時地被制服。（一卷，八章，十節）

倚賴這一類解釋，孟德斯鳩企圖平撫「中國現象」與其理論之間的扞格，扭轉歐洲人對中國的觀感，以便安然將中國視為東方專制主義之代表，用意是非常明顯的（艾田蒲《中國之歐洲》下卷第一部第三章〈孟德斯鳩的中國〉主要是針對孟德斯鳩對中國時而貶抑時而褒揚之矛盾進行的分析。他認為這是由於《論法的精神》乃「是由支離破碎、自相矛盾的篇章構成的」，所以其中既有早期對中國政體好印象時的見解，也有遇到富凱之後，「由於過分輕信了富凱別有用心的挑動，又未經仔細鑑別，就聽取了安遜的胡言亂語，孟德斯鳩最終陷入了困境，難以將耶穌會士們的頌揚之詞與商人們的詛咒之語統一起來」。他的分析，不能說沒道理，但忽略了孟德斯鳩將中國視為專制政體的意義，也簡化了相關的問題，我不取此種看法）。

但中國似乎仍不斷在孟德斯鳩的論述中伸腳探頭，干擾著他所訂下的「規律」，使得他必須不斷作些補充說明。例如一卷五章結尾說：「專制政府不應該有監察官是顯而易見的。但中國的事例，似乎破壞了這條規律。在本書後面，我們將看到中國設立監察制度的特殊理由。」這與第八章結尾處特立一節辯護道「對於我在上面所說的一切，人們可能有所非難，所以我在未結束本章前，必須加以回答」（孟德斯鳩在後文中其實並未說出中國設立監察制度的特殊理由，也沒有回答為何設有監察官的中國仍然是專制的），可以說都是這樣的說明。

同樣地，第七章說「君主政體的政制，財富的分配很不平均，所以奢侈是很必要的。……在專制國家也是必要的」（四節），但中國事例又違背了這個規律，所以第六節又要補充云：「有些國家，由於特殊理由，須要節儉的法律。」這些辯護，旨在維護其理論、保障其規律之普遍性；而對中國之所以如此不符合其規律，則一概諉諸「中國國情特殊論」。

就像他原本區分了風俗、法律、禮儀的不同，但中國事例一出現，又打亂了他的區分，使得他只好說中國是個特例：「只有特殊的法制才這樣把法律、風俗和禮儀混合起來。這些東西在性質上本來是應當分開的。」（三卷，十九章，二十一節）

四、亞洲社會停滯論

中國不但是特例，更是或應是凝固的狀態。

依孟德斯鳩之見，專制國家的風俗禮儀原本就較少變化，中國尤其沒有變化。原因很多，地理因素、人種狀況、持續的專制，以及下列兩種因素都是：「有兩種原因使這種禮教得以那麼容易地銘刻在中國人的心靈和精神裡。第一是，中國的文字的寫法極端複雜，學文字就必須讀書，而書裡寫的就是禮教，結果中國人一生的極大部分時間，都把精神完全貫注在這些禮教上了；第二是，禮教裡面沒有什麼精神性的東西，而只是一些通常實行的規則而已，所以比智力上的東西容易理解、容易打動人心」

（三卷，十九章，十七節）。然而，禮本來就是精神性的東西，所以《白虎通・情性》云：「禮者，履道成文也」，《禮記・仲尼燕居》云：「禮也者，理也」。它本質上是人對人類社會應有之條理秩序的一套理解與看法，而表現於視聽言動之間。在表現時，亦要求須有「敬」之類精神。孔子說「禮云禮云，鐘鼓云乎哉」，就是這個道理，孟德斯鳩恰好弄顛倒了。

孟德斯鳩又認為這些因素加起來，使得中國幾乎不可能有什麼改變：「中國並不因為被征服而喪失它的法律。在那裡，習慣、風俗、法律和宗教就是一個東西。人們不能夠一下子把這些東西都給改變了。改變是必然的，不是征服者改變，就是被征服者改變。不過在中國，改變的一向是征服者。因為征服者的風俗並不是他們的習慣，他們的習慣並不是他們的法律，他們的法律並不是他們的宗教；所以他們逐漸地被被征服的人民所同化，要比被征服的人民被他們所同化容易一些。從這裡還產生一個很不幸的後果，就是要在中國建立基督教，幾乎是不可能的事。」（同上，十八節）

話雖如此，孟德斯鳩真覺得中國不能成為基督教國家是不幸的事嗎？可能未必。他對其他國家，是同意風俗習慣乃至法律均可改變的，唯獨對專制國家不然。依其理論，政體既有共和、君主及專制之分，前兩者較寬和自由，後者則否。那麼，作為一種實踐性的思想，自應鼓勵採用專制政體之國家起而改變之，讓它逐漸走向共和或君主制才是。無奈孟德斯鳩對於專制政體之形成與性質的解釋，有著命定論的色彩，專制國家之所以為專制國家，係因其地理條件、人口因素、氣候、幅員等而不得不然的。既如是，在這些條件未能改變之前，專制政體事實上並不能改變。而這些條件，基本上也不太可能改變，故專制政體即不得不成為一凝固之物。

而孟德斯鳩卻又鼓勵這種凝固狀態，建議人們勿輕易去嘗試改變它。他說道：「專制國家的風俗和禮儀，絕不應該予改變，這是一條重要的準則。沒有比這樣做更能迅速地引起革命。因為這些國家幾乎沒有法律，它們只有風俗和禮儀。如果推翻風俗和禮儀，就是推翻了一切。」（三卷，十九章，十二節）

這樣的論調，是難以令我們心服的。縱使我們不質疑它決定論式的專制政體論在學理上有多麼粗糙，一種教導人們安於專制、勿企圖改變之的理論，本身就是不正義的。

然而，若孟德斯鳩真如此想，他又何必寫這樣一部大書？這部書出版後又何至於被攻擊並被巴黎大學和主教會議列為禁書？這樣缺乏革命力量的書，又怎能被譯介到中國，成為晚清改變中國社會的重要武器？原因就在於它並不真正主張法律風俗等等皆不可改變。就他的理論來說，他並非純然採命定論，故認為立法之精神不在隨順地理氣候，而在於針對其弱點對治之，所以說：「不和氣候的弱點抗爭的，是壞的立法著。」（三卷，十四章，五節節名）同理，他也反對風俗習慣或法律全然不變，曾針對「改變一個國家的風俗和習慣有什麼自然的方法」（三卷，十九章，十四節節名）、「要接受最好的法律，人民的思想準備是如何的必要」（同上，二節節名）提了許多建議，更對如何立法來鼓勵繁殖、改革奢靡、糾正宗教謬誤講了不少具體措施。可見他的理論本身不應該是教人服順於惡劣狀況的。

既然如此，那為什麼他竟覺得專制國家毋庸改變呢？

這個問題的解答，恐怕仍應關聯著「特殊的中國」來理解。

孟德斯鳩所說可以改變的，是指歐洲。例如俄國彼得大帝變法之所以成功，是「因為彼得大帝不過把歐洲的風俗習慣給予一個歐洲國家，所以他感到的輕而易舉，是他自己也未曾預料到的」（三卷，十九章，十四節）。中國則不需要這樣的改變，也不可能改變。所以，他殘酷地認為，中國人民若生活在專制政體中，那就繼續做著「亞洲的奴役」吧。只要我們歐洲人能享受著「歐洲的自由」就好了（這兩個專門術語，見三卷，十七章，六節）。這種態度，在他論奴隸制時也非常明顯。

奴隸制，本來就是歐洲古老的傳統，亞里士多德就曾論證有天生的奴隸存在，羅馬法也確定了這種制度，地理大發現及歐洲殖民運動又將非洲人、美洲人都用為奴隸。但孟德斯鳩反對這種制度，他認為這種制度違背自然法也不符民法，「因為一切人生來就是平等的，所以應該說奴隸制是違反自然的」（同上，七節）。除了這種人道主義式的呼籲之外，他更從風俗、宗教、經濟、安全等各方面論證「奴隸制對我們是無益的」（同上，八節），進而主張廢除奴隸制、釋放奴隸。

這些論辯當然甚為精彩，令人動容。但是，這些都是針對歐洲說的。亞洲及非洲，「在專制政體之下，奢侈和專橫的權力支配了一切，所以是不可能這樣做的」，「東方的太監，似乎是一種不可能避免的禍患」（同上，十九節），「『天然的奴役』，就應該局限在地球某些部分的國家」（同上，八節）。

歐洲人應接受最好的法律，亞洲人則讓他們依舊承擔奴役。這樣的亞洲便不只是凝固的，也是停滯的。以至於「歐洲的自由」與「亞洲的奴役」既為描述語，也為祈使句，兩者成了永恆的對比。

形成這種對比，當然與他對於自己作為一位歐洲人的榮耀感有關。他活在大殖民時代，深感：

> 歐洲的權勢已達到了極高的程度，它消費浩大、事業顯赫、經常維持著龐大的部隊，甚至維持那些僅供炫耀而無實際用途的軍隊。人們只要看看這些情況，就可了解歐洲的權勢已是歷史上無可倫比的了。（四卷，二十一章，二十一節）

這種站在歷史高峰上、活在世界權勢之中心的感覺，使他生出了無比的優越感，對於那個曾被仰慕、推崇、讚美的古老中華帝國之聲望，異常地不服氣。將之貶為專制主義之代表，視為特例與異類，乃至於主張各行其是、分道揚鑣，正是出自於這種特殊的心理狀態。

五、中國觀的新典範

孟德斯鳩的專制中國論，在當時是頗有反對者的。例如伏爾泰就認為專制政治與中國政治並不相同。專制政治是君主不守法律，任意剝奪人民生命財產的政治，中國則因以下四個原因，不能稱為專制政治：1.人民將君主或官吏看作家長一般，為之盡力。2.政府注意人民福祉，經常修橋造路，保護學術與工業之研究，人民也自覺地表示敬意，養成順從的美德。而這種順從卻並非由於專制。3.中國行政組織完善，官吏均經嚴格考試甄拔，皇帝雖商居上位，卻不能擅行專制，加上中國有諫議制度，故不能以專制國家稱之。4.中國的法律，充滿著仁愛的精神，而且已存在四千年。

另一位重農學派的魁奈（Fräncois Quesnay, 1694-1774）則認為中國固然屬於專制政體，但卻是一種「合法專制」（legal despotism）。他著有《中國專制政治論》（*Despotisme de la China*），專論中國之政治。這是一本與《論法之精神》足相對比的書，共分八章：

1.序說：(1)序，(2)中華帝國的起源，(3)中華帝國的領土與繁榮，(4)市民階級，(5)軍事勢力。

2.中國之基礎法：(1)自然法，(2)經典與第一階級之寺院法，(3)第二階級之寺院法，(4)中國人之科學，(5)教育，(6)學者的研究，(7)農業，(8)附屬於農業的商業。

3.中國之實定法。

4. 租稅法。
5. 君主權。
6. 行政制度：(1)行政，(2)刑法，(3)官吏。
7. 中國政治制度的缺點。
8. 中國憲法與造成繁榮政體的自然法之比較。

魁奈此書第七章第一節〈孟德斯鳩的主張〉，專批孟氏（參閱 Quesnay: "espotism in China" translated by L. A. Maverick, *China a Model for Europe*, p.239, Vol.2, San Antonio: Paul Anderson Company, 1946）。他判斷「自然法」是中國倫理道德的基礎，也是中國政治制度與社會制度的基礎。他也極稱讚中國的專制政治，以為「despote」一語實有兩種涵義，一種是依於國法行使主權的合法專制，一種是非法的壓制人民。前者可以中國為例子，後者則與 monarque、roi、emperour 即專制君主同義。中國的文化制度，均以自然法為依據，即便皇帝自身，亦須嚴守此確乎不動之大法，所以中國專制政治絕非壓制政治。中國人的最高信仰，是所謂「上帝」、所謂「天」。上帝創造萬物，同時即為萬物父母，皇帝則是上帝在地上之代理人。以統治國家言，叫作君主；以教化人民言，尊稱師表；以祭祀上帝言，則不過司祭而已。因此，形式上中國皇帝為專制君主，事實上皇帝亦須受天理的支配與束縛。這就是所謂「合法的專制政治」（despotisme legal），也是世界上最好的政治形式。

不論對中國政體之評價如何，魁奈與孟德斯鳩都認為中國是專制政制，只不過一屬於合法專制或開明專制、一屬於極權獨裁罷了。另一種對中國政體的述則迴異，例如義大利神父金尼閣認為：中國政府形式上雖然是君主制，但一定程度上卻是貴族政體。因為「雖然所有由大臣制擬的法規必須經皇帝在呈交給他的奏摺上加以書面批准，但是如沒有與大臣磋商或考慮他們的意見，皇帝本人對國家大事就不能做出最後的決定。如果一個平民偶然有事呈奏皇帝，如果皇帝願意親自考慮這個請求，他就在奏摺上作如下批示：著該部詳核此項請求，並呈覆最好的措施。我已作過徹底的調查研究，可以肯定下述情況是確鑿無疑的，那就是：皇帝無權封任何人的官，或增加對任何人的賜錢，或增大其權力，除非根據某個大臣提出的要求這樣做。然而，不應由此得出結論說，皇帝憑自己的權威就不能對他家族有關的人進行賞賜」。也就是說：皇帝的權力，是受法律、官僚行政體系之制衡的。皇帝批准公布並實施法律，但此法律實非由皇帝一人任意訂定，而是由大臣們研擬的；皇帝在執行其權力時，亦須受法律之規範。他所形容的這種含有「貴族政體」意味之君主制，其實已很接近魁奈的講法。

但是，不論如何，孟德斯鳩之後，他對中國政體的理解，已形成了新的典範。孟德斯鳩式的中國觀逐漸取得優勢，成為歐洲人對中國政治狀況及社會民情的基本看法。金尼閣、伏爾泰、魁奈等人之見，並未能動搖孟德斯鳩的影響力。

之所以會出現這樣的結果，不是因孟德斯鳩所見較為準確、論述較具說服力，而是與整個大環境有關。

艾田蒲《中國之歐洲》曾討論到在孟德斯鳩之前即已逐漸醞釀發酵的貶抑中國風氣。這種風氣，是對歐洲「中國熱」的反彈。許多人對於「中國如此炫耀的優勢」開始懷疑、開始批評了，對於因越來越高的遠東熱潮而被忽略的古希臘光輝，也為之不平。像費奈隆就把孔子理解為一位只是替社會提供了幾條美德格言的人，遠不如蘇格拉底能追溯至形上之本原，又說整個中國「民族的道德準則就是撒謊，就是謊言以自誇」，認為中國「儘管文明」，卻仍陷於「最粗俗、最可笑的迷信之中」（詳見該書上卷二十二章）。

另外，據史景遷的研究，到十八世紀，西方世界反中國的氣氛已占上風。一本著名的小說《魯賓遜漂流記續集》就是明顯的例子。此書描寫魯賓遜漂流到中國，書中對中國字、中國學術、中國建築、食品、文化及中國人的儀態，都有嚴厲的批評。為何該書作者選擇以批判的態度撰寫他的小說？這與市場需求有極大的關係。自一七一五年起，英國的出版商判斷反中國的基調會是暢銷書，同時，法國也出現反中國的歷史小說。而造成西方社會對中國產生負面印象的因素則是：英法當時積極推動和中國的商務關係，但是仍打不開中國的門戶，外交官及商人均備感挫折（見一九九九年一月八日《聯合報》，史景遷與余英時的對談）。

這種風氣，相對於舊的歌頌中國的論調來說，是一種時代的新潮，其作用不可忽視。孟德斯鳩本人可能也即受到這種風氣的感染，因此說中國的禮教只是一些生活上的規則而已，並沒有什麼精神性的東西，又說中國人最會騙人，這些都與費奈隆類似。

而這種風氣之得以蔚為巨瀾，關鍵性的因素是羅馬教廷的態度。歐洲的中國熱，主要得力於耶穌會教士的報導，這些報導塑造了歐洲人的中國觀。但由於「禮儀之爭」，耶穌會主張寬容中國人敬天祭祖等禮儀的立場，受到攻擊。教廷且於一七七三年裁決取締耶穌會，致使耶穌會所代表的中國觀聲望一落千丈——從足以與歐洲相對，甚或更勝一籌的非基督教文明，轉而成為一黑暗帝國，有待上帝拯救。

一七九三年，英國派遣馬戛爾尼出使中國，被認為遭到羞辱，歐洲對中國印象更為惡劣。接著就是鴉片戰爭，以及一連串不平等條約。中國幾乎淪為歐洲列強的殖民地，歐洲人對中國還會有什麼敬意？

放在這個歷史脈絡中看，就不難發現出版於一七四八年的《論法的精神》為什麼恰好會成為歐洲中國觀的一個轉折點，成為十八世紀後歐洲人論述中國的典範。

六、精神發展的譜系

要了解孟德斯鳩的中國論如何成為新的東方論述典範，最好的辦法，就是拿十八世紀末十九世紀初的黑格爾之說與之對勘。黑格爾對中國的評論，若刪除那些哲學性的講法，我們就不難看出其基本理解，都本諸孟德斯鳩。或者說，黑格爾乃是將孟德斯鳩法學性的解釋改換為哲學性的論證罷了。例如他說：

> 自從歐洲人認識到儒家及孔子的著作以來，「中國道德」的優點就受到最崇高的表揚和最推許的讚賞，有些還是來自信賴「基督教道德」的人。……然而，這兩個國家（按：指中國與印度）都缺乏了對「自由概念」在本質上的「自我意識」，而且是徹底的缺乏。(N144-145，H175-176。本文所摘錄之黑格爾言論，出處書名代號，以李榮添《歷史的理性：黑格爾歷史哲學導論述析》（學生書局，一九九三年版）為據)
>
> 中國人把他們的道德律則當成為自然的律法、外在的明文規條、強制的權利和強制的義務，或者是互相保持禮貌的律則。至於那要通由實體性的「理性規定」才可達致的倫理態度。這種「自由」在中國是找不到的。在中國來說，「道德」乃成為國家事務，而且是通由政府官員和衙門來把持控制的。他們的著述並不是客觀的國家法典，而是理所當然地要由讀者之主觀意願和主觀態度來自行決定，就像那斯多噶學派的道德著作一樣，那是一連串的規

條戒律。（N145, H176）

這種講法，根據孟德斯鳩對中國禮教的批評而來，甚為明顯。但亞洲缺乏自由，在孟德斯鳩，主要是從外部解釋；黑格爾則從「精神」上說，認為中國人民因缺乏自我意識，所以只能服從官員的規定，故這種道德，便只能成為奴役的道德。而這種情況，在政治型態上就顯示為專制獨裁：

中國人的帝國及蒙古人的帝國俱屬於「神權式的專制政治」（the okratischen despotie），這是以家長制為基礎的。一位父親身居領導之位而同時掌握著一切，連我們認為是良知這方面的事情也要受其管轄。這「家長的法則」在中國乃被用以組成一個國家。但在蒙古人之間，這法則並未曾得到有系統的發展；在中國，那居於領導地位的人是個獨裁者（despot）。他領導著一個多方面的龐大官僚層，故其下屬成員，就算是宗教上的事情及家庭上的事物也要通通由朝廷來規定，個體在道德上並無自我可言。（N200, H246-247）

把中國之專制關聯於神權而說，乃孟德斯鳩所未及論者。但判定中國屬於專制政治，且以家長制為其基礎，卻是順著孟德斯鳩之說發展來的。

據黑格爾的看法，家庭中父親的獨裁，與國家中皇帝的獨裁，在中國具有同一性。因為東方世界的個體與群體的關係是家長式的。個體沒有自己明確的主張，只能信賴和服從國家的意志，國君就是國家意志之代表，聽命於國君就等如聽命於國家。個體們沒有意識到他們可以有著自己的發言權，而且也應該去爭取自己的發言權，以致大家都沉醉於一個「直接的實體性精神世界」裡，被束縛在一種君主專制的狀況中：

在只有「實體性自由」之情況下，那些戒律和法律就會成為一種「在其自己而又為其自己」的束縛，那主體自己會採取一種徹底服從的態度，這些法律不需符合主體所特有之意志，於是乎主體便會像兒童一樣，要在沒有其個人所獨有的意志和判斷之情況下去服從父母。(N197, H243-244)

在家庭裡，「個體」就是一個「全體」，而它也同時是這個「全體」之一份子；那裏有著一個共同目的。由於家庭是大家的，因此那裡同時有著每一個人所獨有之存在(eigentumliche existenz)，以至於成為個體們之意識對象。這些意識乃體現在那「一家之主」的身上，他就是全家之意志，他要為了那共同目的而去張羅籌措，他要照顧個體們的生活，他要調教他們的活動以指向那共同目的，要教導他們，並且要確保他們跟那普遍目的的維持一致。他們個體的知識和願望都不能乖離這共同目的，也不得違悖那代表其地位的「一家之主」及其意志，此乃一個民族底意識所必然會呈現之第一種方式。(N198, H244)

此其時也，國家也開始出現了。在那裡，主體還未曾有著其應有的權利，而僅僅彌漫著一種直接的、沒有客觀法律的倫理生活，此乃歷史之兒童期是也。這形式自己有著兩方面之表現：第一面是國家在空間的連續性，就像它是建基在家庭的關係那樣。一個國家乃是由父權來監管的，是要靠告誡和懲罰來維系其整體性的，是一個平凡無生趣的國度，因為在這裡仍然未曾開展出「理想性」。與此同時，它卻是一個持久而有韌力的國度（ein Reich der Dauer），因為它不能夠憑藉自己的力量來改變自己。這就是遠東的形式，特別是以中國的情況為典型。（N198-199, H244-245）

這些說法很糾繚，實則理論很簡單。蓋謂人最初是自然生命，其後則逐步發展其精神生命。故人在兒童時期，仍處在自然狀態中，自我意識尚未獨立出來，只被隸屬於其家長。要到青年時期，人才能與自然分離（trennung），逐漸成為其自己，也因此才有了自由。再到了成年以後，個體生命已徹底自由，主觀精神與客觀精神乃再度調和統一，達到圓熟之境。此乃人生「正、反、合」三階段辯證發展之歷程，亦即精神上升之歷程、自由得以實現之歷程。把人生這三階段，類比於民族，也同樣適用。

但，不是每個民族都能經歷這三個階段，像東方民族就只停留在第一階段。

黑格爾在此進行了幾個思維的跳躍，從「個人」直接類比於「民族」，再由「民族」跳接到「國家」，然後由國家跳接到「世界史」。個人精神史之發展，一轉而成為世界諸民族精神史的發展問題。東方社會即處於歷史的兒童期、個體尚未醒覺（這裡再細分為兩類：一是遠東的中國與印度，屬於神權專制政治，是束縛最深、最幼稚的時期。二是中東的波斯，屬於神權式的君主政治，可作為東方到西方的過渡，略等於人的青少年時期）。希臘的城邦政治，則屬於青年期，個體性冒出，自由意志業已發軔。羅馬帝國，又代表歷史的成年期，以法律來安頓個體性。而基督教所帶來的真正主體性，則讓歐洲步上了歷史的成熟期，正反已合、矛盾獲得調解，遂成為世界史之高峰。因此他說：

民族作為「精神的型態」（geistige Gestaltun-gen）。……我們會在那古老的世界裡看到三個主要的形式：那遠東世界的法則，也是世界上最早出現的法則（蒙古人的、中國人的、印度人的）那回教世界的法則，那是「抽象精神」的法則（das Prinzip des abstraktes Ceistes），那是個現存的「一神教」法則，但卻有著無所節制的意欲，跟外界相互對立；至於西方的世界、基督教的世界則早已樹立起最高的法則，那是「精神」對自己之認識，以及「精神」對它底深處密處之認識。（N128-129, H154）

東方世界無疑有著我們現存的國家體制，但在這些東方對家本身裡面卻沒有一種我們所稱之為「國家目的」者（Statszweck）。我們無疑會在這種政治生活本身裡發現那「實體性的自由」。它那實在的、理性的「自由」（die realisierte vermmftige Freiheit）有著自己初步之發展，但就是沒有在自己那裡去得到「主觀自由」之地步。本來，國家在形式上乃為「實體性的、為其自己的思想」（das substanziell fur sich Gedachte），在內容上則為所有成員之普遍的、實體性的目的。但在東方世界這裡，國家乃為一個「抽象體」（ein Abstraktum）。那是沒有「為其自己」本身之普遍目的者。構成國家實體者並非那為全體成員之普遍目的，而是那「國家首腦」。正如前述，人們乃可以把這種政治型態比喻為兒童期。（N202, H248-249）

把民族視為「精神的型態」，才可以將個人精神史類推於民族。但個人的成長史卻非對照於一個民族的精神發展歷程，而是用以比較諸民族的自由程度。在這種毫無道理的比較方式之下，東方社會被他判定為只有國家實體而無個人主體，且其國家實體又以一個人（即統治者，家長皇帝共同體）為代表，全體即一體：

因此之故，那民族的精神，那國家的實體就以一個具體的「人」之方式而出現在個體之面前。因為「人性」（Mens chlichkeit）永遠都是最崇高的而又最有價值的「造像方式」（Weise der Gestaltung）。尤其是當那國家主體被塑造成為一個具體的「人」時，其民族就會視他為「精神的統一性」，視這主體性的形式為「全體」（das Ganze）、為「一體」（Eine）。這就是東方世界的法則。個體們仍未曾在自己身上爭取到他們「主觀的自由」，而只是成為那國家實體之偶然屬性。但這並不是一個「抽象的實體」，就像史賓諾莎所講的那樣，而是以一個「國家元首」的方式出現於人們的「自然意識」之中，以致所有的事物看來都只是屬於他的。（N199-200, H246）

東方的「精神」在其規定上是較為接近「直覺」（anschauung）的，以致它跟其對象構成了一種直接的關係。但縱然它是如此的去規定自己，其主體依然沉醉在那「實體性」之中而未有讓自己從那純粹性、統一性裡脫身出來去為其「主觀的自由」而奮鬥。因此之故，主體仍然未從自己身上產生出那普遍的對象，以致那普遍的對象仍未由主體那處再生。它的「精神的方式」仍未落在思想的表象中。反而，它仍舊停留在「直接世界」的關係裡，而有著一種「直接世界」的方式。因此它的對象同樣是個「主體」，而且那是以一種直接的方式來被確定著。那是一個自然太陽的方式。像那自然的太陽一樣，它是個感性想像的產物而不是精神的產物。正好因著這個緣故，那「主體」同時竟成為一個自然的、個別的「人」。(N199, H245-246)

「國家實體」為何又變成了「一人獨裁者」，他的解釋便如上述引文。一是說把國家塑造為具體的人的形象，有助於精神的統一性。二是說東方精神接近直覺，所以傾向於與世界有直接的關係，其對象遂亦為一主體，而此主體乃同時即為一自然的個別的人。

這兩種解說都問題重重，將國家造像為人，為何國家實體即等於統治者個人？若謂此造像係普遍之方式，為何又獨見於東方民族？如此造像，為何就可以推斷個體仍只是國家實體的偶然屬性？東方精神是否即接近直覺？直覺之對象即為主體？此主體即為個別之人？此個別之人即國家元首？這其中，每一步推理都含著跳躍與獨斷，每一句都大有問題。但黑格爾企圖用這套辯證法及精神現象學來說明東方專制主義之性質，其用心是非常明顯的。

我認為黑格爾此說與孟德斯鳩有關。除了黑格爾對中國屬於東方專制政治之代表的判定與孟德斯鳩相同外，他以歐洲為世界史的巔峰，將東方專制關聯於家庭父權宰制狀態、譏諷耶穌會教士對中國道德的宣傳，也都類似孟德斯鳩。不只如此，孟德斯鳩把中國視為凝固體的觀點，更對黑格爾深具啟發。前所引黑格爾之說，已經談到中國乃「是一個持久而有韌力的國度，因此它不能憑藉自己的力量來改變自己。這就是遠東的形式，特別是以中國的情況為典型」。在其他地方，他也不斷提到這個觀念：

這種對「實體性」之規定，同樣會分裂成為兩方面，只因為它未能在其自己內裡容納得下矛盾，以致未能克服此中之矛盾，如果矛盾沒有在其自己內裡發展起來的話，則它會落在其外部而爆發。我們在一方面看到東方社會的持續性（dauer）、穩定性（stabile），而在另一方面，我們同時看到那自我毀滅的專橫性。（N201, H248）

在一方面，這驚人無饜的專橫意欲就存在於那政治的華廈裡面，就存在於那「實體性」本身的世俗權力裡面。在另一方面，在鎮壓內部之餘，它同時會在國家以外四處追逐那毫無建設性的功業。（N201-202, hH248）

這樣的歷史本身仍然是毫無歷史性的，因為它不過是同樣一個偉大沒落之重複（die Widerholung desselben majestatischen Untergangs）。為了要取代昔日的光輝，那用勇氣、力量、豪邁的犧牲所換取回來的新局面同樣經歷解體和沒落之循環。這些雖非「真正的沒落」。唯因通由這些動蕩的轉變也產生不出任何的進步，不管有什麼新局面取代了那已經沒落者，它自己同樣注定要沒落的。此中沒有任何進步可言，所有這些風波都不過是一種「非歷史的歷史」（eine ungeschichtliche Geschichte）。（N199, H245）

所謂未能在中國內部容納矛盾並克服矛盾，是說中國仍處在與自然狀態合一的情況中，只是「正」，尚未「反」，以形成正反矛盾。所謂中國歷史無歷史性，是說中國歷史不具有進展之意義，故中國只有空間的連續性（spatial continuity），而無真正的歷史性。

此即社會停滯之謂。這當然是對孟德斯鳩認定中國無變化的哲學式解說，也可用以說明為何東方民族一直不能進入青年期。但自我毀滅的專橫性既存在於持續性與穩定性之中，東方社會仍能稱為持續與穩定的嗎？自我毀滅的專橫性，固然可見諸蒙古征西、匈奴屢犯中原等事件上，中國卻未嘗「在國家之外四處追逐那毫無建設性的功業」，以致遭人同化。然則，又如何能以貪得無厭的專橫意欲來描述中國呢？再說，若東方社會真具有此自我毀滅之專橫性，為什麼又不構成「真正的沒落」呢？由昔日之光輝到解體與沒落，沒落史為何又不能是歷史性的？黑格爾這套說詞顯然破綻或疑問甚多。

我們可以看到，在這套言詞背後存在的，乃是憎恨與鄙夷。憎恨蒙古西征所顯示的專橫，鄙夷中國在十九世紀初的沒落。所以他認為依中國本身的力量無法改變自己（除非歐洲國家來協助它改變，促成其進步。一旦轉出這個結論，殖民主義對中國的侵略，就成為正義的行動了）。

黑格爾與孟德斯鳩的關係，還表現在對法律的理解上。黑格爾對文明型態三種類型的區分，實際上即援引自孟德斯鳩，所以他說：

「國家憲法」之區分乃涉及到民族底政治生活全體自己所要展現之「形式」。第一種形式乃為這個「全體性」所籠罩，至於其特殊的領域則仍舊未曾有著獨立性；第二種形式乃其特殊的領域以及個體具有著較大的自由度；在第三種形式（也是最後的一種）之下，它們這些特殊領域及個體具有其獨立性，而且其功能作用更是要去成就那具體的普遍。（N122-123, H146）

上述三種憲法形式，事實上就是「世界精神」在人類歷史研發展出來的不同階段。第一種形式是東方世界的君主專制，國家以一個「全體」的姿態包攬一切，而由君主來做全權的主宰，個體在這裡全無獨立性可言。第二種形式可包括希臘人的城邦制和羅馬人的共和制度，這裡的成員有著較大的自由度。第三種形式當然就是近代歐洲日爾曼民族的政治體制，精神法則在它們身上基本已得到充分的實現，是個體及群體基本上已共同得到自由的政治體制。

專制政治中，與之發生「意志的聯繫」的，是對君主的懼怕。在君主政體底下，則「私己性會臣服於一個力量之下，而這個力量乃絕無別的可能，而是要那些特殊的領域仍然有其本身的獨立性才臣服。這就是君主政體的憲法形式了」(N123, H146-147)。至於最好的第三種政體之憲法「乃出於理性狀況之建立，……於是國家乃為理性的自由」(N123, H147)。

這裡，均可看出黑格爾如何以孟德斯鳩對專政、君主、共和三種政體之分析，以及孟德斯鳩所說專制政體的原則是恐懼、君主政體的原則是榮譽、共和政體的原則是品德云云為基礎，來建構他的世界精神史圖譜。

七、孟德斯鳩在中國

史景遷曾說：「孟德斯鳩的思想顯然影響了馬基爾尼對中國的觀感，從而影響他對中國及中國統治者的看法。它們還影響亞當・史密斯對國家財富起源與成長或受限原因的看法。也許更具體的是，它們深深影響了黑格爾。」(史景遷《中學西漸：遠距看中國對西方的啟示》，一九九九年一月八日《聯合報》。本文為史景遷在蔣經國基金會十周年慶之專題演講。) 孟德斯鳩是否曾影響馬基爾尼，不可確考，然而他影響著黑格爾卻如我在上文之分析，乃是確鑿無疑的。孟德斯鳩式的中國觀在近代史上的典範意義亦可由此得以確認。

可以說，自十八世紀中葉以後，歐洲對中國的理解，即是以孟德斯鳩之說為基本模型的。一直到今天，談起古代中國，大抵仍不脫專制、父權、業農、勤儉、禁閉婦女、家國一體、宗教法律風俗禮儀相混而法律尚未獨立、貪婪、虛偽、不自由、不民主、長期停滯等幾個基本概念之運用。孟德斯鳩倡之於前，黑格爾等人繼於其後，承流接響者，則廣泛可見諸歐洲美洲之學界乃至一般社會認知中。

這樣的認知，最有趣的地方，不只於此，而更在於它還變成了近代中國人自己對於中國的認知。

孟德斯鳩的學說第一次被介紹進到中國，是一八九九年梁啟超〈蒙的斯鳩之學說〉一文。一九〇一年梁氏又發表〈立憲法議〉。一方面介紹孟德斯鳩三權分立之觀念，批判專制政治，一方面也藉機提倡君主立憲。在這樣的論述情境中，梁啟超幾乎完全接受了孟德斯鳩對中國專制政治的批評，認為：「泰西政治之優於中國者不一端，而求其本原，則立法部早發達，實為最要著者。」

一九一三年嚴復譯《法意》出版，附有按語三百三十則，是他所有譯著中按語最多的。嚴復對孟德斯鳩之學說並不盡數贊同，例如兩人的宗教觀即差異甚大，嚴復根本視宗教為迷信，更擔心洋教會擾亂中國的社會，所以說：「孟德斯鳩生於法民革命之前，故言宗教之重如此。假使當一千七百八九十年之間，親見其俗，弁髦國教，吾不知其言又何若也。然至今西士尚有云東洲教化必不可以企及西人者，坐不信景教，則不能守死善道，不知何者為真公理。此其言固極可笑」（嚴譯，十九卷，十八章），「景教之力，其在歐美已世衰矣。顧失於西者將生於東。特雖至盛，猶不久耳。他日亂吾國者，其公教乎！」（二十五卷，一章）他又批評孟德斯鳩根本不懂佛教：「孟氏以此攻佛，可謂不知而作者矣。佛道修行之辛苦，其所以期其徒之強立者，他教殆無與比倫也。」（十四卷，五章。推此意，嚴復也必不會同意孟德斯鳩基督教精神與自由最能相合的議論）。

而孟德斯鳩又不僅不懂佛教而已，對中國社會禮俗之理解也頗有錯誤，故嚴復云：「孟氏此書，其及吾俗也，固較同時他書為精審，以其識足以擇言故也。雖然，猶有疏者，而多見於其意所推度者。如右之所言，其有合於吾國情事與否，讀者當能自察也。」（二十三卷，五章）這是指孟德斯鳩說中國因男女防閒極嚴，所以不可能有私生子的錯誤。孟德斯鳩說中國人善欺詐，嚴復也不同意，說他「誠不識其何所見而云然。至於近世，甲午未戰以前，所聞歐商之閱歷，乃正與此言相反。彼謂吾國貪黷之風，至於官吏而極。上自政府爵貴，下至承尉隸胥，幾於無一免者。至於商賈，則信義卓著，皦然不欺。往往他國契約券符所為之而不足者，在吾國則片言相諾而有餘。且或其人已死，在彼成不可收之逋矣，而其人子孫，一一代其還納。此尤他國之所罕覯者也」（十九卷，十章）。此外，對於孟德斯鳩說中國禮俗久而不變，嚴復亦反對，謂宋以後即與唐以前大異（見十九卷，十三章）。至於孟德斯鳩以風土論斷民性之論證方式，嚴復批評尤多：

如右所云云，其所以致然之原因多矣，孟氏徒以其地之南北寒熱當之，其例必易破也。今夫義大利美術之國也，而英吉利實業之民也，以二者而同為選舞徵歌之事；不待卜而知其賞會之不同矣。又況宗教之通介不齊，風俗之和峻異等，凡此皆使相差，不必盡由風土。不然吾國燕吳分處南北，其地氣寒燠較然不同，而不睹所云云之效者，獨何歟？（十四卷，二章）

歐亞雖強分二洲，以地勢論，實同一洲。非若非美諸洲之斷然不得合一者也。顧東西風氣民德之異，後世學者每推原於地利。謂其一破碎以生交通，其一完全以生統攝。交通則智慧易開，統攝則保守斯固。自舟車利用，競爭之局宏開，於是二者之優劣短長見矣。而孟氏之論，則一切求其故於天時。至謂二洲之自緜多寡、強弱攸殊，以一無溫帶，一皆溫帶之故。取其言以較今人，未見其說之已密也。總之，論二種之強弱，天地、地利、人為三者皆有一因之用，不宜置而漏之也。顧孟氏之說其不圓易見，即近世學者地利之說，亦未為堅。何則？果如所言，則亞之南洋群島、美之中樞諸小國，其宜開化而為世界先進久矣，何四千餘年寂寂無頌聲作耶？是知人為有關係矣！（十七卷，三章）

對於禮的問題，嚴復更與孟德斯鳩不同。嚴譯十九卷，談到古代法律往往禮、俗、法三者混而不辨，中國之治尤其如此時，嚴復曾說：「中國政家不獨於禮法二者不知辨也，且舉宗教學術而混之矣。吾聞凡物之天演深者其分殊繁、則別異晰，而淺者反是。此吾國之事又可取為例之證者矣。」（十九卷，十七章）表面上看似乎他是贊成孟德斯鳩之見，認為法律應與風俗、宗教、禮儀分開的，實有不然。嚴復是強調禮的，故在本章另有一按語，舉曾國藩為說：

往者湘鄉曾相國有言：「古之學者，無所謂經世之術也，學禮焉而已。《周禮》一經，自體國經野，以至酒漿巫卜、蟲魚夭鳥，俱有專官，察其纖悉。杜氏《春秋釋例》歎丘明之發凡，仲尼之權術萬變，大率兼周舊典。故曰周禮盡在魯矣。唐杜佑《通典》言禮居其大半，得先王經世遺意。宋張子朱子，益崇闡之。清代巨儒輩出，顧氏以扶植禮教為己任。江慎修纂《禮書綱目》，洪纖畢舉，而秦氏修《五禮通考》，自天文地理軍政官制，都萃其中，旁綜九流，細被無內。惜其食貨稍缺。嘗欲集鹽漕賦稅別為一編，附於秦書之後。非廣之於不可畔岸之域，先聖制禮之體，其無所不賅，固如是也。」其為言如此。然則吾國之禮，所混同者，不僅宗教、法典、儀文、習俗而已，實且舉今所謂科學、歷史者而兼綜之矣。禮之為事顧不大耶？然吾獨怪孟德斯鳩生康乾之間，其時海道未大通也。其所見中國載藉，要不外航海傳教諸人所譯考者，顧其言吾治，所見之明、所論之通，乃與近世儒宗欣合如是。然則西哲考論事實、覘國觀化，不亦大可驚歎也耶？

這段按語，大力稱讚孟德斯鳩，是認為其說與曾國藩相合。而曾氏之說顯然是主禮不主法，且仍以禮兼綜宗教法典習俗歷史等等的（許明龍《孟德斯鳩與中國》第九章，認為嚴復同意孟德斯鳩之見，主張禮與法應分開。誤）。這種重禮的態度，又可見於二十四卷二十六章之按語：「歐洲之所謂教，中國之所謂禮。禮之立也由人，亦曰必如是而後上下安、人物生，遂得最大幸福焉耳。夫非無所為而為是以相苦，亦明矣。聖人制禮者也，賢者樂禮者也。二者皆知其所以然而弗畔。雖然，弗畔矣，然亦可以為其達節。此君子之所以時中，而禮法不累於進化。孔子絕四，東晉通人亦曰：『禮法不為吾輩設。』皆此義矣。至於愚不肖不然，或束於禮而失其所以為和、或畔於禮而喪其所以為安。由前將無進化之可言，由後將秩序喪亡而適以得亂化。不進者，久之則腐；亂化者，拂廢抵突勢且不足以求存。凡此皆不足自宜於天演，而將為天擇之所棄者矣。」這種重禮的言論，絕非孟德斯鳩所能認同。

正因為如此，孟德斯鳩大力抨擊東方專制主義起於家庭內部之奴役，而家庭內的奴役又以幽閉婦女為其特徵時，嚴復卻大力主張嚴男女之防，謂：

今夫中國之大坊，莫重於男女矣。顧揣古人所以制為此禮之意，亦豈徒拂其慕悅之情，而以刻苦自厲為得理歟？則亦曰：夫婦者生民之原也，夫使無別，將字乳之勞莫誰任也。且其效於女子最不利，唯其保之，欲其無陷於不利也，故其為禮，於女子尤嚴。此誠非無所為而設者矣。（二十四卷，廿六章）

中國多婦之制，其說原於《周易》，一陽二陰，由來舊矣。顧其制之果為家門之福與否？男子五十以後，皆能言之。大抵如是之十家，其以為苦境者殆九。……竊謂多婦之制，其累於男子者為深，而病於女子者較淺。使中國舊俗未改，宗法猶存，未見一夫眾妻之制之能遂革也！（十六卷，六章）

十數載以還，西人之說，漸行於神州。年少者樂其去束縛而得自主也，逮往往盪決藩籬，自放於一往而不可收拾之域。揣其所為，但凡與古舛馳而自出己意者，皆號為西法。然考之事實，西之人固無此，特汝曹自為法耳。觀於此章之所言，則西之處子，其禮防自持何如！自繇云乎哉？吾聞歐之常言曰：「女必貞、男必勇。」必守此二者，而後自繇庶有豸乎！（二十三卷，九章）

前兩則，一是為古人嚴男女之防辯護，稱此制旨在保護女性；二是說一夫多妻（其實是一夫一妻眾妾制，詳見下文之解釋）對男性造成的痛苦更大於女性。此皆用以破孟德斯鳩奴役女性之說者也。第三則，便正面藉孟德斯鳩提倡女性貞操之言，主張守貞才能真正自由。

守貞才能自由，這種說法顯示了嚴復的自由觀非常特殊，起碼不同於孟德斯鳩，所以他又說：

西士計其民幸福，莫不以自繇為惟一無二之宗旨。試讀歐洲歷史，觀數百年百餘年暴君之壓制、貴族之侵陵，誠非力爭自繇不可。特觀吾國今處之形，則小己自恕尚非所急，而所以祛異族之侵橫、求有立於天地之間，斯真刻不容緩之事。故所急者，乃國群自繇，非小己自繇也。求國群之自繇，非合通國之群策群力不可；欲合群策群力，又非人人愛國，人人於國家皆有一部分之義務不能。（十七卷，八章）

認為國群自由重於小己自由，而自由又關聯於義務，是他與孟德斯鳩迥異之處。兩人還有其他許多不同之處，不及一一。

然無論嚴復與孟德斯鳩如何不同，孟德斯鳩對中國屬於專制政體的批評，嚴復基本上是接受的。他曾說：「中國自秦以來，無所謂天下也，無所謂國也，皆家而已。一姓之興，則億兆為之臣妾。其興也，此一家之興也；其亡也，此一家之亡也。天子之一身，兼憲法、國家、王者三大物。……中國數千年間，賢聖之君無論矣，若其叔季，則多與此書所以論專制者合。然中國之治，舍專制又安與歸？」又說：「吾國固無其自由，而約略皆奴隸。」（二十一卷，三章）可見他對中國專制之論斷，甚有會心。不但頗為契合，更因所處時局之故，發言不免較孟德斯鳩還要激切，例如：

國民權利，載在盟府，此列邦立憲之大義始基也。而吾國亦有之乎？曰：「有之。」春秋昭十八年晉為霸主，韓起聘鄭請環，而子產告之曰：「先君桓公，與商人皆出自周。庸次比耦，以艾殺此地。斬之蓬蒿藜藋，而共處之，世有盟誓，以相信也，曰：爾無我叛，我無強賈，毋或予奪，匄有利市寶賄，我勿與知。恃此盟誓，故能相保以至於今。今吾子以好來辱，而謂敝邑強奪商人，是教敝邑背盟誓也，毋乃不可乎？」云云。茲非其證歟？再不佞嘗謂：春秋聖哲固多，而思想最似十九世紀人者，莫如國大夫。如不毀鄉校、拒請環、不從裨灶之言而用寶、拒晉人問駟乞之立、不為國人龍鬥而鑄刑書，皆彰彰尤著明者。至其詞令之美，雖在今日之外交家，猶當雄視一世。嗚呼！使吾國今有一國大夫，勝於得管仲矣。（二十一卷，二十章）

夫西方之君民，真君民也。君與民皆有權者也。東方之君民，世隆則為父子，世汙則為主權。君有權而民無權者也。皆有權，救其勢相擬方，則其君處至尊無對、不淨之地，民之苦樂殺生由之。使不之恤，其勢不能自恤也。故有濁除之詔令焉。此東西治制之至異也。聞之西哲曰：「西之言倫理也，先義而後仁，各有其所應得也。東之言倫理也，先仁而後義，一予之而後一得也。」（十三卷，十五章）

孟氏之言如此，向使遊於吾都，親見刑部之所以虐其囚者，與夫州縣官之刑訊，一切牢獄之黑暗無人理，將其說何如？更使孟氏來遊，及明代，睹當時之廷杖與隸屬發配象奴諸無道，將其說更何如？嗚呼中國黃人，其亭法用刑之無人理，而得罪於天久矣。雖從此而蒙甚酷之罰，亦其所也。況夫猶沿用之而未革耶？噫！使天道而猶有可信者存，此種固不宜興。吾請為同胞重涕泣而道之！（十七卷，五章）

或曰中國之民猶奴隸耳，或曰中國之民非奴隸也。雖然，自孟氏之說而觀之，於奴隸為近。且斯巴達之奴隸，而非雅典之奴隸也。何以言之？使中國之民而非奴隸乎？則其受侵欺於外人，當必有其責言者。今中國之民，內之則在上海牛莊各租界之近、外之則在美斐諸洲之殖民地，其見侵欺殺害者，亦屢告矣。而未聞吾國家有責言之事，是非五洲公共之奴，烏得有此乎？（十五卷，十六章）

第一段是說中國本來也有君主立憲的精神，舉子產為證例。但這種精神到秦以後就喪失了，人民基本上只是奴隸，所以與西方之君主制不同。注意：這裡採用的「東方專制」與「西方君主制」之對此格局，正是孟德斯鳩的用法。第三段、第四段則引申孟德斯鳩之意，揭發中國專制的殘酷面，且關聯著當時中國淪為次殖民地的「五洲公共之奴」情境來立論，言詞帶著感慨痛憤之情，足以想見他引薦孟德斯鳩此書到中國，是具有強烈的現實性的。其批判專制，亦即欲以此開啟民智，建立君主立憲之政。

梁啟超、嚴復都是主張君主立憲的，在他們的對立面，是革命者的議論。這些人對孟德斯鳩雖少具體之譯述與研究，但醉心於民主自由、嚮往法國大革命、主張推翻君主專制政體，只會比梁、嚴等人更甚。孟德斯鳩以中國為東方專制主義之代表的論述，當然也就順理成章地成為中國人論釋中國古代及清末民初當時存在的社會的典範。

而且近代中國政體變造的過程又極長，並不因辛亥革命成功就結束了。辛亥革命廢除帝制之後，因袁世凱準備稱帝及北洋軍閥割據，而有護法等役，此後一直到成立國民大會，制定憲法等等，都屬於由帝制轉換到民主政體的過程。在這個過程中，中國的過去均處於必須揚棄的境遇，批判並揚棄它才能順利完成憲政改革，成為社會普遍的認知。

同時，帝王專制時期雖形式上已被改變了，但專制政體的精神，亦即「恐怖—服從」的邏輯，大家認為可能還沒有打破，所以民主憲政的建立才會如此困難。五四新文化運動以降，一連串反省國民性、企圖改變中國人之奴性的思想文化活動，也都呼應著孟德斯鳩對中國政治、國民性的論點。這些情形綜合起來，就形成了孟德斯鳩式中國觀典範長存的結果了。

近代中國之改革，又與留學歐美之知識分子有絕對之關係。他們有著與孟德斯鳩、黑格爾以降一脈相承的東方觀，也是絲毫不足為奇的事。其中，本諸歐西民主憲政學說，對中國傳統政治進行徹底批判，以促進民國憲政之建立，憲法起草人張君勱的《中國專制君主政制之評議》一巨冊尤可視為代表。此書旁徵博引，反駁錢穆中國君主制未必即為專制之說，證成孟德斯鳩以中國為專制政體之論案，可說是孟氏最雄辯的闡釋者（張君勱此書初在《自由鐘》連載，後來結集成書，長達六五〇頁，一九八六年由弘文館出版。與張先生見解類似，反對錢穆之說者，尚有徐復觀）。

八、由歷史發現歷史

這當然不是說張君勱之說即為孟德斯鳩之說——張氏之見解不盡同於孟德斯鳩，一如梁啟超嚴復之不盡同於孟德斯鳩——而是說一種學說的接受史往往與接受情境有關。孟德斯鳩的東方觀，由於其時代因素，逐漸在各種論述中脫穎而出，占據典範地位，而發揮其影響力，影響了西方的東方論。這種影響關係，並不是一個個體對另一個個體所產生的影響，而更是一個歷史脈絡、認知情境與人所發生的意義關聯。一種講法，是因為鑲嵌到這個脈絡中而被理解的，其理解也與這個整體脈絡有關。

無論孟德斯鳩的理論在純粹法學意義上有何價值，或在對法蘭西當時政治環境之改善方面有何作用，它關於東方專制而歐洲自由的論述，放在十八、十九世紀歐洲殖民主義擴張的情境中看，當然具有那個歷史脈絡的意義。正是這個脈絡，使得歐洲人不再採納「聖善天堂」的東方觀，而逐步將遠東的中國視為「邪惡帝國」，繼而再視為落後的「黑暗大地」。陽光雖曾照耀過，但沉滯而無進步，永遠停留在童稚時期，以致啟蒙工作終不可少。

晚清民初的啟蒙運動，乃因此而必須是引進西方理性之光、敲響自由之鐘、建立民主之制。也就是在這個脈絡中，中國人又遇見了孟德斯鳩，並接受了他對中國的貶抑之詞，誠懇地以懺罪悔改之方式，發現自己原來只是奴隸。

在這個脈絡中，孟德斯鳩所提供的，只是一幅基本圖像，略具山川形勢之大貌而已，許多地方是煙雲模糊或逸筆草草的，接受者各以其感受於時代者穿插點染補足之，終於成為一組混聲大合唱。要針對這樣的大合唱來指明其基本旋律已然失誤，並不容易。仍處在民主政制改革進程之中的知識分子，極少人能跳脫出自己身處的認知情境，反省自己對東方、對中國的觀念究竟從何而來，並以知識還原的方法，重新思考我們理解自我的歷程。正因為如此，所以像本文這樣，追溯近代東方觀之起源與發展，檢討孟德斯鳩的論點與論據，反而顯得別具意義。

在孟德斯鳩的論述中，法制的西方，與那將禮儀、風俗、宗教、習慣混為一談的中國，是一種明顯的對比，而且中國這種情況還被他當成特殊型態來說。可是真正考察西歐法律史，就會發現：法律與宗教、道德、習慣等等區分開來的特徵，雖可見諸羅馬法，但卻並不普遍。十一世紀前通行於西歐日爾曼民族中的法律秩序，並沒有現出這些特徵。據伯爾曼《法律與革命，西方法律傳統的形成》（中國大百科全書出版社，一九九三年版）的研究，十一世紀左右，法蘭西、英格蘭及歐洲其他地區也都沒有這樣的區分，是要到一〇八〇年羅馬法被發現、一〇八七年歐洲大學中建立法學院後，才逐漸依羅馬法而發展出各國法律與宗教、道德、習慣區分開來的體系（見其書導論）。也就是說，羅馬法所顯示的這種特徵，可能才真是特殊的。孟德斯鳩處在西方近代法律傳統構建已成的時代，又以羅馬法為典範，把中國跟其他民族類似的情況視為特例，大加譏評，以特例為普遍，反謂普遍者為特例，實在不恰當之至。

孟德斯鳩將東方專制社會形成之原因，歸諸地理氣候等，自然也是不能成立的。對於中國歷史及法律狀況之理解更是頗多可商。因為整個論述是「立理以限事」的，亦即先立三種政體之分，再分別揀摭摘選史事例證以填塞之。嚴復說他「其為說也，每有先成乎心之說，而犯名學內籀術妄概之嚴禁。……往往乍聞其說，驚人可喜，而於歷史事實，不盡相合」（九卷，四章），實是一點也不錯。

例如一卷七章十五節論不同政制下妝奩和婚姻上的財產利益，謂君主國妝奩應多，共和國妝奩適中，「在專制國裡，應該差不多沒有妝奩，因為那裡的婦女差不多都是奴隸」。君主國家，採夫妻財產共有制。在共和國，這種制度便不合適。「在專制國家，這種制度就是荒謬的，因為在這種國家裡，婦女本身就是主人財產的一部分。」可是，事實上，被他稱為專制政制的中國，歷來婦女都有妝奩，也都實施夫妻財產共有制。且早在漢律中即已規定：妻子離異時妝奩資產可以全部帶走。後世除元明之外，均沿其制。家庭分財產時，妻家之財也不在分限。所以婦女在婚後除夫妻共同財產之外，其實還有部分私有財產，這是比西方羅馬法以來更為進步、更能照顧婦女利益的法律。孟德斯鳩那套虛立一理以妄概事例之辦法，在中國是完全說不通的。

一卷六章討論備政體中民、刑法之繁簡及判決之形式等，孟德斯鳩又說專制國家中因為所有土地與財產都屬君王，所以幾乎沒有關於土地所有權、遺產的民事法規，也「完全沒有發生糾紛和訴訟的機會」。可是漢律之中，「戶律」便是談婚姻、家庭、財產繼承、所有權、錢債等等的。唐律「戶律」，以迄清朝「戶部則例」也都對此有所規範。如此，又如何能說中國乃一專制國家？

三卷十六章，講家庭奴隸制，指的是婦女。將一妻制的歐洲和多妻制的東方對比著說。東方因為多妻，「妻子是時常更換的，所以她們不能掌理家政。人們把家政交給了閹人，所有鎖匙都交給他們，家務事由他們處理」（十四節）。這樣的描述，用在中國也完全不適切。他不曉得中國一般家庭均無閹人。而且在法律上，中國也一直是一夫一妻制的。秦漢至明清，法律均禁止有妻再娶。唐律規定：有妻再娶者徒一年，若欺妄而娶者徒一年半。明清律則規定：有妻更娶者杖九十，離異。妻之外，所娶者均為妾。妻妾的法律地位是不同的。而且娶妾之俗雖普遍見於民間，但在法律上，娶妾原只准施行於貴族大臣，一直到明律中才正式規定：庶人於年四十以上無子者，許選娶一妾。至於妻的職責就是掌理家政，這是每個中國人都明白的事。

在政治方面，孟德斯鳩已對專制政體不應有監察制度而中國居然有之深感困惑，但他若對中國政制知道得更多些，他的困惑一定會更多。

以唐制言之，號稱獨裁專制、權力集於一身、可以不必依法行事的帝王，其誥命不但須經中書省門下省審查，門下省的給事中、尚書省的尚書丞更都有權封駁、退還制誥。此制，宋明以降皆沿用之，《宋史．職官志一》說給事中「若政令失當、除授非其人，則論奏而駁正之」，即指此事。這對王權當然會形成制衡。

此外，唐代制度，中書省又設右散騎常侍，掌規諷皇帝之過失；設右諫議大夫，掌諫諭皇帝之得失；設右補闕、右拾遺，則掌供奉諷諫。大事廷議，小則上封事。門下省也設有左散騎常侍、左諫議大夫、左補闕、左拾遺，功能相同，都是專門職司監督糾正天子過失的制度性設計。它們與監察機關職司監督百官者不同，對制衡君王，有比孟德斯鳩所重視的監察制度更強且更直接的作用。

這樣的設計，以現在民主政治的原則來說，是否仍可稱為專制，固然還可有許多爭論，但依孟德斯鳩對專制政體的界定來看，是絕對稱不上專制的（因為受到東方專制論的影響，整個東方法學研究，都不斷強調它與專制政治的關聯。以王立民《古代東方法研究》（學林出版社，一九九六年版）一書為例。此書將東方法之起源歸為三種類型：屬於宗教型者為希伯來法、印度法、伊斯蘭法；屬於習慣型者為俄羅斯法、楔形文字法；中國法則屬於倫理型。所謂倫理型之判定，無疑與孟德斯鳩對中國法律混糅於風俗禮儀之說有關。其次，該書第四章即是〈古代東方法與專制制度〉，下分三節：專制制度是古代東方的基本政制制度、古代東方法對專制制度的維護、專制制度對古代東方法的影響。這樣的敘述，很顯然是完全立基於東方專制論之上的。所以該書甚至說中國的專制制度已有四千年之歷史。見六一頁。此書是中國大陸研究東方法最重要的著作，而其所見如此，不難想見此一領域正如何被東方專制論所盤踞占領。故重新理解中國法制之精神，實深有待於後來賢哲）。

再者，在中國的所謂專制政制的實際運作狀況中，帝王專制事實上就是法治。顧炎武《日知錄》卷九〈守令〉說得很清楚：「盡天下一切之權而收之在上，而萬幾之廣，固非一人之所能操也，而權乃移於法，於是多為之法以禁防之。」故所謂盡一切之權收之於上，就是一切之權皆歸之於法。葉適曾形容宋朝政治是：「吾祖宗之治天下也，事無大小，一聽於法。雖傑異之能，不得自有所為，徒藉其人之重以行吾法耳」（《葉適集．水心別集》卷三〈官法上〉）。因一切歸之於法，遂致「因一言一事，輒立一法」，使得所有相關人員「搖手舉足，輒有法禁」。《宋史．刑法志》此即專制政治之弊也。顧炎武《日知錄》論法制，又屢引葉氏之言，強調法治之弊曰：「宋葉適言，『國家因唐五代之極弊，收斂藩鎮之權盡歸於上。一兵之籍、一財之源、一地之守，皆人主自為之也。欲專大利，而無受其大害，遂廢人而用法、廢官而用吏。禁防纖悉，特與古異，而威柄最為不分。雖然，豈有是哉？故人材衰乏，外削中弱。以天下之大而畏人，是一代之法度又有以使之矣。』又曰：『今內外上下，一事之小、一罪之微，皆先有法以待之。極一世之人志慮之所周浹，忽得一智，自以為甚奇，而法固已備之矣。是法之密也。然而人之才不獲盡、人之志不獲伸，昏然俯首，一聽於法度：而事功日墮，風俗日壞。』」這是傳統中國政治理論不信任法治、批判法治的原因之一，在宋明清學者反省政治弊端時隨時可以看到，非近日由西方政治哲學傳統來思考問題，一味宣稱中國應打破人治、建立法治一類學者所能知也。

故在中國，傳統的政治見解，基本上都認為帝王越專制，法治越嚴密；若要鬆動專制統治，即必須從簡省法律、重人治而不重法治等處著手。這種思路與孟德斯鳩把「帝王專制」和「以法治理」對比起來看，恰好是相反的。以孟德斯鳩式的想法來觀察中國傳統政治，當然就無法如實地理解了。

此外，討論中國政體是否屬於專制，也不能如孟德斯鳩一般，缺乏歷史性之認知。中國皇帝之稱為天子，早在周朝已然。但周天子僅為各部族封國之共主，怎能稱為專制帝王？魏晉南北朝時期，則是門閥貴族政治，帝王即使想專制，又怎能專制得來？孟德斯鳩將中國想像為凝固的社會，才會以專制來概括幾千年的政治狀況，而不知其間是變化甚大的。

諸如此類商榷辨析，要細談，還多得是，可是僅此即足以說明孟德斯鳩之說無論在方法和論據上都不能成立了，故亦毋庸贅述。像這麼樣一個建構在錯誤方法及論據上的東方觀，生於歷史的因緣中，又因歷史之因緣，而成為近二百年來歐洲人與中國人認識中國的基本圖像，有什麼道理嗎？歷史發展本身，似乎就是它之所以如此的道理，此外，我們還能說什麼呢？嗚呼！

第十四講　由法律看西方對中國文化的認知

西方的中國法律觀
總評：中國法律之性質
分論：法律的實施狀況
超越偏見與誤解

一、西方的中國法律觀

西方人對中國司法現象的評述，開始得很早。葡萄牙商人蓋洛特・佩雷拉（Galeote Pereira）對中國司法即有描述，這源自他自己的親身經歷，一五四九至一五五二年他在中國南部沿海逗留期間，大都在監牢度過。葡萄牙人弗里爾・加斯帕・達・克各茲（Friar Gaspar da Cruz）對中國監獄及司法程序的描述，材料也大部分來自佩雷拉之見聞。但他本人於一五五六年也同樣在廣東有過短期的親身體驗。上述二人的描述，雖然簡短，但卻生動、真實。英文譯本見 C. R. 博克舍（C. R. Boxer）的《十六世紀中國南部紀行》（*South China in the Sixteenth Century*, London: Hakluyt Society, 1953）第一七一二五頁及第一七五一一八五頁。

此類旅行者見聞，細致地介紹了監獄及司法實施狀況。例如克魯茲說人犯會遭到「粗如人腿」的竹棍杖打，且棍子在水裡泡過，以增加打時的痛楚。又說行刑後，執事者把犯人像羊一樣拖回獄內，四周人群圍觀者「毫無憐恤，互相交談，不斷吃喝並剔牙」。這些都很生動，令西方人感到中國之司法頗為嚴苛。

但十六世紀至十八世紀，中國在歐洲人心目中，基本上是美好的大帝國，富足之外，文明程度亦令人稱許。即使是克魯茲《中國志》（*Tractaolo emquese cotam muito pol esteco da China*）也對中國的科技、中國人的生活、中國人之勞動方式甚為推崇。故縱使某些刑罰看來較為苛酷，他們對中國的法律體系及法治整體狀況仍是稱揚的。如法國蒙田（M. Montaigne）在其《散文集》第三卷裡就說道：「在社會治理和工藝發展方面，我們擁有某些優點。中國對此並不了解，更不曾與我們進行交流，但在這些方面卻超過了我們。中國的歷史使我懂得：世界遠比我們所知的更大、更豐富多彩。我還從中國歷史中獲知：君主派往各省巡視的官員如何懲罰不稱職的人員，如何慷慨地獎勵恪盡職守、有所建樹的人員。」此雖指吏治，卻也意味著中國的行政法是很健全的。此外，萊布尼茨於一六九九年出版的《中國新論》更說：

> 倘若說我們在工業藝術方面與他們旗鼓相當，在思辨科學方面領先於他們，那麼他們在實踐哲學方面肯定勝過我們（雖然承認這一點不甚體面）。也就是說，在適應現存生活可以為人所用的倫理學和政治學的戒規方面領先我們。確實，與其他民族的法律相比，中國人的法律之精妙，殊難用言語表達，它們旨在實現社會的安寧、建立社會秩序。

一七一六年，萊布尼茨又寫了《中國人的自然神學》，認為：

> 我們稱作人之理性，他們稱作天意。我們服從公理，不敢稍加違背，並稱其為自足，中國人則視其為（我們也一樣）上天賦予的良心。違反天意就是違反理性，請求上天原諒，就是自我改造，在言語及行為上回歸原點，向理性表示臣服。對我而言，這一切都完美無缺，並與自然神學不謀而合。這一切都清晰明白。我相信，之所以有人會妄加批評，完全是因錯誤論釋及篡改引起。只要能夠持續更新我們心中的自然律法，就是真正的基督教。

這兩段都非常重要，代表了啟蒙時代思想家對中國法律的讚歎，而且這種讚歎是放在東西文化對比架構中展開的。前者說我國法律體系完備精美，後者涉及自然法的問題，認為中國人所說的「天理」、「良心」合乎自然法的原則。這兩個觀點，後來都不乏繼承者（例如李約瑟《中國的科學與文明》第二冊即談到：在人文領域，儒家的「禮」構成一個與西方「自然法」概念對應，且具有理性色彩的相對物），而讚美中國法律者也頗有嗣聲。

這個時期，歐洲派往中國的傳教士，也常在著作中推崇中國經濟繁榮、政治清明、道德優美。可是這些論點逐漸激起了反彈。一七四八年孟德斯鳩《論法之精神》努力論證這樣一個新觀點：中國與歐洲不同，歐洲是自由的精神，有民主法治的地方；中國則是專制帝國，行使恐怖統治。故中國並無法治，僅有政府用以壓制人民之刑律及禮教觀念而已。刑法混合著禮教、道德、古風俗習慣，即構成了中國的法律，遠不及羅馬法能保障人民財產與個人權利。

這個新觀點，隨著歐洲資本主義的發展、向世界殖民擴張之成功及中國之衰弱，越來越占優勢，如近幾十年影響極大的魏復古《東方專制政治》（一九五七年），副題就是「極權的比較研究」（The Compartive Study of Total Power）。而且他明言其主張直接相通於孟德斯鳩。因為孟德斯鳩首先指出，在一個只允許一個人有自由的世界裡，中國皇帝就是那個人。此外，孟德斯鳩還指出了中國許多毛病，如體罰的濫用，私人財產皆為皇帝的家業，風俗、習慣、法律之間的混淆，缺乏獨立的宗教及司法機構等。且他認為，中國的專制不同於其他地方的君主制度，因為它是以恐懼而非榮譽作為領導指標。

這類東方專制主義的論調，在西方綿延了幾世紀，所以類似孟德斯鳩之說，如今可謂洋洋乎盈耳，而實對中國法治皆甚為隔閡。當然，在此類新觀點籠罩之下，對中國法治狀況較務實的研究也仍有不少。十九世紀初，斯當東翻譯了《大清律例》；其後約翰・亨利・格雷（John Henry Gray）的《中國：法律史，人們的風俗與習慣》（*China: A History of the Laws, Manners and Customs of the People*）一書關於司法程序及刑罰的描述也很受稱許。其他旅行者見聞及具體研究質量亦均遠勝往昔。

但總體說來，對中國法律的關切情形甚為不足。許多討論中國的著作，根本不涉及法律問題，如哈羅德・伊薩克斯（Harold Robert Lsaacs）《美國的中國形象》（一九五八年）、馬森（Mary Gertrude Mason）《西方的中華帝國觀》（一九三八年）、衛禮賢（Richard Wilhelm）《中國心靈》（一九二六年）等都是如此。

一九六七年德克・布迪（Derk Bodde）、克拉倫斯・莫里斯（larence Morris）合編的《中華帝國的法律》序文中第一句就說「西方學者關於中國傳統法律的著述為數較少」，其後正文第一章第一句也說：「直到最近，絕大多數研究中國的西方學者都未對中國法律產生大的興趣。」所以如此的原因，他們認為在於：1. 西方漢學界絕少人有法律方面的素養，既不懂相關文獻，又只以法律為實用文書，罕能進行理論探究；2. 西方普遍認為中國法律體系偏於刑法而非民法，故一般人民大部分民事行為均與法律無關，因而法律在中國社會裡並不重要。

對中國法律既不懂又覺得它不重要，久而久之，便形成了一種典型的東西社會文化對比論述：中國文化重人治，西方文化重法治；中國文化強調道德倫理，西方文化重視法律規範；中國文化偏於內在主觀修養，西方文化長於客觀法規制度；中國文化以其禮俗維繫，西方文化則仰賴其契約的精神；中國是農村禮俗社會，屬於長老統治型態的差序格局，西方則是法理社會的團體格局，等等。西方對中國文化的描述，大體也僅在哲人語錄、道德訓誡、宗教思想、倫理行為這些方面著墨。

而在為數有限的論述中國法律的文獻中，即使是學院裡的專門研究論著，誤解與偏見仍然不少。這些誤解與偏見，大多流傳已久，早已成為西方人對中國社會與文化理解的預存知識基礎或印象，要一一辨析，其實甚為複雜，也甚為困難。底下只能選擇一些典型論述，夾敘夾議，略辨一二。對孟德斯鳩所涉及諸法律見解之討論，詳見本書第十三講。

二、總評：中國法律之性質

1.法律在古代中國的地位

密迪樂《關於中國政府和人民及關於中國語言等的雜錄》（Meadow, Thomas, Taylor, *Desultory Notes on the Government and People of China, and on the Chinese Language: Illustrated with a Sketch of the Prouince of Kwang-thung, Showing Its Diuision into Departments and Districts*, 1847）一七〇—一七一頁說：

> 三個缺點無疑是中國政治最致命之處：如果官吏犯了法真能受到懲處，而且比目前的懲處更為嚴厲；如果他們的薪俸能夠合理地加升，年老時保證他們有個舒適生活環境；如果他們受教育及選任旨在讓他們只承擔一種職責。我堅信，作為一種令全民幸福的政府體制，中國以其獨具的某些優點，用不著法官或議會也能證明它足可與英格蘭和法蘭西的政制相媲美，而且優於奧地利及其他一些基督教國家。

此文對中國政治制度顯然極為稱道，但在實際行政運作上，他認為俸祿太少，致使官吏貪惰，而處罰不確實，也減損了政府效能。此即表明了他認為法治尚待加強。但從制度上說，他又覺得中國其實不太需要法官或職司立法的機構。

對中國法治實況的看法，留待下文再說。先論他所說中國不太需要法官及立法機構之觀點。這其實是西方很普遍的看法。柯樂洪《轉變中的中國》（Colquhoun, Archibald R. *China in Transformation*, 1898）二八六頁即說：

中國人與政府之間，是人民享有幾乎無與倫比的自由，而政府在國民生活中微不足道。這是最大的事實。強調這一點非常必要，因為不了解中國的人常常會有一種相反的看法。中國人有完全的工商業自由、遷徙自由、娛樂自由、信教自由。而且各種限制和保護並非由議會以立法的形式來實施，政府也完全不介入。他們靠的是完全的自願聯合；政府不受理這些事，儘管有時會與他們發生衝突，但從來不會犧牲民間機構的利益。

西方對中國，另有一流行之觀點，即視中國為專制統治國家，人民受政府嚴刑峻法的統治（如前述）。此文反對此種看法，它呼應了中國人所說「天高皇帝遠」之說，認為一般民事都不太受政府限制或保護，靠的主要是民間自願組合的行會、會社之類民間機構來運作。這當然較符合中國社會之實況，但也因如此，一九六七年希迪（Derk Bodde）、莫里斯（Clarence Morris）合編的《中華帝國的法律》（江蘇人民出版社，一九九五年版）一書，卻認為正是這個觀點「使得西方學界普遍對中國的法律不甚重視」。

一方面，傳統中國社會確如柯樂洪所言，並非完全依法律及政府控管調節之社會，「中國一般人對倫理規範的認識及接受，主要不是通過正式制定的法律制度，而是通過習慣和禮儀的普遍作用來完成的。這種情形比在大多數其他文明國家裡要更突出一些。宗族、行會以及由年長紳士掌握非正式管理權的鄉村共同體等等，這些和其他法律之外的團體，通過對其成員們反覆灌輸道德信條、調解糾紛，或在必要時施行強制性懲罰，來化解中國社會中不可避免的各種矛盾，在相當程度上獨立於正式的法律制度之外。古代中國人為了尋指導和認可，通常是求助於這種法律之外的團體和程序，而不是求諸正式的司法制度本身」。

另一方面，法律本身也對民眾行為甚少規範，主要內容只是刑法。「中國法之注重刑法，表現在比如對於民事行為的處理不作任何規定（例如契約行為），或只以刑法加以調整（例如對於財產權、繼承、婚姻）。保護個人或團體的利益，尤其是經濟方面的利益，免受其他個人或團體的損害，並不是法律的主要任務，而對受到國家損害的個人或團體利益，法律則根本不予保護。真正與法律有關係的，只是那些道德上或典禮儀式中的不當行為。或者，是那些在中國人看來對整個社會秩序具有破壞作用的犯罪行為」。

早在一九二二年，古德諾《解析中國》中即有類似的話：「中國的商人普遍都加入了行會組織，而行會又是一種祕密團體，是不被官方正式承認的。這些行會組織決定商業的行規，調解商業糾紛。……那些不遵守行規的人之所以會落到如此地境地，一方面是由於政府在經濟領域內的放任自由政策，另一方面是由於政府認為家庭關係、商業關係屬於民間事務，不屬於政府的管轄範圍。」（蔡向陽

等譯，八一頁，國際文化公司，一九九八年版）

對於這類見解，我們該怎麼看待呢？中國社會無疑非某些西方學者所熱心宣傳的，是個專制恐怖帝國。中國社會上存在著獨立於正式法律制度之外的民間社會力量，是毋庸置疑的。但有這樣一個力量，官吏亦並非即可不管民事問題。

2. 中國法律的性質

在一八九〇年阿瑟・史密斯《中國人的性格》第二十三章中，他就談到：「一個縣官至少要處理六大方面的事務，他既是民事、刑事司法官，又是行政司法官、驗屍官、財政長官和稅務官」（樂愛國等譯，學苑出版社，一九九八年版）。更早的一八七二年麥華陀（Medhurst）《在遙遠中國的外國人》（*The Foreigner in Far Cathay*, 1872）八〇頁也談及：「由於其獨特的行政制度，在我們西方人看來，各種職責應分別由一些官吏和部門來執行。而在中國則集於一人，不但審理民事，還要審理刑事案件，掌金融、治安、交通、軍需及其他一大堆雜事。」

這些觀察報告，都證明了十九世紀西方人親眼見著中國官吏須審理或處理民事問題。中國俗語謂「清官難斷家務事」，正表明家務事令官吏頭疼者也不在少數。故柯樂洪說政府不受理工商業遷移、娛樂、信仰等事務，並不正確。一般情況下，民間可以自治者，政府放由民間自行裁斷；民間自己不能解決者，則仍待官府仲裁。而行會、士紳的某些權力之行使，其實也等於受政府之委託，所以有不少法條就是規範宗族、行會、士紳階層的。民間組織不全然自由自主，也不盡是受政府控管，其性質甚為特殊，後面我們還會談到。

正因為如此，我國法律體系其實亦非「刑法」一詞所能備述，而應稱為民刑不分的編纂形式。

有關人、物、債、婚姻、家庭、繼承等民法的法律規定，有關錢債、田土、戶婚等的民事法律規範，分散在法典的某些篇章，與刑法、行政法、商法、訴訟法混合在一起。例如，漢九律中〈戶律〉主要是指婚姻家庭、財產繼承、所有權、錢債等民法內容的。唐律十二篇中〈戶律〉亦具有民法性質。一三六八年頒布的《大明律》計三十卷，四百六十條，其中〈戶律〉七卷、〈戶役〉篇十五條、〈田宅〉篇十一條、〈婚姻〉篇十八條、〈倉庫〉篇二十四條、〈課程〉篇十九條、〈錢債〉篇三條、〈市廛〉篇五條，無疑也是民法。清代的《戶部則例》更具有民法單行法規的性質，但仍與行政法混合在一起。直到二十世紀初沈家本主持變法修律，仿照法、德、日的法律體系，分別起草了獨立的刑法典、民法典、訴訟法典，才改變了傳統諸法合體、民刑不分的法典編纂形式。因此，以西方羅馬法及其衍生之法律體系為標準，判定中國法律僅僅是刑法，並不恰當。

由於上述緣故，故傳統上掌司法的官吏中即有專司民事者。以唐代制度為例，當時州有司戶參軍事和司法參軍事（上中州二人，下州一人），府有戶曹參軍事與法曹參軍事（人數同上）。戶曹和司戶參軍「掌判斷人之訴競，凡男女婚姻之合，必辨其族姓，以舉其違；凡井田利害之宜，必止其爭訟，以從其順」。法曹和司法參軍「掌律令格式，鞫獄定刑，督捕盜賊，糾滌奸非之事，以究其情偽，而制其文法」。前者主管民事問題，後者主管刑事問題，分工如此明確，而云中國法律僅是刑法，豈不謬哉！

3.羅馬法與中國法的比較

從羅馬法來看中國法，畢竟是西方人理解中國法律制度的基本線索。

斯當東（George Thomas Staunten）譯《大清律例》（"Ta Tsing Leu Lee: being the Fundamental Laws, and a Selection from the Supplementary Statutes, of the Penal Code of China"），載《愛丁堡評論》

（Edinburgh Review）一八一〇年第十六期，即曾高度讚揚中國的法典說：

我們承認，與我們的法典相比，這部法典的最偉大之處是其高度的條理性、清晰性和邏輯一貫性。行文簡潔，像商業用語，各種條款直截了當，語言通俗易懂而有分寸。大多數其他亞洲國家法典的冗長且迷信的譫語、前後不一、大量荒謬的推論、喋喋不休的玄詞迷句，絕不存在於中國法典。甚至沒有其他東方專制國家的阿諛奉承、誇大其詞、堆砌華麗的詞藻和令人厭惡的自吹自擂。有的只是一系列平直、簡明而又概念明確的法律條文，頗為實用，又不乏歐洲優秀法律的味道。即便不是總能合乎我們在這個國家利益擴展的要求，整體來講，也比大多數其他國家的法律更能令我們滿意。從《阿維斯陀注釋》（按：Zendavesta，波斯文，意為智識、經典、諭令，古代伊期的宗教經典。最早用東波斯語的古阿維斯陀文寫成，主要記述所羅亞斯德的生平和教義）或《往世書》（按：Puranas，梵文，亦稱《古事記》，古代印度神話傳說的匯集，印度教主要經典之一）的怒狂，到中國法典的理性化和商業化，我們似乎是在從黑暗走向光明。……儘管這些法律冗長繁瑣之處頗多，但我們還沒看到過任何一部歐洲法典的內容那麼豐富，邏輯性那麼強那麼簡潔明快。不死守教條，沒有想當然爾的推論。在政治自由和個人獨立性方面，確實非常的糟糕；但對於彈壓叛亂、對芸芸眾生輕徭薄賦，我們認為，總的來講，還是相當寬大相當有效的。

他用以比較的，除了波斯、印度的法典之外，當然以歐洲的法典為主。在他之前，固然孟德斯鳩曾依據羅馬法來大肆批評過中國的法律，認為中國可視為東方專制政治的代表，但斯當東以譯文來具體說明了中國法典不僅不遜於歐洲，也非印度波斯諸文明所能及，並因此而將中國拉出了「東方專制國家」的行列。

阿拉巴斯特（Alabaster Ernest）《關於中國刑法和同類性論題的評注：與主要案例的特別關係，關於財產法的簡要附論，主要基於已故阿巴斯特爵士的論著》（*Notes and Commentaries on Chinese Crminal Law and Cognate Topics: With Special Relation to Ruling Cases, together With a Brief Excursus on the Law of Property, Chiefly Founded on the Writings of the Late sir Chaloner* K. C. M. G., 1899）則專就羅馬法與中國法作討論，謂：

> 許多人會驚異於羅馬法與中國法之間有那麼多相似之處，尤其在法律的完備性方面。首先，現行中國法典的緣起與《查士丁尼法典》的組成方式有相同之處，都是急切的皇帝由學問淵博的學者來輔佐。其他的相同之處還有：限制法典之外的出版物的發行（政府除外），羅馬亦是如此；中國的《禮》與《查士丁尼法典》的禮條款有共同之處；兩者都各自以公告、律令和詔書形式立法。其次是公法。……關於中國父母與子女……夫妻、主人與僕人及自由人、師生等的關係與現狀，還有諸如過繼、家庭財產共同占有關係等都有相同之處。在訴訟程序行政管理方面也有共同點，行政管理方面相同之處在於中國的縣官與羅馬的法官，以及為防止不公而設立的補救措施；就訴訟程序來看，最高上訴權都在於皇帝，都由一套班子負責（在中國是督察院，在羅馬是監督官）。

這裡面，當然也不乏誤解。例如他說中國跟羅馬一樣，限制法典之外的出版物發行。這可能是因《大清律例》中禮律類有「收藏禁書」、「造妖書妖言」之禁，故令他有此誤解。其實殊為不然。其次，中國的縣官與羅馬的法官也是不同的。雖然如此，以羅馬法為架構來理解中國法（或廣義的中華法系），仍如阿拉巴斯特所為，乃西方世界最普遍的方法。影響所及，中國人研究中國法制史，亦往往採此進路。中國政法大學甚至成立了羅馬法研究中心，與義大利羅馬第二大學合作，參加義大利羅馬法傳播研究組，進行羅馬法與中國法之比較研究。

但羅馬法以私法為主，當然顯示了較強的保障個人利益色彩，我國法典則以公法為多，兩者性質本不相同。以羅馬法為標準來衡量中國法，自然會得出「在政治自由和個人獨立性方面，確實非常糟糕」之結論。早在孟德斯鳩時代即不乏如是云云者。而在西方觀點影響下，近代中國學者也常這麼說，如林劍鳴就從「與歐美法系宏觀上比較」，認為中國法系之特點為君主集權、禮法合一、對個人地位及權力缺乏應有規定、刑法殘酷，且此種法律亦應為中國之長期發展停滯負責（《法與中國社會》十六章，吉林文史出版社，一九八八年版）。

4.法律與禮、俗的關係

說中國法律是禮法合一，亦是西方普遍的看法。孟德斯鳩即已批評中國法律混合著禮俗與習慣，此後論中國法者亦無不論及此一特點。一九四七年瞿同祖《中國法律與社會》一書重新整理了這個觀點，提出「法律儒家化」之說，謂儒家所倡導的禮的精神、禮的具體規範，被直接寫入法律之中，與法律融合為一，乃中國法律最顯著之特點。其書一九六一年又在巴黎及海牙出版，對西方研究中國法律者影響甚大，如布迪、莫里斯等，均依循其說。但推源溯始，此一觀點仍然是以羅馬法來看中國法使然。

伯爾曼《法律與革命：西方法律傳統的形成・導論》曾申論西方由羅馬法而來的四個法律傳統是：1.在法律制度（包括諸如立法過程、裁判過程和由這些過程所產生的法律規則和觀念）與其他類型制度之間有鮮明的區分。雖然法律受到宗教、政治、道德和習慣的強烈影響，但通過分析，立刻可以將法律與它們區別開來。2.在西方法律傳統中，法律的施行被委託給一群特別的人們，他們或多或少在專職基礎上從事法律活動。3.法律職業者，無論是在英國或美國，都在一高級學術獨立機構中，接受專門的培訓。這種機構有自己的職業文獻作品、有自己的職業學校或其他培訓場所。4.培訓法律專家的法律學術機構，與法律制度有著複雜的和辯證的關係。因為一方面這種學術描述該種制度；另一方面，法律制度通過學術專著、文章和教室裡的闡述，變得概念化和系統化，並由此得到改造（賀衛方等譯，九頁，中國大百科全書出版社，一九九三年版）。

批評中國法律未能與宗教、道德習慣區分開來，或批評中國無專業法官、律師、辯護人，其實都基於羅馬法以來的這些法律傳統。但伯爾曼說，這僅是由羅馬法發展來的特徵而已，當代許多非西方的文化都不具有這些特徵，十一世紀前通行於西歐日耳曼民族中的法律秩序也沒有表現出這些特徵。在法蘭克帝國或英格蘭以及那個時候歐洲別的地方，亦都沒有以下這兩種明確的區分：一是法律規範與訴訟程序的區分，二是法律規範與宗教的、道德的、經濟的、政治的或其他準則和慣例的區分。十二世紀羅馬法未復興之前，歐洲許多地方也不設專職的律師和法官。在教會方面亦是如此，教會法一向與神學合為一體（同上，九－一〇頁）。

這類批評乃是西方非常普遍的看法，而距中國之實況卻最遠。法律之學，在傳統讀書人的養成以及仕宦上，都是極重要的。以宋代為例，法律一門，進士要考、選人要考、流外補選也要考。再則，宋的銓選制度下，凡是科舉中試的人，第一次派遣職務（入官）也都是派到府縣衙門作處理獄訟的幕職官。故以這些理由或觀點來詬病中國法律，或把羅馬法及其以後之傳統視為普遍者，而把中國禮法不分、官員兼任法官的情況描述成一種例外或特色，反而是因所見不廣，缺乏真正比較法學的眼光所致。

三、分論：法律的實施狀況

以上所論，為中國法律之性質，以下則續論法律之施用。

1.中國人守法的精神

阿瑟．史密斯《中國人的性格》曾對中國人的守法精神大為讚揚：「中國人有許多令人讚歎的品質，其中有一種是天生的尊重法律。我們不知道是社會制度造就了這一品質，還是它造就了社會制度。但是，我們知道，中國人無論從先天的本性，還是從後天接受的教育上說，都是一個尊重法律的民族。……中國人很怕進官府、打官司。它也能說明中國人對法律的尊重。尤其是文人。他們一被召到官府，就嚇得膽戰心驚，噤若寒蟬。」這種守法的態度，他認為與基督教國家恰好成一對比：「在基督教國家，無論目不識丁的人，還是舉止文雅、有教養的人都有意無意地輕視法律，彷彿不需要法律維護公眾的利益，並且違抗法律要比遵守法更能體現法律的尊嚴，這難道很光彩嗎？」（二〇六頁）

他對中國人守法的看法，重在三方面：(1)中國人怕進衙門打官司；(2)他認為法律旨在維護公共利益，而西方因強調個人自由與人權，故常與法律起衝突，中國人則否；(3)中國人重視集體，人不只為自己負責，也要為別人（他所從屬的團體）負責，所以非常有責任感，法律也因此而有株連之罪。

這幾點，是他讚美中國人及法律的理由。當然，它同樣也可以成為批評中國法律、社會、文化的口實。因為，另有許多人也主張法律應以人權、自由、個人利益為內涵。羅伯茨《十九世紀西方人眼中的中國》第二章即以一七八四年某案件為例，說：「中國立法的理性化能與古羅馬的法律相媲美。但是，中國人對法律實踐過程中的責任和處罰嚇壞了他們。反對集體承擔責任的原則可以追溯到一七八四年的『休斯女士號』案件（Lady Hughes）。一位英國船上的槍手在甲板上鳴槍致禮時不慎打死了兩個中國人。他被交給中國政府後遂被絞死。從此以後，西方就拒絕將被指控的外國人交給中國政府審理。」（蔣重躍等譯，三〇頁，時事出版社，一九九九年版）

對於這樣的爭論，此處暫不討論，仍從法律實踐的層面說。誠如史密斯所云，古代中國社會上一般人基本是畏官守法的。畏官守法，不願進衙門，抽象的原因或許如史密斯所稱，或許如羅伯茨所述，但實際的原因可能是由於刑罰太嚴酷。一入衙門，有理無理，一頓板子；要招不招，夾棍伺候。誰願上衙門？前引林劍鳴之說，謂中國刑法殘酷，對個人地位及權力缺乏保障，即指此。

2. 刑罰的殘酷性

(1) 獄政

在柯克（Cooke George Wingrove）《中國：泰晤士報駐中國特派記者》（*China: Being The Time Special Correspondence From China in the Years* 1857~1858, 1858）三七二頁即曾描繪廣州一座監獄：「惡臭衝天，像動物園裡圈動物的牢籠。……再也沒有如此令人毛骨悚然的景象了。……屋內惡臭令人幾乎無法忍受，而那情狀則讓人無法再看第二眼。……（犯人）是骷髏，而不是人。」

(2) 刑訊

獄政不佳之外，外國人印象深刻的是刑訊逼供。菲爾德（Field Henry M.）《從埃及到日本》（*From Egypt to Japan*, sixteenth edition, New York, 1890）三七八頁記載了「過程無疑異常殘酷」的逼供過程：

如果不招，法庭便用殘酷的方法迫使他們招認，這二位亦不例外。折磨的方式如下：大廳裡有兩個圓柱。這兩個人都跪在地上，兩隻腳縛在一起，動彈不得。先把他們的背部靠到一根柱子上，用小繩扎緊腳大拇指和手大拇指，然後用力拉向後面的柱子，綁在上面。這立刻讓他們痛苦萬分，胸部高高突起，前額上青筋暴跳，真是痛不欲生……

此外，就是花樣繁多且令人感覺非常殘忍的刑法，如砍頭、站籠、絞刑、戴枷、囚籠、釘刑、凌遲等。一九〇九年麥高溫《中國人生活的明與暗》（朱濤等譯，時事出版社，一九九八年版）第十二章詳述了這些刑罰。他也與菲爾德一樣，對中國「法庭」審訊時以杖擊代替嚴密的盤問、辯護律師的懇求、法官的裁斷感到驚奇，對砍頭、囚籠、戴枷、站籠等刑罰也都感到殘忍，於凌遲尤感殘酷，「比印第安人曾經用來懲治俘虜的刑求還要殘忍」。

刑求的實際狀況當然並不如此。據徐道鄰先生考證，用刑逼供（術語曰「拷訊」）固然是可以的，但是有種種先決條件和限制。《唐律》四七六條上半段說：「諸應訊囚者，必先以情審察詞理，反復參驗，猶未能決，事須訊問者，立案同判，然後拷訊。違者杖六十。」所謂「立案同判」者，此條疏文說：「事須訊問者，取見在長官同判，然後拷訊。若充使推勘，及無官同判者，得自別拷。」可見當時用刑取供，不但要問刑官立案說明，同時還須得到他的長官的許可，和約請另外的官員來一同訊問。宋太宗在雍熙二年（九八六）下令：「諸州訊囚，不須眾官共視，申長官得判乃訊囚。」可見在此以前是必在「眾官共視」之下，才可以刑訊的。此法至元亦然，故元史《刑法志》說：「諸鞫問囚徒，重事須加拷訊者，長貳僚佐會議立案，然後行之。違者重加其罪。」

此外，刑訊有一定的限度，就是拷訊只許用杖，不許用任何其他的工具，而且「不得過三度，總數不得過二百。杖罪以下，不得過所犯之數。……若拷過三度，及杖外以他法拷掠者，杖一百。數過者，反坐所剩」（見《唐律》四七七「拷問不得過三度」條）。所謂三度者，獄官令規定：「每訊相去二十日，若訊未畢，更移他司，仍須訊鞫，即通計箭數，以充三度」（《唐律》同條疏引）。但是若被拷者棒瘡未愈，雖過了二十日，仍不得拷，否則「有瘡病不待差而拷者，亦杖一百」（同上）（俱詳徐氏《宋律中的審判制度》，收入《中國法制史論集》，九二—九四頁）。

(3) 斬首與凌遲

更早前，密迪樂（Meadows Thomas Taylor）《中國人及其叛亂》（*The Chinese and Theri Reblelons: Viewed in Connection with Theri National Philosophy, Ethics, Legislatin, and Administration.* To Which is Added, an Essay on Civilization and Its Present State in the East and West, 1856; Shannon, 1972）也如此描繪過凌遲的情況。他說他根本不敢靠近去看被凌遲者：

> 即便是意志再堅強的好奇者都不大敢跳過那些死屍、跨過血污親耳聆聽這位不幸的人胸腔裡發出的呻吟，目睹四肢抽搐不已。（六六五—六六六頁）

他所描寫的這場凌遲，乃是在繼砍掉三十幾個人頭之後實施的，整個過程僅四、五分鐘，所以應非正式的凌遲刑。凌遲刑有多達一千二百刀者，甚或如明代劉瑾，據說被割了四千七百刀。若真見到如此千刀萬剮的場面，密迪樂恐怕更要嚇昏了。

對中國刑法的詳細討論，當然不限於密迪樂這類旅行者的見聞，阿拉巴斯特《中國刑法評注》（*Notes and Commentaries on Chineses Criminal Law*, 1899）、里遠・勞勃魯（Nida Noboru）《刑法》（*Criminal Law*），乃至前引布迪、莫里斯之書等均論之甚詳。可見，中國刑法之殘酷對西方人來說確實易令彼等印象深刻。

(4) 對刑罰施用狀況的說明

然而，立刻下斷語謂西方人都認為中國刑罰太嚴、獄政大壞，亦不妥當。因為西方人對中國這些法律實踐層面亦頗有稱道或辯護之語。

杜赫德（Du Halde）在《中國帝國及中國的韃靼、朝鮮王國、西藏：歷史和地理》（*A Description of the Empire of China and Chinese-Tartary Together With the Kingdoms of Korea, and Tibet: Containing the Geography and History* of those Countries, 2 vols: 1738, 1741）一書中寫道：「這裡的監獄，沒有歐洲監獄的恐怖與污穢，相反，條件很便利，也很寬敞。」布迪與莫里斯則引用一八六〇年帕克斯在北京監獄被囚禁的自述，並評論道：「對於讀過狄更斯作品的人來說，這一段監獄生活的記述並不會使他們感到震驚。」言下之意，中國監獄大概跟歐洲差不多，不見得特別殘酷、不人道。各類刑罰也是如此。即令是凌遲，據阿拉巴斯特說：「雖然凌遲刑很殘忍，也令人作嘔。但它與在英格蘭不久以前還實施的半吊絞死（half-hanging）、剖腹、四肢裂解等死刑相比，並沒有給受刑者帶來更多的痛苦。」

事實上，凌遲刑極罕使用。宋以前無之，宋代才偶爾採用過幾次，元明始合法化，清則規定叛逆及極少數重大犯罪才會施刑，故一般人難得見著此刑。

即使殺頭也是罕見的。依唐律明律，每年僅有兩個月允許行刑，有時甚且不超過一個月。至清朝，雖大幅改變，每年也還有三個月左右不能行刑。這是時間的限制。此外，程序上也有限制。在清朝，死刑犯必須經由州縣偵查，轉報至府，府送按察使司審判，由總督或巡撫批示，再送刑部復審，審後再送三法司終審判決，程序上極為繁瑣謹慎。經改判或撤銷者亦甚多，每年由刑部撤銷判決者都在百件以上。可見要判一個人斬頭並不太容易。而即使終審判決了，死刑犯還都得要報請皇帝批示，此時亦有轉圜。皇帝也經常舉行大赦、特赦。死刑犯更須待「秋審」之後方能提交執行。而「斬監候」被減輕免死者亦不在少數。於此即可知凌遲與斬頭都不是常見的。這跟平時我們從小說或電影電視中得到的印象極為不同。

死刑判得少，主要是制度保障著犯人。照《唐律》的規定，審判官在宣讀判決書時，只要被告表示不服，案子就自動地要重審，稱為「移司別勘」。凡徒流以上的案件，在各州縣斷結後，全都要在上級機關所派的判官面前再錄問一次。如囚人接受判決，即將原案轉上級機關去核定；如囚人不服，判官就把案件移送另外一個機關去重行推問。此一精神在宋代稱為「覆察」。利用若干不同的機關，或一個機關裡若干不同的官員來處理同一個案子，以求反覆詳盡，以達至公。包括同僚覆察、逐層覆察等。且目的不在苛察吹求，以入人罪，而在赦宥。故汪應辰曰：「……國家累聖相授，民之犯於有司者，常恐不行其情。故特致詳於聽斷之初。罰之施於有罪者，常死未當於理，故復加察了赦宥之際，是以參酌古義，並建官師。上下相維，內外相制。所以防閒考核者，纖悉委曲，無所不至也。蓋在京之獄，曰開封，曰御史，又置糾察司以罕其失。斷其刑者曰大理、曰刑部，又置察刑院以決其平。鞫之與讞者，各司其局，初不相關。是非可否，有以相濟，無偏聽獨任之失。此臣所謂特致詳於聽斷之初也。至於赦命之行，其有罪者，或敘復、或內徒、或縱釋之。其非辜者，則為之湔洗，內則命侍從館閣之臣，置司詳定，而昔之鞫與讞者，皆無預焉。」（《歷代名臣奏議》卷二一七）

正因其罕見，故殺頭時大家都把它當一件稀奇的事，擠著去參觀。西方的觀眾，偶爾有幸見到殺頭的場面，也很容易因此而驚其殘怖；更容易被圍觀群眾熱切聚觀，甚且拿著饅頭去沾血的情景所驚，以為野蠻。而其實斬頭與凌遲均非刑罰之代表。

較普遍的刑罰，一是罰金；二是監禁；三是笞刑或杖刑（清朝時笞杖均減半，應笞十者改笞五）；四是徒刑，亦即派去服勞役；五是流刑。這些正式的刑都談不上太殘酷。某些酷吏法外施酷，如《老殘游記》所載玉剛之類事，固然不會沒有，但就《大清律例》所規範，且對一般施用者來說，應只是如此。

其中流刑是死刑之外最嚴厲的刑罰，可是從西方人的觀點看，卻大為稱道，如麥高溫《中國人生活的明與暗》即是如此（見其書一六六頁）。揆度其意，殆謂此刑不摧殘肉體，又有效又不殘酷。可是從久已安土重遷，不輕去其父母之邦，又捨不得家庭宗族關聯的中國人心理看，流刑或充軍才是殘酷可怕的。

此即可見西方人對我國刑罰實施之情況也頗有誤解。許多地方，限於觀察角度與能力，更易推測錯誤。

3. 判案的任意性

(1) 法官自由心證

麥高溫說：「中國的法官，僅僅是憑著自己的自由意志來斷案的。這使他們常草率地對案件做裁判，但有時他們也會發揮睿智，運用一些計謀，為複雜的案件查出真相。」他並舉了一位官員用巧計破了案的案例。

這類事例，其實恰如我國民間所傳述的包公斷案之類公案故事。這些故事，均誇張斷案者之機巧，以及審理時之明快，重點在於「立刻獲得正義得直的快感」。可是若拿它來說明實際的法案審理狀況，豈非貽笑大方？中國的審案者，當然也如現代法官一樣，依其判斷來判決，但判斷除了靠自己的理性與良知之外，得靠證據及法條，哪能「僅僅憑著自己的自由意志來斷案」？

何況，依中國法律規定來說，由於「律義清晰、適用準確」（布迪與莫里斯語，見其書第三篇第二章），事實上也不容易憑著自己的自由意志來斷案。布迪、莫里斯舉了個實例：皇帝要求重議一案，刑部據律反對，皇帝只好批示：「既無成案，只可照覆。」可見受法律之限制，連皇帝也很難遂行其自由意志。

再者，我國刑事審判制度，有兩項最高原則：一是「鞫讞分司」，即法官不許自審自判；問案子的是一個人，判案子的又是一個人。一是「翻異別勘」，即犯人不須自己上訴，只要在結案時翻供，或者在行刑前喊冤，官廳就要把案子重新問起。故一位法官任情臆斷也沒有用。

此外，我國制度上課法官以斷獄之責任，亂判是會使自己獲罪的。《唐律》規定：「官司入人罪者（或虛立證據，或妄構異端，舍法用情，鍛煉成罪），若入全罪，以全罪論。從輕入重，以所剩論。其出罪者，亦各如之。即斷罪失於入者，各減三等；失於出者，各減五等。」這比現在法官斷案斷得不好也毫無責任的情形，實在是好得太多了。

麥高溫又說：「中國的司法部門通常不承擔對謀殺罪的審理權，這是中國司法制度的一個顯著特點。這類型的犯罪幾乎不會引起當局的注意。……『殺人者償命』這一思想，人們從來就沒有想到過。」這當然也是誤解。清朝《刑案滙覽》上所列案例，數量排名第一的就是「殺死姦夫」、其次是「威逼人致死」、第五是「鬥毆及故殺人」，底下尚有「殺一家三人」、「戲殺、誤殺、過失殺傷人」等，此均為官府受理之刑案紀錄，焉能說司法部門不承擔對謀殺罪的審理？《大清律例・行率・謀殺人》更明定：「謀殺人，主謀者，斬監候；為從而下手著，絞監候；為從而不下手者，杖一百，流三千里；謀殺人主謀者，雖不下手，仍以首犯論。」又何嘗無「殺人著償命」之思想？麥高溫謂殺人通常都以私下給家屬一筆賠償金了事，且「此種處罰方式得到人們的廣泛接受」，顯非事實。

(2) 私刑泛濫

麥高溫另一項誤解，是所謂的「私刑」。他專門闢了一章（十三章）來討論它說：

大體上講，它具有對叛國罪以外所有錯誤行徑的制裁權，並根據政府對這些權力的要求，自行做出調整。而且，人們不難發現，在大批因法庭費用昂貴、手續繁冗而無法審理完整的案件中，私刑卻可以不受任何官員的限制，逢案即審，並可以做出一個基本公正的裁決。……竊盜是私刑必須受理的最普遍的犯罪行為之一。……在由私刑審判團審判的案子中，最重大的一類犯罪行為要數兇殺案。但是這類犯人所受的懲罰，也是僅僅是一種金錢上的賠償，很少有以命抵命的。在中國，這類犯罪不算是最重大的犯法行為。同時，法律也認為沒有必要把這類犯罪行為上升到法律的高度。

他以為兇殺案可以不報官，逕自以「私刑」方式賠償了事，且與抓到小偷後民眾把偷兒痛打一頓的情形相提並論。這是把民事協調誤為私刑，又將兇殺與泄憤混為一談。

在我國民間，宗族、行會等團體都具有部分替代民法之功能，其性質實近於現代之調解委員會，調解不成才會打官司。可是調解不能視為私刑，兇殺刑案也通常不能進行民事調解便了。傳統社會中的宗族協調，以私產處分為最普遍，宗族法對族人間的債權債務關係常有規範，財產轉讓買賣亦常附有些條件；此外，對婚姻、家庭、繼承關係也多有規定。

對於這類公開的宗族、行會及其他民間團體進行協調處分的現象，麥高溫謂為私刑，乃是將其與英國、美國的情形相類擬之故，所以他說：「在中國，私刑也並不是一種現代制度，這與英國的私刑是一致的。它不是在半夜，由蒙面男子，風馳電掣般急駛到某個偏僻的預定地來行刑，並在完事後又迅速分散，以保證不暴露自己的真實身分。恰恰相反，它是一件公開的，得到承認的權力，它不僅僅限於處理盜馬之類的事件。這與它在美國誕生時的中心思想是一致的。」

他由這種類比而作的一些推斷，其實都是錯的。族裡或行會裡，固然依其族規或行規處理，然而倘有過火之處，例如把人打死了，依然會被官府定罪的。

(3)集體嚴厲懲罰罪犯

麥高溫還形容了中國人對刑犯殘酷的一面：

在日常生活中，他們給你的印象總是溫厚、隨和的。和英國人在許多方面極為相似。他們擁有廣博的知識；溫和、快活；充滿了對自己和自己國家的自負。此外，中國人還有著強烈的正義感，和對人類行為的崇高理想。然而，當他們開始為對付犯罪而立法，並著手執行這些法律時，他們也就不再像自己的英國原型了。他們和善的性情立刻會掩藏以來，表現得像個要把獵物撕成碎片，以滿足其野蠻欲望的野獸一般殘忍好殺的人。

這種殘酷，包括圍毆小偷、抓到兇手或姦夫淫婦時聚眾高喊著「打死他」、聚觀砍頭行刑的場面、甚或搶著用饅頭去沾屍首斷頸處的鮮血等。這些場面，不只麥高溫這類外國人看著會害怕，五四文化運動時，魯迅亦曾藉以刻繪中國人之精神落後面。然而，這些行為就是野蠻或落後嗎？它們是與中國人之法律意識有關的，要了解它們，得深入了解中國人的法律及法律精神。

徐道鄰〈中國法律制度〉一文曾申論道：中國法律的主要精神之一，即是維護社會集體安全。為了建立一套社會防罪體系，法律規定，在犯罪發生時，人民（非當事人）均有行動之義務。以《唐律》為例，足以表徵此一精神者至少有：「鄰里被強盜條」：「諸鄰里（五家為鄰，五鄰為里）被強盜及殺人，告而不救助者，杖一百，聞而不救者減一等。力勢不能赴救者（謂賊強人少，或老小羸弱），速告隨近官司。若不告者，亦以不救助論。其官司不即救助者，徒一年；竊盜者各減二等」；「道路行人捕罪人條」：「諸追捕罪人，而力不能制，不能拘制，告道路行人。其行人力能助之而不助者，杖八十。勢不得助者勿論（謂隔川谷垣籬塹柵欄之類，不可逾越者。官有急事，及私家救疾赴哀，情事急速，亦各無罪）」；「強盜殺人條」：「諸強盜及殺人，賊發，被害之家及同伍（同伍共相保伍者），即告其主司。若家人同伍單弱，此伍為告（每伍家之外即有此伍）。當告而不告，一日杖六十」；「監臨知犯法條」：「同伍保內，在家有犯，知而不糾者，死罪徒一年，流罪杖一百，徒罪杖七十。其家唯有婦女及男年十五以下者，皆勿論」；《雜律》見「火起不告救條」：「諸見火起，應告不告（須告見在及鄰近之人共救）、應救不救，減失火罪二等」；「被毆擊姦盜捕條」：「諸被人毆擊，折傷以上，若盜及強姦，雖旁人（雖非被傷盜被姦家人及所親），皆得捕係以送官司」；「密告謀反大逆條」：「諸知謀反及大逆者，密告隨近官司，不告者絞。知謀大逆謀叛不告者，流二千里。知指斥乘輿及妖言不告者，各減本罪五等」，等等。

這些規定，均課當事人之外人員相關聯之責任，從西方觀點看，此乃是「株連」。株連的評價，並不一致。有些人評價很高，如阿瑟・史密斯就很推崇中國人「株連守法」之精神；有些人則反對「集體擔責」原則（羅伯茨語，見前引書）。可是徐道鄰認為此正乃中國法律與羅馬法不同之處：「在禮教的法律觀中，人與人的關係重，所以以社會本位，而刑法為中心，而行政法官吏法次之。在權利的法律觀中（羅馬法係），人與物的關係重，所以以個人為本位，而債權法為中心，而繼承法訴訟法次之，而自然走向形式主義」（《中國法制史論集》，志文出版社，一九七五年版）。

從社會防罪的角度看，社會公益即法律所欲保護之對象，而且保護社會公益的責任就在這個社會本身。法律的執行者，乃因此而不僅只是法官及專業司法人員。緝捕盜匪等等，並非警察捕快之職而已，每個人都有責任，失責了便要處罰，所以，「同伍保內在家有犯。知而不糾者，死罪徒一年，流罪杖一百，徒罪杖七十」（《唐律・鬥訟》），「見火起，應告不告、應救不救，減失火罪二等」（《雜律》），「被人毆擊折傷以上，若盜及強姦，雖旁人，皆得捕係，以送官司」（「準用捕格法捕亡」）。在這種法律觀念之下，民眾守望相助，什伍共保；跟現代社會中人人只顧自己，鄰人路人遭搶遭劫遭盜遭水火災厄，都與我漠不相干亦毫無法律責任的情形，可謂大相逕庭。而也正因為如此，民眾逮捕盜匪並對之施以懲處，其實是符合法律精神的，並不能以「私刑」一詞概括。民眾擠著去看斬首行刑，也非殘酷一詞可以描述，因為處罰罪犯正是舒緩或消解了社會安全的威脅，又共同滿足了集體執行法律之義務，因此，大家都感到快慰。

在法律哲學中，此類刑罰觀屬於應報論（retributire）。應報也者，本來就有報仇報復之意，認為罪犯對社會有一種「應償付之債」（debt to pay），社會則因罪犯的惡行而向其「回索」（pays back）。刑法事實上就是一套制度化的報復行為，罪犯被視為社會公敵，而「刑法則調整、制裁、並為報復之欲望提供一種合法的滿足；刑法支持報仇欲望，正如婚姻與性欲的關係一樣。但是復仇的目的（aims）僅在於個人的滿足，刑法則至少部分地，甚至全部表現為道德義憤（moral indignation），亦即非當事人之其他社會人士，都覺得應該還受害者一個公道的那種道德感情」。此一論點，在西方也是源遠流長的，康德即主張此說，認為不僅罪行本身應受到懲罰，而且社會還有著對那些有過失的人施以懲罰的責任（duty）。其次，根據康德的理論，每個人都被迫服從法律，每個人也都有服從法律的義務。這被康德看作是「欠了他人的債」。法律保障自由，但我的自由受到限制是為了你的自由的緣故，而你的自由受到限制則是出於我的自由的緣故。所以這種義務或債務是相互的。人們相互都有自己的權利，同時也互相都負有服從法律的義務。

對罪犯施以懲處也是大家共同的責任，若不參與懲處，「他們就可能被看作是公開違反合法正義行為的同謀」。而且這種處罰，亦不應只是象徵性的（symbolic condemnation），而應是嚴厲處罰（hard treatment），因為「嚴厲處置是一表示痛斥的慣常（lonventional）做法。……越是兇殘的犯罪，其處罰形式就要越引人注目、越帶恥辱性」。（戈爾丁 Marton P. Golding《法律哲學》第五章，結構群公司，一九九一年版）

要從這個脈絡去掌握，才能解釋西方批評中國法律課人以連帶責任，行刑又顯得殘酷的現象。我們說過，主張如此的應報論並不只在中國有，在西方也是源遠流長的。只不過從柏拉圖以降，威懾論（doterrent）和改造論（reformatioe）漸盛。威攝論總認為刑罰並非對過去的報復，只是用以改革其犯罪之舊習。故若秉此觀念，對中國人的法律態度便不容易理解了。

四、超越偏見與誤解

對一個人的行為，可以從好的一方面去解釋，也可以從惡意的角度去批評。對一件事，更可以由不同的方向去認識。一人一事即已如此，何況面對一個文明？

認為中國是父權專制社會的人，隨手便可舉出「夫為妻綱，婦者，順也，服也，事人者也」（《白虎通義．嫁聚篇》）、「夫有再娶之義，女無二適之文」（《女誡》）、「婦有七去：不順父母，去。無子，去。淫，去。悍，去。有惡疾，去。多言，去。盜竊，去」（《大戴禮．本命篇》）等文獻來支持其說。但由法律規定上，同樣不難反駁道：以上那些都只是一主張、一些理想，社會實際法律規範則不然。如《睡虎地秦墓竹簡．法律問答》規定：即使妻悍，夫也不能隨便打她，打了就要治罪；夫犯罪，妻子去告發，可免罪；夫有淫行，殺之無罪。《九朝律考》卷四引董仲舒《替秋決獄》還說：「夫死無男，有更嫁之道也。」此外，女兒也分財產，妻子亦有自己的財產可自由保管使用。故不少女人便脅迫或媚惑丈夫「以妻名置產產」，把財產全登記到自己名下，一旦改嫁即全部攜走。

也就是說：一、引用不同的文獻、注意到不同的層面與狀況，對一個社會、一種文明的觀感與理解就截然不同。二、能注意到法律問題，和僅從思想言論方面去掌握社會與文化，結果也甚不相同。

一九五八年雷蒙・道森（Raymond Dawson）來華後，回英國寫了一冊《中國變色龍：對於歐洲中國文明觀的分析》，其中就談到：歐洲人看中國，中國就像條變色龍一樣，一下被形容為富強康樂之國，一下又被形容成落後不自由的領域。觀察者各執一端，瞎子摸象，當然詮解各異。此書正呼應了前述所說。

然而，道森所說尚不只此，他還說，歐洲看中國，之所以看出不同的形象，不僅與中國的變化有關，也與歐洲的發展有關，顯示了歐洲的知識史。早期歐洲把中國形容成天堂，是希望能找著「東方的智慧」來拯救、改善歐洲；後來批判中國為專制統治，是為了提倡民主與自由。因此，研究歐洲的中國觀，亦是研究歐洲社會史、歐洲的思想史。

的確，十二世紀以前，西方流行的法律依然保有血親復仇、決鬥、水火裁判以及宣誓斷訟等陋習。此時，無論王室還是教會，都沒有專業法官、職業律師和法律書籍，到處都是習慣：部族習慣、地方習慣和封建習慣。教會教導人們：婚姻乃聖事，不能沒有配偶的同意。然而由於缺乏有效的法律制度，對於到處盛行的童婚、搶婚，教會也無可奈何。

十一世紀末十二世紀初，西方世界發生了一場重大的革命，其結果，出現了自成一體的、實體性的、有其自身教階系統的教會。這個教會獨立於皇帝國王和封建領主之外，只服從羅馬主教絕對專制權威的法律實體。

一一四八年以後，教皇頒布了上百道新的法律之後，又產生了教皇格雷戈里九世一二八四的教令集。迄一九一七年為止，這個教令集一直是羅馬教會的基本法律。在此之前，也存在著各種雜亂而分散的決議、教令、訓誡等等，且多半具有宗教性質。它們由不同教會會議和個別主教們宣布，偶爾也被依編年順序彙編成冊。教會法庭也有其傳統的程序。故中世紀晚期的教會法，乃是西方最早的現代法律制度，它通行於歐洲各國，事實上支配著教會內部大批教士和僧侶生活的各個方面，也用以調整俗人生活的大多數領域。

大約在一一〇〇年，在西方被遺忘了五個世紀之久的查士丁尼的羅馬法重新被發現。這一重新發現，大大推進了教會法的發展，但也為抵制教會力量的世俗君主們所利用。於是，為了與教會法競勝，國王和大領主們創造出各式各樣的世俗法，並且在那些十二、十一世紀出現在歐洲的市和市鎮裡，或在從事大型國際貿易的商人當中，也逐漸出現了各種世俗法律。

教會法的成功，則更促使世俗當局建立它們自己的專職法院，出版專業法律文獻，改造部族的、地方的和封建的習慣，建立它們自己相應的法律制度，以調整封建財產關係、暴力犯罪、商業交易和許多其他事務（參見伯爾曼 Harold J. Berman《法律與宗教》第二章「基督教對西方法律發展的影響」，梁治平譯，三聯書店，一九九一年版）。

此後，隨著政教分離、歐洲工業革命，教會逐漸失勢，受羅馬法影響而建立之新世俗法律體系才逐漸發展到現在西方這個樣子。因此，伯爾曼《法律與革命：西方法律傳統的形成》一書才會強調，西方法律傳統不是由古希臘古羅馬一脈相承下來的，「主要不是通過保存或繼承的過程，而是通過有選擇地採納方式，在不同時期採納了不同部分」（三頁）。

了解這個西方法律發展的歷史，才能明白為何十六世紀歐洲人看中國法典，會覺得它精妙完善難以言宣。我國的成文法，可溯自《呂刑》，至遲則為春秋時期子產之鑄刑書。漢代已有律學、律博士，法學早成專門學問，有教育機構、專業人才。行政法、官吏法之發達，更非西方官僚制度尚未建立之社會所能望其項背。

但中國政策上重農抑商，法律體系根本不從保障財產、商事債權去考慮，並不符合歐洲資本主義發展之需。孟德斯鳩批評中國法之類舉動，正顯示了歐洲在商業發達、政體變更之際一種新的思考方向：宗教法、習俗法的部分，完全被揚棄，且以此指責中國法律中尚含有禮教精神，與道德習俗混淆。

其後中國越來越衰弱，歐洲人越來越自負其文明，認為其自由、法治精神均非中國所能及。鴉片戰爭以後，歐美在中國擁有治外法權，對中國法律更不了解也不必了解，所論遂益隔膜。

以古德諾這位袁世凱聘為憲法顧問的「帝師」來說，他就誤以為商業行會「是一種祕密團體，是不被官方正式承認的」，而且「由於中國社會結構的特點，一人如果不是某個家族的成員，一個商人如果不是某個行會的成員，那麼他在社會上會幾乎沒有立錐之地。在中國，個人的權利是幾乎不存在」（前引書，八三頁）。這真是缺乏基本常識性的失誤。中國的會社，有些是民間自治組織，官府完全不管，如至今仍盛行於民間的標會，屬於經濟互助性質。許多宗教結社、遊戲技藝會，如奉佛共修、七寶供齋、詩文唱賺、彈棋刺青之會，政府也不管。這些會社，純然自治，亦可能發展為祕密會社，但不能說它們本身就是祕密會社。

至於職業行會，情況又有所不同。行業之稱為行，源於行坊制度，此為北魏以來的制度。居民類聚群分，根據職業，在都市中依同業聚居的形式，形成行與坊。因此「行業」本來就是政府所管，市亦為官立。中唐以後，坊市制度漸弛，行會逐步自治，由「行頭」統理代表行務，與政府聯繫協調，保障同業利益（詳見龔鵬程《詩史本色與妙悟》第三章第一節「何謂當行本色」，學生書局，一九八六年版）。

到清朝，行會內部固然完全自主自治，行會與官府的關聯可並未切斷，故宣統三年（一九一一）《湖南商事習慣報告書》一開頭就說「會館所以聯絡團體，有由官商組織者，有由商工設立者。……各處習慣，會館有稟官立案者，有自由組織者」。《中國經濟全書．會館及公所》第七章第二節第一項也名為「受官之保護」，明言：「同業有不利之事，由會館董事稟請官衙，得其保護。」（收入彭澤益編《中國工商行會史料集》，中華書局，一九九五年版）此而謂為祕密會社，寧非笑話？謂其不受法律管理，寧非妄談？

同樣的誤解，亦可見於韋伯的論著。韋伯認為世上其他的文明都不能形成近代資本主義，只有歐洲才行，因為「唯一能促進近代資本主義發展的合理國家，是以專門的官僚階級與合理的法律為基礎的」。可是中國絕非此種國家。他說：

合理的國家僅只西方有之。古代的中國，在氏族團體與行會的牢不可破的勢力上，只有少數的「士大夫」（mandarin）。士大夫是受過古典人文教育的文人，他們接受俸祿，但沒有任何行政與法律的知識，只能吟詩揮毫，詮釋經典文獻。有無政治業績，對他們而言並不重要。他們不親自治事，行政工作是掌握在幕僚（師爺、胥吏）之手，故此無法與民眾接觸。有這種官吏的國家，與西方的國家是不同的。實際，在中國，一切都是基於這樣的一巫術性理念：只要（慈禧）太后與官員能有德行（也就是完備的文學教養）即可使事物各安其所。官吏平常並不統治，只有發生騷動或不妥當時，才出面干涉。

韋伯相信「合理的國家」只西方有之，我們不便置喙；但他對中國的描述，卻實在是無一語不誤。

文人士大夫只會吟詩撰文而無行政與法律知識嗎？說這樣話的人很多。但文人士大夫通過科舉任官，始於唐朝，而唐代科舉即規定：凡在禮部考中進士者，均須在吏部再考一次。考什麼呢？考「身、言、書、判」，其中判就是判案要文理優長，才能派充官職。光會吟詩作文，如大文豪韓愈，中了進士十年，仍未通過吏部考試，就仍不能任官。而在考詩文的進士科之外，其實還設有其他許多科，其中即有「明法」科，專門用以選拔法律人才。太宗時亦曾一度增設律學進士科。德宗時則詔「明經」科習律以代《爾雅》。明法科及書判拔萃科，宋代亦均延續。這是選人任官方面。

在行政制度方面，宋代專司法的機關，在京城有開封府、御史臺，只管審問，而判刑則屬大理寺和刑部。在各州又有「州院」，即錄事參軍的衙門，原先只管民事，後來也兼管刑事。府的錄事參軍，叫作司錄參軍。以京、朝官充錄事或司祿的，叫作知錄或知司錄。這些司法機關及司法人員，豈僅會吟詩作對者即能擔任？其中御史、大理、提刑司（即提點刑獄）、知州、判官、推官、錄事參軍、司理參軍、知縣和被調派去審案之官員，固多能文之士，然若不會審判，則斷斷不能任官。

何況，司法人員中最重要的是各州司理參軍，此官自開始設置時起，就只管鞫獄，不兼他職。南渡以後更規定：派充司理參軍，一定要「試中刑法」或者曾經擔任過這種職務。其他司法人員之職務，亦不苟且。莫說不嫻法律知識者不能任司法官，就算都是司法人員，也還有專長的限制。如宋高宗於紹興十二年（一一四二），派大理寺丞葉廷連為大理正，馬上引起了臣僚們的反對。《宋會要・職官二四》載：反對者上書道：「廷珪前日為丞，乃治獄之丞。今日為正，實斷刑之正。斷刑論事，典治獄異。祖宗舊制，必以試中人為之。廷珪資歷頗深，初無他過。徒以不閒三尺，於格有礙。詔別與差遣。」司法機關及司法人員之專業化如此明確，韋伯乃而謂中國士大夫官吏均無行政與法律知識，豈非天方夜譚？

再從法律知識的傳統及法律人才的培育方面說。程樹德《九朝律考》對此言之已詳：

秦焚詩書百家之言，法令以吏為師，漢代承之，南齊崔祖思謂漢來治律有家，子孫並世其業，聚徒講授，至數百人。其可考者，《文苑英華》引沈約授蔡法度廷尉制，謂漢之律書，出於小杜，故當時有所謂小杜律，見《漢書・郭躬傳》。《晉志》亦言漢時律令，錯揉無常，後人生意，各為章句。叔孫宣、郭令卿、馬融、鄭玄諸儒章句，十有餘家，家數十萬言。凡斷罪當由用者，合二萬六千二百七十二條、七百七十三萬二幹二百餘言，漢時律學之盛如此。馬鄭皆一代經學大儒，猶為律章句。文翁守蜀，選閑敏有材者張叔等十餘人，遣送京師，學律令，是漢人之視律學，其重之也又如此。董卓之亂，海內鼎沸，律學寖微。於是衛覬有設律博士之請。據《魏志・衛覬傳》，覬奏曰：「九章之律，自古所傳，斷定刑罪，其意微妙，百里長吏，皆宜知律，請置博士，轉相教授」，事遂施行。沿六朝隋唐，訖於趙宋，代有此官。

漢代律學已盛，歷世皆有大儒名家，也有家學。魏明帝太和元年（二二七）更設律博士。此後律博士均在大理寺任職，後移國學，專職教育司法人員：「教八品以下及庶人子為生者。律令為專業，兼習格式法例。」學生在學須有六年。在律博士之外，北齊又添設了「明法掾」二十四人、「明法」十人。這些人大概也都是諳習法令的專門人才。隋朝尚書刑部曹也設了「明法」若干人。……由這些史事來看，我國官吏無法律知識，僅是一堆文人嗎？熟知這類史實與文獻以後，若再來看韋伯底下這樣的論述，恐怕只能哭笑不得了：

在受過人文教養的官吏支配下的中國，君主並無法學家可用。各種哲學派別不斷競爭，皆以能培養最優秀的政治家自命，論爭不休，一直到正統學派的儒家獲勝為止。印度也是有書吏而無專門法學家的。反之，西方則有形式完整的法律（由羅馬的天才智慧所創出來的）可供使用，受過這種法律訓練的官員，其行政技術較其他一切官吏為優。國家與形式法學的結合，間接有利於資本主義的發展，故從經濟史而言，此一事實具有重大意義（《經濟與歷史：韋伯選集（Ⅳ）》，一六五—一七〇頁，臺灣遠流出版公司，一九九八年版）。

不幸的是，這些在傳統中國屬於基本常識的東西，對西方人或現代中國人來說，或許反而最難理解，而我們要解釋起來也很費勁。這是文化差異所造成的無奈，解決之道，大概唯有繼續加強溝通，或請大家再回家多讀點古書吧。

第十五講　華夏文明的異化與再生

演化、變化、異化：文明轉變與發展的模式

變動中的文化：當代中國的文化處境

流動的傳統與再生的文明

大陸、臺灣、海外：全球化與華夏文明的新動向

一、演化、變化、異化：文明轉變與發展的模式

人類的社會總是變動的。無論是小變積為大變，或驟經震盪、幡然改途，變動其實正是歷史之常態。可是歷史中也不可能沒有經常性的因素，不論變革如何劇烈，仍有許多文化是延續的、相同的。中國社會，不論如何變，也都與一個非洲國家不一樣。故常中有變、變中有常。這種變與常的關係，在各個社會中都有。但每個社會、每個時期，所顯現的常與變之關係並不相同，人們處理常與變之方法也頗有差異。

研究歷史，目的在於探討這種常與變的關係，所以太史公說他「欲通古今之變」，《文心雕龍》也有〈通變篇〉。通變乃史家之職責，而欲通古今之變，即需觀察比較不同的歷史變遷時期，析論其變遷狀況及處變之方法，以了解變遷之軌跡並抽繹出應付變遷的模式。

社會為何會變遷？社會組織、結構、生活方式之改變，與文化變遷之關係為何？社會變遷等不等於文化變遷？社會又如何變遷？變遷的社會將如何處理它與其文化傳統之關係？新社會中，文化傳統之存續狀況如何？這類問題都是極為複雜的。研究歷史的人對此均不能不問。但史學畢竟不同於貨郎兒細數破銅爛鐵舊家當，雖知古今之事變，而不能通變。它固然不像科學那樣，可以找到「通則」，然若不能從一些具體的個別事例中，抽提出一些具有理論意涵之總體意見，史學亦不能發揮其照明歷史之作用。

歷史上文化變遷的通則，蓋難言也。略而言之，可從演化、變化、異化三種型態說。

1. 演化

較容易明白，此說之基本模型是生物學，是把生物的演化史挪用來解釋人類社會與文化的變動史。

例如人是由猴子演化來的、鳥是由始祖鳥演化來的。後出者，即以前一生存型態為基礎而發展成形，不斷演進變化。

這個講法中，包含了兩個相反相成的觀點。一是進步觀，一是存留觀。進步觀，是說一物在演化的過程中，會逐步完善其自身，越來越好、越來越進步，所以人就比猴子聰明得多，現代人又比北京人能幹得多。但另一方面，人固然在各方面都逐漸進化進步，終究仍是猴性不改，許多地方仍然像猴子一樣。這就是存留觀。

不過，這兩個觀念也常被分開來強調或使用。近代西方孔德、史賓塞以後的社會達爾文主義（Social Darwinism），所強調的就是進化觀。在中國，則自嚴復譯介赫胥黎《天演論》（T. H. Huxley, *volution and Ethics and Other Essays*）之後，更是風行草偃，沛然蔚為風氣，胡適的「適」字，即取義於此。依進化的觀點看來，一切社會，既然都是不斷進化的，則歷史的演變，必有一必然的趨勢，且後出轉精，後必勝前。這個觀念，在中文語彙中，也常用「發展」來表示，劉大杰《中國文學發展史》之立名即是如此。

但劉大杰論發展，又加上了一個生物學的概念：死亡。他認為一個文體逐漸發展演化，將如一生物般，逐漸進化，但亦逐漸老死。這是吸收了史賓格勒的意見。史賓格勒（Oswald Spengler）在《西方之沒落》一書中，要我們相信：一切文化之發展歷程，也像有機體生物一樣，它誕生、茁長、成熟、死亡，一如春夏秋冬四季，不可改變。這是歷史的自然規律，文學或文明亦不例外，一個文明不會開兩次花。在西方，如布納提爾（Ferdinand Brunetiere）、辛門茲（John Addington Symonds）都曾借用過這套觀念，暢論文學類型（文體）一旦發展到完全的階段，就會衰退、凋零而後消失。

劉氏的看法，也與他們幾乎完全一樣。故他論散文興起的原因是「文體本身發展的必然性」；論漢賦、唐詩、宋詞興起，原因也都是：「詩歌本身進化的歷史性」、「文體本身發展的歷史性」。總之，「每一段文學的產生，都是必然的，而不是偶然的」。文體進化的歷史性、即是「文學的生物性」。而且「文學的本身也正如一種有機體的生物，它的發展也可以看出由形成至於全盛、衰老以及僵化的過程。……四言詩衰於秦漢，後代雖偶有作者，即使費盡心力，終無法撓回那已成的衰頹，詞賦的命運也是如此。……七言古詩及律絕的新體詩……經過了（唐）那三百多年許多天才的努力，詩又到了衰老僵化的晚期，詞體逐漸形成，於是到了五代宋朝，詩的地位就不能不讓給詞了」。

以上是進化觀的部分。存留觀之發揚光大，則可推當代兩性關係之研究。例如過去對男性比較喜歡在外邊拈花惹草、女性比較注重家庭，男性比較主動、女性比較被動等，都可從社會面、文化面、政治面來解釋，但現在則有許多人從生物演化的觀點來說明，認為人類之行為與動物擇偶之行為有諸多吻合之處，現代社會中的男女，其實仍保留了他們生物學上的許多特性。在文化研究上，邇來常見的「歷史積澱說」或謂「傳統的積澱」云云亦是如此，指已進化到現代的中國人，仍在靈魂深處存留著野蠻、原始之動物性或傳統性。但它與用生物演化理論來「解釋」男女性態度者不同，採這種講法的很大一部分原因是要刨根，把那仍存留在身體裡的傳統因素挖出來，以便於揚棄。

2. 變化

變化與演化的不同，在於它不是一個延續的過程，而代表著斷裂，是革命式的大人虎變、君子豹變。文化上這種革命的變化也並不罕見。俄國彼得大帝之變法、日本之明治維新或我國歷史上都不乏先例，如唐宋變革期即是其中之一。據日本京都學派內藤湖南的分析，唐宋之變化由下列各方面都可看出來：

(1)貴族政治衰微，君主獨裁代興，國家權力及政治責任皆歸於君主一人。

(2)君主由貴族階級之共有物，變成全體臣民之共有物，君主地位較貴族政治時代穩定。

(3)君主權力的確定與加強。唐朝以前，政治乃是君主與貴族的協議體。

(4)人民地位之變化。貴族時期，人民轄於貴族；隋唐之際，人民從貴族手中解放而直轄於國家，成為國家之佃客。中葉後，代以兩稅法，人民居住權在制度上獲得自由，地租亦改以錢納，此是人民從奴隸佃客的地位獲得釋放。王安石新法，更確立人民土地私有制、低利貸款及自由處分其土地收獲物的權利，又將差役改成雇役。此皆可見人民與君主之關係，已變得直接、相對了。

(5)官吏任用，已由貴族左右的九品中正，開放成為科舉制度。

(6)朋黨性質之變化。唐代朋黨是貴族的權利鬥爭，宋以後則為政治上主張之不同而互爭。

(7)經濟上的變化。唐是實物經濟的時代，物價多用絹布來表示。宋改用銅錢與紙幣，貨幣經濟興盛。

(8)文化性質的變化。經學自中唐以後，一變漢晉師法，專以己意說經。文學亦力改六朝以來風氣，貴族式文學變而為庶民式文學，其他音樂藝術等，亦皆如此。

其他論唐宋變革的很多，立論也各有不同。但整體說來，正如內藤湖南所述，唐代與宋代之所謂變革，是指社會結構、政治體制、經濟型態、文化性質、權力關係、政府組織的全面改變。

這樣的改變，在我國歷史上，至少發生過四次：一是在殷周之際，即古代傳說中的周公制禮作樂或王國維《殷周制度論》所描述的那種變革；二是在周末，經春秋戰國而變至秦漢，貴族凌夷，封建邦國統一成為郡縣制帝國；三是唐宋之際，結束了南北朝隋唐之門第社會，形成了如內藤湖南所說的那種變動；四是晚清民國這一段時期的改變。郡縣制帝國瓦解為民主憲政體制，然後再革命成立共產專政體制，又迭經改革，變化仍在持續之中。

但變化雖然顯示了非演化的歷史斷裂狀態，歷史卻從來就不可能真正斷裂。抽刀斷水水更流，變化的時代，其前之傳統及其後之變貌，二者之間其實有著極複雜的動態關係。

以唐宋的變革來說，自中唐以後，整個宋文化的創新活動，是從一種自覺的反省精神發展而來。透過自覺的反省，進行了對傳統的批判與價值的選擇。例如，文學上批判六朝隋唐之駢文，而選擇了秦漢古文，作為新時代的美感與價值新典範。古文這種文體，體制古、思想意識也古，且載負著被他們重新發掘選取出來的古人之道（所謂文以載道）。儒學上，批判漢魏以迄隋唐之經學，建立新的理學道統，並選擷表章《四書》，以代五經。詩歌方面，爭辯何者方為「本色」，以黜偽顯正。對於應走李白、杜甫、韓愈還是晚唐賈島許渾之風格路向，也頗有爭論，而逐漸建立了與唐詩風格分庭抗禮的宋詩。

這樣的新文化創建歷程，至少有四點很值得注意：

(1)創新的同時，也有著對傳統的重新解釋與選擇性繼承。新變與傳統的關係並不是斷裂的，而是一種動態的辯證關係。新變者固然批判現存之傳統，就如同寫古文者痛斥六朝隋唐儷體那樣。但六朝駢儷相對於秦漢散體古文，卻是新聲；秦漢古文是更古的傳統，或是同時也存在於六朝的另一個「筆」的傳統。故反傳統者，可能更深入了傳統，亦可能是以傳統來反傳統。此時所謂的傳統，其內部便充滿了異質的因素。傳統內部非主流之部分，也可能成為新文化創建時的資糧。

(2)在對傳統進行批判時，姿態是創新的；但對傳統重作詮釋及選取擁護時，其態度卻是復古的。歷來對於宋詩的理解，往往只看到了他們學古的一面，如錢鍾書批評宋朝詩的「大判斷」，即風格意境或整個藝術的大方向，仍在杜甫、韓愈、白居易等人身上或落入唐人勢力範圍，以致把學習古人詩錯認為就是「學詩」。近人漸知此乃極大之誤解，故極力強調宋詩之新變。而事實上兩者是一體的，以復古求開新者，逮以開新為復古。

(3)宋人之復古，由於是通過對古之重新解釋而來的，所以充滿了詮釋學的趣味。其古，乃價值選取之古，而非歷史事實之古。凡伊洛之淵源、江西之宗派、道統之傳承，都是用詮釋方法「建構」出來的。

(4)文化上的釋古與創新，輒與當時的社會組織結構相關聯。例如當時論道統傳承、江西宗派、伊洛淵源，都不約而同使用了「宗族」的概念，並以宗族的組織去建構詩人的譜系、儒者的血統。宗族，在唐代中葉曾經發生了變化，到宋代已成為一種新的型態。在貴族門第社會瓦解之後，宗族有何作用、應如何鞏固，是宋代知識分子社會性思考的一個重要面向。而此一思考又關聯於其文化關懷，故建立新的族譜體系，比附古宗子法，並將宗族孝悌之義推廣及於社會，作為普遍的人倫規範與道德要求。同時，又用宗族這種社會基本組織單元來描述詩人、畫家、儒者等小社群內部的關係。換言之，文化思考是與社會結構連貫在一起的，非抽象地、概念地談道德與價值。

3. 異化

這是馬克思提出的觀念。對這個觀念的討論，汗牛充棟，甚且曾因對異化論之理解不同而形成政治事件。但此處不擬涉及那些爭論。此處所謂之異化，只是說在歷史上，不論演化或變化，都有可能出現變成原有物之對反者。這種狀況，看來詭譎，實極常見。如老子主張絕聖去智、小國寡民，至漢乃以之為君人南面之術。又如儒家本講道尊於勢、天下應由有德者居之，後世乃以有天下者為有德，儒學轉為帝王控馭天下之術。在文化或觀念變遷方面亦復如是。

觀念之異化，可以漢人的性情觀為例。依漢初《禮記》或董仲舒等人的看法，人生本靜，此為天生之性，屬陽，又稱為天理。但這個性若感物而動，即成為情，屬陰；如不能克制，就會湮沒天理。所以《毛詩・烝民》引《孝經援神契》說「性生於陽以理執，情生於陰以繫念」；《白虎通》卷八說：「性者陽之施，情者陰之化」；《春秋鉤命訣》說：「陽氣者仁，陰氣者貪，故情有利欲，性有仁也」……，但到了劉向，卻因性靜情動，而發展出「情接外物，發而為動，動為陽；性在內不發，為陰」（《論衡・本性篇引》）的說法。這是因「性，生而然者，在於身而不發；情，接於物而然者」，所以他根據陽動而陰凝的觀點，直指情應為陽。但情若為陽動，則亦未必為惡鄙貪利。這是與早期說法完全相反的見解。此即為異化，由董仲舒式的講法，走到它的反面去了。

劉向言性情陰陽本於董仲舒，但以性為陰、情為陽，則與董說相反，這是很清楚的。然而，思想的詭譎處就在於：由性陽情陰說是可以發展到性陰情陽說的。理由有二：一是陰靜陽動，情既為性之發動，自應為陽。二是性情一冥，二者同質，情即由性出，豈能說性獨善而情獨惡？清蘇季輿說：「〈陽尊陰卑篇〉云：善之屬盡為陽，惡之屬盡為陰。固以陰陽分善惡矣。此篇（指〈深察名號篇〉）以天禁陰與人衽情欲對舉，是亦以陰喻情。然又云身有仁貪之性，又云性情一瞑，情亦性也。則是謂性與情同出於質，情有貪欲，即有仁不能無貪之證。猶天之有陽即有陰，似非以情截然屬陰屬惡，性截然屬陽屬善。」（《春秋繁露義證》卷十）荀悅《申鑑》說劉向以「性情相應，性不獨善，情不獨惡」，其實正是董仲舒理論推衍的必然結果。

文化上的異化，則可以五四運動為例。許多人都指出過康有為《孔子改制考》本意是在尊孔，希望君主立憲，建立孔教，不料卻曲折地促成了五四以後的反傳統疑古風潮，出現了他作夢也想不到的反面效果：打倒孔家店。從整個大趨勢上看，其實這並不是康有為一個人的遭遇，而是整個時代的走向。

早期無論革命派或維新派，採取的策略大抵都和唐宋變革期差不多，即上溯更古的文化世代，以推倒存在於當時的傳統勢力。如常州學派及康有為等講公羊學，上溯西漢，批判宋明理學及乾嘉樸學家之所謂漢學經學；文章上溯六朝駢儷，批判唐宋八大家及桐城文風；書法亦倡北碑，批判唐宋代以後的帖學……如此等等都是。

在這個過程之中，改革者超越了自身所處時代及那個時代中主要的文化勢力，溯尋古代文化因素。這些因素，在他們身處的那個時代，亦非毫無遺存，只不過跟當時主要的勢力相比，它們顯得微弱或非主流所在而已。例如古文運動以後，駢文就死亡了嗎？當然不！在宋朝，它仍以實用官文書公牘等形式存在著，為宋代之「時文」；隨著唐宋八大家勢力日益鞏固強大，駢文雖日蹙日銷，然亦終未死絕，只是不復為文章之主流罷了。明末張溥等人，在反對唐宋八大家所代表的文風時，清末從李兆洛、阮元到章太炎、劉師培，在反對桐城派時，都曾把這非主流因素找出來，特予標舉，俾使促進改革。換句話說，溯求前一文化世代的行動，同時也可以理解為：在傳統的主流之外，尋找旁支、非主流因素，來批判主流，而達成文化變遷。

晚清維新派或革命派均常採用這種方式。如譚嗣同把兩千年來的文化，全部批判為荀學、為秦政，表現了濃厚的尊儒色彩，要把一切非儒的因素全部掃除，以恢復三代真儒的精神，即是溯求往古的模式。但在這同時，他的《仁學》又並非純宗周孔，而是孔墨並舉的。據《仁學》自序說：「墨有兩派，一曰任俠，吾所謂仁也。一曰格致，吾所謂學也。」墨家精神在他學說中的地位可想而知。所以這是在事實上吸收了非主流因素來批判兩千年的傳統主流。

章太炎之「尊荀」，與譚嗣同迥異，但其對應時代問題的改革模式，實際上並無不同。自宋明以來儒家已為中國文化的主流，儒家之中，又以孔孟為主流。章太炎卻說：「歷覽前史，獨於荀卿韓非謂不可易」（《葑漢微言》）、「歸宿則在孫卿韓非」（《自編年譜》）。在儒家中抬高荀子，批評孟子的性善論（見〈五無論〉）、子思與孟子的五行說（見〈子思孟軻五行說〉），並通過荀子連接到法家的傳統，寫〈儒法〉、〈商鞅〉等文，「以不忘經國，尋求政術」。在哲學上，則標舉老莊與佛家，用以壓抑當時仍居主流地位的儒家，出現〈儒道〉、〈訂孔〉及《諸子學略說》等激烈非儒反孔的文章。這跟康有為在儒家傳統內部，尋找那久已「不絕者如縷」的「公羊學」，批判中國兩千年來皆屬「新學」、「偽經」與「莽政」，有什麼兩樣？

章太炎推崇法家、道家以及儒家中的荀子，抬高非主流因素以抗貶主流而啟新變的作風，對胡適深具啟發。而整個五四新文學運動，也即是一場以「語」代「文」的活動。因為在中國文化裡，本來一直有主文的傳統，「語」僅用以輔助文。胡適等則突顯了語及一切口傳文學，以白話來涵攝一切文學，名為活文學，批判「桐城謬種」、「選學妖孽」。依《白話文學史》來看，一方面他跨越了唐宋與六朝，更往上追到「兩千五百年前的白話文學——國風」與「春秋戰國時代的文學是白話的」；一方面在六朝以下，找出原先不居主流地位的民間文學、口傳文學，予以標舉推揚，用來打倒幾千年來主文的、文人的「文言文」，並把唐宋古文從桐城派手中搶過來，解釋成白話文。

由這些事例看，與唐宋變革期的文化變遷模式差異並不太大。然而在中國歷史中，溯求往古及援採非主流因素來達成文化變革，雖是最常見的模式，但那都是在中國文化內部這一個封閉而自足的體系中運作的，西學東漸以後，形勢即頓爾改觀。此時改革者常汲引西學，視為傳統的非主流因素之一部分，以強化其變革文化之說。然非主流因素既然有時無法提供繼續開展的資源，則勢不能不加深西學的成分，因為西學所展示的是另外一個豐富而完整的系統，足供採擷。所以，原先是為了改革現有的傳統，以強化民族文化生命，才去吸收西學，最後卻異化了，變成為了吸收西學，即必須放棄民族文化。

例如胡適提出的白話文運動，是要以《水滸》、《西遊》、《紅樓》的白話為主，再參酌今日的白話加以取捨、補充。這仍是援溯往古，並輔以現存之非正統因素而已。然錢玄同、黎錦熙皆謂其所採摭之時代太古，且亦不敷使用，無法處理新事理、新事物。這即是對以白話作為未來開展之資源時內在不足的疑慮。傅斯年則發表了〈怎樣做白話文〉，提出寫白話散文的憑藉，一是留心說話，二是直用西洋詞法。這個說法，前者仍屬於吸收非主流因素的模式，後者卻開始異化了。

胡適當時並未察覺，仍以為這是「國語的文學，文學的國語」最重要的修正案。其實呢？這個修正案，最後乃是要將白話文成就為「與西洋文同流的白話文」。故主張「直用西洋文的款式、文法、詞法、句法、章法、詞枝，和一切修辭上的方法」，以使白話文徹底歐化；要寫作者「心裡不要忘記歐化文學的主義，務必使我們作出來的文章，和西文近似，有西文的趣味」。據此，他並斷言：「中國語的歐化，是免不了的；十年後，定有歐化的國語文學。」然而，既已歐化，何言「國語」？國語的文學，竟發展到「何不爽快把中國字完全去了」（朱有畇語）；然後再到「僅廢中國文字乎？抑並廢中國言語乎？」（陳獨秀語）的考慮；最後則強烈主張廢漢語，改用世界語。這便既無所謂國語的文學，也根本無國語了。

這種例子，不僅存在於語文及文學的討論上，也存在於思想內涵的研究裡：全盤西化論的提出，以及整個知識界思維方式、思維內容的逐步西化。連《國粹學報》都說：「夫歐化者，固吾人所禱祈以求者也。」可見早期的改革者，無論康有為、譚嗣同、章太炎還是胡適，思想的底子，都仍是中國的傳統，且以傳統反傳統；後來則逐漸出現了「傳統外」的知識分子，以傳統之外的東西來反傳統。

二、變動中的文化：當代中國的文化處境

在陳獨秀論「五四」文學革命時，即曾認為：「今日莊嚴燦爛之歐洲」，係拜革命之賜。中國進行文學革命、民主政體革命，也是為了將中國建設成一個「今日之歐洲」（見《獨秀文存》卷一）。其說充分顯示了當時知識分子以歐洲為典範的心態。

但在這共同心態底下，卻逐漸產生了許多分歧。以歐洲為典範的西化，在第一次大戰之後，隨著國際形勢的發展，逐漸分化成兩個次級系統，一是「英美－資本主義－民主議會」，一是「蘇聯－社會共產主義－無產階級專政」。這兩系統之間也存在著難以化解的衝突。其衝突不僅是歷史現實的、權力結構的，也是理念的。即使到現在，社會主義雖在蘇聯與東歐土崩瓦解，但在許多地方，包括臺灣卻仍是批判資本主義的主要武器。針對臺灣政府所採取的「英美－資本主義－民主議會」政經文化態度，

反對者常採「社會主義—工農社會運動」路向，馬克思或新馬克思思想也一直是臺灣社會抗議人士之重要資糧。

另一個結構性的分歧則是問：「今日莊嚴燦爛的歐洲」如果是學習的楷模，那麼應如何始能如歐洲呢？今日之歐洲，據說也是從「傳統」社會脫胎換骨而成「現代」社會，因此我們也應充分現代化。這一點大家逐漸有了共識。可是，現代化要如何進行呢？陳獨秀提到的文學革命、倫理道德革命，屬於思想文化方面的改變；他說的民主政體革命，則係政權結構的變更。

但，歐洲社會之變革，顯然還有它由傳統農業社會轉型為工業社會、出現資本主義等方面。相應於這些，中國若欲現代化，當然也必須改變原有的產業結構和社會組織，走向工業化。

從歐洲史來看，產業革命、宗教革命和民主革命乃是共同締造歐洲現代文明的要件。因此，我們要學歐洲，按理也應是綜攝這幾個方面，一同發展，才有可能。然而，到底應先從思想文化上改造傳統國民性，還是從政權結構的變更上著手，抑或提倡國富，由「物質理財救國」？這三者竟形成了三種不同的思路與策略。

例如康有為早期只主張思想文化救國，用心只在保教尊孔，並不希望變更政權結構，更未觸及經濟改革方面。後期則撰《物質理財救國論》，強調產業改變以富國裕民。五四運動，主要也是表現在思想文化救國方面。五四運動後期馬克思主義之勢力逐漸壯大，則是因為馬克思提供了政權結構變更、經濟體制改革以及思想文化總體改造的模型，故能吸引當時的知識分子。

國民黨在晚清成功地改變了政權結構，建立民主政體；其後又能提出三民主義，揭示思想文化改革及民生經濟理想，所以在對抗北洋軍閥時期也能鼓舞青年，示人以希望。但馬克思主義者在政權結構之變更和經濟體制方面，都較國民黨更激進，使人相信它更能「徹底」解決中國的問題，因此後來許多人選了共產黨，也不是偶然的。

國民政府遷至臺灣後，推動現代化，重要成績及用力處，主要在物質理財一面。於政權結構之改革，亦即民主化，進展則較為緩慢。而全力發展經濟之後，經濟畸形膨脹，更造成了對思想文化發展的若干壓抑。這種狀況，也形成了臺灣的「官方」與「民間」的對立。因為政府及技術官僚總是強調經濟成就，總是計算成本效益，「民間」則一再抱怨民主化不足及思想文化上表現窳劣。

也就是說，在向西方學習以強大自我時，對於該學什麼、如何學，歧異甚大，多方爭論。不但有思想上的衝突，更形成過政治上的鬥爭。而實驗，均是以億萬中國人及龐大的中國社會為對象的。一條路線改變了，即有千萬人頭落地或千萬個家庭應聲碎裂。

除了這些爭論與分歧外，向西方學習以壯大自我時，這個我究竟是我抑或非我，也引起不少人疑惑。以歐洲為典範的文化態度和救國主張，經常引起民族主義和傳統文化論者的對抗，世界和本土性之間，形成了極為緊張的關係。因此，新文化運動之後，中西文化之論爭從未停過。而且這種本土性與世界性的關係，非兩端對抗那麼簡單，而是錯綜糾結式的。

在爭論中，現實的狀況則是：在器用及技術層次，大概除了部分飲食習慣仍具中國文化特點外，衣、食、住、行、物用均已與歐美無甚差異。在制度層次，無論大陸或臺灣，對歐美的制度都有借鑑。

以教育來說，中國本有悠久之教育傳統，但清末教育改革的主要學習對象，乃是德國與日本。羅振玉即主張教育應仿效日本，「全國一切學校，悉本之學校令，即《法規大全》所載小學校令、中學校令、高等學校令、師範學校令、學校令是也。凡設備、教科管理、教育等事，悉括其中，以便全國遵守。此中國亟當法效者」（〈日本教育大旨〉）。這個主張，後來得到具體實現。由國家制定學校法，規定學校之組織、設備、人員編制、科系設置、教學年限、課程內容等。直到今天，海峽兩岸都仍由國家管理、推動並負責教育事務，形成教育國家化的現象。

當時另一個學習對象，則是在中國的外國教會學校。清朝光緒末年廢科舉、辦學堂，就是中國傳統教育結構與體制向此類西式學校模仿轉型的過程。主持教育體制改革的張之洞，在湖北興學之初，即派梁鼎芬去文華書院了解學堂之體制與教法。另一位倡議廢除科舉的健將袁世凱，亦請後來的齊魯大學校長赫士去濟南辦山東大學堂。外國教會大學所引進的西方教育制度、課程與教學法，幾乎全部被新學堂所吸收。例如以一週、幾個鐘點來計算學習單位，以班級授課，有上下課制度，用教科書教學，建立實驗室及實驗教學，分科教學，年級制等，均與傳統之私塾及書院教育不同。男女教育平等、加入體育及音樂課程，亦為所有新式學校所依循。

這裡所列的一些名目，看起來似乎都是小事，但卻包含整個學校實際運作上的各個層面。例如以一週來計算上課單位，學生上課六日，休息一天，稱「禮拜天」，都不是中國人原有的觀念。中國本無禮拜天的觀念，也不會以七天為計算時間的單位。正因為教會所辦學校採用了這種禮拜記日法，而後來又為所有學校所沿用，所以才迅速影響普及於中國各階層，以致後來不論公私行號、各業人等都採用禮拜日，而不再取中國傳統的旬日記日法了。

又如上下課制度固然是中國所沒有的，上下課敲鐘，且以小時為計算單位，也一樣是新東西。因為西方學校沿襲其教會傳統，不但校園中多有教堂及鐘樓，亦以鐘聲為號令，所以各科目教學均以幾個鐘點為計量單位。我國既仿效西方教育體制，當然也就沿用了這些習慣。早在光緒二十六年（一九〇

○），羅振玉〈學制私議〉即主張小學八個科目「每日教授時間四點鐘」，高等小學十個科目「每日教授時間五點鐘」……，同年七月公布的《欽定京師大學堂章程》甚至還規定了每一星期的各科目時間表，如政科第一年每週倫理學一點鐘、算學三點鐘之類。至今大學中計算教師工作量及薪資，都還是以鐘點計，實即導源於此。

法律體系的變動也是如此。中國法律源遠流長，一般認為戰國時魏之李悝纂輯《法經》六篇，即為我國成文法典之始。其後歷代增修，越趨完備，成為世界一大法系。在全世界五大法系（中國法系、羅馬法系、英吉利法系、印度法系、回回法系）中，印度、回回兩法系皆出自教典，與其宗教共生，罕為教外國家所採用。羅馬法系施行於歐洲大陸義法德奧比荷盧諸國。南美非洲法語諸國、愛爾蘭等國亦採用羅馬法系。英吉利法系施行於英美及自治領各國，其他英語系國家亦多採用。中國法系歷史最久，除在本國行之數千年、一脈相承外，並能同化北方各族，如五胡、北朝、遼、金、元、清等。且東亞諸國，如高麗、琉球、越南、暹羅、緬甸，均曾深受中國法系的影響。尤其日本在明治維新之前，其典章制度多採自中國，其法制則淵源於唐律及明律。日本史學界通稱其推古朝飛鳥文化至平安朝為「律令國家」，指的就是日本吸收中國法律制度而建構國家體制的歷程。由於中國法系影響如此廣泛，故法學界又稱它為中華法系。日本學者仁井田升曾說：「耶淩謂羅馬曾三次征服世界。中國於東方古代之亞細亞，亦曾一度以武力支配之，一度以儒教支配之，一度以法律支配之。」可見中華法系在世界上是有其地位的。

然而，自光緒三十三年（一九○七），沈家本參酌羅馬法系修訂大清新刑律以來，法律體系一改再改，至今無論是在法律規定或法制教育各方面，都已成為歐陸法或英美法的附庸。中華法系，只在少數法律史的課程中草草敘及。其地位，殆如楊鴻烈《中國法律思想史》所說，清末之法律改革，「雖然還不能說是極徹底的法律革命，但已能根本推翻幾千年來『藏汙納垢』的法體系及精神了」。

近些年，另有一些學者如陳顧遠《中國法制史概要》、郝鐵川《中華法系研究》，對中華法系評價較高，認為現行法制雖已完全依仿西方，但在吸收了西方法制之後，仍然保存著一些自己的特色。

誠然，現行法制確實是在依循、模仿、套用西方法系時保存了若干傳統性因素，但那並不能說中華法系仍然存在且有實質作用。在我們現實社會中，人們所遵循的法律體系，事實上是一套新的東西。

何況，我們談起中國之進步發展、現代化，又幾乎眾口一詞地批評中國人缺乏民主法治之素養，認為法治教育、法治精神必須再加以強調。在講這些話時，我們觀念中是以「人治、道德、禮教、傳統的中國」來與「法治、民主、現代的西方」相對比的，根本不認為中國古代亦為「法治社會」。討論這些問題的先生，對中國法律體系，大抵均是既不了解又不屑的。

幾乎每個領域都可以開列出這樣的清單，說明制度如何揚棄中國而趨向於西方。是故時至今日，老實說，中國在感情上誠然仍是中國人的家園，但在理解上，甚或精神旨趣上，當代中國人，尤其是知識分子，其心靈的故鄉，更有可能不在中國而在歐洲，在美國。不但技術器用層次、制度層次，在精神、信仰、知識層面，也早已離開了中國。

以文學來說，目前幾乎所有人都只能採用西方或科學的思考方式、觀念系統、術語、概念來討論中國的東西。碰到這個新「典範」所無法丈量的地方，便詬病中國文學及文學評論定義不精確、系統不明晰、結構不嚴謹、思想不深刻等等。

這樣的研究，看起來有「新意」，論者亦多沾沾自喜，但實質上是甚隔閡、甚不相應的。

揆其所以，殆即由於近代人對中國傳統「典範」的隔閡，所以本來明確可解者變成了不可解，或解得一團錯亂。故友傅偉勳先生曾推崇李澤厚、劉綱紀《中國美學史》一書，謂其中處處閃現著詮釋的洞見，脫離歷史唯物主義觀點，在馬克思的框架中力保中國哲學地位。但據我看，不管《淮南子》怎麼說，該書似乎都把它解釋成唯物主義，如〈原道篇〉說：「音之數不過五，而五音之變不可勝聽，味之和不過五，而五味之化不可勝嘗也。故音者，官立而五音形矣；味者，甘立而五味亭矣。道者，一立而萬物生矣。是故……萬物之總，皆閱一孔；百事之根，皆出一門。」強調無形無聲無臭的那個「一」，該書卻引來證明「美的世界，是個有形的物質世界，一個給人以聲色味的感官愉悅的無比多樣世界」，簡直不知所云。

它完全誤解或蓄意曲解了《淮南子》的理論脈絡和文義，把《淮南子》打扮成「具有鮮明唯物論傾向」、「意識到自然的規律性是人的合目的性的活動的前提和基礎」的思想著作。言《淮南子》所謂的美，即是訴之於人們耳目口舌等感官的物質對象；《淮南》與先秦道家不同的地方，就在於引導人向外在的現實物質世界去發現美。並說這樣的發現，代表中國古代審美意識上重大的發展；歸結此一重大發現產生之原因，則係統治階級重視生產與漢代自然科學之進步云云。

所以該書引〈泰族篇〉禹鑿龍門、稷辟草樹穀那一大段，說：「整部《淮南鴻烈》，處處顯示人對征服自然的強大信心。」然而，勘之原文，才知《淮南》說的是「因」，謂聖人治天下只能因民之性，如禹疏鑿要因水之流，如稷種植要因地之勢，民好色，故有婚姻之禮，民好吃，則有大饗之誼。哪裡是什麼征服自然？「因」居然能講成征服，也實在是匪夷所思。

這是整個時代的問題，臺灣政治大學項退結教授在其所著《七十浮跡——生活體驗與思考》中便自承：「五四運動的影響，加上我個人所受的哲學與神學訓練，都使我一面倒向理性思考方式。正因如此，中國哲學對我就格格不入……找博士論文題目時，我最不想做的就是選中國哲學為題材」（八〇頁），「我自幼受五四運動崇尚理性證據之影響，既醉心亞里士多德與亞奎那的哲學，思想的發展可說是西方理性哲學的產物」（九二頁），「即使是現在，我還是不能不承認，自己對某些中國文化產品雖曾花過許多時間與心力，但骨子裡仍是更喜歡西方的東西。……即使在本行園地中，我也是熟諳於西洋哲學的人物與思想，而對中國哲學則僅於先秦儒學比較熟練」（自序）。

項先生的自白很有代表性。近代中國知識分子在特殊的時代環境中成長，無論是留學或由國內的教育體制培養成才，其哲學訓練都是西方的，待養成其思維能力與習慣後，再回頭治中國哲學。此種經歷，自然會使其仍持西方哲學之模型來觀看中國。脫離了西方的術語、概念、觀念系統，事實上其無法說話，或說自己的話，邯鄲學步，終至於失其故步。

近年比較文學界對知識分子患了這種「失語症」的現象多所闡發，故以上所陳，想來亦非我個人之偏見，應可充分說明當代中國的文化處境。

三、流動的傳統與再生的文明

情況亦並非全然是悲觀的，某些情況並不如我們在知識界所看到的那樣。以儒家來說。儒家，在這個時代是屈辱的名字。五四新文化運動以來，知識界或批判其提倡吃人的禮教、或指摘它擁護了帝王專制、或訕笑它迂拙不通世務、或譏其言論業已落伍。總之，儒家該為中國之落後、封閉、保守、不民主、不科學、不尊重女性、不發達經濟等等一切毛病負責。總體看來，我們實在看不出儒家在我們這個社會還有什麼地位、還有什麼影響。

可是，說也奇怪，在臺灣，我參加過許多文化講座、座談、新書發表會、文化明星簽名會之類活動，主辦單位花了許多氣力作宣傳、發消息，設定的主題更是煞費心思，希望能夠緊扣時代脈動、掌握趨勢話題。滿以為必能吸引許多關心文化的朋友來參加，可是往往事與願違，場面難得熱絡。尤其是學術研討會。我曾在「國家圖書館」龐大宏偉的會議廳裡坐著，數了一下，有一場討論哲學與企業管理思想這熱門題目時，連我在內，僅有六個人。但同樣這個會議廳，每次辦當代儒學研討會，卻會座無虛席，甚至要動用另外幾個會議廳。怎麼會這樣？不是說儒家早已名聲敗壞了嗎？不是說儒家思想早成了古董嗎？不是說儒家的神主牌雖然仍被供著，但只是「屍居餘氣」，或早成了余英時先生所說的「遊魂」，在這個現實世界起不了什麼作用了嗎？為什麼仍有那麼多人在關心它、講述它、討論它？

而且，我還觀察到不少宗教團體、社會教育團體在推展儒學上皆卓具績效。如一貫道講習四書五經，以宏揚中華聖道為其宗旨，是許多人都知道的事。它之所以能在政府大力取締、知識界一致聲討之際，反而發展迅速，頗得力於其國學研習班。現在，它又正準備創辦崇華大學，顧名思義，這是準備宏揚傳統文化的。一貫道之外，有一種稱為「儒宗神教」的鸞堂，在臺灣也非常盛行，屬於恩主公信仰，更是儒家的宗教型態，而廣為民間所信奉。其他宗教，如天德教以「忠、恕、廉、明、德、正、義、信、忍、公、博、孝、仁、慈、覺、節、儉、真、禮、和」等二十字為其教義真言，所信仰的，正是儒家的倫理觀。天帝教也信持廿字真言，近年它在臺北辦華山講堂，講說儒家經典，亦成果斐然。王財貴先生提倡兒童讀經運動，即獲該講堂之大力支持，目前已在無數所中小學推廣成功。不復被知識分子研讀的四書五經，又琅琅諷誦於全臺灣各鄉鎮童孺之口矣（據王先生估計，在臺灣已無一所小學不推行讀經，人數約一百萬。另在大陸、東南亞、美加各地還有四、五百萬人）。

虛矯、脫離了傳統也脫離了民間的知識人社群，自有一套知識系統與價值觀，他們不再需要儒家。可是，也許這個社會並不這麼認為。在學院裡我絕少遇到讀過《尚書》、《禮記》的朋友，但在臺灣的小學裡，我卻見過不少通讀了《史記》、《資治通鑑》、《易經》、《老子》的小孩，所以說中華文化之生機仍在民間（近年大陸社會上的國學熱，更不乏這類例子，而且比臺灣有過之而無不及）。

儒家，在現代社會中缺乏組織化實體，尚且可以看到這樣的現象，佛教、道教中這種現象自然更是明顯。它們在技術器用及制度層面，仍然保存著古代的儀制規矩，但為了適應新時代，也不乏因應變通。可是整體說來，它們畢竟傳承著佛教、道教的整個傳統。在佛教、道教中，不但「失傳」、「失語」的狀況不多，現在甚至發展得比古代還要好。

而又因佛教、道教等宗教團體本身是依其精神價值系統建立的，其信仰中的觀念與思想占主導性地位，而這一部分，又比器用及儀制更為傳統。它主要就是依著這個傳統在講經、說法、做儀式、辦活動。

在早期，知識分子熱中科學與民主時，這些宗教均被斥為迷信，歸入打倒之列，視為現代化之障礙。但現在，佛、道教不但未被消滅，反而在維繫傳統予以發揚方面大有表現；在民間的普及情況，更非書齋學院中之知識精英所能想見。也就是說，從民間的角度看，儒、道、釋三教可說仍是生機暢旺的，未出現異化的危機，仍保存著中國文化的基本樣貌和價值系統。

但情形還不能看得如此簡單，因為儒、道、釋三教現在都不只是傳統的保存或延續狀態。第一，它在具體的現代人生活中起著具體的作用，而非博物館式的存在，並不僅是可以把玩的古董。第二，它在制度及價值系統上都有不少因革損益，與現代社會有動態的關係，因此，它們所發揚的傳統其實是一種新的創造。

在佛教方面，太虛大師在民國二年（一九一二）即曾揭舉「組織革命、財產革命、學理革命」之說。其中，學理之革命，歐陽竟無的支那內學院企圖以回歸印度佛教來改革中國佛教，反對中國心性論以及如來藏真常心系的講法。太虛則著眼於復興中華佛教，更不認為佛教徒即不能參與世事政務。所以他說：「理論的說明上，自然在唯識學。但……中華佛教，如能復興，必不在其言密咒或法相唯識，而仍在乎禪。」（見〈讀梁漱溟君唯識學與哲學〉）

在臺灣，佛教學者在學理上可以印順長老為代表，他由《阿含經》中發現「諸佛皆出人間，終不在天上成佛也」的文句，證明了佛陀教人並不以出世離俗為主，因此同意太虛的人生佛教路向。但對於太虛與支那內學院在佛教義理上的爭執，印順基本上傾向支那內學院，認為影響中國較為深遠的如來藏真常心系思想其實融入了印度教的「梵我論」，不及印度原來所傳純粹。

但這種教理上的討論，事實上與各教團實際的發展並不相同。各教團講人間佛教，或由行入而不由理入，如慈濟功德會；或溯源於《維摩詰經》，講心淨則佛土淨，如法鼓山；或進行佛教現代化，如佛光山。這些都已呈現了超越當年爭論的新格局。

特別是佛教之現代化，主張：在技術層面要佛法現代語文化、傳播現代科技化、修行現代生活化、寺院現代學校化；在目標方面，要建設佛教成為生活樂趣的人間佛教、財富豐足的人間佛教、現世淨土的人間佛教。可見人間佛教運動是有目標、有方法的，方法及目標又均以現代化為其主軸。因此它本身會形成一個「新佛教」的型態，與約略同時出現的「當代新儒家」一樣，共同標識著我們這個現代化轉型時代的特徵。

這種新佛教，不只是寺廟建築較為新穎、人員較年輕有朝氣、宣教手法較活潑、較能參與社會服務而已，而是基本上擁有現代社會的價值觀及運作邏輯。例如民主、法治、理性、財富、進取以及現代社會的理性化科層官僚組織等等。

他們所建立的教團，依仁法師認為是中國叢林制度的革新。例如經選舉產生的宗務委員會及宗長，代表民主精神；強調「依法不依人」、「法制而非人制」，顯現了法治精神；行政和弘法上，又運用了現代化的行政管理與科技知識。這些無不體現了現代社會的現代性行為（modernity）。同樣地，法師們說要「建設財富豐足的人間佛教」，「要有人間進取的精神」。在這個世界上，物競天擇、適者生存，每個人不是靠別人給我們財富、給我們救濟，都得靠自己去努力才能生存，所以人要有進取的精神」，「現代化的佛教是合理的，不是邪見的，不是迷信的」等等，也充滿了現代性。

需知現代社會之所以不同於傳統，並不在於科技及生活方式的不同，而是因為有了這些價值觀和運作的邏輯。工業革命之後，政治型態走向自由、民主，「法理社會」逐步建立，資本主義經濟高度發展，運用科層化體制，重構了許多人群組織，要求效率、追求財富，才逐漸形成我們今天這樣的社會。佛教發展到二十世紀，遭遇到空前的社會劇變，許多人都意識到要改變，也體認到佛教不能再出世離俗，要在人間生存下去，即須講人間佛教，但不是所有人都理解這個人間已成為什麼樣的人間。人間社會的型態，千差萬別，封建的、帝制的、資本主義的、社會主義的、無政府主義的、城邦的、部落的，在什麼樣的人間去建設什麼人間佛教？現代的某些佛教人士卻敏銳地抓住了這一點，了解到我們是在一個「現代化情境」中來建設現代的人間佛教，所以要將佛教建設成現代佛教。這種現代佛教，擁有與現代社會相同的價值觀和運作方式，當然令人覺得新、覺得它代表了進步，且其本身便是社會現代化的成就之一。

這樣的例子，顯示了現代社會中最具傳統性的佛教團體可能同時也體現著現代性。可是，在佛教的現代化中，因其仍具有傳統性，所以也同時還具有許多超越現代的部分，形成了一種「即現代而轉化之」的型態。

例如資本主義社會是講究財富積累的，和尚們便也說要「建設財富豐足的人間佛教」、講「佛教發財的方法」。但其說法，乃是先講有錢不是罪過，「黃金非毒蛇，淨財作道糧」，然後接著講「外財固然好，內財更微妙」、「求財要有道，莫取非分財」、「財富對每一個人，並不都是最好的東西」、「怎樣處理財富」。就其前一部分講聚收金錢者觀之，實與佛教之傳統不盡相同，是以佛教來迎合現代觀念的；但後面這種講法，卻又從現代觀念翻上去一層，仍然站在佛家的立場，對現代觀念作了一番轉化，超越了現代，不被資本主義社會的財富觀所囿。

同理，他們論欲望也是如此。古來修行者，都叫人禁欲、斷欲、節欲，現代僧人卻說「人間有欲樂，世人所需求」，不把欲望速貶為邪惡，且認為這正是每個人正當的需求。但接著立刻轉上一層，說「這種欲樂並不是最徹底的，因為這不是佛教中真正的快樂。佛法所提倡的生活樂趣是法樂而不是欲樂」，故「我有妙法樂，不欲世間樂」。

此類說法，顯示的共同態度，正是承認現代性。但要求善於運用現代性，並從佛教的角度，提出超越之道。由其結合現代觀念、承認現代觀念的部分看，是反傳統的、現代的；由其轉化現代觀念的部分看，則又是超越現代的。在許多地方，可與西方許多反省現代社會文明的後現代思潮比觀。這種情況，令人想到當代新儒家的型態，彷彿也是如此。

當代新儒家也是將儒家學說予以現代化，不但用西方哲學之觀念、術語表述傳統的心性論，亦批判中國未發展出民主與科學。據林鎮國的分析，新儒家牟宗三先生當時對於現代化問題的反省是順著兩條路線進行：一是從西方邏輯系統與知識論的反省而集成康德「純粹理性之自我展現」一義，此見於一九四九年完稿的《認識心之批判》一書。另一路線則是從歷史哲學的視角，取徑黑格爾，通盤考察中國文化的歷史發展型態，歸結為「綜合的盡理精神」與「綜合的盡氣精神」之表現，對比地彰顯「理性的架構表現」之不足，指出何以在中國歷史中未發展出民主與科學之故。透過這兩條線索，牟氏始具體而全面地掌握西方「現代性」意涵。此可見牟氏對現代性持積極肯定的立場，然其肯定卻是批判的肯定。換言之，牟氏是從儒家道德主體的根本立場去融攝康德的理性與黑格爾的絕對精神，然後辯證地添補儒家在「理性之架構表現」上的不足，其目的則在於企求中國文化能夠完整地體現此積極的現代性。

此外，徐復觀則認為現代的文化有危機，這個危機其實就存在於其現代性之中，儒家或中國文化傳統則能拯救這個危機。所以他在〈復性與復古〉一文中說，「現在世界文化的危機、人類的危機，是因為一逕向外追求，得到了知識、得到了自然、得到了權力，卻失掉了自己，失掉了自己的性，即所謂『人失其性』的結果。所以現代文化的反省，首先要表現在『復性』上面，使『愛』能在人的本身生根」，「中國文化是一種以仁為中心的『復性』的文化。提升中國文化的真精神，是一種『復性』、『歸仁』的運動。這不僅是中國文化自己的再生，也是中國人在苦難的世界中對於整個人類文化的反省所作的貢獻」。

這樣的文化態度，當然會引起兩方面的訾議。著眼於傳統者，覺得它太現代了（例如說現代臺灣的佛教道場缺乏古代蕭森凝肅之感、僧人太過入世，不再有脫塵出世之風；討厭當代新儒家動輒言康德、黑格爾）。著眼於現代者，又覺得它過分擁抱傳統，而尤其不能忍受它說傳統可以發展出民主科學。

這類批評可能均未注意到它整個型態所顯示的意義。此話怎講？首先，由上述諸事例可以看到：傳統不是一整塊的。在中國文化中有儒、有道、有佛……可以分別觀之。它們彼此有關，但基本上各有各的體系，面對時代，有共同的課題，也有不同的應對狀況。其次，傳統是可以被選擇的。在儒學內部，某些人講的傳統是宋明理學，某些人則以另一些東西為其傳統。佛教中，某些人以唯識為傳統，某些人以真常唯心為傳統。再次，傳統既可拆解成若干元素，也可重新隨人、隨機、隨意組合，例如融佛入儒、援道入佛，以唯識學講詩、用禪法論畫之類。

把這些狀況綜合起來看，則我們應可獲得一種新的認識論視野，重新體會到人存在的意識，其本身其實也是一種歷史意識。因為我們對存在的理解和感受，即來自於對生活之世界或處境的一種過去、現在、未來的「史的了解」。

透過這種歷史意識，我們可以斷定，人是在歷史中活動的。如果我們借用詮釋學的說法來說，那就是：任何存在都必然是時間、空間的「定在」，故一切存在物皆不能不有時空條件，都具有歷史性。人能通過他的理性去認識歷史、理解傳統；但人的理解，卻是在歷史和傳統中形成的，非超越歷史而有之。所以，「不是歷史屬於我們，而是我們屬於歷史」。

所謂我們屬於歷史，有兩層意義：一是說我們不但不可擺脫傳統，而且恰好相反，我們永遠在傳統之中，一切傳統都不是客觀化非我的、異己的東西。歷史的理解，不是主體去接近一個獨立自存的客體，而實際上即是一個理解自己的活動。二是說人的理解之所以可能，乃是由於真理在過去的傳續使我們有一立足點；故歷史傳統，是吾人所以能立足世界，並向這個世界開放的唯一依據。而且，由於傳統內部的變化在時間流程中展開，傳統內部的複雜多樣在空間布列中展現，也令我們得以依據不同的立足點，拓衍出各種不同的對未來之展望，尋找到各個辯證的基點，以對真理有更深刻的理解。

故超越或創新，都不能在傳統之外完成。唯有依據傳統，真正深入理解傳統，才不致以魯莽滅裂為創新，以無知為超越，而真正養成內在批判的能力，逐漸達到思索自身存在之意義的目的。古所云「溫故以知新」、「多識前言往行以自畜其德」，大概就是此意。

不過，正因為理解歷史就是理解自己，所以我們應在詮釋學說法上，再進一解。依詮釋學所說，任何存在都受到它所在時空歷史條件的限制。這些歷史條件，決定性地影響了我們對歷史傳統本身的意識，包括歷史批判的意識。因此，對我們來說，理性只能是具體的、歷史的。它並不是自己的主人，因其總依賴一定的條件，總在這樣的條件下活動。這就變成歷史決定論了。在歷史決定論中，詮釋學家當然可以說歷史的淘汰與保存即是一種理性的行動，但我們若再深入追究，便應發現歷史的保存和積累並不是自身具備的，其間須有人的理性運作才能達成。故歷史的理性，最根源處，仍在於人的理性，歷史只是人理性的實踐罷了。由人的理性上說，我們才能發覺歷史中具有價值意識：不但具有價值之選擇與批判，也因這一價值理性而使我們具有超越歷史條件和傳統的可能。

因此，我們不但要說人在歷史中活動，更要進一步說是與歷史的互動：人固然在歷史裡，卻也同時創造了歷史。《易經》之所謂「參贊」，就是說宇宙及歷史乃因人之參與、投入而彰顯其意義。

這種彰顯說明了：歷史雖是過去的遺蹟，但人面對歷史的經驗，卻永遠是現存的、直接的經驗，故歷史可以是客觀的，可是一旦涉及歷史的理解活動，便一定是人與歷史的互動互融，客觀進入主觀之中，主觀涵融於客觀之內，即傳統即現在。

即傳統即現在，傳統因此乃是流動的，不斷新生於我們當下的實踐活動中。在儒、道、釋三教具體存在且活動於現代社會的實踐狀態中，我們也不妨說華夏文明正在生長、發展中。

四、大陸、臺灣、海外：全球化與華夏文明的新動向

以上的分析，旨在說明中華文化在現今社會中仍是可起具體作用的，傳承與創造同時顯示在它的實踐活動中。

但現在談這個問題，顯然還不能只停留在這個地方，因為這個中華文化存處的社會已經是個很不一樣的社會了。一方面中國人散處世界各地，中華文化的疆界性與民族或國族的聯繫都越來越與從前不相同；另一方面，中國在政治上分踞海峽兩岸，致使同一文化體出現了兩種歷史進程與文化的社會實踐，中華文化與區域文化間亦形成辯證的發展。上述這兩點都與整個世界之全球化有關，因此，我們也有必要再就全球化的問題再加討論。

全球化的概念爭論甚多，對於世界何時開始全球化，論者也有不同的看法。華勒斯坦認為始於十六世紀殖民主義開始並建立資本主義世界體系之際，另有些人則主張始於跨國集團興起時，或起於固定匯率廢止時、東歐集團瓦解時等等。

但無論怎麼說，全球化云云，都是針對「民族國家」而說的，表明現今社會已不再是一個以民族

為主要行動者的場域與時代了，它強調跨國行動者、跨國認同、跨國社會空間、跨國形勢、跨國過程中的衝突與交錯等等。

在全球化這個趨勢被學界普遍重視之際，文化全球化的說法也甚囂塵上。所謂文化全球化，又稱麥當勞化，意味著生活風格、文化象徵和跨國行為方式之統一化與普遍化。不論是在德國巴伐利亞的鄉村，或是在印度加爾各答、新加坡，還是里約熱內盧，都有人在消費《星際大戰》、穿藍色牛仔裝、抽著象徵自由、未開發的自然的萬寶路（Marlboro）香菸。所以歐洲迪士尼樂園總裁才會說：「迪士尼的特色有普世的適用性。您若想要使一個義大利小孩相信polino（『米老鼠』的義大利稱呼）是美國的，您一定會失敗。」似乎一個文化的單一世界已隱然成形。

但羅蘭・羅伯森（Roland Roberison）卻認為並非如此，他說全球化並不即是單面向的，而單面向的全球化才是全球化論爭中誤解的來源。因為從經濟的考量可以知道，全球化不只意味著「解地方化」，而是需要以「再地方化」為先決條件。正因為公司「在全球範圍」生產和行銷其產品，才必須發展地方的條件。一方面，它們的產品是形成、立基於地方的基礎上；另一方面，能在全球範圍內行銷的文化象徵，必須汲取地方文化的原材料，如此才能生動、具爆發力和多樣化的發展。「全球」意指「同時在多個地方」，亦即跨地方（translocal）。

因此，在大企業集團的考量中，這種地方和全球的關係扮演著重要的角色，並不值得驚訝。可口可樂和新力集團將他們的策略描述成「全球地方化」。他們的主管和經理均強調，全球化並不是指在世界上各個地方建造工廠，而是指成為各個文化的一部分。這種認識、這種企業策略，被稱為「地方主義」。隨著全球化的實現，地方主義也越來越重要。

可是，再地方化也不一定就表示地方的復興。因為在地方色彩的復甦中，也同時隱含著解地方化。或者說，再地方化是經由無止盡的解地方化來進行的，不能等同於單方向的「繼續這樣」的傳統主義。那種古老的、狹隘的鄉土主義，現在已不再具有實踐力。這是因為表現地方意義的相關架構改變了。故地方文化不再能直接通過對世界的防禦來證明自己的正確性，決定自己的方向和自我更新。

這個講法瓦解了舊有的民族文化想像。過去我們總覺得每一個社會或是社會團體都具有「一個」自己的、與其他文化有區隔的文化。此種想像可追溯到十九世紀的浪漫主義，並且在二十世紀經由人類學繼續發展，特別是將文化理解成整體、型態或結構的文化相對主義。可是，現在我們注意到，這「一個」文化是在全球的關係網絡中，參與到許多文化中，不斷辯證地發展。不但可口可樂在中國，中國也在世界各個地方。

馬爾騰・海耶爾（Maarten Hajer）曾描述過「地方的跨國化」：「跨國化在文化、人和地方之間產生了新的連接，而且因此改變了我們的日常生活環境。它不僅將至今少有人知的產品帶進了超級市場（例如 Darians、Ciabattas 或 Pide）、將符號和象徵帶進了我們的城市（例如中國和日本的文字或是伊斯蘭音樂），而且還有許多新團體和新人類出現在城市中，他們塑造了許多當代公民對大城市的認知。這些人包括了非洲人、波士尼亞人、克羅西亞人、波蘭人和俄國人，還有日本人和美國人。」全球的地方化，事實上同時也就是這種地方的跨國化。在這種新情勢中，「一個」「自己」的文化實際上並不存在。

貝克（Ulrich Beck）《全球化危機：全球化的形成、風險與機會》中曾引艾利・戴特模斯（Patricia Allay-Dettmers）《瑣碎藝術》一書的論證，說明：在跨國社會空間中，非洲不是地理上固定大小的一塊地方，不是地球上可界定的一個區域，而是一跨國概念及其演出。此一非洲概念在世界上許多地方（在加勒比海、在曼哈頓的貧民區、在美國南方各州、在巴西的嘉年華會，甚至在倫敦舉行的歐洲最大的街頭化妝舞會中）上演。在倫敦的化妝舞會中，面具、音樂、服裝及舞蹈的選擇都係依據一個主題課本來計畫和設計。在主題的選擇上，有兩個原則：一、這些主題吸收了具有世界普遍性的文化「非洲」概念；二、這些主題同時也配合了倫敦市郊黑人次文化的特色。可是，整個非洲大陸並沒有一件事物能符合在倫敦街頭上演的非洲。而且，在疆界業已消失的世界社會中，非洲在哪裡出現？位於哪裡？在殖民地者於非洲遺留下的廢墟中？在正處於現代化中途的非洲大城市面貌中？在非洲的四星級飯店中？在有組織的非洲旅行團中？在美國黑人的尋根希望和幻影中？在西方大學撰寫的非洲書籍裡？或者在加勒比海區域以及文化的五光十色中？或者，甚至在英國黑人次文化對於民族認同的爭取中？

本此，貝克也在問：「什麼是歐洲？」答案是歐洲不是一個地理空間，而是一個「想像的空間」。對於中國，同樣也可以作這樣的類擬思考。中國在哪裡？在北京中南海、在臺北介壽館、在苗疆瑤族的歌舞裡、在南投縣集集鎮大地震的災區中、在慈濟功德會、在東南亞各宗鄉會館、在北美各地的唐人街……它無所不在。它也不是一個地區，而是一個概念，而且這個概念還正在與各所在地文化融合摶塑中，形成了在大陸的中華文化、在北美的中華文化、在東南亞的中華文化、在臺灣的中華文化、在紐澳的中華文化等等。這是華夏文化的一個新局面、新社會空間。因此，華夏文明全球化、全球地方化，必然還有許多題目好做，且讓我們期待、且讓我們努力吧。

後記

三、四十年前，初讀柳詒徵的《中國文化史》、《國史要義》便萌發了也要寫本中國文化史的念頭，即或寫不成，也準備以文化史為此後治學之領域。這當然是年少輕狂時的呆想，但未嘗沒有些俠義心腸。古詩〈獨漉篇〉云：「雄劍掛壁，時時龍吟。不斷犀象，羞澀苔生。」在我看，中國文化現今就彷彿這柄原是神兵利器，可以斬犀斷象的寶劍，無端遭了冷落，瑟縮在牆角裡生苔長蘚。美人落難、明珠蒙塵，皆是世上大不堪之事，非由我出來搭救不可。

懷此呆想，遊於上庠者亦數十載矣。解人頗不易得，而我自己對文化史的創獲竟也有限，年光飄忽，不免神傷。曾於一九八三年試講此課於臺灣淡江大學，並動手寫了一部講稿。對於文化史之範疇與研究方法，粗有釐析；對於中國文化之分期與變遷，略有衡定。後卻不能終篇，殘稿輯入業強版《思想與文化》中。當時主要氣力，用於探討文化變遷。專就周秦之際、漢魏之際、唐宋之際、明清之際、晚清民初等幾個關鍵的變革期抉微闡幽，欲通古今之變，並為「五四運動」以來之文化變遷找到些對比勘照的模型，以經世濟民。所以文化史雖未寫成，對那幾個變革期的研究，卻令我辦了不少會議、寫了不少相關論文。近年逐漸輯刊的《漢代思潮》、《唐代思潮》、《晚明思潮》、《清代思潮》大抵就代表了這一階段的產物。

一九九一年以後，我涉世歷事越來越雜，又是公職，又是辦學，又是社會活動，文化史的寫作遂越來越不可能了。但任公職、辦學校等經歷，對我的文化認知卻也不無助益。因為我早期所論，其實只是思想文化之史，於文化之制度與器用層面，研究不免粗略。正因為有此一段涉世歷事的經驗，才能深入了解典章制度及人倫日用是怎麼回事。一九九七年我出版的《文化、文學與美學》，即可以顯示這個新的方向，欲由生活世界重開禮樂文明。

可惜辦學實在太忙了，辦了南華大學之後又辦佛光。到二〇〇三年，我校長任期屆滿。為了選新校長，董事會的行事引起了校內師生的非議，董事會則誣我鼓動風潮。在爭鬧中，我完全不受干擾，開始寫《中國思想史》。事情鬧了幾個月，我也就草成了幾十萬字。在胡適、馮友蘭、勞思光、牟宗三諸前輩之外，另闢蹊徑，由上古黃帝開始講起，寫到了周公。此下因為要寫老子、孔子，有些畏難，才暫時先擱下了。

適巧當時北大湯一介先生主辦蔡元培、湯用彤兩講座，邀我赴講。於是就把稿子的前四章（言、象、教、字）拿來講了。合併舊作論文化符號學者數篇，輯為《文化符號學導論》，由北大出版社出版。

北大的講會，聽講者甚為熱切，不覺竟感染了我的情緒，所以就趁勢請了長假，住到北大，以避囂塵。溫儒敏先生怕我太閒了，即邀我為學生講中國文化史一課。一切都是如此當機、如此順緣，實出乎意料之外，所以就把其餘的稿子略作修整，一一宣講之。如此講了兩過，並在珠海聯合國際學院也講了一次。學生反應甚佳，以為前所未聞。溫先生說：那就出書吧。本擬以學生錄音整理為之。因我事忙，一直無暇核校，所以最終還是用了舊稿。原稿本是思想史，改名文化史，不盡妥切，故僅稱為中國傳統文化十五講。

為什麼本來是上古思想史而居然可稱為「傳統文化十五講」呢？

我有一妄見，謂邇來講中國哲學的先生們，重點只在心性論與存有論，其餘各種思想多不注意。論思想，又只注重一些關於道、氣、性、理、仁、心等的抽象概念，對這些觀念是在什麼樣的人文生活場域中浮顯出來，卻欠缺具體的了解，也不明白這些觀念和具體的人文活動有何關聯。以致哲學研究常只是抹去時空的概念編織，用沒有時空性的知識框架去討論活生生的歷史人文思想活動。而且他們往往是概念太多而常識太少，對整個文化的基本性格捉溺不住，只能孤立而抽象地談天道性命等觀念，所以這種危險就更為顯著。我寫思想史，前面本來就為了力矯此弊，所以作了許多類似文化導讀的鋪墊，希望讀者能明白中國哲學是在一種什麼樣的文化中生長起來的。這一部分，抽出改稱為「傳統文化十五講」，豈不是因緣巧合嗎？

以上是說緣起，具體談到此書的內容，則另詳序論。本書在寫作時，綜攝了許多前輩與時賢的見解，但因起草時已處在風波紛擾之中，此後數年又浪跡禹域各地，無法檢書核查，故亦不及一一註明。而綜攝之後形成的我的見解，又不免有許多疏漏，這些，都是要請讀者見諒的。從前《碧巖錄》曾說道：「大凡扶持宗教，須是英靈底漢。有殺人不眨眼的手腳，方可立地成佛。所以照用同時、卷舒齊唱、理事不二、權實並行。放過一著，建立第二義門，直下截斷葛藤。」我確有殺人不眨眼的手腳，此書卻未能立地成佛，並且只是權說，意在接引，故未極理趣然，識者鑑之。最後，要謝謝溫儒敏先生和艾英，他們通讀數遍，且提示了許多修改意見。

二〇〇六年處暑
於北京小西天如來藏

Note

Note

Note

Note